WOLFGANG ZORN

AUGSBURG
GESCHICHTE
EINER DEUTSCHEN
STADT

Abb. 1 Augsburg, Rathaus und Perlach von Elias Holl, 1614–1620, davor Augustusbrunnen von Hubert Gerhard, 1589–1594

WOLFGANG ZORN

Augsburg

Geschichte einer deutschen Stadt

HIERONYMUS MÜHLBERGER
VERLAG

2., vermehrte Auflage

Gesamtherstellung in der Druckerei und Buchbinderei
Hieronymus Mühlberger, Augsburg
Schutzumschlag-Entwurf von Hahnle + Schedl, Augsburg
ISBN 3-921-13308-3

Inhalt

Aus dem Vorwort zur Erstausgabe (1955)

Aufgabe dieser Stadtgeschichte soll es sein, den heutigen Stand des gesicherten Wissens von der Entwicklung Augsburgs in einem Bande und in allgemeinverständlicher, lesbarer Form zusammenzufassen. Diese Zielsetzung schließt verschiedene Begrenzungen ein. Eine Versuchung, der das Buch zunächst zu widerstehen hatte, war die ausführlichere Behandlung der Augsburger Bischofsgeschichte. Der gleichzeitig erscheinende erste Band eines grundlegenden Werkes von Prof. Dr. Friedrich Zoepfl in Dillingen, die »Geschichte des Bistums Augsburg und seiner Bischöfe im Mittelalter« stellt diesen Teil der Augsburger Geschichte bis 1517 in aller hier nicht möglichen Ausführlichkeit dar. Zum zweiten verbot der knappe Raum die Beifügung von wissenschaftlichen Exkursen, verboten der Umfang des Themas, die verhältnismäßig kurze Bearbeitungszeit und die hauptberufliche Bindung des Verfassers den grundsätzlichen Neuaufbau der Darstellung auf eigene archivalische Studien. Ihre Ausbeute hätte für dieses Vorhaben den beträchtlichen Zeitaufwand auch kaum gerechtfertigt, da zahlreiches handschriftliches Material, vor allem an Urkunden und Chroniken, schon in befriedigender Druckausgabe vorliegt. Das wichtigste ungedruckte Archivgut wurde in seinen ältesten Stücken unmittelbar benutzt, vieles vom gedruckten immerhin im Original in Augenschein genommen. Der Kundige wird leicht bemerken, daß die wissenschaftlich umstrittenen Fragen der Stadtgeschichte nur nach reiflicher Überlegung für eine in sich folgerichtige Darstellung entschieden wurden. Im übrigen versucht der Text nach Möglichkeit, den Weg zu den ursprünglichen Quellen selbst mit anzuzeigen. Eine Auswahl aus der wichtigeren Literatur findet sich an seinem Schlusse. Literaturnachweise im einzelnen waren nach der Aufgabenstellung des Buches nicht möglich.

Vorwort zur vermehrten Neuausgabe

Die Erstausgabe legte den damals gebräuchlichen, vom Bayerischen Statistischen Landesamt geprägten Begriff der »Stadtregion Augsburg« zugrunde, die alle jene angrenzenden Gemeinden mit umfaßte, in denen die landwirtschaftlichen Erwerbstätigen weniger als 20 Prozent der ganzen Erwerbstätigenzahl ausmachten. Das waren seinerzeit die Gemeinden Haunstetten, Göggingen, Gersthofen, Leitershofen, Stadtbergen, Steppach, Westheim, Neusäß und Hammel auf dem linken und Friedberg auf dem rechten Lechufer. Durch die Gebietsreform des Freistaats Bayern von 1971/72 sind nun die Städte Haunstetten und Göggingen sowie die Landgemeinden Inningen und Bergheim unmittelbar in die Stadt Augsburg eingemeindet worden; die beiden letzteren wurden deshalb neu einbezogen. Die anderen genannten Gemeinden wurden inzwischen zumeist als Ergänzungsgebiet der Kernstadt im Rahmen einer weiter ausgedehnten Stadtregion bezeichnet.

Wurde das Buch zunächst als eine selbständige wissenschaftliche Jubiläumsgabe der Industrie- und Handelskammer Augsburg geschrieben, so ist für die Neuausgabe dem Stadtrat Augsburg und seinem Kulturreferenten zu danken. Eine volle Neubearbeitung war für diesmal nicht möglich, inhaltlich auch kaum geboten. So mag vorerst der durchgesehene und veränderte Neudruck des seit Jahren vergriffenen Bandes mit Ergänzung der seitherigen wichtigen Forschungsfortschritte und mit Fortführung bis zur Gegenwart dem Bedürfnis genügen. Prof. Zoepfl, dem ich für die eingehendste kritische Besprechung (in der Zeitschrift für bayer. Landesgeschichte 19, 1956, S. 341–45) zu danken hatte, setzte seine Geschichte des Bistums Augsburg 1969 noch bis 1598 fort. Um die Betreuung der Neuauflage hat sich Stadtarchivdirektor Dr. Friedrich Blendinger, unterstützt von Thomas Mayr, Stadtarchiv, besonders verdient gemacht.

Der Neuausgabe des Buches gebe ich die herzlichsten Zukunftswünsche für meine Vaterstadt mit, in deren Erde auch unser kleiner Sohn Gottfried ruht.

W. Zorn

Vorspiel

In den Jahrtausenden des Quartärs, der jüngsten erdgeschichtlichen Periode, entstand der Schauplatz der Augsburger Stadtgeschichte. Die in der vorausgegangenen Tertiärperiode aus den Alpen in das Alpenvorland geschütteten Gesteinsmassen bilden bis in große Tiefen den aus Tonen, Mergeln, Sanden und Feinkiesen, aus feinkörnigem Flinzstein bestehenden Untergrund. Ein festes Flußnetz entwickelte sich auf der schwäbisch-bayerischen Hochebene erst im Laufe des Quartärs. Einer der ältesten und auch größten Flüsse des schwäbischen Alpenvorlandes ist der Lech. Durch ihn hat die Augsburger Landschaft ihr heutiges Gepräge erhalten. Er arbeitete östlich der heutigen Stadt den steilen tertiären Hügelrand von Friedberg heraus; von ihm stammen die ältesten eiszeitlichen Flußschotter, welche westlich der Stadt die hohen Riedel des gegenüberliegenden Hügelrandes plattenartig abdecken. So entstanden hier früheiszeitliche Deckterrassen.

Im weiteren Verlaufe des Eiszeitalters grub sich der Lech immer tiefer in den Untergrund ein, und die Schotter etwa der sogenannten Rißeiszeiten liegen schon ein ganzes Stockwerk tiefer: Sie bauen die in siedlungsgeographischer Hinsicht wichtigen Hochterrassen auf. Am Nordende einer solchen Hochterrasse liegt die Stadt selbst. Der »Augsburger Hochterrasse« gesellt sich eine zweite zu, die sich, bei Stadtbergen–Kriegshaber–Gersthofen an einer deutlichen Stufe einsetzend, nördlich an das Deckterrassengebiet anschließt: die »Langweider Hochterrasse«. Auf die Hochterrassen bliesen eiszeitliche Winde aus den benachbarten Talauen und Talebenen einen kalkhaltigen Staub auf, den »Löß«, die auf der ganzen Erde wegen ihrer großen Fruchtbarkeit geschätzte Gelberde. In unserem regenreichen Klima wurde sie allerdings durch Verwitterung, vor allem Auslaugung des Kalkgehaltes zum Teil schon zu weniger fruchtbarem Lößlehm umgewandelt. In den Schottern der Hochterrassen sammelte sich auf dem wasserundurchlässigen tertiären Untergrund ein ansehnlicher Grundwasserstrom, der an den Hochterrassenrändern zahlreiche, oft sogar perlschnurartig aufgereihte Quellen speist. Diesen beiden geologischen Faktoren verdankt Augsburg seinen Platz am quellreichen Ende einer fruchtbaren Hochterrasse.

Das Stadtviertel, das südlich des Altstadtrandes auf der Hochterrassenzunge liegt, heißt noch heute das »Hochfeld«. Wo die alte Stadtsiedlung den östlichen und nördlichen Hochterrassenrand hinabsteigt, tragen die Straßen noch jetzt die Bezeichnung von ... bergen (»Perlachberg«). Dieser Hochterrassenabfall mißt zwar nur 10–15 m. Er stellt aber trotzdem ein wichtiges Landschaftselement dar und für die Stadtanlage und die Stadtentwicklung ist er von gar nicht zu unterschätzender Bedeutung. Vom höchsten Punkt des jetzigen Stadtgebietes (im Süden, 499 m) bis zum tiefsten (im Norden, am Stadtaustritt des Lechs, 446 m) ist der Höhenunterschied entsprechend der allgemeinen Neigung des Alpenvorlandes nach Norden, zur Donau hin, natürlich viel größer.

In der letzten Eiszeit entstanden schließlich die heutigen Talauen. Dabei schnitt sich der Lech östlich der Augsburger Hochterrasse ein und die Wertach, ein zweiter von Süden kommender Alpenfluß, westlich von ihr. Beide Flüsse schufen jenen Talknoten, der eine weitere große Gunst der Augsburger Lage begründet: an der Vereinigung von Lech und Wertach, zugleich dort, wo sich die beiden nächsten größeren Flüsse der Umgebung, Paar und Schmutter, am nächsten kommen.

Wo die letzteiszeitlichen Schotterfluren als Niederterrassen noch in ihrem alten Zustand erhalten sind wie bei Haunstetten oder Oberhausen, da sind sie trockene Kiesböden. Wo sie in der Nacheiszeit von Lech und Wertach zerschnitten und teilweise abgetragen wurden, konnte das Grundwasser oberflächlich austreten und es bildeten sich Flachmoore, Talsümpfe und Flußgriese, welche die Betten der Flüsse begleiten, wie etwa die Meringer Au oder die öde Friedberger Au am Lech. Diese ständige Umwandlung der Talauen durch Anschwemmung von immer neuen Kies- und Sandbänken, Verlegung der Flußbetten, Bildung von toten Flußarmen und Altwässern hielt bis in die Gegenwart an. Erst spät hat der Mensch diesem Naturspiel Grenzen gesetzt oder es in feste Bahnen gezwungen. Im Wertachtal gibt die kleine Singold, obwohl sie auf lange Strecken dicht neben der Wertach fließt, bis Augsburg ihre Selbständigkeit nicht auf (Senkelbach).

Das Hügelland bedeckte sich mit dichtem Urwald, auf den Hochter-

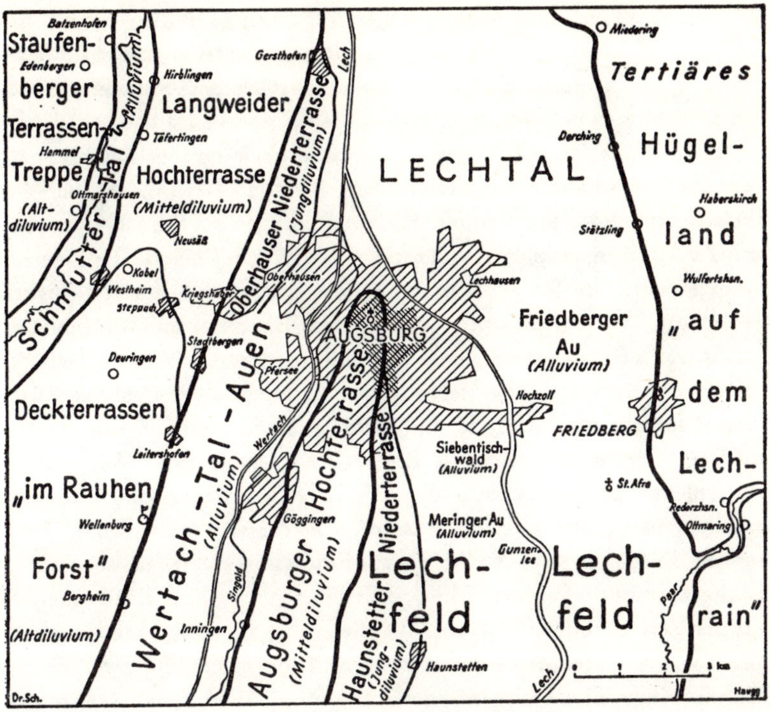

Entwurf Ingo Schaefer

rassen und den Niederterrassen breitete sich lockerer Auenlaubwald aus. In den Flußauen selbst mischte sich ein Gestrüpp aus Weide, Erle und Pappel mit Kies und zerfaserten Wassergerinnseln. Das Wasser führte die Samen von Alpenblumen ins Lechgries und ließ sie dort als Boten des Flußursprungslandes aufblühen. Die Landschaft war gleichwohl nicht eben einladend für die Menschen der Mittelsteinzeitkultur, die sie wohl von der Donau her lechaufwärts streifend spätestens 3000 Jahre vor Christi Geburt zuerst betraten. Aber sie waren nur Jäger und Sammler, die mit zugeschlagenen geschäfteten Steinsplittern Kleinwild und Geflügel jagten und ohnehin nicht an feste Niederlassung dachten. Wir wissen von ihnen nur durch Funde von steinernen Sticheln, Messerchen, Klingen und Pfeilspitzen aus dem Gebiet unmittelbar südlich und etwas weiter südlich der Stadt, aus dem Raum östlich von Göggingen und aus der

Ortsflur Augsburg-Oberhausen. Diese Einzelfunde reißen fortan im Augsburger Gebiet nicht mehr ab. Sorgfältig bearbeiteten größeren Steinwerkzeugen der Jungsteinzeit aus Lech, Wertach und Senkelbach und von Leitershofen und Friedberg folgen Meißel und Beilklingen aus Kupfer und Bronze. Zwei spätjungsteinzeitliche Skelettgräber mit braunen Tongefäßbruchstücken und Tierknochen sowie ein Grabschacht, der die Skelette von sechs Menschen mit Hiebverletzungen am Schädel und weitere Tierknochen enthielt, wurden 1937/38 auf dem Gelände der Ziegelei Inningen entdeckt. Sie gehörten etwa dem 19. Jahrhundert vor Christi Geburt an. Das sind die ersten menschlichen Überreste unseres Gebietes.

Aus der Frühbronzezeit, dem 18. Jahrhundert vor Christi Geburt, stammt die erste wirkliche Siedlungsspur im Augsburger Umkreis. 1937 fanden sich auf dem Gelände einer Ziegelei östlich von Göggingen, also auf dem Hochterrassenlöß, als Reste eines menschlichen Wohnplatzes Hüttenlehm, Pfostenlöcher und unverzierte Scherben einer rohen Gebrauchstonware, der zweite Rückstand von Augsburger Keramik. Und zum Siedlungsrest kam der Bestattungsfund von Göggingen, ebenerdige Flachgräber mit zwei weiblichen Skeletten, dabei einem Kinderskelett, aus der Zeit um oder nach 1700. Bei diesen lag als Grabbeigabe reicher, offenbar im Güteraustausch erworbener Bronzeschmuck; zwei dünne Ösenhalsringe, drei breitgewundene Armspiralbänder, eine Gewandnadel mit Drahtspiralkopf und zwei große Blechzierscheiben mit Ornamentgravierung, 14 Blechhütchen und fünf flache kleinere Spiralscheiben. Wir wissen dadurch, daß frühbronzezeitliche Ackerbauer begannen, die fruchtbaren Lößböden am Wertachrand des Augsburger Feldes unter den Pflug zu nehmen. Auch auf der Höhe des östlichen Hügelrandes, in der Stadtmitte des heutigen Friedberg, wurde ein frühbronzezeitliches Hockergrab mit Skeletteilen und einem Bronzebeil ausgegraben. Aus der Zeit nach 1200, der sogenannten Urnenfelderbronzezeit, kennen wir zwei teilweise zerstörte Brandgräber von Leichenasche in Göggingen.

Zu Beginn des letzten vorchristlichen Jahrtausends läßt sich bereits ein Handelsweg erkennen, der aus dem nördlichen Lech- und Schmuttertal durch das Augsburger Gebiet nach Italien führte: Hortfunde bei Ehingen nördlich von Augsburg bezeugen ein bedeutendes Herstellungszentrum getriebener Bronzegefäße und Helmhauben, dessen Erzeugnisse in Italien wie am Mittelrhein wiedergefunden wurden.

In der Eisenzeit, im 8./7. Jahrhundert vor Christi Geburt, geben dann gruppenweise gehäufte Hügelgräber vom Südrand von Kriegshaber über Stadtbergen und Leitershofen nach Wellenburg eine bäuerliche Bevölkerung zu erkennen, die offenbar auf dem Lößboden des westlichen Hochterrassenrandes siedelte. Die meisten Gräber enthielten keramische Beigaben, einigen Bronzeschmuck, zwei Bernsteinperlen: der goldgelbe Harzstein von der Ostseeküste war ein hochgeschätzter Gegenstand des damaligen Güteraustausches. Ein Grab am Friedberger Hügelfuß gab das erste bisher aus Schwaben bekannte eiserne Schwert her. Bedeutsam werden jetzt Hinweise auf eine soziale Gliederung dieser eisenzeitlichen Siedler, deren Kultur man nach dem großen Fundplatz Hallstatt im Salzkammergut zu benennen pflegt. Der größte Hügel der Gräbergruppe von Kriegshaber barg in einer eingestürzten Grabkammer das Wagengrab eines offenbar angeseheneren Mannes, der nach der Einäscherung wahrscheinlich mit Frau und Kind beigesetzt worden war. In der Westhälfte der einstigen Kammer waren die Spuren eines vierräderigen etwa 2,60 m langen Wagens mit einem Raddurchmesser von mindestens 70 cm zu unterscheiden. Sie bestanden noch aus Überbleibseln der schmalen Eisenradreifen mit anhängenden Resten von Buchenholz. Davor lagen Reste von eisernem Pferdegeschirr mit zwei Trensen, quer über den Wagenplatz eine lange, schmale Eisenlanzenspitze und ein eiserner Lanzenschuh als Rückstand einer etwa 2,50 m langen Lanze. Dazu kamen reichliche Gefäßbeigaben. Ein zweites, ähnliches Wagengrab enthielt ein unterhalb von Schloß Wellenburg aufgegrabener Hügel. Es erbrachte als wertvollste Beigabe das Bruchstück eines Stirnschmuckes aus verziertem Goldblech, den bisher ältesten schwäbischen Goldfund.

Aus der Hallstattzeit stammen auch die ersten bekannten Niederschläge von Grab- und Siedlungsstellen im engeren heutigen Stadtgebiet. Schon 1844–1846 kamen am sog. Rosenauberg im Hauptbahnhofgelände, am Westrand des Augsburger Feldes, fünf bronzene Armringe aus der Zeit um 700 v. Chr. zutage. Dazu gesellten sich bescheidene Reste unverzierter, rot- und dunkeltoniger Gebrauchskeramik vom nördlichen Ausläufer der Augsburger Hochterrasse.

Die ersten Siedler auf dem Boden der Altstadt, die wir kennen, gehörten schon einem geschichtlichen Großvolk an, dessen Namen wir aber nicht angeben können. Vielleicht darf es mit den Veneto-Illyriern gleichgesetzt werden, die über weite Teile des Balkans, die östliche Poebene, Ostadria und die Ostalpen verstreut siedelten. Bis etwa 450 v. Chr. werden diese Leute den Augsburger Raum beherrscht haben. Mit dem Erscheinen eines neuen eisenzeitlichen Großvolkes enden die wenigstens zweieinhalb Jahrtausende Augsburger Vorgeschichte, aus denen wir zwar eine Anzahl mehr oder weniger aufschlußreicher Bodenfunde besitzen, die wir aber in keine größeren und gesicherten geschichtlichen Zusammenhänge einzuordnen vermögen.

Das neue Einwanderervolk ist das erste, dessen Namen wir genau kennen. Es stand bereits in Berührung mit den Mittelmeervölkern, die den Gebrauch der Schrift und die literarische Darstellung von Ereignissen und Verhältnissen beherrschten. Die Griechen nannten es *Κέλται* oder *Κέλτοι*, die Römer *Celtae* oder *Galli*. Die Kelten kamen aus ihrem Ursprungsland am Mittelrhein, in der Schweiz und in Ostfrankreich ostwärts über die Oberdonau und mischten sich im Laufe der Zeit im heutigen schwäbisch-oberbayerischen Raum mit der bodenständigen Späthallstattbevölkerung. Durch diese Vermischung entstand zwischen Bodensee und Inn der keltische Teilstamm der *Οὐινδελικοί* oder *Vindelici*, dessen Hauptort in dem großen Ringwall von 380 ha Innenfläche bei Manching im Kreis Ingolstadt, also östlich der Lechmündung in die Donau, zu vermuten ist. Die Kelten überfluteten in der folgenden Zeit ganz Süd- und Mitteldeutschland und den böhmischen Kessel, Frankreich, das Rheinmündungsgebiet und die britischen Inseln. Nach 400 stießen sie aus dem neukeltischen Alpenvorland weiter nach dem Süden, 387 belagerten die Kelten Rom, die aufstrebende Stadt in Mittelitalien. Die keltischen Einbrüche in die italienische Halbinsel endeten erst 282, worauf die Keltenzüge sich in den Balkan, nach Griechenland und Kleinasien ergossen. Die keltische Umfassung der Alpen von Norden und von Süden her dauerte bis ins zweite Jahrhundert v. Chr. Erst um 195 warfen die erstarkten Römer die oberitalienischen Kelten an die Alpen zurück, wo die andersstämmigen, vielleicht illyrischen Raeter als altes Bergvolk sich gehalten hatten. Es wäre zu erwarten, daß die Quellen für die Geschichte der vindelikischen Kelten und ihrer späteisenzeitlichen, nach dem Schweizer Fundort La Tène benannten Kultur im Augsburger Gebiet reichlicher flössen als für die früheren Zeiträume. Aber das Gegenteil ist der Fall. Eine schriftliche Überlieferung in keltischer Sprache gab es noch nicht, wenige hundert Wörter der ausgestorbenen festlandkeltischen Zunge kennen wir nur aus lateinisch und griechisch geschriebener Überlieferung. Die Sprachforschung mußte in mühseliger Vergleichungsarbeit erschließen, daß die heutigen Namen von Lech und Wertach keltische sind und sich von *Lika* oder *Likos*, »der Steinige«, und *Virdo*, »die Schnelle«, herleiten.

Wir erfahren nicht einmal etwas darüber, ob die gefürchteten germanischen Kimbern zu Ende des ersten vorchristlichen Jahrhunderts durch das Lechtal zum Alpenübergang nach Italien gezogen sind. Die Wissenschaft des Spatens hat sich bisher vergeblich bemüht, das Fehlen literarischer Angaben zu ersetzen. Da wir den Manchinger Hauptplatz mit seiner Stein-, Holz- und Erdbefestigung durch die Ausgrabungen seit 1937 recht gut kennen, wäre die Bestimmung von Überresten einer wallumgebenen keltischen Volksburg im Augsburger Umkreis einigermaßen erleichtert – wenn nur eine einzige Spur einer Keltensiedlung im Stadtgebiet oder im örtlichen Bereich dieser Darstellung nachzuweisen wäre. Für das nördliche Altstadtgebiet auf der Spitze der Hochterrassenzunge, das als Ort einer Augsburger Volksburg vor allem in Frage käme, fehlen nicht nur alle Kleinfunde, die Untersuchung der ältesten römischen Siedlungsschicht hat sogar beachtliche Tatsachengrundlagen eines Gegenbeweises gegen eine Siedlung erbracht. Lediglich im Stadtgebiet rechts des Lechs, in Lechhausen, fand sich ein sog. Regenbogenschüsselchen, eine kleine, muschelförmige, wohl in Manching geprägte, vindelikische Goldmünze. Sie ist der älteste Augsburger Münzfund. In der Umgebung haben wir ein noch zu Ende des vorigen Jahrhunderts in einer Sandgrube bei Stätzling entdecktes ebenerdiges keltisches Grab, vielleicht aus dem 4. Jahrhundert v. Chr. Es enthielt als Beigaben zum Skelett zwei Armringe und einen Halsreif aus Bronze. Ferner lag auf dem rechten Lechufer südöstlich von Augsburg beim Kirchlein St. Afra im Felde eine spätkeltische Viereckschanze mit 105 m und 119 m langen Erdwallseiten, nach heutiger Erkenntnis keine Befestigungsanlage, sondern eine Kultstätte der keltischen Priesterkaste, die ebenfalls eine Ansiedlung auf dem östlichen Hügelrand vermuten läßt.

Es bleibt also an wirklicher Kenntnis des vindelikischen Lebens in unserer Gegend wenig genug. Wiederum haben sich über 400 Jahre Geschichte im Augsburger Raum abgespielt, ohne daß wir die Vorgänge befriedigend darstellen können. Diesmal wissen wir, wer die Bewohner gewesen sind, aber dafür fehlen ihre Spuren. Noch immer stehen wir vor dem Beginn der eigentlichen Stadtgeschichte. Erst kurz vor Christi Geburt hebt sich plötzlich der weltgeschichtliche Vorhang auf unserer Bühne. Der Augsburger Raum wird römisch.

Das römische Augsburg

Rom hatte den Kelten seit 125 v. Chr. Schritt für Schritt Gallien (Frankreich, die Westschweiz, das Land links der Rheinmündung) und Britannien entrissen. 44–43 v. Chr. führten räuberische Einfälle der Räter nach Oberitalien zu einem römischen Feldzug ins mittlere Alpengebiet. Die Tage der keltischen Herrschaft im Augsburger Bereich waren gezählt, als das beginnende römische Kaisertum in der Absicht, das Herzland des Reiches gegen Norden besser zu sichern, seine Aufmerksamkeit auf das noch fast ganz waldbedeckte nördliche Alpenvorland richtete. Im Jahre 15 v. Chr. beauftragte Kaiser Augustus seine Stiefsöhne Drusus und Tiberius mit der Unterwerfung der rätischen Alpenbewohner und der Kelten bis zur Donau.

Der spätere griechisch-römische Geschichtsschreiber Dio Cassius hat nicht allzu viel Genaues über den Feldzug ermittelt und in seiner römischen Geschichte berichtet. Drusus drang mit italischen Legionstruppen durch das Etschtal vor, schlug die Bergstämme bei Trient, zerstörte ihre Befestigungen, zog dann über den Inn und den Fernpaß das Lechtal abwärts; Tiberius marschierte mit in Gallien stationierten Legionen durch die Schweiz an den Bodensee, lieferte dort ein Seegefecht und ging darauf nordostwärts über die Iller vor. Die Kelten des Augsburger Raumes hatten sich wie ihre Bruderstämme vielleicht durch Befestigung ihrer Gutshöfe mit Gräben auf den römischen Angriff vorzubereiten versucht. Aber die Vindeliker mußten der überlegenen römischen Kriegführung rasch das Feld räumen. Der vindelikische Hauptplatz Manching wurde zerstört, die Kelten östlich des Inns unterwarfen sich freiwillig der römischen Herrschaft. Bald darauf fielen die germanischen Markomannen aus dem den Kelten bereits entrissenen Mainland ins keltische Böhmen ein und versetzten damit der keltischen Festlandsmacht den Todesstoß. Den Sieg des Drusus und Tiberius verkündete ein im Jahre 6 v. Chr. bei Monaco hoch über dem Mittelmeer errichtetes Denkmal, das *tropaeum Alpium,* das noch heute als Ruine erhalten ist. Seine von dem römischen Gelehrten Plinius d. Ä. († 79 n. Chr.) überlieferte Inschrift nannte unter den überwundenen rätischen und keltischen Stämmen wiederum die *Vindelicorum gentes quattuor*, vier Stämme der Vindeliker.

Ein Chronist des Feldzuges, der uns einiges über diese Leute, Barbaren in den Augen der Eroberer, hätte erzählen können, scheint sich im siegreichen Römerheer nicht gefunden zu haben. Ein großer Teil der überlebenden vindelikischen Mannschaft wurde weggeführt, um wie üblich in anderen Provinzen des Reiches römischen Kriegsdienst in Hilfstruppeneinheiten zu tun.

Beim Abrücken des Eroberungsheeres ließen Drusus und Tiberius starke römische Feldtruppen als Besatzung im Lande. Zur Anlage eines beherrschenden Garnisonlagers im Herzen des keltischen Alpenvorlandes schien die Augsburger Gegend besonders geeignet. Die beiden aus den Alpen herabführenden Wasserwege, der Lech und die Wertach, an denen die kiesigen Flußgefilde beiderseits den gefährlichen Urwald zurückschoben, boten verhältnismäßig sichere Verbindungslinien vom Fernpaß-Reschenscheideck und vom Bodensee zur neugewonnenen Donaugrenze. Nirgends sonst konnte die Nordverbindung so leicht einen vom Rheinknie bei Basel herangeführten Seitenweg der Rhone-Rheinstraße aufnehmen wie hier. Post, Soldzahlung und Nachschubverkehr konnten notfalls auch auf dem Floßwege zu einem vorgeschobenen starken Stützpunkt geleitet werden, der natürlich mit Rücksicht auf den Lechübergang am vorteilhaftesten unmittelbar vor dem Zusammenfluß von Lech und Wertach zu errichten war. Er lag hier, etwa 30 km von der Donau entfernt, noch weit genug zurück, um als Winter-Standlager größerer Truppenverbände für etwaige weitere Feldzüge in nördlicher Richtung zu dienen. Es wurde also sogleich oder nach einem Feldzug von 9 v. Chr. an der Wertach nahe der Einmündung in den Lech ein Lager für einen römischen Legionsverband errichtet, wohl wie üblich für zwei Legionen, wahrscheinlich die 21. und die italisch-südgallische 16. nebst Hilfstruppen.

Von diesem Legionslager wissen wir allein durch aufgefundene Überreste, die allerdings nur ungefähre Auskunft über die Stelle des Uferlagers geben. In einer Kiesgrube auf dem linken Wertachufer am Nordrand von Oberhausen fanden sich am Anfang unseres Jahrhunderts ein

Bronzemesser und ein kleiner Bronzeeimer römischer Herkunft. Bald mehrten sich die römischen Einzelfunde aus Bronze und namentlich aus Eisen, darunter ein eiserner Legionärshelm und römische Münzen, so daß auf eine bedeutende Fundstelle geschlossen und 1913 die Grabung begonnen wurde. Unter einer 1,5 bis 2 m tiefen Kiesschicht, auf der Sohle eines in den älteren Schotterböden eingeschnittenen Wasserlaufes – offenbar eines alten Wertachbettes –, zeigte sich nun der zugängliche Teil einer römischen Fundschicht mit rund 10 000 Einzelstücken. Die Fundstücke schienen dort durch ein Hochwasser eingeschwemmt worden zu sein. Was als geschlossene Fundmasse mit Faschinenresten einer Uferlände zum Vorschein kam, gab ein hervorragendes Bild von dem hochentwickelten und straff organisierten Heerwesen Roms in der Zeit des Kaisers Augustus. Allein an Eisenresten wurden etwa 450 kg gehoben. Von Tracht und Bewaffnung der Legionäre und Hilfstruppen stammten Metallteile von Schild und Helm, darunter noch eine ganze Eisenhelmhaube, Dolche, Stücke des legionarischen Wurfspießes mit Eisenspitze, von Schwertscheiden und Wehrgehängen, Lanzen- und Pfeilspitzen und sonstige Wurfgeschosse, darunter ein eiförmiges Schleuderblei. Einige der gefundenen, teilweise sichelartig gehämmerten Eisenmesser dienten augenscheinlich zum Abschneiden von Ästen und Zweigen. An Schmuckgegenständen begegneten eine Gewandfibel aus Silber, einfache Spiralfibeln aus Eisen und verschiedene Bronzefibeln, darunter eine von oberitalischer Form, ferner Fingerringe aus Eisen mit ovalen Bildplättchen. Neben bronzenen Kleininstrumenten und mehreren hundert Schreibgriffeln aus Bronze und Eisen häuften sich bronzene und eiserne Schlüssel. An Handwerksgeräten entdeckte man einen Feuerstahl, kleine Ambosse, Hämmer, Hacken, Beile, Stemmeisen, Bohrer, Zangen, Nagelzieher, Meißel, Schere und Spitzhaue, auch ein paar Stücke Lötzinn, reichliche Schmiedeabfälle und zahllose Holz- und Schuhnägel in allen Formen und Größen. Von landwirtschaftlichen Geräten erschienen Sensen, Sicheln und anderes; eiserne Wagenteile zeugten von der Verwendung von Wagen, Reste von Pferdegeschirr, Bronzeglöckchen und Stallhaken, auch eine größere Masse braunkohlenartig verfestigten Heus von Pferdehaltung. Tierische Knochenreste stammten von Rind, Schwein, Ziege und Huhn, auch vom Waldbären. Hausgerät war vertreten durch bronzene Gefäßteile und Reste von Kasten und Truhen, durch Bruchstücke von Weinkrügen und Reibschüsseln, endlich von gestempelter feinerer Töpferscheibenkeramik, der weichen italischen Terra sigillata mit ihrem glänzenden roten Überzug und gelegentlicher Bildzeichnung oder Ornamentverzierung. Farbiges Glas und eine farbige Perle fehlten nicht. Von besonderer Wichtigkeit aber mußten die gefundenen 378 römischen Münzen sein. Die schönste ist eine guterhaltene Goldmünze des Augustus. Das Silbergeld bestand zum größten Teil noch aus Prägungen der Republik und der Triumviratszeit; der älteste silberne Denar reichte bis in die letzten Jahre des zweiten Jahrhunderts v. Chr. hinauf. Auch zwei geringhaltige keltische Silbermünzen der vorchristlichen Zeit waren darunter. Die überwiegende Mehrzahl des Kupfergeldes war unter Augustus geprägt. Diese Kupfermünzen waren etwa zur Hälfte in Italien, zur andern in Gallien gemünzt; dazu kamen einige Prägungen der keltischen Aduatuker und eine spanische Stadtmünze. Die Zusammensetzung des Münzbestandes deutete auf Truppen der gallischen und rheinischen Garnisonen. Den Befehlshaber kennen wir aus einer Inschrift. Es war *Caius Vibius Pansa, legatus Augusti pro praetore in Vindolicis*, also ein Legat im Range eines römischen Prätors.

Die 21. Legion wurde wohl nach der Niederlage des Legaten Varus gegen die Germanen 9 n. Chr. an den Niederrhein verlegt, die 16., die im Winter 13/14 offenbar noch in ihrem Lager Oberhausen war, erscheint im Jahr 14 in Mainz; sie hat wohl an den Feldzügen des Drusussohnes Germanicus in Norddeutschland teilgenommen. Nach ihrem Scheitern wurden die Eroberungspläne gegen das freie Germanien von Rhein und Donau her 17 n. Chr. endgültig aufgegeben. Zur Verteidigung gegenüber den geschwächten keltischen Volksresten nördlich der Donau waren nun keine starken römischen Feldtruppen mehr erforderlich. Der rechte Flügel der römischen Militärlinie wurde südwärts nach Vindonissa in der Schweiz zurückgenommen, die Stellung am Lech vorübergehend auf den Lorenzberg bei Epfach. Die jüngsten Münzprägungen aus dem Lager Oberhausen reichten bis zum Spätsommer 15 n. Chr., also über die Regierungszeit des Augustus hinaus; eine Münze trägt den Gegenstempel des Germanicus. Bald darauf muß die Resttruppe der Garnison das Lager geräumt haben.

Die Auffindung von Spuren der Feuereinwirkung an verschiedenen Metallgegenständen und von formlosen Klumpen geschmolzenen Metalls läßt darauf schließen, daß es im Lager brannte. Seine Bauten, die Baracken, Stallungen, Wagenschuppen, Werkstätten, Magazine und Nebengebäude, waren mit Sicherheit aus den Baumaterialien aufgeführt, die seit der Frühbronzezeit im Augsburger Umland verwendet worden waren, aus Holz, Lehm und Stroh. Eine planmäßige Einäscherung durch die Besatzung selbst ist wahrscheinlich. Was Dauer hatte, war die einmal erkannte Gunst der Augsburger Lage für eine von Italien und Gallien her zur Donau vorgeschobene Niederlassung. Und sobald sich das römische Interesse an der Nordausweitung und an der organisatorischen Festigung des Italien deckenden Alpenvorlandes wieder belebte, kam es zur Stadtgründung auf der Hochterrassenzunge, zuerst vermutlich zu einem kleinen Kastell für eine Reiterhilfstruppe am Ostrand.

Die Stadt Augsburg hat nicht das Glück, ihr Gründungsjahr zu kennen. Das Ereignis der römischen Ansiedlung auf der Hochterrassenspitze im Mündungswinkel zwischen Lech und Wertach fällt aber nach allen gegebenen Anzeichen in die Zeit des Kaisers Tiberius und zwar in seine spätere Regierungszeit bis gegen 30 n. Chr. Die Planung dürfte noch auf Augustus zurückgehen. Die völlige Neugründung des Platzes wird ziemlich eindeutig dadurch erwiesen, daß die Grabungen im Umkreis der römischen Stadtfläche an weit auseinanderliegenden Stellen Pfahlwurzellöcher der vorhergehenden natürlichen Walddecke und Kohlespuren des Abbrennens von Unterholz zutage förderten. Die früheste aufgefundene Siedlungsschicht bestand aus teilweise verbranntem Lehmfachwerk über kiesbedeckten Lehmbodenschichten. In der ersten Lehmfachwerkschicht lagen Keramikreste von Gefäßen, Bechern und Tellern selten italischer, häufiger südgallischer Form wohl aus der Spätzeit des Tiberius. Die Fundbelege dieser ersten Stadtanlage zeigten sich schon für die Mitte des ersten Jahrhunderts über das ganze Stadtgebiet der Römerstadt verstreut. Zur selben Zeit begann sich über die Reste des früheren Lehm- und Holzbaues bereits eine zweite Schicht des steinernen Bauens zu legen. Auf den Lehmunterlagen oder auf Rollkieselgrund entstanden die ersten Steinbauten mit Tuffsteinmauern und Ziegeldächern.

Die Stadt war offenkundig von vornherein völlig planmäßig angelegt. Mit Anlehnung an die Ränder der Hochterrassenzunge im Norden und Osten und an eine Geländestufe des Hochterrassenfeldes im Süden wurde eine Fläche gewählt, die nach Westen, der Wertach zu, noch wachsen konnte. Die Entfernung vom Ost- zum Westrand betrug 2500 römische Fuß (750 m), die vom Nord- zum Südrand 3000 Fuß (900 m). Die vorausgegebene Straßenachse war die durch die Stadt geführte Südstraße von den Alpen her. Schon im Jahre 46/47 ließ der Drusussohn Kaiser Claudius die von seinem Vater angelegte Alpenstraße über Reschenscheideck und Fernpaß, Reutte, Füssen und Epfach (Abodiacum) bei Schongau mit Kiesaufschüttung zu einer großen künstlichen Fahrstraße ausbauen und bis zur Donau hin fortsetzen. Die mit Meilensteinen gesäumte Straße erhielt nach dem Kaiser den Namen *Via Claudia Augusta*. Die Inschriften zweier erhaltener Meilensteine bei Meran und Belluno belegen ihre Geschichte; an ihrem vorläufigen Endpunkt Burghöfe bei Mertingen südlich Donauwörth, wo wahrscheinlich eine kleine Truppe nördlich der neugegründeten Stadt ihr Lager bezog, wurde ein Holz-Erdkastell *Summuntorium* angelegt. Die Via Claudia lief von Süden her 4,3 bis 4,6 m breit auf dem Niederterrassenrand geradewegs durch das heutige Haunstetten; sie wurde auch im südlichen Stadtgebiet zwischen Haunstetten und der Altstadt gelegentlich angeschnitten, erreichte vielleicht erst vor der Perlachgegend den Hochterrassenrand und bildete dann mit ihrer Kiesschotterung die städtische Hauptstraße (via principalis). Sie verließ den Römerplatz von der Stadtmitte ab in nordwestlicher Richtung zu einem Flußübergang über die Wertach kurz vor deren Mündung. Auf dem linken Wertachufer erreichte sie, bald nördlich der jetzigen Stadtgrenze wieder nachweisbar, geradlinig Gersthofen. Schon unter Claudius entstand durch die Augsburger Stadtmitte auch eine große Ost-Weststraße, die rechtwinkelig zur nordwestlichen Straßenrichtung verlief, vom Westzugang der Stadt aus über Göggingen nach Südwesten zog und die Verbindung mit den römisch-keltischen Voralpenstädten Kempten (Cambodunum) und Bregenz (Brigantium) herstellte. Von dort ging die Verbindung über Chur (Curia) und die Graubündener Alpenpässe nach Mailand oder über das Rheinknie bei Basel nach Lyon. Nach Osten führte die Straßenverbindung auf der Höhe der Hochzoller Lechbrücke über den Lech und dann in Richtung des heutigen Friedberg nach Freising. Über den Ausbau dieser Straße wissen wir nichts Näheres.

Die ganze Augsburger Siedlungsanlage wurde schon sehr bald mit einer festen Holzumwehrung geschützt, deren Verlauf streckenweise verfolgt werden kann. In mühsamer Bodenuntersuchung gelang es auch, die Stellen des römischen Westtores, eines Tuffsteinbaues aus der zweiten Hälfte des 1. Jahrhunderts, sowie eines steinernen Südtores nachzuweisen. Wohl im ersten Drittel des 2. Jahrhunderts wurde der ans Tor anschließende Wall durch eine Tuffsteinmauer auf Rollkies ersetzt. Vor dem Westtor fanden sich noch einige Lehmfachwerkbauten des 1. Jahrhunderts. Von der römischen Wasserleitung kennen wir bisher nur kurze Stücke vor dem Westtor, Leitungskanäle mit Verschalung aus angekohltem Holz, die beiderseits der Südweststraße in die Erde eingelassen waren. Diese Wasserleitung gewann ihr Nutzwasser oberhalb Augsburgs aus der Singold oder aus dem Lech. Regenwassergewinnung bezeugen dagegen eine Reihe von Zisternen am östlichen Hochterrassenrand, an dem auch besonders viele Quellen austreten, und im übrigen Stadtgebiet. Mehrfach fanden sich Reste römischen Straßenpflasters von der Hauptstraße. Die immer zahlreicheren Steinhäuser ordneten sich in ein zweites, ziemlich unregelmäßiges Straßensystem mit Kiesschüttung ein.

Ein deutliches Bild des Stadtplanes mit seinen einzelnen Quartieren haben die bisherigen Grabungen noch nicht ergeben. Das römische Augsburg war offenbar im Gegensatz zu Kempten, aber auch etwa zum römischen Köln nicht in regelmäßige quadratische Baublocks geteilt. Ferner muß man bedenken, daß die Baufläche der römischen Stadt 2–7 m tief unter der heute wieder dicht bebauten Kernstadtfläche liegt und daß die nachrömischen Jahrhunderte das wertvolle Hausteinmaterial der Römerbauten, Tuff und Donaukalkstein (Quader), vielfach für anderweitige eigene Bauten verwendet, also von der ursprünglichen Verwendungsstelle weggeschafft haben. So wissen wir leider nicht einmal sicher, wo das Forum der Stadt, der zentrale rechteckige Marktplatz mit seinen Verwaltungsgebäuden, lag. In ihnen wurde die politische Rolle des Platzes augenfällig.

Der feste Römerplatz an der Lech-Wertachmündung, der vorerst wahrscheinlich die Rechtsstellung eines Marktes besaß, wurde vielleicht gleichzeitig mit dem Ausbau der Fernstraße zum Sitz eines unmittelbar dem Kaiser unterstellten Statthalters, dem Rechtsprechung, Verwaltung, Steuerwesen und Hilfstruppenkommando im westlichen Nordalpenland

AUGSBURG

Plan der Römerstadt von Ludwig Ohlenroth

Stand: 31. 12. 1953

Rote Eintragungen betreffen entsprechend der untenstehenden Erläuterung die römische, schwarze die heutige Stadtanlage.

3. Quadratisches Gebäude mit Heizung und umlaufender Säulenhalle (Fresken!)
5. und 6. Mehrperiodige Gebäude
7. Mehrperiodige Doppelthermenanlage
13. Ausgedehnter Gebäudekomplex, Holz- und Steinperioden, nur z. T. Wohngebäude, sonst hallenartige Bauten und große Höfe
17. Große Thermenanlage
42. Zwei mehrräumige Gebäude, das östliche mit Freskowänden und Mosaik, darüber werkstückfundierter Bau
43. Gebäudekomplex, darunter schmaler Langbau mit spätrömischen Umbauten ins Frühmittelalter reichend
46. Gebäude mit Heizung, sechs Räume
47. Holzbauperioden, darüber Tempel mit Vorhalle
48. Holz- und Lehmfachwerkbauten, Zisternen, darüber mehrperiodige Gebäude, u. a. tempelähnlicher Bau mit Vorhalle
57. Westmauer und Doppeltor der röm. Stadt, Straße mit Wasserleitung, zahlreiche Zisternen, mehrere Lehmfachwerk-Brandperioden und Gebäudeteile, mehrperiodig
58. Gebäudekomplex, mehrfach bis ins Frühmittelalter umgebaut, darunter mittelröm. Säulenhallenbau an der Straße und im 5./6. Jahrhundert Baptisterium, mehrperiodige Taufanlage, Priesterchor mit Altar, Reliquiengrab, Lesepult und Priesterbank, südlich durch Befestigungsgraben geschützt.

Auszug aus der Originallegende des Autors mit Verdeutschungen · Nach dem Abdruck in der Zeitschrift Germania, 1954.

485
475
490
2
3
4
5
6
7
8
10
11
12
13
14
15
16
17
18
19
21
22
23
24
25
26
27
28
29
30
31
33
34
35
36
37
38
39
40
42
43
44
45
46
47
48
50
51
52
53
54
56
57
58
59
60
61
62
63
64
498
490
491
488
485
476
475
470

anvertraut waren, des *procurator Caesaris Augusti in Vindalicis et Raetis et in valle Poenina,* kaiserlichen Prokurators oder Präfekten in Vindelikien, Raetien und im oberen Rhonetal und heutigen Wallis (Valais). Die neue Provinz, die seit den siebziger Jahren mit dem einfachen Namen *Raetia* erschien, schob sich nun zwischen die obere Provinz Germania (linkes Mittelrheinufer, Elsaß, Burgund und Westschweiz; Hauptstadt Moguntiacum–Mainz) und die Provinz Noricum (Österreich) ein. Im Süden grenzte sie an die oberitalischen Provinzen Histria-Venetia (Hauptstadt Aquileia) und Gallia Transpadana (Hauptstadt Mediolanum–Mailand). Die raetische Provinzhauptstadt war also nach Westen, Osten und Süden hin fest ins Netz der Reichsorganisation eingefügt. Der Norden war Grenzfront, doch bestanden nach dem etwas späteren Bericht des bekannten römischen Geschichtsschreibers P. Corn. Tacitus auch friedliche Austauschbeziehungen mit dem freien Germanien, zu dem jetzt bereits das heutige Mittelfranken gehörte. Seine wohl 98 n. Chr. verfaßte »Germania« teilte mit, daß mit den Germanen im allgemeinen am Flußufer (der Donau) Handel getrieben werde; nur der den Römern treu ergebene Stamm der Hermunduren werde zum Handel ins Innere der raetischen Provinz und in deren glänzendste Pflanzstadt, *splendidissima Raetiae provinciae colonia,* zugelassen. Den Namen der mit einem freilich damals öfter gebräuchlichen Beiwort gerühmten Handelsstätte, die nicht verfassungsmäßig »Kolonie« war, nennt Tacitus leider nicht, doch kann sich die Stelle kaum auf einen anderen Platz als auf Augsburg beziehen.

Verwüstungen durch Ausschreitungen durchziehender Legionstruppen unterbrachen 69 die Entwicklung der Ansiedlung nur vorübergehend. Ihre Binnenlage wurde in der Folgezeit vollendet, als Kaiser Vespasian 73/74 das bisher noch nicht römische heutige Südwestwürttemberg und Südbaden und Kaiser Domitian im Jahre 85, über die Donau nordwärts ausgreifend, das Ries und die schwäbische und fränkische Alb ins Reich einbezog. Die neugewonnenen Gebiete nördlich der Donau wurden zur Provinz Raetia geschlagen, deren Nordgrenze, der sogenannte raetische Limes, damit auf die mit Kastellen gesicherte Linie Heidenheim a. Brenz – Oberdorf am Ipf – Munningen – Gnotzheim – Weißenburg i. B. – Pfünz a. d. Altmühl vorrückte. Nun konnte vom Augsburger Wertachübergang her eine ausgebaute Römerstraße auch nordwestwärts über Günzburg (Guntia) und die Donau in das sogenannte Decumatenland und an den mittleren und unteren Rhein, in die beiden germanischen Reichsprovinzen geführt werden. In der gesteigerten Sicherheit und dank der Vermehrung der Verbindungen schlug der Puls des provinzialen Lebens kräftiger als bisher, begann die Blütezeit des römischen Augsburgs.

Diese Blüte zeigte sich zunächst in der Ausgestaltung der staatlichen Gebäude. Es gab da üblicherweise das *Praetorium*, das Gerichts- und Verwaltungsgebäude, und das *Tabularium*, das Finanzamt der Provinz, es gab das Haus des Prokurators und die Unterkünfte seiner berittenen und Fußgarde. Dazu kamen die *Curia* und die *Basilica*, die Rats- und die Gerichtshalle der Stadtgemeinde, sowie der Forumtempel, das Capitol. Von dem Prunk der Großbauten zeugen nur einzelne Werkstücke wie große Wandpfeilerkapitäle mit Akanthus- und Blattornamenten, Gesimse und Teile von Säulenschäften aus Juramarmor, deren vollständige Höhe fast acht Meter betragen haben muß. Gewölbebruchstücke mit Architektur- und Blütenbandbemalung ermöglichten die Rekonstruktion eines schon früh abgebrochenen, ganz mehrfarbig gefaßten Gewölberaumes. Wenn sich die Hauptstadt der von der Natur nicht vorzüglich gesegneten Provinz Raetien auch mit den rheinischen Römerstädten nicht messen konnte, so wußte Rom doch überall darzustellen, was das Reich vermochte und beanspruchte. Einige dieser Architekturteile sind vor dem Augsburger Dom wieder aufgestellt worden.

Ein Theater oder Amphitheater, das vielleicht nicht nur aus Holz war, hat sich bisher nirgends entdecken lassen. Dagegen kennen wir zwei der öffentlichen Bäder, denen die Römer auch in dem unfreundlichen Vindelikien nicht entraten wollten. Im Nordteil der Stadt wurden Grundmauerteile eines öffentlichen Badegebäudes, eines mehrräumigen Warmbades entdeckt. Sie verbanden sich noch mit einer Wanne und mit Resten von Alabasterbecken, Marmorbelag, Mosaik, Stuckfriesen und Bronzestatuetten. Eine umfangreichere Badeanlage, wohl eine Doppeltherme für Männer und Frauen, kam 1937 am Nordostrand der Römerstadt ans Licht. Von dieser rund 40 m langen und 18 m breiten Therme wurden mehrere größere Räume mit Heizeinrichtung aus hohlen Heizkacheln freigelegt. In einem Raum für kalte Bäder fand sich hier auch eine halbkreisförmig gerundete, gemauerte Wanne, in die mehrere Stufen hinabführten, davor ein Aufenthaltsraum mit parkettartigem Fußbodenbelag aus Ziegelsteinchen und Wandbemalung. Südlich dieser Thermen muß man im 16. Jahrhundert zufällig auf den damals noch erhaltenen Mosaikboden gestoßen sein, den der Augsburger Altertumsfreund Marcus Welser 1594 in sorgfältiger Nachzeichnung abbildete. Das damals aufgedeckte Bodenstück stellte im Mittelstreifen in elf Bildquadraten Quadrigen und eine Zielsäule von Wagenrennen, kämpfende Gladiatorenpaare, einen übenden Rekruten, Raben und einen Hahn dar. Schon Welser berichtete von einer fortschreitenden Zerstörung durch die Witterung, die ihr Werk dann rasch vollendete.

Insgesamt ist vom Mosaikschmuck der Fußböden nicht so viel erhalten geblieben wie in Köln oder Trier. Die reicheren Reste der Augsburger Wandmalerei zeigen einen engen Motivzusammenhang mit Arbeiten in den rheinisch-germanischen und gallischen Provinzen. Der große Thermenbau gab den umfangmäßig größten Freskenrest aus Raetien preis, Leuchter- und Architekturdekorationen mit paarweisen roten Vögeln, Akanthuskelchen, Lanzenpaaren über Rundschilden. Schöne Beispiele bot auch der besterhaltene Privatbau des römischen Augsburg vom Nordrand der Hochterrassenzunge, der in die mittelalterliche Besiedlung nicht einbezogen war. Dieses Haus war wohl ein Nebenbau einer auf den Flußmündungswinkel hinabblickenden Villa. Es zeigte noch Reste einer umgebenden Säulenhalle und die Reste einer vielgestaltigen Wandmalerei: Wände mit linearen und Spritzmustern in Rot und Gelb, mit pompejanisch-roten, hellgrünen und schwarzen Flächen, darin gelben und roten Leuchterpfeilern, hohen Schirmlampen, sitzenden Sphinxpaaren und einem flatternden Nilschwan, Fruchtzweigen von Blättern, Beeren und Äpfeln und dunkelroten Trieben. Von derselben Fundstelle stammen Teile eines größeren figürlichen Wandgemäldes des 2. Jahrhunderts, das auf schwarzem Grund die Tötung der Niobekinder durch Pfeilschüsse der Götter darstellte. Ein Freskostück zeigt einen Jüngling in smaragdgrünem Gewand, eines den Teil eines stehenden Herkules mit Keule.

Mehrere Privatbauten hatten, wie die Bäder, Fußbodenheizung aus Heizkacheln und Abwasserkanäle aus großen Ziegelplatten. An den benachbarten Hängen des Lech- und Wertachtales entstanden vereinzelte Landhäuser, die den Wohnbauten in Augsburg wenig nachgaben. Grundmauerreste von einer Villa mit umlaufender Säulenhalle fanden sich im südlichen Stadtbergen am Ostrand der westlichen Hochterrasse. In einer Kiesgrube nördlich von Friedberg stieß man auf die Reste römischer Brandgräber und nahebei auf Bau- und sonstige Hausabfälle, darunter Heizkacheln. Auch hier muß ein römisches Landhaus gestanden haben.

Nach alledem wird man sich von der Bau- und Wohnkultur der Römerstadt mitten im unwirtlichen Alpenvorland eine gewisse Vorstellung machen können. Für die weitere Ergründung der Stadtgeschichte stehen zunächst eine Schriftstellernotiz, an die hundert römischen Inschriften von etwa der ersten Jahrhundertwende ab und zahllose Kleinfunde zur Verfügung. Wir erfahren erstmals den Namen der Stadtgründung und Namen der hier ansässigen Menschen.

Die erste Nennung des Stadtnamens fällt ungefähr in die Mitte des zweiten Jahrhunderts. Der griechische Geograph Ptolemäus führte sie damals als *Αὐγοὐστα Οὐινδελικῶν* (*Augusta Vindelicum*), als die Augusta der Vindeliker an. Der Stadtname war also nach dem Kaiser gewählt worden, der den Entschluß zur Gründung faßte. Eine Inschrift von 186 aus dem unteren Jagsttal im Decumatenland und eine vom Mittelrhein von 210 sprechen von *Aelia Augusta,* eine Inschrift aus der Stadt selbst sagt *Municipium Aelium Augustum,* eine weitere *res publica civitatis Aeliae Augustae.* Diese Angaben lassen darauf schließen, daß Kaiser Hadrian, der 122/123 Raetien bereiste, die Stadt durch Beifügung seines Geschlechts-, des Aeliernamens auszeichnete und daß er sie darüber hinaus auch rechtlich zur römischen Vollbürgergemeinde mit Selbstverwaltungsbefugnis, zum »municipium« erhob.

Von den Stadtbewohnern kennen wir vorerst die hierher versetzten Staatsbeamten, teils freie Römer, teils – in der Finanzverwaltung – fachlich tüchtige Sklaven, und die Leibwache. Wer aber waren die eigentlichen Gemeindeangehörigen? Die Verfassung eines provinzialen römischen Munizipiums, zu dem ein mehr oder weniger umfangreiches Territorium, die *civitas,* gehörte, gliederte die freie Bevölkerung in zwei Gruppen, in die vollberechtigten Bürger oder *cives* italischer oder auch keltisch-römischer Herkunft mit Heimatrecht samt Bürgereinschreibung in einem Viertel der Stadt Rom, für Augsburg der Tribus Sergia, und in die einheimischen, also vindelikischen Einwohner oder *incolae* mit bloßem Wohnrecht. Die *incolae* besaßen das aktive, die *cives* sowohl das aktive als auch das passive Wahlrecht zur munizipalen Selbstverwaltung, vor allem zum Stadtrat, den die *decuriones* bildeten. Diese Ratsherrn mußten Vermögen besitzen, waren Eigentümer großer Landgüter und zählten zum vornehmsten Stande der Gemeinde. Seit der Zeit Kaiser Hadrians wuchs zwar das Aufsichtsrecht des Provinzstatthalters und damit der kaiserlichen Regierung über die Munizipalvertretung immer stärker an. Gleichzeitig wurden aber andererseits die Rechte der Bürger zugunsten des Stadtrats beschnitten und in allen wichtigen Dingen auf die lebenslänglich gewählten, ehrenamtlichen Dekurionen beschränkt. Mehrere der etwa hundert Stadträte kennen wir aus Inschriften mit Namen, vor allem einen *C. Antonius Aelianus eques Romanus,* also einen Angehörigen des bevorrechteten römischen Ritterstandes. Da die *negotiatores artis vestiariae et lintiariae,* die Kleider- und Leinwandhändler von Augsburg, für sich und ihn einen Tempel stifteten, muß er mit ihnen mindestens in engerer Verbindung gestanden sein. Ein zweiter Dekurio war *negotiator porcarius,* Schweinehändler, ein dritter, *C. Julianius Julius,* führte den Titel *quatuorviralis;* er war Mitglied des munizipalen Beamtenkollegiums der *quatuorviri,* der vier hauptamtlichen Bürgermeister und Polizeiräte für Rechtsprechung und öffentliche Verwaltung gewesen und nach seinem Amtsrücktritt üblicherweise Stadtrat geworden. Ein Dekurio war zugleich *sacerdotalis,* Priester. Als weitere kommunale Beamte und Vertreter des zweiten, nicht ratsfähigen Bürgerstandes lernen wir die ehrenamtlichen *seviri Augustales,* den sechsköpfigen Ausschuß einer der Kaiserverehrung gewidmeten Genossenschaft kennen, der jeweils in einem Amtsjahre für Opfer und Spiele Sorge trug. Einer der überlieferten Sechsmänner war seiner Grabschrift zufolge von Beruf *negotiator artis purpurariae,* ein Händler mit purpurnen Stoffen, ein anderer nannte sich *Sextus Attonius Privatus civis Trever,* war also ein Bürger der römischen Moselstadt Trier in der Provinz Belgica. Weitere Aufschlüsse zur Bevölkerungsgeschichte geben einige Augsburger Grabinschriften. So verriet ein beschrifteter Kalksteinblock vom Ausgang des 1. Jahrhunderts den Namen eines *Lucius Valerius Rusticus Lugdunensis,* eines gallischen Bürgers aus *Lugdunum* (Lyon), der vielleicht durch den Keramikhandel in Augsburg ansässig geworden war. Ein anderer Gallier wurde erkennbar durch die

Bezeichnung als *Biturix*, als Bituriger aus Mittelgallien. Durch die Grabinschrift trat auch ein *negotiator artis cretariae et flaturariae*, ein Händler in Gegenständen aus Kreide, Gips und Bronzeguß in Erscheinung.

Einen Teil der Augsburger Ober- und Mittelschicht bildeten also ohne Zweifel zugezogene Kaufleute. Für die Fernhändler gab es sogar eine weitausgreifende Organisation der *negotiatores cisalpini et transalpini*, der Fernhändler beiderseits der Alpen, mit Kontoren in Köln, Lyon und Budapest. Örtliche *collegia*, körperschaftliche Zusammenschlüsse der Handels- und Gewerbetreibenden, besorgten auch die Bestattung und Grabpflege ihrer Mitglieder.

Zum vornehmen römischen Augsburg gehörten aber ebenso wohlhabende Vindeliker, die Landgüter innerhalb der *civitas* besaßen und etwa auch selbst erzeugte Lebensmittel nach Augsburg lieferten. Wurden solche Leute Dekurionen, so waren sie durch die Wohnungspflicht in der Stadt genötigt, dort auch ein Steinhaus zu bauen. Freilich brachte der Anschluß ans Römertum für die wohlhabenden Vindeliker die kulturelle Angleichung mit sich; nach ihnen wurden auch die breiteren Schichten der vindelikischen Einwohner romanisiert. Der kulturellen folgte auch bei ihnen die rechtliche Angleichung. Es ist deshalb sehr schwer, den vindelikischen Bevölkerungsteil in der Überlieferung von den romanisierten Galliern aus den Westprovinzen zu unterscheiden. Aus den Fundamenten der vormaligen Kirche von Gersthofen stammt der Marmoraltar eines Tempels, den laut Inschrift ein *Publius Aelius Senno* gestiftet hat. Man hat angenommen, daß dieser Mann mit dem keltischen Namen dort ansässig war und zur Zeit Kaiser Hadrians das Augsburger Bürgerrecht erhielt. Eine wesentliche Rolle muß aber auch für ihn der Handel gespielt haben, denn seine Tempelstiftung galt dem römischen Handelsgotte Mercurius. Das aufgefundene, über meterhohe Hauptrelief des Altars gibt den Gott fast unbekleidet, mit dem Schlangenstab in der rechten und einem geflügelten Knäblein auf der linken Hand wieder.

Die Tempel der Römerstadt selbst, die wir durch inschriftliche Überlieferung kennen, vermögen wir in zusammenhängenden Resten nicht mehr nachzuweisen. Zwei kleinere tempelartige Gebäude mit Straßenvorhalle am Ostrand der Stadt erlauben noch nicht, dort einen Tempelbezirk anzunehmen. Ein Tempel wurde Pluto, dem Gott der Erde und des Getreidereichtums, und seiner Gattin Proserpina, ein zweiter dem Wald- und Feldgotte Silvanus, ein dritter dem Janus Matutinus geweiht. Weiheinschriften, in denen nicht ausdrücklich ein Tempel genannt ist, sind zahlreicher erhalten geblieben. Sie galten dem römischen Hauptgott, dem Jupiter, sodann wieder Merkur, dem auch eine Votivsäule aus der Baufläche des heutigen Domes gewidmet war, dem Gott des Feuers und der Metallarbeit Vulcanus und verschiedenen göttlich verehrten Mitgliedern der kaiserlichen Familien. Merkurs Namen trug auch ein silberner Fingerring aus einer Graburne. Kleinplastiken von Göttern aus Stein und Bronzeguß haben sich mehr oder weniger bruchstückhaft noch in recht stattlicher Zahl durch die Zeiten erhalten; es sind auch Stücke aus stark vergoldeter Bronze und aus feinem weißem Marmor darunter. In besonders hübschen Bronze- und Terrakottastatuetten erscheint auch Venus. Mehrfach wird durch italische Terrakotten der Einfluß griechischer Kunst deutlich.

Für eine Verehrung einer heimischen Keltengöttin Cisa, die noch heute als Wetterfahnenbild den Perlach krönt, gibt es dagegen keinen glaubhaften Beleg. Sie ist nicht mehr als die Erfindung eines mittelalterlichen Geschichtsschreibers um 1000.

Sind die kleinen Götterbilder schöne Zeugnisse wohl italischen Kunstschaffens, so stammen die reichen Funde von feinen, bilderverzierten Sigillata-Töpferwaren zumeist aus Gallien, zuerst aus Südgallien, in steigendem Maße auch aus Mittelgallien und in der zweiten Hälfte des 2. Jahrhunderts auch vom linken Mittelrheinufer. Auf den Bilderfriesen dieser oft in großen Bruchstücken aufgefundenen, dunkelrot oder hellrot glänzenden Schüsseln und Becher begegnen uns die ganze römische Götterwelt, bekannte Gestalten der griechischen Sage, Kriegs-, Jagd- und Zirkusszenen und ein weltbuntes Tier- und Pflanzenleben. Oft verrät der eingeprägte Firmenstempel den genauen Namen der Werkstätten, auch bei glatten, bilderlosen Gebrauchstöpferwaren, den Töpfen, Reibschalen und Henkelkrügen. Auf dem Hals eines großen Tonkruges war noch in schwarzer Farbe zu lesen, man habe hier *liquamen scombri excellens M. Valeri Maxumi,* prima Makrelensoße des Feinkosthändlers Maxumus vor sich. Austernschalen in der Fundmasse verrieten gelegentlich auch Austernverkauf. Dazu kamen Stücke von Fensterglas, Henkelflaschen und Fläschchen aus Glas, eingeführtes farbiges Kunstglas, ein Stück

Abb. 2 Römisches Turmgrabmal des T. Flavius Martialis aus Augsburg-Oberhausen. Höhe etwa 4,20 m. (Ende des 2. Jahrhunderts)

Abb. 3 Ballenverschnürer. Relief von einem römischen Steingrabmal

Abb. 4 Pferdekopf eines römischen Reiterstandbildes (wohl Kaiser Marc Aurels 161–180). Feuervergoldete Bronze, in der Wertach gefunden

Abb. 5 Alamannisches Reihengrab in Göggingen, Grabkammer (7. Jahrhundert)

kunstvolles Schuppenpanzerhemd aus Eisenmaschendraht und verketteten Bronzeplättchen als hellenistische Arbeit des 1. Jahrhunderts, eine italische Bronze-Henkelkanne, bronzene Schlüssel, goldene, silberne oder meist bronzene Fingerringe, ein langes Anhängertäfelchen aus Bronze mit ehelicher Schenkungsinschrift, Amulette, endlich über 1100 Silber-, Bronze- und Kupfermünzen der Kaiser seit Augustus.

Unsere Kenntnis des Augsburger Stadtlebens wird vervollständigt durch eine große Zahl von Grabfunden. Nach römischer Sitte lagen die Gräber vor der Stadt an den Landstraßen zur Donau, nach Günzburg, Kempten und Füssen. Es handelte sich dabei um Brandgräber mit roten oder schwarzen Aschenurnen aus Ton und Beigaben von tönernen Grablampen aller Formen etwa vom Jahr 30 an, von Schmuck, Tonbechern und kleinen Glasflaschen, zuweilen mit gemauerten Grüften oder genagelten Holztruhen. Dem Andenken der Verstorbenen über der Erde dienten steinerne Grabmäler, meist aus Jurakalk.

Anschaulicher als bloße Inschriften berichten Grabreliefs aus dem Augsburger Handels- und Gewerbetreiben. So zeigt ein Reliefstück auf einem großen Werkstück einen Mann, der auf einem geschulterten Traggestell Steine schleppt. Anderswo mühen sich vier Arbeiter unter Zuhilfenahme von Stangen, einen großen Waren-, wahrscheinlich einen Wollballen, mit Stricken zu verschnüren, wobei sie der Lagerbuchhalter mit Schreibgriffel und Tafel beobachtet. Auf einem dritten Relief laden drei Männer Warenballen auf einen schweren dreispännigen Wagen, ein viertes zeigt nur einen vierräderigen Weinfaßwagen allein. Verlorengegangen ist ein 1605 von dem damaligen Stadtbaumeister Elias Holl in einem Kirchenfundament ausgegrabenes und abgezeichnetes Reliefbild, auf dem neun Männer in einem säulengetragenen Weinkeller Fässer wegrollen. Ein Relief anderen Gedankeninhalts schildert ein Totenmahl griechischen Sinnes mit dem Verstorbenen auf dem Ruhebett und mit Speisetischchen. Vielfach von starkem Eindruck sind die stehenden Bildreliefs der Verstorbenen von Nischengrabmälern oder Grabaltären. Ein gutes Relief des 2. Jahrhunderts zeigt zwei einander zugewandte Männer in der langen Bürgertoga mit den Schriftrollen ihrer Testamente in Händen, ein prächtiges und größeres Relief von der zweiten Jahrhundertwende ein lebensgroßes Ehepaar mit Testamentsrolle und Schmuckkästchen. Ein Gedenkbild war wohl auch das Relief mit sechs spielenden Kindern und sinniger Inschrift, das jetzt in eine Hauswand am Ostrand der früheren Römerstadt eingemauert ist und im Volksmund die »sieben Kindeln« genannt wird. Ein frühes Reliefbild mit Stuck und Bemalung zeigte einen Reiter mit Schild, vielleicht einen Leibwächter.

Unter den in Augsburg gefundenen Römersteinen fallen ferner mehrere große stehende Pinienzapfen auf. Die auch in anderen Römerstädten als Grabmalbekrönung verwendete »Zirbelnuß« sollte dann im Zeitalter des Humanismus als Vorbild des Augsburger Wappenzeichens gedeutet werden.

Im letzten Drittel des 2. Jahrhunderts gesellen sich zu den Grabinschriften und Grabmälern plötzlich militärische einer Legionstruppe. Sie zeugen von Ereignissen, die erste schwere Schatten auf die Blüte der raetischen Hauptstadt fallen ließen.

Völlig können die Feldsoldaten im Stadtbild niemals gefehlt haben; die Besatzungen der nordraetischen Grenzplätze, die nach einer Aufstellung vom Jahre 107 Hilfstruppen aus Spanien, Thrakien und Britannien waren, werden wohl öfters die Stadt berührt haben. Nachdem die raetische Kastellfront um die Mitte des 2. Jahrhunderts noch um ein Geringes bis zur Linie Aalen–Buch a. d. Jagst–Dambach am Hesselberg–Gunzenhausen–Harlach bei Weißenburg–Böhming a. d. Altmühl vorgeschoben war, standen dort im Jahre 166 laut neuer Liste dazu noch Gallier, niederländische Bataver und romanisierte Raeter in der Grenzwehr. Im selben Jahre, unter Kaiser Marcus Aurelius, begann aber ein außerordentlich gefährlicher Ansturm der germanischen Markomannen aus dem böhmischen Raum und ihrer Verbündeten, darunter der Hermunduren, gegen die Nordgrenze der raetischen und der norischen Provinz, bald auch gegen die gesamten übrigen Germanengrenzen. Der germanische Einbruch in Noricum drang über die Alpen bis ins östliche Oberitalien vor. Auch in Raetien muß er sich weit ins Binnenland hinein erstreckt haben, hat wahrscheinlich die Vergrabung eines Münzschatzes in Augsburg veranlaßt und möglicherweise die Stadt auch unmittelbar in Mitleidenschaft gezogen.

Der Markomannenkrieg erschien als so ernste Bedrohung, daß man sich 170 in Rom entschloß, zur Verstärkung der Hilfstruppen am neubefestigten Limes wieder eine römische Legion nach Raetien zu legen, die neuaufgestellte *legio III Italica Concors.* Ihre Hauptmacht bezog ihre

Garnison in der starken Grenzfestung Regensburg (Castra Regina), ihr Befehlshaber aber übernahm nun zugleich wieder das Statthalteramt in Augsburg. Alsbald begegnet die Augsburger Weiheinschrift eines Merkurtempels von Appius Claudius Lateranus, Mitglied eines römischen Fünfzehnmännerkollegiums zur Vornahme heiliger Handlungen, designiertem *consul* und *legatus Augusti pro praetore*. Dem Legaten stand offenbar ein Kommando seiner Legion auch in Augsburg selbst zur Verfügung, der Prokurator wurde auf die Finanzverwaltung beschränkt. Die Militärherrschaft des Statthalter-Kommandeurs in der um das Wallis verkleinerten Provinz Raetia et Vindelicia ließ einer bürgerlichen Selbstverwaltung auch in der Provinzhauptstadt immer weniger Raum.

Die um 200 erfolgende Eröffnung einer zweiten festen Süd-Nord-Militärstraße von Italien her über den Brennerpaß und das westliche Ammerseeufer zur Lechbrücke südöstlich von Augsburg sollte die Verteidigung noch weiter stützen. Diese rechtslechische Straße war auch deshalb nötig, weil die Via Claudia stets von Überflutungen bedroht war. So fand sich unmittelbar südlich von Haunstetten der Straßenkörper auf der Niederterrasse zerstört und durch eine westlich ausbiegende Umgehungsstrecke ersetzt. Auch nördlich von Oberhausen erfolgte später ein Lecheinbruch. Mit den Soldaten hielten die Gottheiten des Krieges ihren Einzug in Augsburg. Die Weiheinschrift auf einem Marmoraltar meldet, ein *contubernium Marticultorum*, eine Bruderschaft der Marsverehrer, habe ihn zu Ehren des Kaiserhauses dem Kriegsgott Mars und der Siegesgöttin Victoria gesetzt. Ein 203 gestifteter Altar zeigt auf den drei Schauseiten in Reliefbildern Merkur mit Ziegenbock und Henne, Geldbörse und Rute, Mars mit Schild und Lanze und Victoria mit Palmzweig und Siegerkranz. Als Ausdruck des Dankes für die Abwendung der Gefahr wurden aber nicht nur Tempel und Götterbilder, sondern auch Kaiserbilder in der raetischen Hauptstadt aufgestellt. Von einem großen Reiterstandbild wohl des Kaisers Marc Aurel (gest. 180) fand sich 1769 der herrliche lebensgroße Pferdekopf in der Wertach. Das Bild war aus Bronze gegossen und feuervergoldet und dürfte ein Meisterwerk italisch-römischer Metallbildnerei gewesen sein. Von einer anderen großen Kaiserstatue fand sich der ausgestreckte Bronzearm im Lech. Beide Trümmer scheinen verschleppte Beutestücke gewesen zu sein.

Die Anwesenheit des Augsburger Legionskommandos erweisen auch die Grabmalfunde. Ein Grabaltar aus Jurakalk mit Bildnisbüste bewahrt das Andenken eines *centurio,* eines Offiziers der dritten Legion mit dem griechischen Namen *Septimius Chaereas,* auf anderen Steinen erscheinen ein Angehöriger der Legion mit einem Gefreiten im Consulsstabe und einem *decurio,* hier einem Wachtmeister, der Reitertruppe *2. ala Flavia* vom raetischen Limes, ferner ein Adlerträger, ein Consulsschreiber und ein ausgedienter ehemaliger Fähnrich der Legion. Auch das einzige im vormaligen Raetien erhaltene Turmgrabmal, das 1709 in Oberhausen an der Günzburger Römerstraße entdeckt wurde, zeigt einen Augsburger Soldaten. Es gliedert sich bei einer Gesamthöhe von 4,20 m in Stufenunterbau aus Tuffstein, Sockel mit Inschrift, Zwischengesims, Oberteil mit Bilderfries, Giebelfeld und Schuppendach aus Juramarmor und wurde von einem *T. Flavius Martialis* seinen Eltern, seinem als Soldat der dritten Legion verstorbenen Bruder und sich selbst errichtet. Als ergreifendes Zeugnis fortlebenden altrömischen Familiensinnes verewigt es auf dem Relief der Vorderseite die vier Personen miteinander, den Legionär in kurzer Tunika mit umgehängtem Kurzschwert. Auf dem linken Seitenrelief opfern vier Menschen am Altar, auf dem rechten steht eine Frau mit Korb. Im vorderen Giebelfeld erkennt man ein Henkelgefäß mit zwei Tauben.

Bemerkenswert ist, daß sich daneben nun geistige Veränderungen abzeichnen; mit dem östlich-despotischen Gepräge des öffentlichen Lebens wuchs der geistige Einfluß des Orients. Noch zeugte eine Weihetafel davon, daß der damalige Provinzpraeses von Raetien dem Hercules ein Bild mit Sockel errichtete. Aber dazu kamen Stücke eines Altars für den syrischen Sonnengott Elagabal, den 204/207 der Statthalter Raetiens Legat C. Julius Avitus Alexianus, ein mit der Kaiserin nahe verwandter Syrer, errichtete. Eine andere Inschrift eines wieder griechisch benannten Mannes gilt bereits Isis der Königin, der ägyptischen Hauptgöttin. Es fand sich auch eine kleine Bronzebüste des ägyptischen Sonnen- und Totengottes Serapis mit Bart und Krone. Mit der Vorherrschaft der Soldaten verbreiteten sich auch deren Götterkulte immer stärker, der persische Kult des stiertötenden Gottes Mithras voran.

Aus dem Leben der Augsburger Umgebung vor der Jahrhundertmitte berichteten Baureste und Gräber in Göggingen und der Fund einer kleinen römischen Töpferei mit zwei Brennöfen und Grabstätte bei

Westheim. Tonformen wie Ware waren meist aus geringem Stoff, etwa Lehm, gefertigt und schlecht gebrannt, so daß vereinzelte Einfuhrstükke sofort hervorstachen. Neben Ziegeln, Tellern und Schüsseln war besonders eine Anzahl von unverzierten oder ritzverzierten Grablampen und von Modeln für solche auszusondern. Auf runden Tonscheiben erscheinen wiederum die Bilder der Isis mit Lotosblume und des bärtigen Serapis mit Halbmondkrone in grober Nachbildung gallischer Vorlagen, darunter Teile von Opferszenen. Eine in Ton gearbeitete lebensgroße Gesichtsmaske mit fratzenhaftem Ausdruck, mit Kopfputz und Ohrgehänge könnte als Schauspielermaske gedient haben.

Der zunehmende Vorrang des Militärs wurde gefördert durch neue bedrohliche Ereignisse, die sich von der Germanengrenze her entwickelten. 213 überrannten, mit den Chatten verbündet, die Alamannen die Kastellfront am raetischen Limes. Dieser Stamm war vom Havelgebiet über das Mainland ins Grenzgebiet eingewandert, er wird in dem römischen Bericht über diesen Einfall erstmals genannt. Auf der mittelalterlichen Kopie einer römischen Straßenkarte aus der ersten Hälfte des dritten Jahrhunderts, die der Augsburger Humanist Peutinger auffand und als sog. Peutingersche Tafeln bekannt machte, ist die Landbezeichnung *Alamannia* links oben über dem Ortszeichen *Augusta Vindelicum* und der Berglinie der Alb zu finden. Der germanische Einfall brach durch einen Gegenfeldzug Kaiser Caracallas zusammen. 233 durchstießen die Alamannen den raetischen Limes von neuem, vernichteten im Hinterland diesmal offenbar die Siedlungen des flachen Landes und drangen endlich 258/260 zur Zeit der Kaiser P. Licinius Valerianus und Gallienus mit Wucht über Limes und Donau und Oberrhein nach Süden vor. Die Alamannen bahnten sich wie einst die Kelten sogar den Weg über die Alpen nach Oberitalien und konnten dort erst 270/71 endgültig geschlagen werden. Der Zusammenbruch der Grenzwehr war diesmal so nachhaltig, daß 260 das Decumatenland und der westlich der Iller und nördlich der Donau gelegene Teil der Provinz Raetien endgültig aufgegeben werden mußten. Die Römerstadt Augsburg wurde jedenfalls 271 belagert und dann im Gegenstoß Kaiser Aurelians entsetzt. Eine mehrfach zu beobachtende deutliche Brandschicht mit Brocken von farbigem Wandverputz, Münz- und anderen Funden aus dieser Zeit erweist, daß es im Laufe dieser Ereignisse gebrannt hat. Augsburg blieb gleichwohl Sitz der Militärgewalt und Zivilverwaltung der auf die Donau- und Illergrenze beschränkten Provinz. Die militärische Verantwortung war noch kurz vor dem Alamannensturm anstelle des bisherigen Legaten einem *dux,* einem »Herzog« anvertraut worden, während die zivile beim Statthalter, dem *praeses,* verblieb.

Angestrengt suchte man jetzt sowohl die neue Grenzfront zu befestigen als den Mauerschutz der Stadt zu verstärken; für das mit Kalkstein ausgebaute Westtor wurde wohl schon damals ein beschrifteter Grabstein mit verwendet, wie die Verteidigungsbedürfnisse überhaupt immer dringlicher zur Wiederverwendung des kostbar werdenden Hausteines nötigten. Namentlich der illyrische Soldatenkaiser M. Aurelius Probus wandte starke Aufmerksamkeit auf den Schutz Raetiens. In einer Augsburger Inschrifttafel aus Jurakalk vom Jahre 281 huldigte der *vir perfectissimus agens vices praesidis provinciae Raetiae,* eine Exzellenz in der Stellung eines Provinzstatthalters, dem göttlich verehrten Kaiser als dem Wiederhersteller der Provinzen und Bauten und als Vater des Vaterlandes. Der Illyrerkaiser Diocletianus schritt auf dem Wege zum reinen Militärstaat weiter, um den wankenden Reichsbau zu stützen. 288/89 war er auf einem Feldzug in Augsburg. Ihm setzte 290 der Statthalter von Raetien Septimius Valentio in Augsburg einen Weihestein, auf dem er ihn als Herrn und Lenker der Welt und Begründer des ewigen Friedens pries. Langsam kehrte also das Gefühl der Sicherheit in der Stadt zurück, wenn auch die alte Nordgrenze des Reichs vor 73/74 stets in bedrohlicher Nähe lag und der Steuerdruck zur Aufbringung der Verteidigungsausgaben immer empfindlicher wurde. Augsburg war sowohl auch der Sitz des *advocatus fisci Raetici,* des Beamten für die kaiserlichen Einkünfte in Raetien, dessen Grabplatte sich nördlich Friedberg fand. Der von Augsburg aus unmittelbar beherrschte Verwaltungsbezirk verkleinerte sich allerdings durch die von Diocletian vorgenommene Teilung der raetischen Provinz in ein erstes und zweites Raetien. Beide gehörten zum Reichsteil Italien und hatten nach 294 eigene Statthalter; hingegen war der *dux provinciae Raetiae primae et secundae* gemeinsamer Oberbefehlshaber. Hauptstadt der *Raetia prima,* die hauptsächlich das Alpenland umfaßte, wurde Chur in der Schweiz, Hauptstadt der *Raetia secunda,* des vindelikischen Alpenvorlandes, und wahrscheinlich des Dux, des »Herzogs«, blieb Augsburg selbst.

Das städtische Leben zeigte jetzt gegenüber der römischen Blütezeit schon deutlich veränderte Züge. Über den Resten der Tuffmauerbauten und ihrer späteren Veränderungen förderten die Grabungen eine spätrömische Schicht ans Licht, deren Mauern aus Abbruchmaterial, Kalksteinwerkstücken und Ziegeldurchschuß bestanden. Die künstlerische Raumausschmückung verringerte sich und nahm rohere Formen an, auch die Grabdenkmäler wurden barbarischer. Aber Funde von Sigillatanäpfen des 4. Jahrhunderts mit ostgallischer Ornamentverzierung, wohl aus Töpfereien des Argonnerwaldes, waren noch immer im ganzen Stadtgebiet verstreut. Auch fehlten Zeugnisse guten Kunstschaffens durchaus noch nicht. An Einzelschmuck des 4. Jahrhunderts fanden sich in Augsburg eine bronzene sog. Armbrustfibel mit Bogenkopf und eine prächtig schwarzgravierte und teilweise vergoldete Silberrundscheibe von der Scheide eines spätrömischen Reiterschwerts. Von einem gewissen militärischen Glanz berichteten zwei spätrömische Offiziers-Paradehelme aus Eisen mit Verkleidung aus bandverziertem vergoldetem Silberblech und Lederfutter, die aus einer Wertachkiesgrube bei Pfersee zum Vorschein kamen.

In den alten Straßenfriedhöfen herrschte nun die um die Wende des 2./3. Jahrhunderts aufgekommene Skelettbestattung vor, meist in hölzernen Särgen. Hierzu gehörten auch Gräber südlich von Inningen. Daneben gab es aber Brandgräber mit Aschenbestattung in Tonurnen oder fast kugelförmigen, grünlichen oder bläulichen Glasurnen. Als Beigaben fanden sich Frauenarmreife aus schwarzglänzendem Braunkohlenstein und Bronze, eine bleierne Spiegelfassung, hellgrüne sogenannte Tränenfläschchen für Parfüm oder Salböl, Flaschen mit Resten eingetrockneten Weins, kleine Becher aus dünnem, weißlichem Glas und eiserne Speerspitzen oder Messer. Besonders bemerkenswert sind aus einem auf eine Orientalin weisenden Brandgrab, das durch Münzen auf etwa 250 datierbar ist, eine Bleiurne in hausförmigem Steinbehälter, goldene Ohrringe mit echten Perlen, ein Edelsteinfingerring mit zwei springenden Panthern als Fassung, ein bleigerahmter Spiegel aus versilberter Bronze und ein Kosmetiklöffel für Schminkeauftragung, und aus einem Männergrab des 4. Jahrhunderts ein großer, durchscheinend heller Glasbecher wohl rheinischer Herkunft mit eingeschliffener feiner Darstellung einer Weinernte.

Vom Ende des 3. Jahrhunderts haben wir Augsburger Reste von einem Tempel des orientalischen unbesiegten Sonnengottes, des Sol invictus, den Aurelian mit Mithras verschmolz und zum höchsten Reichsgott erhob.

Zu derselben Zeit aber traten auch die Wegbereiter der Heilsbotschaft Jesu Christi im Augsburger Gebiet hervor. Während der letzten großen Christenverfolgung seit 303 wurde wahrscheinlich jene Augsburger Christin Afra eingekerkert und hingerichtet, die als einzige bekannte Märtyrin der Römerstadt zur Stadtheiligen geworden ist. Afras Namen und Martyriumstag am 5.–7. August (wohl 304) nahm zuerst der in seiner ursprünglichen Gestalt in der zweiten Hälfte des 5. oder zu Anfang des 6. Jahrhunderts entstandene große oberitalische Märtyrerkalender, das sog. Martyrologium Hieronymianum, in die schriftliche Überlieferung auf. Nach der freilich viel späteren, im 8. Jahrhundert, geschaffenen Leidens- und Bekehrungsgeschichte der Heiligen lehnte das christliche Mädchen standhaft Widerruf und Kaiseropfer ab und wurde daraufhin auf einer Lechinsel der Stadt lebend verbrannt oder vielmehr in den Flammen erstickt. Die Erinnerung daran erhält noch das Kirchlein St. Afra im Felde auf dem rechten Lechufer südöstlich von Augsburg. Afras sterbliche Überreste wurden dann von ihren Glaubensgenossen im südlichen Friedhof an der Via Claudia, beim zweiten Meilenstein von Augsburg her, bestattet. Die Grabstätte lag vermutlich hart östlich unterhalb der heute weithin sichtbaren Kirche St. Ulrich und Afra. Aus Gräbern kommen nun auch christliche Inschriften und das christliche Zeichen des gleichschenkligen Kreuzes ans Licht, eingeprägt in ein rotes Tontellerchen oder eingehauen in den Deckel eines Kalksteinsarkophags. Afras Opfertod hat die Fortdauer des Christentums in der Hauptstadt des zweiten Raetien für immer verbürgt; schon 313 wurde dann das Ausharren der verfolgten kleinen Christenschar belohnt.

Kaiser Constantin erließ das berühmte Mailänder Edikt, welches das Christentum neben den anderen Kulten von Staats wegen ausdrücklich zuließ. Die Augsburger Christen konnten fortan ungehindert ihrem Glauben und dem Andenken ihrer Märtyrin leben und an den Aufbau einer Kirchengemeinde denken. Die noch immer den Lebensnerv der Stadt bildende dreifache Straßenverbindung nach Oberitalien, nach Mailand und Aquileia, muß ihnen dabei wesentlich zustatten gekommen sein. 1958–60 förderten Ausgrabungen am Ostrand der Römerstadt bei den heutigen Kirchen St. Stephan – St. Gallus, die Grundmauern einer Saalkirche mit drei Schiffen und einer parallelen weiteren Kirchenanlage zutage. Die große erstere Kirche ließ sich durch Münzfunde als nach 337 benützt erweisen. Sie enthielt auch etwa 12 qm großfigurig gemalter Fresken mit Evangeliendarstellungen aus der Zeit um 400, so Christi Blindenheilung und einen Soldaten mit Helmbusch, auch Mosaikreste. Eine frühe Bischofskirche wäre daher wahrscheinlich an dieser Stelle zu suchen. Freilich führten erneute Alamanneneinfälle zu Abwanderungen des bürgerlichen Bevölkerungselements.

Als auch Augsburg durch das Verbot aller heidnischen Kulte und die Erhebung des Christentums zur Reichsreligion durch Kaiser Theodosius im Jahre 391 ein ganz christlicher Römerplatz wurde, trug es wohl schon ein eindeutig militärisches Gepräge. Die Soldaten wurden immer stärker mit Grundbesitz ausgestattet, dessen Nutzung die Geldlöhnung ersetzen mußte. Die Münzfunde sind aus dieser Zeit entsprechend spärlich und enden vorläufig mit Kaiser Valentinian, spätestens 375. Als seltene schriftliche Quelle gibt die sogenannte *Notitia dignitatum occidentis,* ein römisches Staatshandbuch von etwa 400, noch genaueren Aufschluß darüber, daß die *Augusta Vindelicensis Raetiae secundae* oder *Augustanis* damals Garnison der Reiterleibtruppe der *equites Stablesiani seniores* war, während die *equites Stablesiani iuniores* zusammen mit einer Abteilung der dritten Legion nördlich der Stadt im Kastell Summuntorium lagen. Als Haupt der Provinz erscheint jetzt der auch für das erste Raetien mit befehligende *dux Raetiae,* an seiner Seite eine Dienststelle mit einem militärischen Amtsvorstand, zwei Rechnungsbeamten, einem Sekretär, einem Amts- und Unteramtsgehilfen, einem Postbeamten, mit Kopisten und Meldern. Der damals gemeinsame *Praeses provinciae Raetiae primae et secundae* verfügte als Haupt der Zivilverwaltung über Amtsvorstand, Nebenbeamte, zwei Rechnungsführer, Sekretär, Aktuar, Amts- und Unteramtsgehilfen, Kopisten und andere Unterbeamte; hierher gehörte auch noch der an anderer Stelle erwähnte *Praepositus Thesaurorum Augustae Vindelicensis,* der kaiserliche Schatzmeister der Stadt. Ob Augsburg damals Sitz eines Bischofs war, erfahren wir aus der Notitia leider nicht.

Die Nachricht der Notitia ist das letzte schriftliche Lebenszeichen, das wir von der Römerherrschaft in Augsburg haben. Im Jahre 401 fiel im Zuge der sogenannten großen Völkerwanderung der germanische Westgotenkönig Alarich in Oberitalien ein. Der Heermeister des seit der Reichsteilung von 395 selbständigen weströmischen Kaisers und Reichsverweser des Westreichs, der vandalische Germane Stilicho, warf sich Alarich entgegen und zog offenbar zur Rettung Italiens in Eile auch Truppen aus dem raetischen Alpenvorland heran. Die Donau- und Illerfront scheint auf diese Weise entblößt und als solche aufgegeben, der Schutz des zweiten Raetien verbündeten Germanen überlassen worden zu sein; im römischen Friedhof an der Kemptener Straße in Göggingen wurden auch zwei eiserne Gürtelschnallen als germanische Grabbeigaben des 4. Jahrhunderts festgestellt. Der sofort auf die Zurückschlagung der Westgoten folgende Ostgoteneinfall in die Poebene hinderte die Wiederverstärkung der raetischen Verteidigung. Als sich die Völkerwanderung dann vollends wie eine Lawine, in immer neuen Nachschüben, ins Kerngebiet des Reiches, in die reichen Mittelmeerprovinzen, ergoß, da war von Rom aus gesehen eine weitere Verteidigung des nördlichen Alpenvorfeldes, das ja von Anfang an dem besseren Schutze Italiens hatte dienen sollen, so gut wie sinnlos geworden. Selbstverständlich machten sich die Alamannen den allgemeinen Dammbruch alsbald zunutze. Sie dehnten sich auf das linke Ufer des Mittel- und Oberrheins, in die Nordschweiz und das Vorarlberg, ja in Stammesteilen nach Gallien und Spanien aus. Vor 430 drangen sie auch ins zweite Raetien ostwärts der Iller ein, wo sie aber in diesem Jahre der tatkräftige Statthalter Kaiser Valentinians, der »letzte Römer« Aëtius, noch einmal zurückwies. Um die Mitte des fünften Jahrhunderts überschwemmten dann alamannische Scharen unter ihrem König Gibuld die Westgrenze des zweiten Raetien von neuem. Und diesmal überschritten sie über Augsburg hinweg den Lech, drangen südwärts über die Alpen nach Italien und streiften über Isar und Inn bis ins heutige Ober- und Niederösterreich. Inmitten all dieser Wirren machten 476 die germanischen Söldner des letzten weströmischen Kaisers dem weströmischen Reich ein Ende.

Kein Zeugnis meldet, wann und wie die Römerstadt Augusta, durch mehr als vier Jahrhunderte Provinzhauptstadt dieses Reiches, zugrunde ging, wann ihre Mauern durchbrochen und ihre sicher zum Teil schon leerstehenden Bauten durch Brand und Plünderung zu Ruinen wurden. Die noch hin und her ziehenden, heidnischen alamannischen Kriegerscharen scheinen die Trümmerstätte auf der Augsburger Hochterrassenspitze zunächst gemieden zu haben. Ganz riß das Leben in der verödeten Stadt wohl trotzdem nicht ab. Ein verarmter Rest der romanischen Mischbevölkerung harrte noch zwischen den zerfallenden Mauern aus und hütete das Flämmchen des Christentums am Orte des Afratodes. Ihr führender Vertreter wird nach der Flucht der römischen Staatsbeamten wie anderwärts das kirchliche Oberhaupt der zweiten raetischen Provinz geworden sein. Es ist aber auch ungewiß, ob der um die Mitte des fünften Jahrhunderts erwähnte *Raetiarum episcopus*, Bischof von Raetien, seinen Sitz noch in der alten Provinzhauptstadt Augsburg hatte. Der für 579 ausdrücklich genannte *episcopus secundae Raetiae*, der zum erzbischöflichen Sprengel von Aquileia gehörte, scheint zeitweise ganz in Säben bei Brixen in Südtirol, im äußersten Süden der Provinz, residiert zu haben.

Über das Leben der späten Romanen in Augsburg gibt uns keine Überlieferung nähere Nachricht. Gesicherte Zeugnisse aber besitzen wir auch aus dieser dunklen Zeit. Im Boden eines mehrfach erweiterten römischen Säulenhof-Hauses südlich des Domes fanden sich die Steinumfassung einer kleinen einschiffigen Kirche mit halbkreisförmiger Quermauer und, die römischen Estriche durchschlagend, eine viereckig eingetiefte Kammer über einem aufgefüllten Brunnenschacht; obenauf lag eine Lehmschicht und in diese eingemauert eine viereckige Wanne aus Tuffstein mit Resten einer Treppe. Die Ausgrabung erwies sich als Taufanlage des 5.–7. Jahrhunderts, in der die Augsburger Christen die neuen Glaubensgenossen in die Gemeinschaft der christlich-katholischen Kirche aufnahmen; sie ist heute die einzige Bauspur der Römerstadt, die inmitten späterer Grundmauern an ursprünglicher Stelle und unter freiem Himmel sichtbar ist. Ein Befestigungsgraben mit gelbgrün glasierten Keramikscherben dieser Zeit, dessen Spur südlich der Taufstelle festgestellt wurde, berichtete von Bemühungen, die Stätte inmitten der wüsten Stadt besonders zu schützen. Vielleicht entsprechen diesem Südgraben die frühesten Spuren einer einfachen Grabenumwehrung, die knapp nördlich des Domes von West nach Ost die Römerstadt durchschnitt und offenbar später mehrfach nordwärts vorgeschoben wurde.

Die südlich davon beim Afragrab an der Via Claudia gemachten Skelettgrabfunde reichen vom 4. bis ins 6. Jahrhundert herauf. Sie lagen teilweise in Steinsarkophagen aus Bildhauerwerkteilen von Grabdenkmälern des 3. Jahrhunderts. Am Hang im östlichen Anschluß an das Ulrichsmünster wurde 1944 die frühmittelalterliche Godehardkapelle freigelegt, deren älteste Bauschicht mit Altarunterbau vielleicht schon ins 6./7. Jahrhundert zurückgeht. Glücklicherweise haben wir dazu einen literarischen Hinweis auf die damalige Afraverehrung. Der christliche italienische Dichter Venantius Fortunatus, der um 565 auf einer Wallfahrt von Ravenna über die Alpen nach dem gallischen Tours Augsburg berührte, schrieb in seinem dichterischen Heiligenleben des fränkischen Hauptheiligen Martin von Tours:

Pergis ad Augustam, qua Virdo et Licca fluentant,
Illic ossa sacrae venerabere martyris Afrae –
Du pilgerst Augsburg zu, das Lech und
Wertach umfließen,
dort verehrst du der Märtyrin Afra Gebeine.

Das gesamte Gräberfeld beim Afragrab umfaßt möglicherweise über 1000 Grabstätten. Unter der Ulrichsbasilika selbst brachten sieben geostete Steinkistengräber des 7. Jahrhunderts eine Überraschung: Eines von ihnen enthielt das Stück eines hölzernen Krummstabes und Lederstiefelreste mit Sporen. Jedenfalls lassen sich vornehme Begräbnisse unter fränkischem Einfluß annehmen – wessen, bleibt unbekannt. Es war ein dünner Faden, an dem der Fortgang der Stadtgeschichte am Zusammenfluß von Lech und Wertach hing. Die kommenden Jahrhunderte mußten darüber entscheiden, ob der untergegangenen Römerstadt ein Wiederaufstieg aus germanischer Wurzel beschieden sein sollte.

Der Bischofssitz im Alamannenlande

Die Alamannen, die neuen Herren des Augsburger Landes, waren einer der noch weniger entwickelten Stämme des germanischen Großvolkes, das damals die skandinavischen Halbinseln, England, den Niederrhein, Frankreich und Spanien, Italien und Nordafrika, Mitteldeutschland, Böhmen und das Ober- und Mitteldonaugebiet beherrschte. Wie die anderen Germanenstämme, die durch die Völkerwanderung in Bewegung geraten waren, versuchten die Alamannen in möglichst reichen Landstrichen des römischen Reichsraumes Fuß zu fassen, stießen aber dabei auf die zwei großen staatsbildenden germanischen Mächte der Zeit: auf die Franken, die vom Niederrhein- und Moselland her und aus dem nach ihnen umbenannten Frankreich vordrangen, und auf die Ostgoten, die in Italien die Überlieferung des weströmischen Reiches noch fortzuführen trachteten. Um 500 fiel die Nordfront des alamannischen Siedlungsgebietes durch eine schwere Niederlage gegen die Franken, in der auch der Alamannenkönig erschlagen wurde, auf die heutige Stammesgrenze im Elsaß, in Nordbaden und Nordwürttemberg und am Hesselberg am nördlichen Riesrand zurück. Auch diese Grenze vermochten die erschütterten Alamannen nur durch freiwillige Unterwerfung unter den in Ravenna residierenden christlichen Ostgotenkönig Theoderich zu halten, der noch einmal einen *dux Raetiarum,* einen »Herzog« beider Raetien ernannte. Die aus dem verlorenen Siedlungsland nördlich der ostgotischen Reichsgrenze verdrängten alamannischen Bauernkrieger mußten im Voralpen- und Alpengebiet Raetiens, einer im allgemeinen wenig fruchtbaren und lockenden Waldgegend, neue Wohnplätze finden. Langsam schob sich ihre Niederlassung in den Talgründen südwärts, 523 besetzten sie die restliche heute deutschsprachige Schweiz. Die zurückgebliebene, dünne romanische Landbevölkerung wurde bis auf einen kleinen rätoromanischen Bevölkerungsteil im Ostschweizer Hochgebirge mit minderen Freiheitsrechten eingegliedert und allmählich germanisiert. Kurz darauf brach aber nach der römischen auch die ostgotische Rükkendeckung zusammen. Der Kaiser des weiterbestehenden oströmischen Reiches, Justinianus, eröffnete 535 auf das Ostgotenreich den Angriff zur Wiedereroberung des weströmischen Herzlandes für das Kaisertum. Die Goten gerieten in solche Bedrängnis, daß sie 536/37 Alamannien samt der alten Provinz *Secunda Raetia* den Franken überlassen mußten. Diese drängten die Alamannen sofort zu einem allerdings scheiternden Raubzug über die Alpen nach Oberitalien und setzten abhängige alamannische Herzöge gleichsam als Unterkönige ein. Als die Ostgoten nach erbitterten Abwehrkämpfen mit den Oströmern ihren Untergang vor Augen sahen und endlich 553 selbst die Franken um Hilfe anriefen, beorderte der fränkische König Theudebert wiederum zwei alamannische Heerhaufen mit fränkischer Verstärkung über die Alpen und zum Eingreifen in den Gotenkrieg. Sie gelangten bis nach Süditalien, wurden aber dann durch oströmische Truppen bis fast auf den letzten Mann vernichtet. Die Alamannen sind seitdem nicht wieder als Stammesheer über die Gebirgsmauer im Süden ihres Landes gedrungen. Und gleich darauf wurde auch ihrer weiteren Ausdehnung ins östliche Raetien ein dauernder Riegel vorgeschoben. Spätestens um 555/60 erschienen am Lech, von der mittleren Isar her, die stammesverwandten Baiern *(Baiwari, Bajuwarii)*. Die baierische Landnahme erreichte wohl bis etwa zur Höhe Augsburgs den unteren Lech. Am rechten Flußoberlauf vermochten die Alamannen gegenüber dem Kleinstamm der *Huosi* einen schmalen Streifen Landes von südlich Augsburg bis ins Gebirge zu halten. Auch die nunmehrigen Nachbarn am Lechrain standen unter fränkischer Oberhoheit. Nach der Teilung des Frankenreichs von 561 gehörten Alamannien und Baiern als eine Art von Protektoraten zum östlichen Reichsteil Austrasien, dessen Hauptstadt Metz war. Wenige Jahre später, 568, entstand in der südlichen Nachbarschaft der Alamannen und Alpenromanen, in Oberitalien, das neue selbständige Germanenreich der Langobarden.

Die wirkliche Seßhaftwerdung der Alamannen im Augsburger Umland, über die uns hauptsächlich wieder Grabfunde berichten, begann vielleicht schon bald nach 500 und erfolgte flußaufwärts den Lech und die Wertach entlang. Die ersten Siedlungen waren offenbar fest abgegrenzte Gefolgschaftsniederlassungen und wurden nach dem Dorfherrn mit Anfügung der Endung -inga (heute im Schwäbischen -ingen und im

Oberbayerischen -ing) benannt. Zu diesen frühen Dorfsiedlungen gehörten ohne Zweifel Göggingen (im Jahre 969 erstmals erwähnt als *Geginga)* und Inningen auf dem fruchtbaren Lößboden der Augsburger Hochterrasse. An die -ingen-Orte schlossen sich -hofen-Orte an, die auf die feste Bindung an einen meist einzelnen Hof verwiesen; ein solcher Ort war Gersthofen (969 *Gerfredeshova),* am Hang der Langweider Hochterrasse zum Lech hin gelegen. Spuren der aus Lehm-, Holz- und Strohhäusern gebildeten Alamannendörfer haben sich anscheinend nicht erhalten. Die feste dörfliche Niederlassung bezeugen aber wieder in der nahen Umgebung der alten Römerstadt zahlreich gefundene Skelettgräber. Grabungen der Jahre 1927–1934 und bis 1965 deckten nach früheren Einzelfunden nächst dem südwestlichen römischen Gräberfeld in Göggingen nicht weniger als 63 wohl alamannische Reihengräber auf, von denen mehrere mit römischen Tuff- und Kalksteinen gemauert waren und einige auch Balkenlager an Boden und Decke der Grabkammer zeigten. Die meisten der Gräber waren ausgeraubt, die erhaltenen Eisenfunde gehörten dem 6. und 7. Jahrhundert an. Ein kleineres Gräberfeld des 6. Jahrhunderts mit etwa 18 Gräbern wurde im Zweiten Weltkrieg in der Lechebene gleich nordwestlich Lechhausen angeschnitten; einzelne Gräber konnten auch nordwestlich der Stadt, in Oberhausen, festgestellt werden, gleichfalls mit Tuffsteinkammer oder Boden aus römischen Ziegelbruchstücken. Ein Einzelskelettgrab ermittelte man in Gersthofen.

Die Ausstattung mit Grabbeigaben, die auch noch verstreut im Bereiche des alten römischen Friedhofs vom Augsburger Hauptbahnhofgelände, in Oberhausen und einem kleinen Grabfeld in Kriegshaber auftraten, war meist sehr einfach. Vielfach fanden sich blattförmige eiserne Lanzenspitzen, eiserne Vollgriffschwerter mit Parierstange von 72,3 bis 90,2 cm Länge – die germanische *spatha* –, eiserne Kurzschwerter, 37 bis 60,3 cm lang und *sax* genannt, Reste von zugehörigen eisengefaßten Holzscheiden, eine eiserne Streitaxt in Hellebardenform, endlich oft zuckerhutförmige eiserne Schildbuckel von hölzernen Rundschilden, eiserne Messer und Pfeilspitzen. Den üblichen eisernen und bronzenen Gürtelschnallen gesellten sich Lederreste von Schuhen, Nägel, bronzene Nähnadeln, Kammbruchstücke aus Bein, Glasperlen, Armreif, Schließe, Ring, Pinzette aus Bronze, ein hölzernes Kästchen, Spinnwirtel aus hart gebranntem Ton, einfache oder rädchen- und stempelverzierte graue und rotbraune Keramikreste und einige grüne, wohl rheinische Glaswaren. In Lechhauser Gräbern kamen auch ein mit Monogramm gravierter silberner Löffel, wohl aus dem ostgotischen Italien, und zwei schöne gegossene und vergoldete silberne Bügelfibeln mit Knöpfen auf dem Fibelkopf zutage. Etwas abgesondert im großen Gögginger Gräberfeld lag ein offenbar ausgezeichneter Reiter mit damaszierter Spatha, Lanzenspitze mit silbernen Nietköpfen, Schildbuckel und Eisensporen. Zwei Gräber des alamannischen Ortsadels, in Kammern aus Steinplatten gebettet, waren schon vorher aus einer Gögginger Lehmgrube bekannt. Sie bargen aus etwas späterer Zeit Spatha, silberverzierte Lanze und Schildbuckel mit Silbernägeln und aufgenietetem Silberblechrand als Grabgut eines Reiters, eine Kette von 20 Glasperlen und das Bruchstück eines goldenen Ohrringes mit Anhänger als Schmuckbeigabe einer begüterten Frau.

Gegenüber dieser Fundhäufung um die römische Stadtsiedlung herum gab der Nordfuß der Augsburger Hochterrassenspitze, der Flußmündungswinkel, nur zwei eiserne Lanzenspitzen und eine weitere kleine Streitaxt her, der nördliche und nordöstliche Rand des eigentlichen Römerstadtbodens zwei einfache Tongefäße. Die Verteilung der Augsburger alamannischen Überreste bestätigt den Schluß, daß das Stadtgebiet der Römerstadt selbst von der alamannischen Siedlung vorerst nicht stärker berührt wurde, insbesondere nicht der Südteil der Stadt, in dem die grabenumgebene christliche Taufstätte einen Mittelpunkt bildete.

Die Alamannengrabfunde des Augsburger Gebietes überhaupt, die wie überall nach 700 abreißen, bezeugen keinen reicheren Hauptort, wie etwa südwestlich der Lecheinmündung in die Donau ein Großgräberfeld von rund 500 alamannischen Gräbern bei Nordendorf. Bemerkenswert ist im Augsburger Umkreis hingegen ein Dinghügel, eine Versammlungs- und Gerichtsstätte am rechten Ufer des *Lech(us)*, wie der *Likos* der Kelten und *Licus* der Römer erstmals 743 auf alamannisch genannt wird, unmittelbar südöstlich von Augsburg und südlich der Hochzoller Lechbrücke. Der Hügel trug den Namen *Guncenlê*, Hügel, vielleicht Grabhügel eines Gunzo, welchen Namen auch ein 613 erwähnter Alamannenherzog führte. Der Gunzenlee wurde erst zwischen 1420 und 1436 vom Lech bis auf einen geringen, schließlich linksufrigen Rest im heutigen Augsburger Stadtbezirk Siebenbrunn weggerissen.

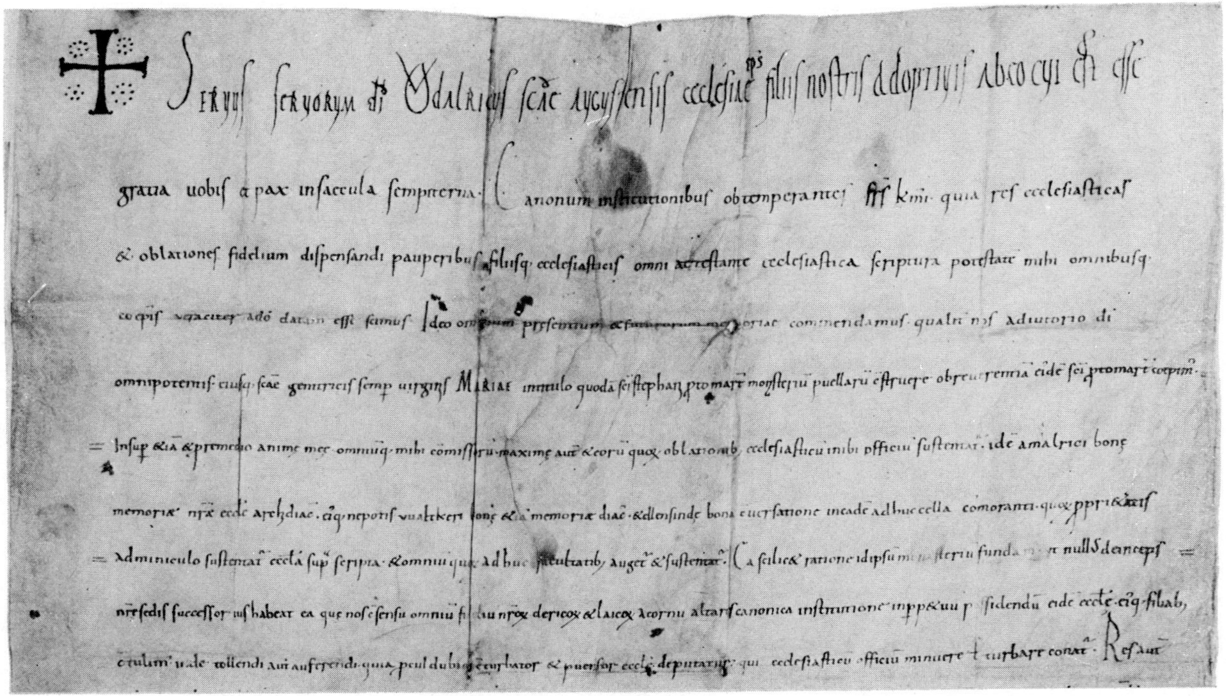

Abb. 6 Obere Hälfte der Gründungsurkunde Bischof Udalrichs von Augsburg für das Stift St. Stephan vom 23. April 969. Pergament

Abb. 7 Bischof Udalrich mit den Äbten Bern von Reichenau und Fridebold von St. Afra in Augsburg. Widmungsbild zur Ulrichsvita Berns, gemalt um 1020 auf der Reichenau

Die Lebenskreise der heidnischen Germanen und der christlichen Romanen im Augsburger Raum blieben offenbar lange geschieden. Erst der fränkische Einfluß führte das Oberhaupt der Augsburger Christen näher mit den Herzögen in Alamannien zusammen, die vielleicht noch vor 600 persönlich für das katholische Christentum gewonnen worden sind. Der nur bruchstückhaft überlieferte *Pactus Alamannorum*, die älteste erhaltene Aufzeichnung des alamannischen Volksrechts aus den Jahren um 630, stärkte wohl auch die Stellung der Augsburger Kirche in ihrem Umland bedeutend. So bestimmte er, daß eine Freisprechung von halbfreien Volkszugehörigen nach altem Brauch vor der aus den Sippen bestehenden Heeresversammlung, aber auch in der Kirche erfolgen könne. Der christliche Geistliche erschien damit wie in der römischen Endzeit wieder als Vertreter einer Einrichtung mit geistlich-weltlichen Doppelbefugnissen. Die Bedeutung des christlichen Mittelpunktes an der alamannisch-baierischen Stammesgrenze bekundet sich sichtbar in den Resten der kleinen Kirchenanlagen bei St. Godehard und am Dom.

Wie sich die Christianisierung des alamannischen Adels und der breiteren alamannischen Bevölkerungsschichten im Augsburger Gebiet vollzogen hat, entzieht sich unserer Kenntnis. Einen Anhaltspunkt gibt allenfalls, daß bald nach 700 die Grabbeigaben aufhören, weil die Totengaben statt dem Grabe der Kirche überantwortet wurden. Mit der Verchristlichung des bäuerlichen Umlandes wurde Augsburg auch dessen Pfarrkirchensitz. Nur Gersthofen scheint daneben eigene Urpfarrei geworden zu sein. Im nördlichen Anschluß an die Augsburger Taufkirche, in der sog. finsteren Gräbd, fanden sich noch einige Gräber mit Einfassung aus römischen Steinen. Wann der christliche Kirchhof zur allgemeinen Alamannengrabstätte wurde, wissen wir aber ebensowenig, wie wann der heidnische Kult etwa in einem Ziuhain aufhörte. Wir kennen nicht einmal den zeitgenössisch gesicherten Namen eines Augsburger Bischofs aus dem 7. Jahrhundert. Die beiden ältesten Augsburger Bischofslisten, die aus dem 11. Jahrhundert stammen, sind in ihrem Anfang von zweifelhafter Zuverlässigkeit und auch Steininschriften sind für die Bischofsgeschichte bis ins 9. Jahrhundert nicht überliefert. Ebensowenig ist gesichert, daß Augsburg selbst Bischofssitz war. Möglicherweise residierte der Bischof noch im 8. Jahrhundert weiter südlich, in Epfach am Lech und auf der Staffelseeinsel.

Kurz vor 730 ließ Herzog Lantfrid von Alamannien eine Überarbeitung des Stammesrechtes unter Berücksichtigung der Satzungen der Frankenkönige, die *lex Alamannorum,* zum Gesetz erheben. Dieses Gesetzgebungswerk wurde nun bereits durch Bestimmungen über das Recht der Kirche eröffnet, die ein rundes Viertel des Ganzen ausmachten. Das Bußgeld für eine Straftat gegen einen Bischof war dem eines Herzogs gleichgestellt, ein Pfarrpriester hatte die dreifache Buße seines Geburtsstandes und stand damit auf einer Stufe mit einem fränkischen Königsbeamten. Schenkungen an die Kirche wurden auf alle Weise erleichtert; kirchlicher Besitz, der einmal angesammelt war, durfte nicht wieder verkauft werden.

Indem der Lechplatz Augsburg als geistlich-weltlicher Mittelpunkt an Bedeutung gewann, richtete sich auch die Aufmerksamkeit des Papstes, des weströmischen Kirchenhauptes, in erhöhtem Maße auf den überlieferungsreichen Ort. Im Jahre 738/9 sandte Papst Gregor III. einen Brief an die Bischöfe Alamanniens und Baierns, in dem er sie aufforderte, den großen angelsächsischen Missionar Bonifatius als päpstlichen Vikar aufzunehmen, dessen Weisungen zu befolgen und bei einer Bischofsversammlung, die er ausschreiben werde, zu erscheinen. Der unter den Bischöfen genannte *Uiggo* wird jener Bischof von Augsburg gewesen sein, der anderwärts unter dem Namen *Wicterp* oder *Wicpert* begegnet; als Ort des Bischofstreffens faßte der päpstliche Brief die *civitas Augusta* ins Auge, die Stadt Augsburg, wie er sie noch nach römischer Weise nannte: *civitas* hieß jetzt eine feste Stadt mit einem Bischof.

Im Jahre 742 erhob sich Alamannien unter Herzog Theutbalt gegen die fränkische Herrschaft. Herzog Odilo von Baiern trat dem Aufstand bei. Die beiden fränkischen Reichsverweser, oder Hausmeier, Karlmann und Pippin d. J. unternahmen einen Feldzug nach Baiern. Als sich das fränkische und das baierisch-alamannische Heer am Lech, möglicherweise auf dem Lechfeld südlich von Augsburg, gegenüberstanden, versuchte ein päpstlicher Gesandter vergeblich eine Friedensvermittlung. Die Schlacht endete mit einem völligen Siege der Franken; die Folgen der Niederlage trug Alamannien fast allein. 746 hob Karlmann als Beherrscher des östlichen Reichsteiles das Herzogtum in Alamannien ganz auf. Die militärisch-richterliche Gewalt im Alamannenlande ging wohl nach 760 an fränkische Beamte, die Grafen über; der Bodenbesitz der alamannischen Herzöge und der ihnen verbundenen Adeligen fiel ebenso dem siegreichen Frankenkönigtum anheim wie das unverteilte, als herrenlos angesehene Wald- und Ödland. Der Augsburger Raum kam nun in unmittelbarere Berührung mit der fränkischen Welt, in der römisch-gallische Überlieferung, germanische und christlich-katholische Züge immer tiefer durchdrangen. Die Schreibfreudigkeit der fränkischen Geistlichkeit, der Hauptträgerin der weiterhin lateinischen Kulturpflege, ließ auch die literarischen Nennungen Augsburgs allmählich etwas reichlicher werden. Die großen Umrisse der Entwicklung beginnen sich deutlicher aus dem Nebel zu heben.

Der für Augsburg zuständige Graf aus fränkischem Adel dürfte seines Amtes für das Gebiet des Gaues gewaltet haben, der um 790 in Salzburg urkundlich als *pagus Agustgaoe* und *Augustkou*, später als Augstgau bezeichnet wurde. Er umfaßte sicher überlieferte Orte am linken Ufer des unteren Lech, im Gebiet zwischen Lech- und Wertachtal bis hinauf in die Gegend von Kaufbeuren und auf dem östlichen Lechrain, wurde also von der alamannisch-baierischen Stammesgrenze durchschnitten. Als Inhaber der Grafschaft im Augstgau wird erst 888 eindeutig ein Graf Ruodolf erwähnt. Ob er seinen Sitz in einem befestigten Königshof in Augsburg selbst hatte, wissen wir nicht sicher; dem Zeitgebrauch würde diese Rolle der Römerstadt als gräfliche Gauburg entsprechen. Auf jeden Fall bestritt der Graf sein Einkommen aus geschlossenem Königsland, das ihm zur eigenen Nutzung überlassen wurde und sein sogenanntes Amtslehen bildete. Ein weiterer Teil des Königsgutes in und um Augsburg wurde als Stiftung der Hausmeier, die durch Pippin den Jüngeren bald das fränkische Königtum selbst gewannen, an den Augsburger Bischof gegeben. Leider vermögen wir auch die Entstehung und Zusammensetzung des Augsburger Bischofsbesitzes nicht mehr zu verfolgen, weil das bischöfliche Archiv, das die Urkunden und Aufzeichnungen darüber bewahrt haben dürfte, wohl im Jahre 1026 bei kriegerischen Auseinandersetzungen verschleppt und vernichtet wurde. Es läßt sich jedoch schon aus den äußeren Ereignissen ablesen, daß die Bedeutung Augsburgs als eines königlichen Hauptstützpunktes der Franken in Süddeutschland wuchs.

Ein geschlossener und ausgedehnter Gutsbezirk unter unmittelbarer königlicher Verwaltung lag vielleicht schon damals südöstlich von Augsburg auf dem rechten Lechufer im Zusammenhang mit dem Gunzenlee und mit einem gewissen Mittelpunkt in Mering.

Karl der Große schob die fränkische Herrschaft zunächst in das südliche Vorland der Alpen hinein vor und umklammerte damit Alamannien und Baiern auch von Süden her. 773/74 eroberte er das Langobardenreich in Oberitalien. Um die alte Via Claudia als Verbindungsweg über die Alpen zu sichern, setzte er um 778 Sintpert, der wohl ein Mönch des Benediktinerklosters Murbach an der Obermosel war, zum Bischof von Augsburg ein. Als 780/82 als geistlicher Hauptsitz am Mittelrhein das Erzbistum Mainz errichtet wurde, bildete das Augsburger Bistum seinen südöstlichsten Sprengel.

787 entschloß Karl sich endlich zur gewaltsamen Beugung des Baiernherzogs Tassilo. Während fränkische Heersäulen aus dem austrasischen und italischen Reichsraum von Norden und Süden gegen Baiern rückten, führte der König selbst den Heerbann des linksrheinischen Reichsteils gegen Augsburg heran und sammelte ihn, wie die Reichsjahrbücher des Hofberaters Einhard und die Annalen des Klosters Lorsch am mittleren Rhein zu diesem Jahre anmerken, jenseits des Lech im Vorgelände der *Augusta civitas*, auf dem schon wie heute benannten *Lechfeld*. Dieser Name blieb bis heute für die Lechauen südöstlich der Stadt samt der Haunstetter Niederterrasse gebräuchlich. Die trockenen, wasserumflossenen, baumlosen Weideplätze am Gunzenlee, in der Nähe des zuverlässigen Stützpunktes Augsburg, erschienen wohl als Lager besonders geeignet. Vor dem Aufbruch des Königs nach Innerbaiern erschien Herzog Tassilo, von einem Teil der Baiern verlassen, selbst im königlichen Feldlager, unterwarf sich und erhielt sein Herzogtum einstweilen aus Karls Hand zurück. Schon im Folgejahr aber wurde er abgesetzt und auch das selbständige baierische Herzogtum zerbrochen. Einer der Hauptgewinner bei diesem Sturz war Bischof Sintpert. 792 wurde er auch Bischof von Neuburg an der Donau, und gegen 800 ist sein dauernder Sitz in Augsburg selbst gesichert. Bald nach der Erneuerung des weströmischen Kaisertums durch die Kaiserkrönung des Frankenkönigs in Rom, zwischen 801 und 807, wurde das westbaierische Bistum Neuburg aufgelöst und dem Augsburger Bistum einverleibt.

Das äußere Bild des karolingischen Augsburg läßt sich aus schwer bestimmbaren Baufunden nur undeutlich nachzeichnen. Wenn der Augstgaugraf hier seinen Sitz hatte, so darf man vielleicht den erst 1948 eingestürzten sog. Königsturm am Südzugang des römischen Stadtgebietes mit ihm in Verbindung bringen. Dieser außerordentlich feste mittelalterliche Wohnturm besaß noch ein Erdgeschoß aus römischen Kalkquadern mit 7 und 8½ Metern Seitenbreite und anderthalb Metern Mauerdicke. Der Dombezirk war zwar nach germanischem Eigenkirchenrecht auch nach der Vergebung an den Bischof ein Teil des Königsgutes, zugleich aber ein besonderer Friedensbereich des Bischofs, der nicht der gräflichen Gerichtsbarkeit unterlag. Wenn in ihm wie anderwärts der Bischof eine Domburg erbaute, so ist es möglich, daß wir sie in den Resten eines mächtigen Quaderturmes aus Römerstein mit nicht weniger als 12 und 15 Metern Seitenbreite und eines etwas kleineren Tuffbaues hart nördlich des Domes erblicken dürfen. Bessere Kunde haben wir vom Dom selbst. Bischof Sintpert begann die Grundmauern des Domes an der Stelle, wo das Domlanghaus noch heute steht, mit der Eingangsfront gegen die alte Via Claudia zu legen. Der Hauptchor kam dadurch abweichend von der Regel des christlichen Kirchenbaues nach Westen zu liegen. Offenbar zu St. Michaelis, am 28./29. September 807, wurde der neue Dom als Kathedralkirche des Augsburger Bistums geweiht. Der 28. September hat für die Augsburger Geschichte stets eine große Bedeutung als kirchlich-weltliches Volks-Hauptfest behalten. Bis heute erscheint am 28./29. September zu jedem Stundenschlag am Perlachturm das »Turamichele«. Für die Jahre nach 811 findet sich die bischöfliche Marienkirche der *Augusta civitas* erstmals in einer Urkunde für den Augsburger Bischof im Traditionsbuch des Bistums Freising von 822 ausdrücklich erwähnt.

Zum Gottesdienst am Dom fand sich mit dem Bischof eine ansehnliche Gemeinschaft von Geistlichen zusammen, das Domkapitel. Bei den freien alamannischen Geschlechtern der weiteren Umgebung wurde es Sitte, Söhne in den geistlichen Beruf bei der Bischofskirche zu entsenden, der als einziger geistiger Tätigkeitsbereich dieser Zeit besonderes Ansehen genoß. Die Ausstattung ihrer Pfründen wurde häufig durch Mitnutzung von Erbgütern erleichtert. Aus der Domschreibschule von Augsburg ist möglicherweise die bruchstückhaft erhaltene, bebilderte Handschrift des althochdeutschen Wessobrunner Gebetes, des ältesten deutschen Sprachdenkmals, hervorgegangen.

Dem Unterhalt des Bischofs diente der bischöfliche Fron- d. h. Herrenhof unter Verwaltung des Hofmeiers. Der Name hat sich für den Platz südlich und westlich des Domes erhalten. Ohne Zweifel wurde jetzt auch brauchbarer Boden innerhalb der durchbrochenen römischen Stadtmauern als Ackerland bebaut. In den Kornkasten des Fronhofs hatten ferner die abgabenpflichtigen Bauern auf dem umliegenden Bischofsland ihre Naturallieferungen einzubringen.

Große Verehrung fand nach wie vor die Afragrabstätte. Es läßt sich erschließen, daß sie noch vor der Mitte des 8. Jahrhunderts ebenfalls zum Sitz einer kleinen Gemeinschaft von Geistlichen, vielleicht von Benediktinermönchen wurde, die im Schutze und zur Pflege des Heiligtums zusammenlebten. Wo der Hochterrassenrand etwa 15 Meter tief abfällt und eine weite Aussicht ins Lechtal gewährte, da entstand, auf bischöfliche Landerträge gestützt, ein Stift St. Afra, dessen Vorsteher der Bischof selbst war. Der karolingische Bau der Afrakirche ist wahrscheinlich der früheste Hochbauteil der Godehardskapelle am Ulrichsmünster. Sie ist ein geosteter, sehr sauber gemauerter Tuffquaderbau auf älteren Bauschichten, mit quadratischem Chor und doppelt so langem Kirchenschiff. In der Ostwand sind noch zwei frühe romanische Rundbogenfenster erhalten, in der Westwand zwei gekuppelte Fensterpaare aus romanischer Bauzeit. Die später freilich veränderte Godehardskapelle ist bis heute der älteste Hochbau Augsburgs. Der heiliggesprochene Bischof Sintpert bereitete sich seine Grabstätte nicht bei seinem Dom, sondern bei St. Afra. In einem spätromanischen Steinsarkophag aus Kalkstein wurde er dort wohl noch 807 beigesetzt. Der noch erhaltene Sarg zeigt auf seiner Schauseite eine unleserlich verstümmelte römische Inschrift zwischen zwei geflügelten Knaben; er wurde 1491 durch ein neues Grab ersetzt und war 1810–1833 als Werkstein im Uferbau der Hochzoller Lechbrücke verwendet, bis er schließlich die ihm gebührende Würdigung fand.

Während der Auseinandersetzungen über das Erbe Kaiser Karls erschien dann 832 auch Kaiser Ludwig der Fromme mit seinem Heere vor Augsburg, wie die gleichzeitigen westfränkischen Klosterjahrbücher von St. Bertin in St. Omer damals schrieben, vor *Augustburg super Lech.* Erst jetzt taucht ein deutscher Name der Römergründung auf, der aber den lateinischen noch keineswegs zu verdrängen vermag. Ludwig der Deutsche, der Unterkönig in Baiern, mußte sich dem kaiserlichen Vater in Augsburg unterwerfen. Er erhob später als Regent des östlichen Reichsteiles den Vorstand seiner königlichen Kanzlei, den gelehrten Abt Witgar, auf den Augsburger Bischofsthron und urkundete 874 selbst in *Augusburc*. Die Königin Hemma, aus dem ursprünglich am südöstlichen Lechrain begüterten, seit etwa 830 am Bodensee zur Grafenwürde gelangten Hochadelsgeschlecht der Welfen, verehrte Witgar eine kostbare Reliquie, einen als Besitz Mariens angesehenen Gürtel. Das leere Reliquienfutteral dieses Gürtels, eine gewirkte Leinenborte in Purpurseide mit Gold und gestickter lateinischer Widmungsschrift, ist noch auf uns gekommen. Witgar war auch als erster Augsburger Geistlicher, von dem wir dies wissen, im königlichen Auftrag beim Papste in Rom. 893 wählte König Arnulf den Augsburger Bischof Adalbero zusammen mit dem Erzbischof von Mainz zum Taufspender seines Sohnes Ludwig, dann zu dessen hauptsächlichem Erzieher. Als der Zögling, König Ludwig das Kind, noch unmündig die Regierung antrat, erreichte die Geltung Adalberos als Ratgeber ihren Höhepunkt.

Die Bildung eines mittelalterlichen Hauptplatzes alamannisch-bäuerlicher und fränkisch-geistlicher Kulturdurchdringung am Zusammenfluß von Lech und Wertach wurde aber noch in der Karolingerzeit durch Ereignisse gestört, die alle Unsicherheit und Wirrnis der Völkerwanderungszeit nochmals zu verderblicher Wirksamkeit kommen ließen. Im Jahre 907 durchbrach ein Reiterheer des heidnischen Ungarnvolkes, aus der Pußta der weiten Donauebene hervorbrechend, die baierische Abwehr und drang bis gegen den Lech vor. Gegen einen neuen Einfall im Sommer 910 sammelte der junge König Ludwig den alamannischen und fränkischen Heerbann bei Augsburg am Lechufer, wurde aber von den Ungarn überraschend angegriffen und völlig geschlagen. Schon im nächsten Jahre starb er. Die Verhältnisse des Abwehrkampfes führten, während das Königtum sich nur mühsam als solches behauptete, zur Neubelebung des alten Stammesherzogtums zunächst im benachbarten Baiern durch den baierischen Grafen Arnulf. 913 erschienen die ungarischen Reiterscharen erneut am Lech und diesseits des Lechs und konnten erst auf dem Rückweg durch Herzog Arnulf und alamannische Grafen mit ihren berittenen Aufgeboten geschlagen werden. 916 gelang es dem Markgrafen Burchard von (Chur-) Raetien, auch das Herzogtum Alamannien wiederherzustellen. Der Augsburger Bischof wurde dadurch reichspolitisch nicht allzusehr beeinträchtigt, da das neue alamannische Herzogtum das alamannische Siedlungsgebiet nicht mehr in allen Teilen wirklich beherrschte. Das bedeutete allerdings in der Zeit der Ungarnnot auch schwächeren Schutz. Die Augsburger Grafenrechte waren vielleicht damals wie die des alamannischen Brenzgaues und etwa Duriagaues in die Hand des Edelgeschlechts von Wittislingen bei Dillingen gekommen. Augsburg muß spätestens 913 von den Ungarn eingenommen und verwüstet worden sein, obwohl es sicherlich mit einer neuen Graben- und Palisadenbefestigung geschützt worden war. Der Sintpertdom wurde wohl ebenso schwer beschädigt wie die Taufkirche und St.-Afra-Kirche, ein Teil der bischöflichen Geistlichkeit getötet, der Wohlstand des Domstifts zerrüttet.

Aber Augsburg sollte in schwerer Zeit den rechten Schützer finden. 919 erlangte Herzog Burchard die Bestätigung des umgekehrt auch von ihm anerkannten neuen Ostreichkönigs und Sachsenherzogs Heinrich I. Als 923 der Augsburger Bischofssitz frei wurde, machte Burchard seinen herzoglichen Einfluß zugunsten des vormaligen Augsburger Geistlichen Udalrich *(Oudalricus)* geltend, der aus dem Geschlecht der Grafen von Wittislingen, dann Dillingen in Augsburg geboren und offenbar sein Neffe war. Nach der zeitgenössischen *Vita Oudalrici,* seiner in sieben Abschriften des 11. Jahrhunderts überlieferten lateinischen Lebensbeschreibung aus der Feder des Augsburger Dompropstes Gerhard, wurde Udalrich vom Domkapitel und den berittenen bischöflichen Meiern (Ministerialen) dem König Heinrich vorgeschlagen, der ihm auch die bischöflichen Rechte verlieh. Möglicherweise hat ihm der König jetzt ebenso den halben Mitbesitz der königlichen Burgstadt überlassen wie später, 950, dem Bischof von Chur. Er empfing dazu den Burgbann, der es ihm gestattete, auch die Bauern des Gaues zu Befestigungsarbeiten in Augsburg heranzuziehen. Da neue Ungarneinfälle drohten, unternahm der Bischof sogleich alle Anstrengungen, um die an der zurückgenommenen Nordgrenze mit kleinen Erdwällen und Holzpfahlwänden erst unzureichend befestigte und im Süden wahrscheinlich durch die halbzerfallene Römermauer gedeckte Stadt mit geschlossenen Mauern stärker zu bewehren. Der Mauerbau war nur sehr langsam möglich. Eine Vorstellung vom Aussehen dieser Mauer gibt vielleicht die noch stückweise erhaltene älteste Klostermauer von St. Afra an der Godehardskapelle; sie besteht aus sehr grob behauenem Sandstein und Tuffstein, darunter gelegentlich römischen Werkstücken und Ziegeln. Was am Südostrand der Bischofsstadt selbst als Spur der Udalrichsmauer angesprochen wird, war Tuffsteinbau. Als die Ungarn im Frühjahr 926 wieder erschienen, vermochten sie Augsburg ebensowenig mehr zu nehmen, wie die alamannische Bischofsburg Konstanz. Sie verwüsteten dafür die Umgebung.

Zur gleichen Zeit wurde Herzog Burchard in Italien getötet. Bischof Udalrich muß sich nun eng an den König selbst angeschlossen haben, seit 936 an König Otto I. den Großen. 948/49 übertrug Otto das Herzogtum Alamannien-Schwaben seinem Sohne Liutolf und zog dann 951 selbst mit seinem Heere wahrscheinlich über Augsburg und sicher über den Brenner nach Italien. Er verehelichte sich mit der Erbin Italiens Adelheid, einer Enkelin Herzog Burchards, wodurch auch Bischof Udalrich mit ihm verwandt wurde, und ließ sich zum König Oberitaliens erheben. Nach der Rückkehr hielt er im August 952 einen Hoftag bei der *urbs Augustana,* auf dem Lechfeld, und eine Bischofssynode in der Stadt selbst. Am Augsburger Tage nahmen unter anderen der bisherige italienische Gegen-, jetzt Lehenskönig Berengar II. von Ivrea und sein Sohn, die Erzbischöfe von Mainz und Salzburg, von Mailand und Ravenna teil; die mit auf dem Lechfeld lagernden Vornehmen kamen aus Schwaben, Baiern, Oberitalien, Franken und Sachsen. Herzog Liutolf, der noch mit seinem königlichen Vater an diesem Reichstag teilnahm, erhob sich schon im folgenden Jahre mit starkem schwäbischem und baierischem Anhang gegen den König. Bischof Udalrich zögerte nicht, im Spätherbst 953 mit einem Teil seiner Berittenen persönlich zu Ottos Heer zu stoßen, das die baierische Hauptstadt Regensburg belagerte; in Augsburg blieb nur eine Bedeckung zurück. Diese wurde alsbald von dem baierischen Pfalzgrafen Arnulf überfallen, der den Bischofssitz einnahm und plünderte und mehrere bischöfliche Ritter gefangen wegführte. Der zurückeilende Bischof konnte erst im Februar 954, mit Hilfe des Grafen von Marchthal und seines eigenen Bruders Graf Dietpald, den Pfalzgrafen schlagen und seine Residenz wieder in Besitz nehmen.

Kaum waren die innerdeutschen Kämpfe über Augsburg hinweggezogen, da tauchten im Frühsommer 955 wieder die Ungarn auf. Mit einem außergewöhnlich starken Heer drangen sie durch Baiern westwärts vor, erreichten Anfang August den Lech und bezogen, wie es scheint, auf dem rechten Lechufer beim Gunzenlee ein Lager. Durch die dortige Furt reitend, verbrannten sie die Afrakirche und die Eigenkirche eines adeligen Geschlechts, dem zwei Augsburger Diakone angehörten, eine Stefanskirche im älteren Kirchenbezirk nordöstlich des Bischofssitzes am Nordostrand der Hochterrasse. Der Landbesitz besonders des Domkapitels wurde völlig verwüstet. Das eilends aufgebotene Reichsheer war erst im Anmarsch. Die Lage der Bischofsburg wurde deshalb sehr ernst, als die Ungarn ihre Hauptaufmerksamkeit auf sie richteten. Die neuen Mauern, die sie umgaben, waren noch niedrig und ohne Türme. Sie boten der ansehnlichen Besatzung, die Udalrich und Graf Dietpald nebst den nötigen Vorräten zusammengezogen hatten, nur beschränkten Schutz. Hölzerne Kampftürme, die an der Mauerfront aufgestellt wurden, mußten der Abwehr den erforderlichen Überblick verschaffen. Als die Ungarn am 8. August zum Sturm ansetzten, ließ der Bischof das breiteste Mauertor fest versperren. Am Osttor zum Wasser, zu den Trinkwasserquellen am Hang oder zu einer Lechabzweigung hin, entspann sich ein blutiges Handgemenge. Erst als der hier befehligende ungarische Anführer fiel, kehrten die Ungarn zunächst mit seiner Leiche ins Lager zurück. Während Graf Dietpald den Kampf leitete, ritt der Bischof in der Stola, aber ohne Waffen, Schild oder Helm im Speer- und Steinhagel auf und ab und sprach den Verteidigern Mut zu. Dann ging er die Stadtmauer ab und befahl seinen Leuten, die Kampftürme in eine Verteidigungslinie zu bringen, die ganze Nacht an ihnen zu bauen und die Wälle, soweit es die kurze Zeit erlaubte, auszubessern. Die in der Burg versammelten Frauen aber rief er zusammen und hieß sie teils mit Kreuzen betend umherziehen, teils in den Kirchen die Hilfe der Gottesmutter erflehen. Beim Anbruch des Morgens las der Bischof die Messe und verteilte an alle vielleicht Todgeweihten das heilige Abendmahl. Dann ermutigte er zum Ausharren mit dem Psalmwort Davids vom Wanderer im finstern Tal. Beim vollen Sonnenaufgang drang eine gewaltige ungarische Übermacht von allen Seiten her und mit verschiedenen Mauerbrechgeräten gegen den Verteidigungsgürtel vor, dessen sämtliche Bollwerke stark besetzt waren. Die ungarischen Führer suchten die Sturmtrupps mit Peitschenhieben unmittelbar an die Mauern heran und hinauf zu treiben. In diesem Augenblick meldete ein Bote dem ungarischen Heerführer das Nahen des Reichsheeres unter König Otto von Ulm her. Der Ungar ließ darauf sofort den Sturm abblasen; eine Heeresversammlung beschloß zunächst dem Königsheer entgegenzutreten. Man zog sich deshalb über den Fluß ins Lager zurück. In der Nacht zum 10. August stieß Graf Dietpald mit allen verfügbaren Bewaffneten aus Augsburg zum herangekommenen Königsheer, Udalrich selbst blieb im Bischofssitz zurück. Am nächsten Morgen, dem Laurentiustag, rückte das Reichsheer bereits in acht Heerhaufen gegen das Lechtal vor, in seiner Mitte der König hinter dem Banner des Erzengels Michael und mit der heiligen Lanze, deren Spitze Eisen aus den Nägeln des Kreuzes Christi enthielt. Inzwischen überquerte ein Teil der Ungarn den Fluß, umging das marschierende Heer und warf sich entweder schon vor dem Schmutterübergang oder erst am östlichen Waldrande zum Wertachtal auf das Ende des Zuges, auf den böhmischen und schwäbischen Heerbann. Der Überraschungsangriff konnte aber nach einiger Verwirrung abgeschlagen werden. Der nachfolgende deutsche Gegenstoß zertrümmerte auf dem schwäbischen Lechfeld, wohl etwa in der Gegend des heutigen Königsbrunn, nach verlustreichem Ringen die ungarische Front. Dieser Kampf war vom Südrand der Stadt aus nicht mehr zu sehen. Doch flohen die Geschlagenen in Sichtweite an Augsburg vorbei über den Lech; das ungarische Lager wurde genommen.

Am späten Abend hielt Otto mit seinem Gefolge Einzug in Augsburg und verbrachte die Nacht bei Bischof Udalrich. Beide, König und Bischof, hatten den siegreichen Tag, dessen Verlauf der sächsische Hofmönch Widukind von Corvei in seiner Sachsengeschichte nach Teilnehmerberichten geschildert hat, mit schweren Opfern bezahlt. Otto hatte seinen Schwiegersohn Herzog Konrad von Lothringen, Udalrich seinen Bruder Dietpald und seinen Neffen Reginbald verloren. Dietpalds Grafschaften übertrug König Otto sogleich auf Dietpalds Sohn Riwin. Am 11. August brach er zur Fortsetzung des Kampfes und schließlichen Vernichtung der Ungarn zum baierischen Lechfeld auf. Dietpald und Reginbald wurden im Augsburger Dom bestattet.

Im August 961 kam der König mit Königin Adelheid und mit einem großen Heere von neuem nach Augsburg und zog vom Lechfeld aus über den Brenner nach Italien, wo er sich 962 in Rom zum Kaiser krönen ließ. Die Donau-Alpenstraße von Neuburg über Augsburg und über die

Hochzoller Lechbrücke nach Mering, an den Staffelsee und über den Brenner blieb nun eine der bedeutendsten deutschen Königsstraßen. Wenn der Kaiser 962 im Einzelfall urkundlich von *nostrum palacium Augustburc* sprach, so meinte er damit wohl allerdings die Bischofspfalz.

Bischof Udalrich ging nach dem Sieg auf dem Lechfeld, der die Ungarnnot für immer beendete, sofort daran, die schweren Kriegswunden in Residenz und Hochstift zu heilen. Zuerst mußte er für die reine Lebensnotdurft seiner Geistlichkeit aufkommen. Dann wurden die zerstörten Häuser aus Lehmfachwerk wieder aufgebaut, endlich wurde die Afrakirche wiederhergestellt, in welcher die Altäre nur notdürftig durch ein Schindeldach geschützt waren und das Sintpertgrab noch unmittelbar der Witterung ausgesetzt war. Den Leib der Märtyrin Afra selbst fand man dabei nicht, doch erhielt die Afrakirche jetzt eine Krypta, eine getäfelte Holzdecke und eine farbige Ausmalung. Auf dem Friedhof von St. Marien baute Udalrich 956/60 auf die Stelle des alten Taufkirchleins eine mehr als doppelt so große Taufkirche St. Johannis des Täufers, die bis 1808 bestand. Im *Tuomus,* dem Dom, wurde die Krypta auf stärkeren Grundmauern nochmals aus Tuffstein aufgerichtet. Ihr noch heute erhaltener westlicher Rundteil, der den Petrusaltar barg, gehört vielleicht noch in die Jahre nach 960; es ist ein Hallenraum, dessen Gewölbe auf vier Säulen ruht. Wir hören von einer Glocke und von weiteren Domaltären. Nördlich des Doms lag die bischöfliche Pfalz mit Baderaum, ebendort wohnte vermutlich die geistliche Gemeinschaft des Domkapitels um einen Kreuzgang und das *capitulum,* den Kapitelsaal. Endlich berichtet Udalrichs Lebensbeschreibung von der Domschule und von einem kleinen Hospital, in dem der Bischof in christlicher Fürsorge zwölf Armen Unterhalt bot und das wohl bereits dem heiligen Kreuze Christi geweiht war. Unter den Schilderungen, die uns in der Bischofsvita von der Feier der Fasten- und Osterzeit im Augsburg Bischof Udalrichs gegeben werden, ist die des Palmsonntagsfestes die anschaulichste. Am frühen Morgen pflegte der Bischof bei St. Afra die Messe zu lesen und Palm- und Laubzweige zu segnen. Dann zog er mit Bibel, Kreuzen und Kirchenfahnen und einem Bilde Christi auf dem Palmesel, von Geistlichen und Laienvolk mit Palmzweigen begleitet, in feierlicher Prozession zum Hügel *Perleihc* (sprich Perleich), dem heutigen Perlachberg am Ostabfall der Augsburger Hochterrasse. Dort begegnete dem bischöflichen Zug, gleichfalls in singender Prozession, der Zug der Domgeistlichkeit, der in der Bischofssiedlung, in der mit römischem Namen wieder so benannten *civitas*, verbliebenen Laieneinwohner oder *cives* und der aus den umliegenden Dörfern herbeigeeilten Landbevölkerung. Der Bischof hielt nun beiden Prozessionen am Perlach eine Predigt, worauf man zum Dom zog und dort mit einer Messe die Feier beschloß.

Der alten Zweiheit des geistlichen Augsburg, Stift St. Afra und Domkapitel, gesellte sich alsbald eine geistliche Gemeinschaft der Frauen. Sie entstand bei der beschädigten Kirche St. Stephan, wo eine den beiden geistlichen Kirchenherren verwandte Jungfrau Ellensind eine Zelle begründete. Mit dem Tode der beiden Diakone aus dem Stiftergeschlecht, dem freiwilligen Verzicht Ellensinds auf ihr Erbe und einer Zustiftung des Bischofs war die Grundlage für die Errichtung eines selbständigen Kanonissenstifts im April 968 geschaffen. Mit Zustimmung der bischöflichen Getreuen, Geistlichen und Laien erhielt das neue Stift zunächst allen Gutsbesitz und alle hörigen Leute, welche die Gründer besessen hatten, in den hier erstmals genannten Orten Göggingen und Gersthofen sowie in den mittelschwäbischen Orten Batzenhofen, Wollishausen und Birkach. Dazu kamen aus dem Besitz der Mutterkirche, des Hochstifts, der Amtslehenbesitz des Archidiakons Amalrich innerhalb der *civitas* und vor der Mauer sowie die Pfarrabgaben zweier weiter südöstlich und westlich abliegender Orte.

Die Grundmauern der Stefanskirche aus dieser Zeit, aus römischem Werkstein, sind noch festgestellt worden. Neben ihr wurde das alte Kirchlein St. Gallus neu gebaut mit eigenem Weltgeistlichen und Friedhof. Die Beurkundung der Stiftserrichtung geschah am 23. April 969 zu Augsburg in einer lateinischen Pergamenturkunde, der ältesten überhaupt erhaltenen Urkunde der Augsburger Stadtgeschichte und der einzigen überkommenen Urkunde Bischof Udalrichs. Das Wachssiegel ging leider verloren, so daß wir das Udalrichssiegel erst von einem Neuabdruck an einer Bischofsurkunde von 1099 her kennen. Es stellt, freilich verstümmelt, nach dem Brauche des 10. Jahrhunderts das Brustbild eines bärtigen Bischofs von vorne dar, der keine Kopfbedeckung, aber Bischofsstab und Buch trägt. Die Umschrift lautete *Oudalricus episcopus*, Uldarich der Bischof. Eine eigenhändige Unterschrift, die uns des Bischofs Schriftzüge verriete, war damals noch nicht üblich.

Das Leben im Bischofssitz war im Grunde noch von ländlicher Einfachheit. Man erfährt von Bewirtung mit Brot und Bier, mit Lammfleisch, Speck und Wein, einmal von einer Schenkung von Bozener Wein, der vielleicht schon von eigenem Weinbergbesitz in Südtirol kam; jedenfalls wird dann schon zwischen 982 und 987 bischöflicher Besitz zwischen Brixen und Bozen erwähnt. Außer dem Wein wurden besonders Salz, feinere Gewebe, Rauchwerk, Bücher und Gegenstände des kirchlichen Kultus von auswärts bezogen. Schon Bischof Adalbero hatte Purpurstoff aus Tyrus verschenkt. Von persönlichem Besitz Bischof Udalrichs sind eine glatte, später gefaßte Kelchschale aus dünnem getriebenem Silberblech und drei Kämme aus Bein und Horn auf uns gekommen, darunter ein Elfenbeinkamm mit geschnitzten Reliefbildern von Stier und Löwe, von einem Reiter mit Lanze und einem Gefallenen mit Schild in römisch beeinflußtem Stil. Dazu besitzen wir mehrere seidene und leinene Kirchengewänder, die mit dem Namen des Bischofs verbunden sind und nach ihrem Gewebe auch von ihm stammen können. Das kostbarste darunter ist ein später etwas verändertes Meßgewand aus gelbgrüner Seide mit dem mehrfach wiederholten, oval eingefaßten Brustbild eines Herrschers in Ornat, mit Krone, Zepter und Heiligenschein. Der Stoff stammt wahrscheinlich aus den kaiserlichen Werkstätten in Byzanz. Ebenfalls oströmischer Herkunft ist ein Ärmelgewand aus gemusterter violetter Seide. Ein Ärmelstreifen aus Goldseidenbrokat zeigt weiß mit roter Umrandung die Darstellung der rechten Hand Gottes, wie die rot gewebte Inschrift besagt. Ein abgeschnittenes Stückchen dieses Goldbandes fand sich im Dom zu Chur. Weniger sicher zuweisbar, aber auch etwa aus derselben Zeit sind zwei Augsburger Bischofsgewänder aus goldgelber Seide und seidenverziertem weißem Leinen.

Einen bedeutenderen Handelsverkehr fahrender Kaufleute über die verfallenen Römerstraßen kann man noch nicht feststellen. Auch der Platzhandel, in dem die überschüssigen Erzeugnisse des Fronhofs und der anderen kirchlichen Meierhöfe des Augsburger Gebietes einzutauschen waren, wird noch keine sehr große Rolle gespielt haben. Trotzdem muß der Bischof vom König das urkundlich erst 1030 als Vorbild erwähnte Marktrecht für Augsburg erlangt haben, das Recht, Kaufleute zum Markte an der Bischofsresidenz zuzulassen, sie dort zu schützen und von ihnen als Gebühr für Straßenunterhalt und Sicherheit einen Marktzoll zu erheben. König Otto, der mit seiner Kaiserkrönung das Heilige Römische Reich Deutscher Nation heraufführte, verlieh an Bischof Udalrich dazu das Recht, eigene Münzen zu schlagen.

Das 1061 bestätigte Münzrecht bedeutete die wertvolle Einnahme des Schlagschatzes, des Unterschieds zwischen dem Ankaufspreis des eingeführten Münzmetalls und dem Nennwert der Münzen. Prägungen der neuen bischöflichen Münze zu Augsburg aus dieser Zeit haben sich mehrfach erhalten. Diese silbernen sog. Ulrichsdenare zeigen auf der Vorderseite ein Kreuz und den Namen des Bischofs, *Oudalricus episcopus,* auf der Rückseite einen Kirchengiebel mit Kreuz, den Namen Augsburgs, *Aug(usta) civitas,* und den des Münzmeisters, aber nicht mehr jenen des Königs. Damit nicht genug, verlieh Otto dem Bischof, auf Kosten des Augstgaugrafen, offenbar auch noch die hohe Gerichtsbarkeit und Militärgewalt in seiner Stadt und in seinem Hochstift, seinem weltlichen Herrschaftsbezirk. Der Bischof erweiterte damit seine Gerichtsgewalt zur eigenen Handhabung der Blutgerichtsbarkeit unmittelbar im Auftrag des Königs. Seine Einkünfte als Gerichtsherr erfuhren dadurch eine bedeutsame Mehrung. Da er als Geistlicher seine Blutgerichtsbarkeit nach kirchlichem Recht nicht persönlich ausüben durfte, übertrug er sie gegen Amtslehen einem vom König bestallten Adeligen als bischöflichem *advocatus,* als gemeinsamem Stiftsvogt. Der Hochvogt hatte dreimal im Jahr zu ordentlichen Dingen, zu öffentlichen Gerichtstagen, nach Augsburg zu kommen. Ein *advocatus* wird von Gerhard erstmals für 973 erwähnt, 980 auch mit Namen, Werinheri aus dem Alamannenlande. Als Teil der Hochstiftsvogtei bildete sich dann die sog. Straßvogtei aus, die Vogtei über die Orte auf der Hochterrasse und an der Italienstraße im Süden von Augsburg. Göggingen gehörte bereits zu ihr. Die Straßvogtei scheint also im wesentlichen der südwestliche Teil des Augstgaues zu sein. Die Augsburger *cives* wurden vom Bischof zum Gerichtsbeisitz herangezogen.

Die militärische Pflicht, die vom König verlangten Heerfahrten mit der bischöflichen Ritterschaft zu machen, übertrug Bischof Udalrich mit Ottos Genehmigung auf einen Sohn seiner Schwester Liutgarde. Udalrichs Machtstellung wurde nicht zuletzt durch seine Freundschaft mit Bischof Konrad von Konstanz aus dem Welfengeschlechte gestärkt.

Im Juli 973 starb Bischof Udalrich und wurde, im Priestergewande in Wachsleinwand eingehüllt, bei St. Afra begraben. Dem Leichnam wurde ein Reliquienkästchen und wohl auch der schon erwähnte Kelch beigegeben. Eine westlich an die Godehardskapelle angebaute Grabkammer mit schön gemauerter Tuffsteingruft hat damals vielleicht das Ulrichsgrab aufgenommen. Bald umrankte es die fromme Legende und zog von weither die Wallfahrer an. Besonders soll Udalrich seine Wundermacht an wilden Wassern erwiesen haben, weswegen er seit dem 14. Jahrhundert auch vielfach mit dem Fisch dargestellt wurde; die spätere Erzählung vom Fischwunder des heiligen Ulrich geht darauf zurück. Dompropst Gerhard, Udalrichs Freund, erzählte in seiner nach 982 verfaßten Vita bereits mehrere Wunder, die sich zu Lebzeiten des Bischofs ereignet hatten, und die Wunderberichte wurden bald immer zahlreicher. Bischof Liutold, der zweite Nachfolger, reiste endlich nach Rom, um bei Papst Johann XV. die Heiligsprechung des großen Ungarnsiegers zu erbitten. Sie erfolgte, als erste persönliche Vollziehung dieser Handlung durch einen Papst überhaupt, im Januar 993. Mit St. Afra zusammen wurde nun St. Ulrich der Schutzheilige Augsburgs und seines Bistums. Die betagte Kaiserinmutter Adelheid stiftete ans Ulrichsgrab bei St. Afra eine reich mit Edelsteinen besetzte, goldene Altartafel, die leider später verkauft wurde.

Unter den sächsischen Königen und Kaisern Otto II. und Otto III. hielt die Vermehrung des bischöflichen Landbesitzes einschließlich ausgedehnter Waldungen weiterhin an. Dazu scheint die Rodung und Besiedlung des Altbesitzes fortgeschritten zu sein; um das Jahr 1000 finden sich in einer erzählenden Handschrift erstmals die wohl entstellten Namen Kriegshabers, *Chrechesaver,* am Hochterrassenrand und eines Sees Pfersee, *Verrisse,* vermutlich nach einer römerzeitlichen Ortsbezeichnung, an der *Werdaha.* Die Lebensbeschreibung Bischof Udalrichs weiß ferner zu melden, Bischof Heinrich I. habe gegen 980 bei St. Afra eine Brücke über den Lech gebaut und für sie auf einen Brückenzoll verzichtet. Natürlich wurde auch in der Stadt selbst weitergebaut. Ihre Mauer dürfte jetzt schon durch Wehrtürme verstärkt gewesen sein. Einen solchen Turmunterbau aus römischen Werkstücken fand man, vielleicht im Zuge der Nordgrenze der Bischofsstadt, mitten in der römischen Stadtfläche. Der zunehmende Reichtum des Hochstifts gestattete es, mehr und mehr Dinge des feineren und geistigen Lebensbedarfs zu erwerben. Im Brief eines Benediktinermönches aus dem hochangesehenen baierischen Kloster Tegernsee wurde um das Jahr 1000 bereits der außerordentliche Reichtum der Augsburger Dombibliothek an handgeschriebenen Büchern gerühmt. Die Domschule zeichnete sich durch ihre Choralpflege aus.

Die Bischöfe der ausgehenden Ottonenzeit versahen auch die militärischen Führeraufgaben von Grafen. Schon 981 wurden durch Otto II. von Rom aus nicht weniger als hundert gepanzerte Berittene des Bischofs von Augsburg als Verstärkung zum Italienzug angefordert, an deren Spitze Bischof Heinrich I., aus einem offenbar baierischen Grafenhause, dann selbst gegen die Araber gefallen ist. Als Kaiser Otto III. 1002 in Italien starb, begleitete der in seinem Gefolge weilende Bischof Siegfried von Augsburg die Heimführung des toten Kaisers über die Alpen nach Deutschland. Bevor das Leichengeleit aber auf der Brenner-Ammerseestraße Augsburg erreichte, wurde es von Herzog Heinrich von Baiern erwartet, der sich der Leiche und der mitgeführten Reichskleinodien bemächtigte und dann die Eingeweide Ottos III. bei St. Afra bestattete. Nachdem Heinrich die Königskrone erlangt und in Kämpfen besonders auch gegen den Schwabenherzog behauptet hatte, sammelte er im Frühjahr 1004 bei Augsburg das Reichsheer zu seinem ersten Italienzuge. Schon 1006 brachte er seinen geistlich gewordenen Bruder Brun auf den Bischofsthron des ihm so wichtigen Lech-Wertachplatzes und band das ostschwäbische Bistum damit eng an sein baierisches Stammherzogtum. Die besondere Gunst König Heinrichs II., der in der Augsburger Münzstätte auch die ersten königlichen Münzen Augsburgs prägen ließ, äußerte sich vor allem in der Förderung des geistlichen Lebens der Augsburger Kirche.

Offenbar unter lebhafter Anteilnahme des Kaisers unternahm Bischof Brun die großzügige Wiederherstellung des im Ungarnsturm geschwächten Stiftes St. Afra. Die dortigen Stiftsinsassen wurden ans Domstift versetzt, St. Afra aber 1012 mit seinen Liegenschaften und Rechten als bischöfliches Eigenkloster dem eigentlichen Mönchsorden des Abendlandes, den Benediktinern zur Neubesetzung übergeben. Als erster Abt des neuen Afraklosters wurde durch Brun der Mönch Reginpald wohl aus dem berühmten alamannischen Kloster St. Gallen berufen. Er holte sich seinen Konvent, zwölf Benediktiner, wahrscheinlich aus Kloster Tegernsee. Da die Gründungsurkunde nicht überliefert ist, wissen wir nicht, wie sich der damalige, aus dem Hochstiftsvermögen herausgenommene Besitz der Augsburger Benediktiner zusammensetzte. Jedenfalls ließ sich das Kloster nach der Ordenssitte nicht nur durch fronende und zinsende Hintersassen ernähren, sondern baute von einem eigenen Meierhof aus eine mönchische Klostergutswirtschaft auf. Erst aus dem Jahre 1033 besitzen wir eine echte Urkunde für St. Afra, zugleich die älteste Augsburger Kaiserurkunde. Von König Konrad II. in Merseburg ausgestellt, bestätigt sie dem *monasterium S. Afrae apud Augustam civitatem*, dem Kloster St. Afra bei der Stadt Augsburg, die Schenkung eines Gutes in Todtenweis nordöstlich Augsburg mitsamt den darauf ansässigen hörigen Leuten, durch Heinrichs II. Witwe Kunigunde. Schon zwei Jahre zuvor läßt das freilich viel spätere Traditionsbuch des Klosters die obere, heute Hochzoller, Lechbrücke samt einem Brückenzoll aus der Hand des Bischofs in die von St. Afra gelangen. Wahrscheinlich verband sich mit dem Benediktinerkloster St. Afra künftig wie mit dem Dom und dem Kanonissenstift St. Stephan eine eigene Pfarrei.

Die Klostermauer scheint im Quaderbau verstärkt worden zu sein. Vom Ansehen der neuen Ordensstätte zeugt auch der noch erhaltene gekrümmte Abtstab des Abtes Reginpald aus Elfenbein mit Bronzenägeln, von den gelehrten Bestrebungen, die gemäß der Benediktinerregel gepflegt wurden, die älteste sicher aus dem Kloster stammende Buchhandschrift auf Pergament mit den eingetragenen Besitzernamen der Afrakirche und Reginpalds selbst. Aus der Zeit um 1020 besitzen wir dann eine neue Lebensbeschreibung des heiligen Bischofs Ulrich von Abt Bern von der Reichenau, die eigens für das Afrakloster geschrieben und gemalt wurde. Das Widmungsbild zeigt den Heiligen im Bischofsgewand, wie er die Äbte Bern von der Reichenau und Fridebold von St. Afra, beide in der schwarzen Benediktinerkutte, durch Handauflegung segnet. Diese Reichenauer Miniatur ist das erste zeitgenössische Vollporträt eines mittelalterlichen Augsburgers.

Bereits um 1019 begannen Kaiser Heinrich und Bischof Brun den Bau einer neuen, weiteren Kirche an der Straße zwischen Dom und St. Afra, südlich des Perlachberges. Die Kirche wurde nach der Vollendung dem heiligen Mauritius geweiht. Grundmauern und Krypta sind unter der heutigen Moritzkirche aufgegraben worden, doch schritt der Bau nur langsam fort. Im November 1021 weilte der inzwischen in Rom gekrönte Kaiser Heinrich II. nochmals in der *Augusta* und sammelte auf dem Lechfeld ein neues Italienheer, mit dem er dann seinen dritten Südwärtszug zum Brenner hin antrat.

Nach Heinrichs Tode im Jahre 1024 wurde Konrad, ein rheinfränkischer Graf, der erste deutsche König aus dem salischen Herrscherhause. Schon das Osterfest 1025 beging König Konrad II. bei Bischof Brun in Augsburg. Noch im Sommer erhob sich aber sein Stiefsohn Herzog Ernst II. von Schwaben in einem Aufstand, dem sich vor allem auch Graf Welf II. von Altdorf–Weingarten anschloß. Zu dem alten welfischen Hausgut am rechten Ufer des oberen Lech kam durch Welf, der schwäbische und baierische Grafschaften in seiner Hand vereinigte, auch das königliche Dorf Mering mit seinem Domänenbezirk. Der Besitz Augsburgs mußte für die welfische Hausmachtpolitik am Lech ein Hauptziel des Aufstands sein. Trotzdem entschied sich Konrad, sowie die größte Gefahr gebannt war, für den ersten Romzug. Anfang Februar 1026 ließ er das Reichsheer unter den ihm ergebenen Herzögen, Bischöfen und Grafen am Augsburger Sammelplatze zusammenkommen. Für die Dauer seiner Abwesenheit setzte er eine Reichsregentschaft unter seinem kleinen Sohne Heinrich ein, in dessen Namen Bischof Brun von Augsburg die eigentlichen Regierungsentscheidungen zu treffen hatte. Von Bruns Herrscherbewußtsein zeugen schon seine Münzen, auf die er als erster Augsburger Bischof sein Brustbild mit Tonsur und porträthaft gestal-

Augsburger Silbermünzen um 1020
(Originalgröße)

Pfennig Bischof Bruns
Umschriften:
Prun episcopus und *Augusta civ(itas)*

Pfennig Kaiser Heinrichs II.
Umschriften:
Heinric(us) rex und *Augusta civ(itas)*

Aus Dannenberg, Die deutschen Münzen der sächsischen und fränkischen Kaiserzeit

tetem Profil prägen ließ. Im September 1026 nahm der Bischof an einer Bischofsversammlung in Franken teil. Diese Gelegenheit ersah nun Welf II., um mit bewaffneter Macht Hochstift und Stadt des Reichsverwesers zu überfallen. Er verheerte die Umgebung der bischöflichen Burgstadt, drang aber auch in diese selbst ein und raubte, nach dem Bericht der Lebensbeschreibung Konrads II., die bischöfliche Schatzkammer aus, die auch alle Urkunden über Besitzungen und Rechte des Hochstifts enthalten haben wird. Das Archiv des Bischofs und des Domkapitels scheint dabei mitsamt der Dombibliothek zugrunde gegangen zu sein. Der zurückkehrende Brun nahm die Fehde mit Welf auf, die große Teile Schwabens und Baierns verheerte. Augsburg selbst blieb königlicher Stützpunkt. Nach der Kaiserkrönung in Rom, zu der auch Bischof Brun mit seinem Schützling nach Italien zog, kehrte Konrad im Sommer 1027 nach der getreuen *Augusta Vindelica* zurück. In der Königspfalz Ulm ergaben sich Ernst und Welf, der letztere mußte den in seiner Hand verbliebenen Augsburger Raub zurückerstatten. 1029 starb Bischof Brun in Regensburg. Die Kaiserin und der Kaisersohn Heinrich geleiteten den Toten nach Augsburg, wo er in der noch nicht vollendeten Moritzkirche beigesetzt wurde. Im unmittelbaren Anschluß an diese Kirche wurde nun ein neues Kanonikerstift unter Oberhoheit des Bischofs errichtet, das nur Adelige als Stiftsherren aufnahm. Auch über die Frühgeschichte des Stifts St. Moritz wissen wir bedauerlich wenig.

Als sich die Gründung der römischen Stadt auf der Hochterrassenspitze zum tausendsten Male jährte, war Augsburg endgültig aus den Stürmen der Völkerwanderungszeit und der Ungarneinfälle als glänzender süddeutscher Bischofssitz neu erstanden, als Tor und Sperre zwischen Schwaben und Baiern zugleich. Es hatte den römischen Namen einer *civitas* weitergetragen und den deutschen einer Burg dazu angenommen. Die befestigte Dom- und Fronhofsiedlung mit den umliegenden geistlichen Gemeinschaften von St. Afra, St. Stephan, St. Moritz und mit dem Spital war keine Stadt im römischen Sinne mehr und auch noch keine Stadt im mittelalterlichen. Aber die starken Keime waren angelegt, aus denen nun im hohen Mittelalter das neue, deutsch-städtische Leben aufwachsen sollte.

Bischof, Abtei und Bürgerstadt

Wie wir das Gründungsjahr der Römerstadt Augusta nicht kennen, so vermissen wir auch einen festen Anhaltspunkt für den Zeitpunkt, zu dem sich an den Bischofssitz eine bürgerliche Siedlung als Kern der späteren Stadtgemeinde angelehnt hat. Da uns darüber auch Bodenfunde keine eindeutigen Aufschlüsse geben, kann sich eine Darstellung weithin nur an Schlüsse aus dem späteren Stadtplan halten; der Leser ist gebeten, seine Wiedergabe auf S. 245 zu vergleichen. Die Grenze der bischöflichen Burgstadt selbst lief im Osten und Süden dem römischen Stadtrand entlang. An der Stelle des vormaligen römischen Westtores bog sie allerdings scharf nach Nordosten ab, nahm noch vor Überquerung der großen Süd–Nordstraßenachse die gerade Richtung nach Osten und bildete das Nordosteck am Hochterrassenrande südlich von St. Stefan. Die eingeschlossene eiförmige Fläche dieser geistlichen Stadt betrug etwa 15 ha. Als Bewohner der *civitas* wurden schon Ende des 10. Jahrhunderts die *canonici,* die Geistlichen des Domstifts, und die *cives,* die weltlichen vollberechtigten Einwohner unterschieden. Diese waren offenbar die bischöflichen berittenen Krieger und weltlichen Amtsverwalter, die Ministerialen, die in der Residenz selbst wohnten, dort zugleich eine Art von Leibwache des Bischofs bildeten und im beginnenden Ritterzeitalter ein stets noch wachsendes Ansehen genossen. Die bischöflich-grundherrlichen Bauern und Knechte in der Bischofsstadt verkörperten, wie einst die Einwohner des frühen römischen *municipiums,* einen minderberechtigten Teil der Bevölkerung und waren keine eigentlichen *cives.* Aus ihrem Kreise kamen die Leute, die sich statt mit der Landarbeit teilweise oder ganz mit einem Handwerk beschäftigten und ihren Lebensunterhalt mit solchen Fertigkeiten zu bestreiten vermochten. Vielleicht gehörten zu ihnen auch einige bischöfliche Kaufleute, die den im Hochstift selbst nicht zu befriedigenden Güterbedarf der Siedlung durch ihre Handelsfahrten decken halfen.

Zu keiner dieser Gruppen aber gehörten die freien Fernkaufleute. Sie

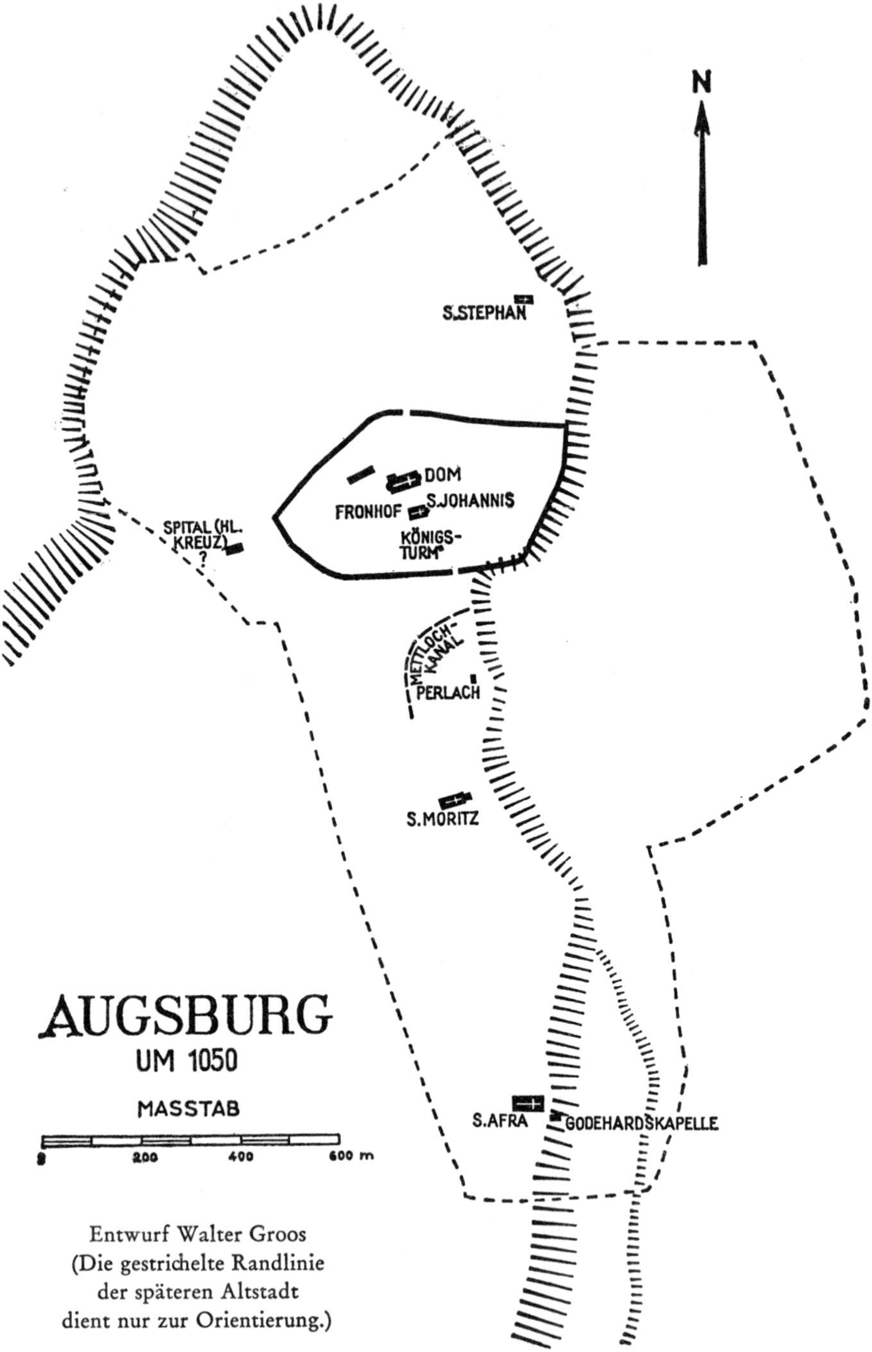

Entwurf Walter Groos
(Die gestrichelte Randlinie
der späteren Altstadt
dient nur zur Orientierung.)

standen unter Königsschutz, waren schon durch die ihnen eingeräumte Freizügigkeit des Umherziehens als persönlich freie Leute anerkannt und bei Freiheit vom Kriegsdienst doch waffenfähig. Sobald sich solche Kaufleute fest auf Augsburger Boden niederließen, bezahlten sie für die erbliche Nutzung bischöflichen Bodens dem Bischof einen festen Mietzins und Schutzzins. Wahrscheinlich war die erste kleine Kaufleutesiedlung eine Häuserreihe mit Markt an der alten Via Claudia und an ihrer Südabzweigung auf der Hochterrasse zwischen dem Südrand der Bischofsstadt und St. Moritz. Diese Kaufmannsstraße vor der Mauer wurde vermutlich wie anderwärts gesondert mit Holzpalisaden befestigt. Sie mag ferner von einem am Westrand stückweise festgestellten, tief verschlammten Sumpfgraben mit Holzpfahlfassung gedeckt worden sein. An der Ostseite, südwestlich vom Perlach, fanden sich noch starke Reste und Überlagerungen verbrannter oder abgerissener Lehmfachwerk- und Holzbauten, unter denen vielleicht Überbleibsel der ältesten Augsburger Bürgerhäuser sind. Am Perlach selbst, unter dem heutigen Turm, konnte noch das Fundament eines Wehrturmes aus Quadern und römischen Werkstücken festgestellt werden. Es ist möglich, daß dieser Turm im Zusammenhang mit dem Augsburger Vogtgericht stand; der Vogt saß nach altem Herkommen an offener Landstraße zu Gericht und wird dafür die Dingstätte vor dem südlichen Burgtor benutzt haben. Für den bischöflichen Dombezirk hatte er in diesem gesondert Ding zu halten.

Die Entwicklung der Kaufleutesiedlung wurde gefördert durch das starke Interesse, das die salischen Könige der Bischofsstadt Augsburg zuwandten. Sie galt ihnen mehr denn je als Bollwerk der Königsmacht an der Grenze der Herzogtümer Schwaben und Baiern und an der Heerstraße nach Italien. Vor allem erschien Augsburg als geeigneter Platz für Reichsversammlungen, die sich auf deutschem Boden mit oberitalienischen Angelegenheiten befassen sollten. Im Februar 1036 hielt Konrad II. wieder einen Hoftag in Augsburg. Und schon im Januar 1040 und im Februar 1044 berief sein Sohn König Heinrich III. Fürstentage nach Augsburg ein. Im September 1046 versammelte der König bei Augsburg das Reichsheer zur Romfahrt über den Brenner, Ende Mai 1047 kehrte er als Kaiser in die Bischofsstadt am Lech zurück und setzte einen Hofkaplan als Bischof Heinrich II. ein. Wenige Jahre später rückte Augsburg noch stärker in den Vordergrund der Reichspolitik, die nun neben dem deutschen und italienischen auch das burgundische Königreich umfaßte. Die Nachfolgerolle des erneuerten Römerreiches wurde so für Augsburg ganz deutlich. Damit führte wie die alten Augsburger Straßenverbindungen nach Oberitalien so auch die südwestliche nach Lyon in welschsprachiges Reichsgebiet. Freilich blieben die Südwege die bedeutenderen.

Anfang Februar 1051 erschien zu einem großen Hoftag zu Augsburg mit dem Kaiser aus Rom auch der aus dem Elsaß stammende Papst Leo IX. Um die beiden Häupter der Christenheit scharten sich deutsche und italienische Erzbischöfe, Bischöfe und weltliche Fürsten. Der Papst soll ein neues St. Galluskirchlein geweiht haben und reiste dann offenbar aus Augsburg unmittelbar nach Rom zurück, berührte aber den Bischofssitz schon im Februar 1053 von neuem. Nach Heinrichs III. Tod im Jahr 1056 blieb Bischof Heinrich einflußreicher Berater der regierenden Kaiserinwitwe Agnes; sie hielt mit dem noch unmündigen König Heinrich IV. an Pfingsten 1058 einen Hoftag zu Augsburg. Im Jahr darauf schenkte die Kaiserin, zu Allerheiligen in Augsburg, dem bevorzugten Bischof neue ausgedehnte und einträgliche Rechte aus Königsgut an der Lech–Italienstraße. 1059 empfing der Bischof schließlich auch eine alte Grafschaft; vielleicht war es noch die einst so wichtige Augstgaugrafschaft. Die reichspolitische Vorrangstellung des Augsburger Bischofs endete erst 1062, als Erzbischof Anno von Köln den jungen König seiner Mutter entführte und die Reichsregentschaft an sich riß. Noch Monate nach diesem Ereignis sah aber Augsburg im Oktober 1062, unter Annos Leitung, eine bedeutsame Bischofsversammlung deutscher und italienischer Bischöfe. Der junge König, der 1065 mündig wurde, übertrug seine anerzogene Abneigung gegen Bischof Heinrich nicht auf Augsburg selbst. Bald nach dessen Tod, im Februar 1064, feierte er hier das Lichtmeßfest. Ende Januar 1067, im September 1068, zu Lichtmeß 1070, im März 1071, zu einem Hoftag im Mai 1073 sah man ihn wieder.

Reichtum und Macht der Augsburger Kirche fanden nun ihren sichtbaren Ausdruck in einem würdigen Aus- oder Neubau der Kathedralkirche, des Mariendoms. Die neue Domkirche, der Kern der heutigen, war ein kreuzförmiger Bau mit Stifts- und Hauptchor im Westen. Vom Aufbau der damaligen Westapsis sind noch jetzt, besonders außen an der

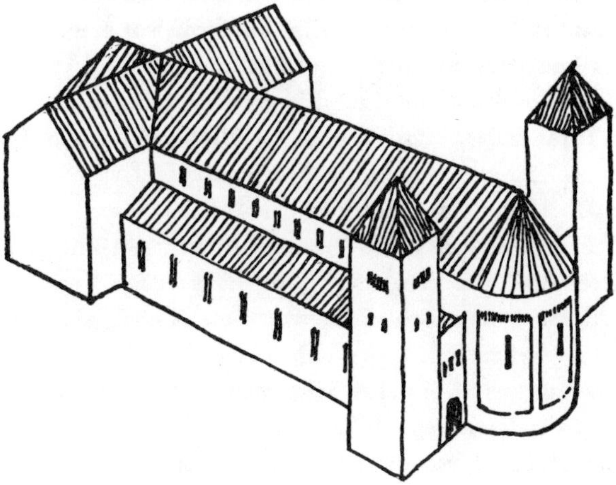

Der romanische Augsburger Dom
Rekonstruktion Walter Groos

Nordseite, einzelne Bauteile zu erkennen. Im Innern der Rundung steht noch heute der aus dem Ende des 11. Jahrhunderts stammende kalksteinerne Bischofsthron mit zwei tragenden Tiergestalten; die Urkrypta darunter wurde durch eine Säulenhalle als Vorkrypta erweitert. Der Neubau schritt von der Apsis über das Querschiff nach Osten fort. Das dreischiffige Langhaus hatte bereits die Breite der jetzigen drei inneren Schiffe. Zu beiden Seiten des Mittelschiffs erhoben sich über schlanken Pfeilern je neun Halbkreisbogen aus Kalksteinblöcken. In einem Pfeiler der Nordseite kam ein eingemauerter römischer Inschriftenstein zum Vorschein; das römische Steinmaterial leistete also immer noch willkommene Dienste.

Nahe der Kirche wurden zudem noch die Kalköfen und Kalkgruben gefunden, die römische Tuffsteine für den Neubau verbrauchten. Die Innenwände des Mittelschiffs waren oberhalb der Pfeilerbogen und oberhalb der Fenster mit noch teilweise erhaltenen farbigen Längsfriesen bemalt. Über dem oberen Fries lag eine flache Holzdecke. Eine solche Decke hatten auch die Querarme und die niedrigeren und schmäleren Seitenschiffe, in denen ebenfalls gemalte Bandfriese die oberen Wände schmückten. Das Mittelschiff schloß gegen Osten, gegen die Italienstraße, mit einer zweiten Halbrundnische mit Vorhalle. In den neuen Dombau war wohl das prächtige, doppelflügelige kupferne Tor eingefügt, das die Südseite des Langhauses zum Fronhof hin schmückt. Die 35 erhaltenen, in Flachrelief getriebenen und auf Eichenbretter aufgenagelten Einzeltafeln der Türen zeigen das Vorbild von Buchmalerei und byzantinischer Elfenbeinschnitzerei und das Ineinanderfließen römischer und christlicher Überlieferung; Gestalten der antiken Sagenwelt und Personen und Ereignisse des Alten Testaments wechseln miteinander ab. Masken zieren die Tafelecken, zwei Löwenhäupter mit Zugringen dienten zum Öffnen. Wir wissen nicht, wer diese einmaligen romanischen Bildertüren geschaffen hat, denen sich in Deutschland nur die Hildesheimer Bronzetür zur Seite stellen läßt; manche Züge in Gestaltung und Technik zeigen italienischen Einfluß. Beiderseits der Seitenschiffe wurde mit der Aufführung von zwei viereckigen Türmen begonnen. Bischof Heinrich, der Dombauer, hat den Abschluß des Neubaues nicht mehr erlebt.

Erst 1065 konnte sein vom König eingesetzter Nachfolger, der Mainzer Dompropst Embrico, den neuen Dom mit den Bischöfen von Eichstätt und von Treviso in Oberitalien weihen, 1070/75 wurden die beiden Türme aus Tuffstein vollendet, deren Bronzeglocken noch heute läuten. Von der Kirchenweihe des Jahres 1065 war bis 1944 noch das Reliquienverzeichnis auf halbvermodertem Pergament erhalten, das damals mit den Heiligtümern selbst im Hauptaltar des Westchores eingemauert wurde. Aus dem Jahre 1071 besitzen wir ferner ein unvollständiges Verzeichnis der handgeschriebenen Bücher des Bischofs Embrico mit 49 Titeln, darunter Schriften der Kirchenväter Augustinus, Hieronymus und Gregor des Großen; einige dieser Bücher sind in die Dombibliothek übergegangen.

Bei St. Afra wurde bis 1065 eines der frühesten Orgelwerke im deutschen Süden aufgestellt. Dann baute Bischof Embrico, wie in den zeitgenössischen Jahrbüchern berichtet wird, 1064–1071, eine neue große Doppelkirche mit Turm, welche die beiden Wallfahrtsstätten, das Afra- und das Ulrichsgrab, in einem zweischiffigen Kirchenraum vereinte. Bei der Tiefergrabung entdeckte man einen römischen Steinsarg, der ein Skelett mit Verbrennungsspuren enthielt, und sprach dieses fortan als Afraleib an. Der mächtige Abt Adalhalm, der zugleich die schwäbischen

Benediktinerstifte Ottobeuren und Weingarten regierte, lag mit dem Bischof als dem Oberherrn des Klosters im Streit. Im November 1071 gründete Embrico ein zweites »niederes« Kanonikerstift im östlichen Anschluß an den Dom, das Stift St. Gertrud. Die überlieferte Gründungsurkunde zählt die Besitzungen auf, die der Bischof dem neuen Stift überließ. Sie schlossen bemerkenswerterweise mehrere Güter und Grundstücke in Tirol mit ein, darunter Weinberge in Bozen. Der Herrschaftswille des Bischofs richtete sich nun aber, wie es scheint, auch auf die befestigte Kaufmannssiedlung. Wie die anderen Bischöfe wird er damals versucht haben, die königlichen Kaufleute immer mehr als Bischofshörige zu behandeln. Beim Perlachturm gründete Bischof Heinrich II. mit Hilfe einer Gutsstiftung eines mittelschwäbischen Adeligen um 1060 eine Kirche in der Kaufmannssiedlung. Die Kirche wurde mit einem dritten niederen Kanonikerstift verbunden, dessen Stiftsgebäude am Hang des Perlachberges lag. Der Entwurf der Urkunde Bischof Embricos, die dem Stift seinen zunächst bescheidenen Besitz an Land und hörigen Leuten bestätigte und aus dem Jahre 1067 stammt, nennt uns den Namen dieser Kirche als Kirche *Sci. Petri in Perlaich.*

Daß die Kaufleute dem hohen, dem Blutgericht des Hochstiftsvogts in der Stadt unterstanden, war sicherlich außer Zweifel. Für die privatrechtlichen Fragen erinnerten sie sich aber der Schwurgemeinschaft, die sie für ihre Handelsfahrten mit anderen Kaufleuten zu bilden pflegten. Es läßt sich nicht erweisen, daß auch die Augsburger Kaufleute dieser Zeit nach niederfränkischem und oberitalienischem Muster die Bildung einer Augsburger Kaufmannsgilde mit eigenem Gildegericht erstrebten, in welchem Urteiler aus dem Kreise der Kaufleute selbst das Standesrecht sprachen, das sie allein kannten. Sie begnügten sich hier wohl mit der in Süddeutschland verbreiteten herrschaftlichen Genossenschaft unter Aufsicht des Bischofs. Er setzte seinerseits für die besondere Verwaltung und Niedergerichtsbarkeit der Kaufleutesiedlung einen eigenen Beauftragten ein. Im Jahre 1046 war unter den Zeugen einer Leibeigenenschenkung an den Augsburger Dom nach den Geistlichen als erster Laie ein *Tuco quaestor,* 1073 erscheint als Zeuge einer Kirchenweihe urkundlich ein *Praefectus Augustensis* namens Gerbold, beide offenbar eine Art von bischöflichem Schultheiß oder Ammann.

Angesichts dieser wichtigen Entwicklung fällt es auf, daß uns einstweilen weder eine Urkunde noch die wieder auftauchende erzählende Hauptquelle, die *Annales Augustani*, auch nur ein Wort von Kaufleuten selbst erzählt, geschweige denn von den in der Siedlung tätigen Handwerkern. Diese lateinischen Jahrbücher von Augsburg, die zwischen 1080 und 1090 mit Benützung älterer Aufzeichnungen zusammengestellt und bis 1104 fortgeführt wurden, sind offenkundig die Chronik von Domherrn und berichten nur über die großen Ereignisse, in deren Mittelpunkt König und Bischof standen. Die größte Revolutionszeit des deutschen Mittelalters beginnt sich schicksalsschwer auch in Augsburg abzuzeichnen.

1073 bestieg der Erzdiakon Hildebrand als Papst Gregor VII. den Stuhl Petri, ein entschiedener Anhänger jener Kirchenreform, die sich scharf gegen Pfründenkauf, Priesterehe und gegen die Laienherrschaft über die Kirche wandte. Der päpstliche Kampf für die »Freiheit der Kirche« richtete sich vor allem gegen das germanische Eigenkirchenrecht, insbesondere aber gegen die eigenwillige Einsetzung der Bischöfe in ihr geistliches Amt durch den König im deutsch-italienisch-burgundischen Kaiserreich. Die Reformbewegung bedrohte damit die Grundlagen des ganzen unter den Ottonenkaisern ausgebauten Reichskirchenwesens.

Schon im Dezember 1073 wurde Bischof Embrico von Augsburg unter dem Verdacht des Pfründenkaufs zur Fastensynode nach Rom geladen, leistete jedoch der Aufforderung keine Folge. Ende 1074 war der König wieder bei ihm in Augsburg. Als die römische Fastensynode von 1075 die Reformforderungen zum Beschluß erhob, folgten die Empörung König Heinrichs und das Wormser deutsche Nationalkonzil vom Januar 1076, auf dem die Mehrzahl der deutschen Bischöfe den Papst für abgesetzt erklärte. Nun bannte und entsetzte Gregor VII. den König und die zu ihm stehenden Bischöfe, darunter Embrico. Dies benutzten wiederum die aufsässigen Herzöge von Schwaben und Baiern – Herzog von Baiern war seit 1070 Graf Welf IV. – zum Anlaß des offenen Aufstands und beschlossen, Heinrich nicht mehr als König anzuerkennen, wenn er sich nicht bis Februar 1077 vom Bann gelöst habe. Gregor VII. wollte Anfang Februar 1077 auf einem Tag zu Augsburg selbst die Entscheidung über König und Reich treffen und brach Ende 1076 von Rom aus nordwärts auf. Heinrich ging ihm aber mit wenigen Begleitern mitten im Winter über die Alpen entgegen und tat in der oberitalienischen

Burg Canossa Kirchenbuße, die ihn vom Banne löste und die Augsburger Versammlung verhinderte. Die aufständischen deutschen Großen blieben aber trotz Heinrichs Lösung bei ihren Plänen und wählten mit päpstlicher Unterstützung im März 1077 Herzog Rudolf von Schwaben zum Gegenkönig. Rudolf begab sich mit zwei päpstlichen Gesandten zum Osterfest nach Augsburg. Die Absetzung der Herzöge Rudolf und Welf durch den zurückgekehrten König Heinrich befreite den Augsburger Bischof aus einer höchst bedrohlichen Umklammerung; das baierische Herzogtum kam unter königliche Verwaltung.

Als Bischof Embrico bald darauf starb, wählten offenbar Domgeistlichkeit und Ministerialen den Domkanoniker und Propst von St. Moritz Wigolt zum Nachfolger. Der König hatte die Wahl zu bestätigen, verwarf sie aber und erhob seinerseits seinen Kaplan Siegfried zum Bischof von Augsburg. Als Heinrich zu Anfang September 1077 wieder nach Augsburg kam, hat er wohl seinen Bischof eingeführt und die Huldigung des Domkapitels veranlaßt; die Mehrheit der Stadtbewohner scheint die königliche Entscheidung als bindend betrachtet zu haben. Bischof Siegfried II. erhielt dann auch Güter des abgesetzten Baiernherzogs Welf IV. zugewiesen, wurde aber vom Erzbischof von Mainz, der auf seiten Wigolts stand, nicht geweiht, sondern mit dem Banne bedroht. Es gab also zwei Augsburger Bischöfe. Der königliche Bischof behauptete sich gegen den päpstlichen, der sich auf einer bischöflichen Burg bei Füssen verschanzte. Seit 1080 tobte im Hochstift ein erbitterter Machtkampf zwischen den beiden Augsburger Bischöfen, in dem Siegfried vom König und von dem neu eingesetzten Schwabenherzog Friedrich I. von Staufen, Wigolt von Welf IV., mit bewaffneten Kräften unterstützt wurde. Augsburg selbst, dessen Bischofsstadt wohl immer stärker befestigt wurde, hatte als unvergessenes Hauptziel welfischer Hausmachtpolitik an der schwäbisch-baierischen Grenze besonders grausam zu leiden. Schon im Januar 1080 wurde die königstreue Stadt angegriffen, im Juni verwüstete und verbrannte Welf, nach dem Bericht der Augsburger Jahrbücher, die *suburbana*, die Kaufmannsniederlassung vor der Bischofsburg, samt der Peterskirche am Perlach. Im August 1081 erschien der neue Gegenkönig Hermann mit welfischen Streitkräften neuerdings vor der *Augusta*, belagerte sie drei Wochen lang und verheerte die Kaufmannsvorstadt, das Stift St. Moritz und umliegende Ortschaften.

Er konnte aber die wohl von Bischof Siegfried selbst verteidigte Bischofsburg nicht nehmen. Ende Januar oder Anfang Februar 1084 folgte ein neuer Angriff Welfs IV., und jetzt gelang es dem alten Feinde Bischof Siegfrieds, den *cives* völlig unerwartet mit Hilfe von Verrätern und Nachschlüsseln durch eine enge Nebenpforte in die Bischofsstadt, hier *urbs* genannt, einzudringen. Bischof Siegfried und seine Domherrn entkamen, mit den Siegern erschien Bischof Wigolt. Die welfische Besatzung hauste schrecklich, schlug ihr Lager im Hause des Domkapitels auf und brannte im Bischofshof selbst drei Kapellen, die bischöfliche Pfalz und andere Gebäude nieder. Bischof Wigolt werfen die Jahrbücher vor, er habe den Dom um kirchliche Gerätschaften und Altarschmuck beraubt, den von Bischof Embrico hinterlassenen Schatz verschleudert und die meist im Ostteil der Bischofsstadt erbauten Domherrnhäuser an seine Helfer verteilt.

König Heinrich durfte Augsburg nicht in der Hand seiner Gegner lassen. Aus Italien mit der Kaiserkrone des Gegenpapstes zurückkehrend, kam er Ende Juli 1084 mit Kriegsmacht von Baiern her. Zwei Wochen lang lagen sich Kaiserliche und Welfische am Lech gegenüber. Dann räumte Welf Lager und Stadt, und der Kaiser zog unter dem Jubel der bedrängten Bewohner in Augsburg ein. In seinem Gefolge wird auch Bischof Siegfried zurückgekehrt sein, der im folgenden Jahr durch den Mainzer Gegenerzbischof endlich auch die Weihe erhielt. Nach wenigen ruhigen Jahren begann der Kampf um die bischöfliche *urbs Augusta* aufs neue, die jetzt, laut den Jahrbüchern, ausreichend mit Mauern befestigt war. Wiederum mißlang der erste Angriff. In der mondhellen Nacht des 12. April 1088 glückte es aber den Welfischen, ein zweitesmal durch Verrat, auf Leitern die Mauer der *urbs* zu ersteigen, in die Stadt einzudringen und alles zu verwüsten. Bischof Siegfried ergab sich. Eine in Hessen verfaßte kaiserliche Streitschrift, das »Buch von der zu erhaltenden Einheit der Kirche«, schildert die folgenden Vorgänge in beredten Worten. Der wertvolle Besitz der Geistlichen und Laien, den man im Dom geborgen hatte, wurde im Beisein Bischof Wigolts geraubt, Bischof Siegfried selbst am Domaltar gefangengenommen und auf die welfische Ravensburg in Oberschwaben gebracht; erst nach zweijähriger Gefangenschaft wurde er gegen hohes Lösegeld freigelassen. In den folgenden Ostertagen ließ der Welfe die Mauern der Bischofsburg abtragen und bis auf den Grund zerstören. Wigolt ging nach der Stadtplünderung wieder nach Füssen, wo er bald darauf starb. Kaum war Siegfried für einige Jahre in das verarmte Augsburg zurückgekehrt, so unternahm eine baierische Schar 1093 wohl auf Anstiften Welfs einen neuen Vorstoß gegen den Bischofssitz, der allerdings mißlang. Die Augsburger *cives* fanden noch Zeit, sich beim Dom zu sammeln, und schlugen den Angriff ab. Die Aussöhnung Welfs mit dem Kaiser im Jahre 1095, seine Befreiung von der Acht und die Neubelehnung mit dem Herzogtum Baiern im nächsten Jahr ließen aber endlich wieder ruhigere Zeiten für Augsburg heraufziehen; in Schwaben erkannten umgekehrt auch die Päpstlich-Welfischen allmählich Friedrich von Staufen als Herzog an. 1096 starb Bischof Siegfried als wieder einziger Augsburger Bischof.

Als seinen Nachfolger setzte der von Papst Urban II. neuerdings gebannte Kaiser eigenmächtig und unter Annahme einer Geldsumme den Grafen Herimann aus dem Geschlechte der Markgrafen von Cham ein.

Nach dem Tode Kaiser Heinrichs IV., der nicht weniger als sechzehnmal, öfter als irgendein König vor ihm, in Augsburg gewesen war, führte sein Sohn, König Heinrich V., den Kampf mit dem Reformpapsttum weiter. Er besuchte Augsburg, das Ekkehards Chronik von St. Gallen 1107 eine *metropolis Sueviae*, eine Hauptstadt Schwabens, nannte, schon 1106. Natürlich sah er Bischof Herimann alsbald wieder auf seiner Seite. Im Februar 1116 kam er auf seinem zweiten Romzug neuerdings nach Augsburg und stärkte die Stellung des Bischofs. Aber die päpstliche Partei in Augsburg selbst war nicht völlig überwunden. 1115 traten der Abt von St. Ulrich und Afra, der Kirchenreformer Egino aus dem Schwarzwaldkloster St. Blasien, und die Mehrheit des Domkapitels mit schweren Anschuldigungen gegen den Bischof auf. Der päpstlich gesinnte Erzbischof von Mainz stand auf ihrer Seite. Im Frühjahr 1118 kam es zum offenen Kampf. Der Bischof ächtete den Abt, untersagte den Benediktinern alle gottesdienstlichen Verrichtungen, besetzte schließlich das Kloster und nötigte die Mönche zur Flucht nach dem Kloster Thierhaupten. Er mußte sie zwar schon nach einer Woche zurückkehren lassen, doch gelang es ihm, wenigstens Abt Egino dauernd zu verdrängen. Im Sommer 1118 huldigte auch St. Ulrich dem von Süden nach Augsburg heranziehenden Kaiser. Eginos erhaltene Abtstabskrümmung aus vergoldetem und graviertem westfranzösischem Email zeugt noch heute vom damaligen Reichtum des Augsburger Benediktinerklosters, das doch nicht stark genug war, um der königlichen Sache in Augsburg das Übergewicht zu nehmen. Der Augsburger Benediktiner Udalschalk hat die Schicksale seines Klosters im Kampf gegen Bischof Herimann in einer lateinischen Schilderung überliefert.

Endlich trat ein Zustand der Erschöpfung ein. 1122 schloß Kaiser Heinrich V. mit Papst Calixt II. im Wormser Konkordat einen Frieden, der die päpstlichen Forderungen nach Reform weitgehend erfüllte und dem König im wesentlichen nur die Einsetzung der von den Domkapiteln gewählten Bischöfe in ihre weltlichen Herrschaftsrechte beließ. Der Weltkampf zwischen römischem Kaisertum und Papsttum schien, nachdem er ein halbes Jahrhundert beunruhigt hatte, für die Bischofsstadt am Lech einstweilen beendet. Aber er hatte seine tiefen Spuren und Wirkungen hinterlassen.

In den Jahrzehnten des Kirchenstreites war keine große geistliche Stiftung mehr errichtet, kein Kirchenbau aufgeführt worden und das gemeinsame Leben des Domkapitels völlig in Auflösung geraten. Die *suburbani*, die Vorstädter, wie Udalschalk die Bewohner der Kaufmannssiedlung nennt, hatten das Gegenbischoftum zu nutzen versucht, um dem Ziel einer schwurbrüderschaftlichen Selbstverwaltung näherzukommen. Das Amt des Präfekten für die Kaufleutestadt gewann an Bedeutung. 1129 erscheint als Zeuge einer Urkunde für das Kloster Scheyern der Ministeriale Witigo mit dem Titel eines *urbis praefectus*, 1130 nennt sich der Präfekt dann auch *comes urbanus* oder später *urbicomes*, Burggraf. Noch heute erinnert an dieses Augsburger Burggrafenamt, das, wie in Straßburg, allerdings keine echten Grafenbefugnisse einschloß, der Burggrafenturm am Südwestrand des Fronhofs.

Der Burggraf hatte es schwer genug, den Selbständigkeitsdrang der Kaufleute zu zügeln. Die eidgenössische Bewegung in der Kaufmannsstadt strebte schließlich und anscheinend nicht ohne Erfolg nach dem Besitz der Befestigung, nach dem Recht, für sie Abgaben und Dienstleistung ihrer Bewohner heranzuziehen, nach der Verwaltung des Marktes, nach der eigenen Friedenswahrung durch selbstgewählte Richter und Schöffen. Schon gab es am Markte, wohl am Perlach, eine Sturmglocke, die zur Beratung, zur Verkündung oder zur Hilfe bei Verbrechen und

Abb. 8 Ausschnitt aus dem Kupfertor des Augsburger Domes (11. Jahrhundert, um 1015?)

Abb. 9 Glasfensterbilder der Propheten Daniel und Moses aus dem Langhaus des Augsburger Domes. Schmelzmalerei um 1140

Unfällen rief. Ihr Läuten galt als bedeutsames Zeichen der städtischen Freiheit, wenn es auch an die Erlaubnis des Bischofs gebunden war.

Die Stellung des Bischofs als Herr von St. Ulrich und Afra war trotz seines scheinbaren dortigen Sieges gleichfalls geschwächt. Nur im bäuerlichen Teil des Augsburger Raumes gewann er durch Neusiedlung auf Bischofsboden etwas an Macht. Als neue Siedlungsstätten am Rande der westlichen Wertachterrasse tauchen jetzt erstmals die westlichen Nachbarorte *Perga,* Stadtbergen, und *Liuterichesboven,* Leitershofen, in der urkundlichen Überlieferung auf. Dazu kommt noch eine westliche Nachbarsiedlung auf dem nutzbaren Auenboden an der Wertach: *Pherrese,* Pfersee, schon mit eigener Pfarrkirche. Die drei Namen finden sich in einer Randnotiz über Pfründeneinkünfte des Domkapitels auf einer pergamentenen Buchseite ganz anderen geistlichen Inhalts. Im Süden erscheint 1071 erstmals der Ortsname *Inningen,* im 12. Jahrhundert dann *Percheim.*

Nach dem Tode des letzten Salierkaisers Heinrich V. wählte die salierfeindliche Fürstenpartei den Sachsenherzog Lothar von Supplinburg zum deutschen König, der sich seine Wahl vom Papste bestätigen ließ und den welfischen Baiernherzog durch die Heirat seiner Erbtochter auf seine Seite brachte. Der Schauplatz dieser mit schwäbischen und baierischen Großen gefeierten welfisch-supplinburgischen Verbindung von 1127 war das baierische Lechfeld beim Gunzenlee. An König Lothar schloß sich wohl oder übel auch Bischof Herimann von Augsburg an. Die verbleibende Salierpartei im Reich stellte jedoch im gleichen Jahr den Staufer Konrad, einen Bruder des Schwabenherzogs und Enkel Heinrichs IV., als Gegenkönig auf. 1130 traten sich im Zusammenhang mit dem welfisch-staufischen Streit auch wieder zwei Gegenpäpste gegenüber. Der Kampf zwischen Saliern und Welfen setzte sich mit neuer Erbitterung fort. Es wurde 1132, bis König Lothar auf seinem ersten Romzuge erstmals nach Augsburg kam. Am 26. August traf er mit einem meist sächsischen und böhmischen Heerbann zur Heeresversammlung auf dem Lechfeld ein. Wenige Tage vor seiner Ankunft überfielen und beraubten Augsburger *cives* im Geleitsgebiet des Bischofs von Augsburg einen päpstlichen Gesandten, der zum König gelangen wollte. Bischof Herimann empfing Lothar samt seiner Geistlichkeit mit großen Ehren; am 28. berichtete er ihm über den vorausgegangenen Vorfall und bat um Bestrafung der Schuldigen. Während mit dem König und den anwesenden Fürsten über den Fall beraten wurde, kam es zu unheilvollen Ereignissen, die Bischof Herimann selbst in einem uns erhaltenen lateinischen Brief an Bischof Otto I. von Bamberg eingehend und ergreifend geschildert hat. Bei Handelsgeschäften zwischen Bürgern und Königstruppen entstand im *suburbium*, in der Kaufmannsvorstadt, aus ganz geringfügiger Ursache durch Schildträger des Königs ein Streit zwischen Verkäufern und Käufern. Bei dem Mißtrauen beider Teile gegeneinander erhob sich aber bald darauf ein ungeheurer Lärm, der Streit wurde zum bewaffneten Kampf und setzte sich bis in die Bischofsstadt hinein fort. Die Marktglocke wurde geläutet, wie man annehmen mußte, mit Billigung des Bischofs, die *cives* und die königlichen Leute versammelten sich, ohne daß jemand den Grund des Alarmes gekannt hätte.

Der König selbst argwöhnte, es sei von Anhängern der staufischen Sache ein Mordanschlag auf ihn geplant, und eilte gerüstet und von starker Bedeckung eng umgeben auf den Fronhof. Als er die bischöflichen Ritter und Ministerialen bewaffnet am Dom aufmarschiert sah, wohin sie in Unkenntnis der Lage und aus Besorgnis eines etwaigen königlichen Überfalls zusammengeeilt waren, hielt er es für erwiesen, die bischöfliche Streitmacht sei planmäßig gegen ihn aufgeboten, und schickte sich zum Angriff auf sie an. Der greise Bischof Herimann warf sich, auf zwei Domherrn gestützt, ohne Rüstung, im priesterlichen Gewand und das Kreuz vor die Brust haltend, zwischen die beiden Streithaufen. Der König und die Seinen stürzten sich jedoch ohne Verzug über den Bischof hinweg auf die Bischöflichen und machten nahe den Domtoren, ja in der Kirche selbst bischöfliche Krieger und Geistliche nieder. Das Gemetzel dauerte bis zum Abend. Der Bischof vermochte sich, durch das Kreuz geschützt, auf Händen und Füßen kriechend durch Feinde, Schwerter, Pfeile und Wurfgeschosse zum Dom zu retten. Unter Lebensgefahr wurde er dann von den Seinen teils weitergetragen, teils an Armen und Beinen gezogen, bis er schließlich vor dem Hochaltar einigermaßen in Sicherheit war. Dort lag er im Blute der Verwundeten, während draußen die Schlacht weitertobte. Vor dem südlichen Tor der engeren bischöflichen *civitas* rangen mittlerweile die *forenses*, die Marktanwohner, mit Lothars Kriegern. Plünderung, Brand und Abschlachtung des Viehs begleiteten den Kampf, mehrere Vorstadtkirchen gingen in Flammen auf, die Stifte wurden ausgeraubt, ihre Insassen, auch die Frauen von St. Stephan, zerstreut. Erst die Nacht setzte dem Kampf ein Ende.

Während der ganzen Nacht hielten die Königstruppen den Dom umstellt. Der jämmerlich daliegende Bischof Herimann wurde vom Erzbischof von Magdeburg, dem hl. Norbert, in dessen Unterkunft verbracht. Am nächsten Morgen zog sich der König, die verwundeten Bischöflichen in Fesseln mitführend, aus der Stadt zurück und bezog ein Lager auf dem Lechfeld. Am 30. August rückte er dann erneut mit Heeresmacht in die bischöfliche *urbs* ein und ließ deren sämtliche Befestigungen zerstören. Nachdem er die ganze *civitas*, den alten Sitz der Saliermacht, verbrannt und verwüstet und einstweilen in ihrer Stärke gründlich getroffen sah, zog der König am 31. August nach Süden zum Brenner ab.

Ein bauliches Zeugnis dieser Stadtzerstörung war vielleicht der schon erwähnte Königsturm am Südzugang der Bischofsstadt. Am oberen Rand seines vierten Obergeschosses aus Kalktuffstein, in $17^1/_2$ Metern Höhe, waren noch Brandspuren von Gebälk sichtbar, die auf jene Zeit zurückgehen könnten. Darauf war dann ein fünftes Obergeschoß aus mittelalterlichen Ziegeln gesetzt. Die Wohngebäude, noch immer aus Holz und Lehmfachwerk errichtet, wurden eine leichte Beute der Flammen. Bischof Herimann überlebte dieses Verderben seiner Stadt nur um wenige Monate. Auch die Kraft der eidgenössischen Bewegung schien geschwächt. Zwei Jahre später zerstörte Kaiser Lothar auch Ulm, den Hauptwaffenplatz der Staufer.

Und doch hatte sich Lothar, der als Kaiser nie mehr nach Augsburg kam, getäuscht, wenn er die Stadt am Lech als vermutlichen gesinnungsmäßigen Stauferplatz gründlich niedergeworfen glaubte. Bischof und Bewohner der Kaufmannsstadt zeigten gerade in den Jahren nach der Zerstörung eine bewundernswerte Energie und Aufbaukraft. Schon um 1134 stiftete Bischof Walther wohl den Steinbaldachin im Dom, der jetzt an der Südwand des Westchores steht. In dieser Zeit wurden auch in die Fenster des Mittelschiffs prachtvolle leuchtend-bunte Glasfenster eingesetzt. Sie sind die bedeutendsten Zeugnisse früher deutscher Glasmalerei und stammen wahrscheinlich aus einer klösterlichen Werkstätte; enge Zusammenhänge im Stil bestehen zur Buchmalerei des Schwarzwaldklosters Hirsau. Fünf von diesen Fenstern, mit den eindrucksstarken Bildern Moses', Davids, Daniels, Jonas' und Hoseas' in Rot, Grün und Goldgelb und mit lateinischen Inschriftbändern, die auf die Wiederherstellung des Domes nach der Verwüstung Bezug nehmen, blieben an ihrer alten Stelle erhalten. Ein neuer vierflügeliger Kreuzgang entstand, in der zweiten Hälfte des Jahrhunderts wurden den Domtürmen die letzten Quadratgeschosse aufgesetzt, bis 1200 waren die Giebelaufbauten und stumpfen Dächer vollendet. Neues Leben blühte unter dem tüchtigen und kulturfreudigen Udalschalk als Abt auch bei St. Ulrich und Afra. Das Benediktinerstift wurde zu einem Musterkloster, das nun auch eine Laienbruderschaft erhielt, in der Folge mehrfach welfische Schenkungen empfing und in das sich gerne Adelige und hohe Geistliche zum Lebensabend zurückzogen. Eine Krankenkapelle fehlte nicht. Einen besonders wertvollen Kirchenschmuck bildeten die anscheinend im Kloster selbst angefertigten Wandteppiche und Fastentücher. Von diesen gemalten und gestickten Tüchern mit Figuren und erklärenden lateinischen Versen Abt Udalschalks sind wenigstens noch genaue Schilderungen auf uns gekommen. Auf einem Tuche waren vier Personen dargestellt, die dem Abte Leinwand anboten, Gewebe aus einheimischem Flachs.

Darüber hinaus kam es jetzt im Geiste der Kirchenreform nach langer Zeit wieder zur Begründung neuer Augsburger Stifte. Die schon früher bei einer Kapelle nördlich der Bischofsburg errichtete Zelle St. Georg wurde 1135 durch Zustiftung von Domkapitelsgütern zu einem geistlichen Stift erweitert, dessen Insassen als regulierte Chorherrn nach der Regel des hl. Augustinus lebten. Damit traten die Augustinerchorherren als zweiter Augsburger Mönchsorden neben die Benediktiner. Mit dem Stift entstand bis 1142 die Kirche St. Georg, von deren erstem Bau heute noch eine romanische Knotensäule und ein Großteil des Turmes aus Kalkstein erhalten sind. Die zweite Augustinerniederlassung folgte bald nach. Zwischen 1159 und 1167 übertrug der Bischof ein in Muttershofen an der Zusam gestiftetes, dann nach Hammel verlegtes Augustiner-Chorherrenstift nach Augsburg in das Spital zum Heiligen Kreuz. Auch hier entstand, in naher westlicher Nachbarschaft der Bischofsresidenz, eine neue Stiftskirche, für deren Turmsockel römische Steinreste mit verbaut wurden. Auch von dieser Kirche blieben romanische Spuren.

Diese neue Entfaltung Augsburgs war auch Abglanz der politischen Sonne, die in diesen Jahrzehnten wieder heller über der schwergeprüften Stadt aufging. Nach Kaiser Lothars Tod wurde der staufische Gegenkönig als Konrad III. deutscher König und kam 1138 als Freund nach Augsburg. Er ächtete den welfischen Baiernherzog Heinrich den Stolzen, entzog ihm Baiern und verdrängte ihn vom Lechrain. Die Mauerbefestigung der Bischofsstadt wurde wiederhergestellt. Eine Urkunde Bischof Walthers von 1143 nennt uns unter den bischöflichen Ministerialen außer dem Burggrafen, dem Kämmerer, dem Kastner, dem Truchsessen und Hofmeier auch die Männer, in deren Obhut die Haupttore gegeben waren: *Ebo de meridionali porta civitatis,* vom Südtor, und *Marquart de porta aquilonari,* vom Nordtor. Vielleicht steht es zur Neuummauerung in Beziehung, daß nach der Jahrhundertmitte das Münzbild der bischöflichen Silberblechpfennige eine Stadtmauer mit offenem Mauertor enthält. 1154 trug der arabische Geograph Idrisi in Sizilien in seine Beschreibung einer silbernen Erdkarte auch *Auzburk* ein.

Im Jahre 1152 gelangte als zweiter Staufer Konrads Neffe, der Schwabenherzog Friedrich III. (Barbarossa) auf den deutschen Thron. Schon Mitte Juli 1152 kam der Rotbart zum ersten Mal in die Stadt. Dabei trugen ihm Bischof Konrad, die Geistlichkeit und die Bewohner der Kaufmannsstadt in Anwesenheit des Augsburger Vogtes Adelgoz I. von Schwabegg und des Burggrafen bewegte Klagen über Gewalttätigkeiten der Vögte und über die eingerissene Unsicherheit aller Rechtszustände in der *civitas Augusta* vor. Der König ordnete an, sie sollten gemeinsam feststellen, was in Augsburg nach altem und gesetzlichem Herkommen rechtens sei. Dies wollte er bestätigen. Man machte sich also an die Zusammenstellung eines eigentlichen Stadtrechtes. Der Ausgleich des Königs mit dem Welfenherzog Heinrich dem Löwen, der 1154 Baiern zurückerhielt, schuf die dazu erforderliche äußerliche Ruhe. Im Sommer desselben Jahres sammelte Friedrich das Reichsheer für seinen ersten Romzug auf dem Lechfeld bei Augsburg. Am 21. Juni 1156 ließ der nunmehrige Kaiser in der Königsburg zu Nürnberg dem Bischof die Urkunde über das Augsburger Stadtrecht ausstellen. Sein Kanzler Rainald von Dassel beglaubigte sie. Die auf sehr dünnes Pergament geschriebene Urkunde trug ein bis auf Reste abgebrochenes, großes und dickes Kaisersiegel.

Das Augsburger *jus advocatorum, urbis praefecti, civitatensium, omnium ordinum tocius civitatis,* zu deutsch Recht der Vögte, des Burggrafen, der Angehörigen und aller Ordnungen der Stadt von 1156 ist eine der ältesten Stadtrechtsaufzeichnungen Deutschlands. Es suchte die Anliegen des Bischofs und der Kaufleute aufeinander abzustimmen. Höchst bemerkenswert war dabei, daß das Stadtrecht die Bewohner der Kaufleutestadt nicht mehr als *suburbani,* als Vorstädter, sondern schlechthin als *urbani,* Städter, bezeichnete.

Die *iusticia Augustensis civitatis* wurde eingeleitet durch Strafbestimmungen für Verletzung des Stadtfriedens in der *urbs.* Der Bischof als eigentliche Obrigkeit in der Stadt hatte die Friedensbrecher zu bestrafen, er hatte aber auch unter Berücksichtigung der Wünsche der Ministerialen, der *urbani* und des gesamten Volkes der *civitas* den Burggrafen und den Münzer einzusetzen. Für die Ernennung des Dompfarrers aus den Reihen des Domkapitels hatte er dieses noch zusätzlich zu hören. Die nächsten Punkte befaßten sich mit dem Münzer, der vom Bischof gegen eine Abgabe jährlich zehn Gewichtsmark (zu 2/3 Pfund) Silber erhielt; Geldwechsel bedurfte seiner Genehmigung. Nur *institores,* Kaufleute der *civitas,* die als Fernhändler nach Köln zogen, durften bis zum Betrage von zehn Mark Silber einwechseln.

Die *justicia domni episcopi* führte die Zollabgabe an den Bischof an, sein Recht auf eine Anerkennungsabgabe in Form von Gürteln, sooft er in Augsburg badete, und auf Einkleidung von zwölf Armen. Weiter wurden festgelegt der Grundzins, der ihm von den einzelnen Häusern und Höfen in Gestalt von vier Pfund Pfennigen alljährlich zur Kirchweih, zum Michaelstag zu entrichten war, und sein Geleitsrecht samt Schutzgeldanspruch für Ankommende und Abreisende. So oft der Bischof selbst auf Befehl des Königs im Interesse seiner Kirche zu Hof ging, hatte er von den *urbani* eine besondere Beisteuer von zehn Pfund, wenn er sich auf königliche Heerfahrt oder zur Weihe nach Rom begab, auf seine Bitte einen nicht festgesetzten Zuschuß zu empfangen. In allen drei Fällen hatte ihm der Burggraf zwei Handschuhe, einen Hut und einen Geldbetrag zu geben. Auch die Wirte der *tabernae,* der öffentlichen Schankstätten, leisteten Abgaben an den Bischof.

Die *urbana justicia* enthielt die Gerechtigkeit der Bewohner der Marktsiedlung und behandelte einen Teil des in Augsburg geltenden

Privatrechts, vorzugsweise des Personenrechtes. Hier war wichtig, daß ein Zuwanderer von einem ländlichen Herrenhof, der einen Hof in der Stadt ein Jahr und einen Tag lang unangefochten besaß, späteren Ansprüchen seines Herrn entzogen sein sollte. Die Eidgenossenschaft hatte für neue Angehörige vom Lande den Rechtssatz »Stadtluft macht frei binnen Jahr und Tag« durchgesetzt, der dann in den 1180er Jahren allgemeine Geltung gewann. Wer das *jus civitatis,* das Recht der Stadtzugehörigkeit, erlangt hatte, der konnte in Eigentums- und Lehenrechtsfragen nur mehr nach der *urbanorum justicia,* also dem Recht der Kaufleute, belangt werden. Dann wurden die Rechte des Zinsers, des *censualis,* behandelt. Damit werden außer den Kaufleuten erstmals noch weitere weltliche Einwohner sichtbar, Leibeigene, die durch Schenkung oder Selbstergebung zu Zinspflichtigen der Kirche geworden waren. Sie erlangten gegen eine regelmäßige Zahlung in Geld oder Bienenwachs die Befreiung von landwirtschaftlichen Diensten und damit die Berufsbeweglichkeit und traten aus dem geistlichen Dienstrecht in ein Freigelassenen-Bürgerrecht über, das Teilnahme an den Vogtgerichtstagen, aber auch Erbabgabe an den Bischof einschloß. In der *justicia advocati* wurde bestimmt, daß der Vogt jährlich nur drei Gerichtstage in Augsburg halten dürfe, sofern er nicht öfters herbeigerufen werde, und daß er dabei nur nach der *urbanorum justicia* verfahren könne, wozu er natürlich *urbani* als Beisitzer benötigte. Seine Gerichtsbarkeit überhaupt wurde auf die todeswürdigen Verbrechen eingeschränkt. Zu den ordentlichen Gerichtstagen hatten ihm die Metzger und Bäcker eine Geldabgabe beizusteuern, ebenso die Wirte.

Der Burggraf hatte gemäß der *praefecti justicia* täglich nach Kaufmannsrecht zu Gericht zu sitzen. Er mußte allmonatlich das Brot der Bäcker überprüfen und auch den Weinausschank und die Bierherstellung überwachen. Bäcker, Metzger und Wirte schuldeten ihm dafür Geld-, Hühner- und Fleischabgaben; die Wurstmacher hatten außerdem noch Bewachungsdienste bei Häftlingen zu leisten. Der Wirt auf der *taberna* des Bischofs entrichtete eine feste Pacht an den Bischof selbst. Die Schlußbestimmungen unterstrichen, daß der bischöfliche Stadtherr bei begründeten Klagen Burggraf wie Vogt ihres Richteramtes entheben könne.

Die Stadtrechtsurkunde bestätigte also eindeutig die Stellung des Bischofs als des Stadtherrn, zog seiner Macht aber gleichzeitig schärfere gesetzliche Grenzen. Die Gemeinde der *urbani* trat jetzt in aller Form als eigene Rechtsgemeinschaft hervor, das freie Stadtrecht war zum geltenden Recht für die weltlichen Stadtbewohner bürgerlichen Gewerbes geworden, die in die Gemeinde aufgenommen waren.

Nach Pfingsten 1158 ließ der Kaiser wieder das Reichsheer zum Italienzug bei Augsburg auf dem Lechfeld zusammenkommen. Auf diesem Reichstag kam unter anderem eine Klage des Bischofs von Freising gegen Herzog Heinrich den Löwen zur Verhandlung, der kurz zuvor die bischöflich Freisingische Isarbrücke von Oberföhring samt Markt und Münze zerstört und dafür einen neuen Isarübergang bei dem herzoglichen Dorfe *Munichen* angelegt hatte. Das Urteil vom 14. Juni 1158 bestimmte, daß der Münchner Übergang erhalten bleiben sollte. Der Grundstein Münchens ist also eigentlich im Beurkundungsort Augsburg endgültig gelegt.

Bald suchte der Kaiser, der 1163 und 1166 wiederkehrte, die wichtige Lechstadt noch fester in die Hand zu bekommen. Als 1167/68 mit Graf Adelgoz III. von Schwabegg das Geschlecht der Schwabegger Edelherrn ausstarb, in dem sich das Amt des Augsburger Hochvogtes als Lehen vererbt hatte, da ließ sich Friedrich die Hochstiftsvogtei samt der Straßvogtei und Blutgerichtsbarkeit in der Stadt selbst übertragen und beauftragte mit ihrer Wahrnehmung seinen unmündigen Sohn, den Herzog Friedrich V. von Schwaben. Dieser setzte wieder einen herzoglichen Untervogt, den Stadtvogt, ein, der seinen Sitz dauernd in Augsburg nahm. Er war zugleich Stadtkommandant. Die Genehmigung zum Läuten der Sturmglocke wurde ihm vorbehalten, später erhielt er auch die Straßen- und Baupolizei. Ein so mächtiger Hochvogt wie der Kaiser selbst, aus dessen Hand ja der Bischof erst seine weltlichen Regierungsrechte empfing, mußte in Augsburg alle Macht in der Hand halten.

Die königliche Vogtei erfüllte zugleich den alten Wunsch der Kaufleute, unmittelbar dem Königsgericht zu unterstehen. Schon die veränderte Benennung der Bewohner der Kaufleutestadt im Stadtrecht von 1156 läßt darauf schließen, daß Bischofs- und Kaufmannsstadt an der Königsstraße auch räumlich zusammenwuchsen. 1172 spricht eine Schenkungsurkunde Graf Welfs VI. vom Kloster St. Ulrich *in Augusta civitate*, in der Stadt, und eine Schutz- und Bestätigungsbulle Papst Alexanders III. für St. Ulrich von 1177 nennt unter dem Klosterbesitz den klösterlichen Meierhof innerhalb der *civitas*. Es scheint also, daß sich damals die Kaufleutestadt weiterhin auf den Raum zwischen St. Moritz und St. Ulrich ausdehnte und daß schließlich ein gemeinsamer Graben um den ganzen außerordentlich großen Stadtbezirk vom Nordrand der Bischofsstadt bis zum Südrand der Abtei gezogen wurde. Vom Südostrand der Bischofsstadt nach Süden verlief dieser Graben vor dem Fuß des Hochterrassenrandes, so daß der Perlachberg und die anderen »Berge« in den östlichen Teil der Gesamtstadt einbezogen waren. Hinter dem Graben muß alsbald eine Stadtmauer rings um deren Mittel- und Südviertel emporgewachsen sein.

Hatte Augsburg seit 1168 als staufischer Hauptplatz zu gelten, so hielt 1173 und 1175 Heinrichs des Löwen Oheim Welf VI. große welfische Hoftage am Gunzenlee, an denen zahlreiche Welfendienstmannen teilnahmen. Der staufisch-welfische Friede währte nur bis 1176, dann kam es zum Bruch zwischen Kaiser Friedrich und Herzog Heinrich. Der Welfe wurde nach gerichtlichem Verfahren geächtet und seiner Lehen entsetzt. Im September 1180 belehnte der Kaiser mit dem verkleinerten Herzogtum Baiern den Pfalzgrafen Otto von Wittelsbach, der schon seit 1131 Vogt der rechtslechischen Besitzungen von St. Ulrich und Afra war. Der welfische Eigenbesitz am Lech kam teils auf Grund des Prozesses an die Wittelsbacher, teils durch Vertrag mit Welf VI. (von 1173) 1191 an den Kaiser, der das Land, darunter offenbar das Gebiet um das heutige Friedberg und den Gunzenlee, wieder dem Schwabenherzog aus dem staufischen Hause übergab. Es war damit eine Besitzhäufung der Staufer im Augsburger Raum und vor allem an der Italienstraße längs des Lech erreicht, die von den Welfen stets vergeblich angestrebt worden war.

Dazu trug ferner die Verdichtung der Besiedlung im Augsburger Umkreise bei. Neue Nachbarorte tauchen in der Überlieferung auf. Oberhausen an der alten Via Claudia nördlich von Augsburg erscheint in einer Spitalurkunde von 1150 erstmals mit Namen *Overhusen*. Gleich Gersthofen und Langweid zählte es nicht zur Straßvogtei; vielleicht kamen die Vogteien der drei Orte aber um dieselbe Zeit in staufische Hand. Im Jahre 1150 finden wir in einer Urkunde von St. Ulrich auch *Stetebach*, Steppach genannt. Es war wohl eine Rodungssiedlung am Bach und westlichen Waldrand. Ganz deutlich verrät seinen Ursprung als Neusiedlung das 1178 in der ersten, päpstlichen, Originalurkunde von St. Moritz genannte *Niusazen,* Neusäß. Eine Bischofsurkunde von 1194 nennt den besiedelten Hügel namens *Hamel,* was selbst »kleiner Berg« bedeutet. Um 1200 erscheint in einer St.-Ulrichs-Urkunde südwestlich der Stadt auf dem Hügelrand *Wellenburch,* wohl wie das heutige Wellenburg nur hochgelegener Burgsitz. Nach ihm benannte sich dann das Ministerialengeschlecht der bischöflichen Kämmerer. Bischöfliche Truchsessen waren damals die Ministerialenherrn von Leitershofen. Für Kriegshaber wird gelegentlich bereits die kürzere Namensform *Criesaverer* gebraucht. Über die südliche Nachbarschaft unterrichtet uns die schon erwähnte Bulle Alexanders III. von 1177. Sie nennt als Klosterbesitz in unserem Darstellungsbereiche – außer dem Meierhof und dem Platz des Klosters selbst mit Wasser, Fischweiher, Wald, Ackerboden und Weide – Ackerzehnten im Vorstadtgebiet des Lechtals, Besitz um die Lechbrücke, die hier erstmals auftauchende Ortschaft *Husteten,* Haunstetten, samt Untervogtei, endlich Abgaben in Göggingen und Inningen und eine wohl im Spätmittelalter vom Lech weggeschwemmte Siedlung *Lechvelderdorf* auf dem baierischen Lechfeld beim Afrakirchlein.

Es ist leicht zu sehen, wie Kaiser Friedrich I. bemüht war, den drei wichtigsten Gemeinschaften in Augsburg, der Stadtgemeinde der Kaufleute und Handwerker, den Benediktinern von St. Ulrich und dem Bischof und Domkapitel, in gleicher Weise seine Gunst zu zeigen. Im Jahre 1183 wurde die heute noch stehende, dreischiffige Pfeilerhalle der St.-Peters-Kirche geweiht. An der Turmseite wurde eine dreiteilige Empore mit Tuffsteinsäulen eingebaut, deren Mittelteil eine Michaelskapelle gewesen sein dürfte. Es mag erlaubt sein, sie zugleich als Kaiserkapelle zu deuten. Das Mischmauerwerk der Peterskirche und des Unterbaus ihres Turmes, des Perlachturms, enthält wohl Augsburgs älteste mittelalterliche Ziegel, wie sie sicherlich auch das Baumaterial für den neuen Stadtmauerbau waren.

1182 trat der Kaiser in den Klosterverband von St. Ulrich ein. Als 1183 Kirche und Stift der Benediktiner von einem Brandunglück heimgesucht wurden, zeigten sich Kraft und Reichtum des Klosters an der Kürze der Zeit, in der Abt Heinrich III. die Kirche nicht nur wiederherstellen, sondern noch erweitern und verschönern konnte. Der Bischof verweigerte eine Beteiligung, weil er keinen Anteil am Kirchengut von St. Ulrich mehr habe. Schon im nächsten Jahr konnte er aber seinerseits ein großes und festliches Ereignis des staufischen Hauses beherbergen: Ende Oktober 1184 wurde in der Augsburger Bischofspfalz durch sizilische Gesandte der Ehevertrag zwischen dem zweitältesten Kaisersohn Heinrich und Konstanze, der Erbin des sizilischen Reiches, beschworen; die Vermählung fand dann auf dem nächsten Italienzug in Mailand statt. Am 6. April 1187 kam wiederum der stolze Tag des St.-Ulrichs-Klosters, an dem Erzbischof Konrad von Mainz die neuerbaute, am östlichen Doppelchor von einem Ulrichsturm überragte Ulrichskirche weihte. Der Kaiser, seine drei Söhne Heinrich, Otto und Philipp und zahlreiche Reichsfürsten wohnten der Feierlichkeit bei. In der großartigen Prozession mit den aufgedeckten sterblichen Resten Bischof Udalrichs trug der Kaiser selbst mit drei Bischöfen den neuen kupfernen Grabschrein, dessen Deckel das eingravierte Bild des Heiligen mit Stola und Bischofsmütze, Bischofsstab und Evangelienbuch zeigte und 1762 auf der inneren Deckelseite des jetzigen Schreins angebracht wurde.

Die anderen geistlichen Stätten verkümmerten neben Dom und St. Ulrich nicht. Um 1180 wurde aus der Dompfarrei eine eigene Pfarrei für das Chorherrenstift St. Georg abgetrennt. Um dieselbe Zeit forderte Herzog Friedrich V. seine geliebten *urbani in Augusta* in einem kleinen lateinischen Pergamentbrief auf, den Besitzstand dieses Stiftes jenseits der vindelikischen Brücke, der hier zuerst erwähnten bischöflichen Wertachbrücke, zu achten. Dieser Brief ist die älteste Originalurkunde, die im Augsburger Stadtarchiv aufbewahrt wird. Ein eindrucksvolles Zeugnis der Augsburger Kirchenkunst um 1180 ist das farbig bemalte, lebensgroße Kruzifix aus Holz, das offenkundig aus St. Stephan erhalten blieb.

Die neue Blüte der *Augusta civitas* überdauerte den Tod Friedrichs I., der zehnmal in Augsburg gewesen war, und Friedrichs V. auf dem dritten Kreuzzug. Noch 1190 fand sich der in Augsburg verlobte König Heinrich VI. auf seinem ersten Römerzug in Augsburg ein. 1191 Kaiser, 1194 König von Sizilien, machte er Augsburg schließlich zum Schauplatz einer weltgeschichtlichen Neuvereinigung zwischen west- und oströmischem Kaisertum. Zu Pfingsten 1197 verlobte sich auf dem jetzt staufischen Gunzenleegefilde Herzog Philipp von Schwaben, der jüngste Bruder des Kaisers, mit der byzantinischen Kaisertochter Irene, Witwe König Rogers III. von Sizilien. Wenige Monate später entfesselte des Kaisers Tod noch einmal den staufisch-welfischen Erbstreit. Es kam zu einer deutschen Doppelkönigswahl des Staufers Philipp von Schwaben und des welfischen Herzogs Otto von Braunschweig, jetzt König Otto IV. Der Welfe allerdings hatte nun keine Stützpunkte in Süddeutschland mehr. Philipp war im Juli/August 1205 in Augsburg und versammelte hier im November 1207 einen großen Reichstag. Im gleichen Jahre wurde in Augsburg Philipps Tochter Kunigunde mit Wenzel, dem Sohn des Böhmenkönigs Ottokar, verlobt. Unter dem staufischen Schutze drangen jetzt die *urbani*, anscheinend von Schloß Schwabegg aus, in Bischofsgüter in der Straßvogtei ein, so daß Bischof Siegfried III. von Rechberg die Feste 1208 glaubte zerstören zu müssen. König Philipps Ermordung verhalf plötzlich Otto IV. zur Alleinherrschaft, der dann Anfang 1209 ebenfalls einen meist aus Baiern besuchten Augsburger Reichstag abhielt. Nach seiner Vermählung mit Philipps Tochter Beatrix bot er noch für den Juli desselben Jahres das Reichsheer zum Gunzenlee bei Augsburg zur Romfahrt auf. Bischof Siegfried begleitete ihn mit seinen Rittern über den Brenner zur Kaiserkrönung. Als aber dem Welfenkaiser mit Unterstützung Papst Innozenz' III. der junge Sohn Heinrichs VI. und Konstanzes, König Friedrich von Sizilien entgegentrat, da zeigt sich, daß die Lechstadt im Herzensgrunde doch nach wie vor der staufischen Sache verbunden war. 1212 kam Friedrich über die Schweizer Alpen nach Deutschland. Herzog Ludwig von Baiern schloß sich ihm an und 1213 traf der Staufer in Augsburg ein und hielt Hoftag. In den folgenden Jahren war er immer wieder da. Otto IV. wurde immer weiter zurückgedrängt und starb 1218, aller Macht beraubt. Weihnachten 1219 feierte Friedrich II. in der Bischofsstadt am Lech, wo er Ende Juli 1220 auch wieder sein Italienheer für die Romfahrt zur Kaiserkrönung versammelte. Unter den anwesenden Reichsfürsten war diesmal König Ottokar.

Wieder ritt Bischof Siegfried mit über die Alpen. Der Kaiser blieb nun seinem deutschen Königreich auf lange Jahre fern und überließ dessen Regierung dem Vormund seines Sohnes Heinrich. 1227 entbrannte in Italien der erbitterte Machtkampf von römischem Kaisertum und

Papsttum zwischen Kaiser Friedrich II. und Papst Gregor IX. aufs neue. Nach Ermordung des Reichsregenten Herzog Ludwig I. von Baiern suchte König Heinrich mit wenig Glück seine eigene deutsche Politik zu treiben. Schon im August 1231 hatte er in einer Urkunde für St. Ulrich, die nicht aus der Reichskanzlei stammt, Augsburg als *urbs regia*, als Königsstadt bezeichnet. 1233 fiel er vom Lechfeld aus, wo er sein Heer musterte, nach Baiern ein. Als sich der von Gregor IX. gebannte König, der als Augsburger Hochvogt in wenigen Jahren zehnmal in Augsburg war, gegen seinen kaiserlichen Vater erhob, eilte Friedrich II. ein letztesmal aus Italien nach Deutschland und setzte ihn ab. Ende Oktober 1235 hielt der Kaiser selbst wieder Hoftag zu Augsburg, das die zeitgenössische lateinische Chronik des Italieners Rolandinus von Padua aus diesem Anlaß als *civitatem scilicet imperatoris in Alemannia(m) et semper imperii propriam mansionem*, als Stadt des Kaisers in Deutschland und ständigen Sitz des Reiches kennzeichnet. Juni/Juli 1236 folgte nochmals ein Augsburger Reichstag Friedrichs II., der eigentlich nur auf dem Lechfelde das Heer zum Marsch nach Oberitalien sammeln wollte, dann aber wegen der Auflehnung des Herzogs von Österreich einen Monat im Lager am Gunzenlee und in Augsburg blieb. Bischof Siboto von Augsburg verharrte in allen Wirren auf der Seite des Staufers und sandte sogar ein Schreiben an Papst Gregor IX., in dem er ihm vorzuhalten suchte, welches Elend er durch seinen Streit mit dem Kaiser über die Christenheit bringe. Darauf traf 1240 der Bann auch ihn und seine Bischofsstadt. Allerdings unterließ er es, die Bannbulle am Augsburger Dom anzuschlagen, den er übrigens mit einem zwischen Romanik und Gotik stehenden Kreuzgangportal schmückte.

Inmitten aller reichsgeschichtlichen Krisen bildete sich die Stadtsiedlung von der Bischofsstadt bis zur Klostersiedlung St. Ulrich immer mehr zum Mittelpunkt eines geschlossenen Wirtschaftsgebietes aus. Wertvolle Aufschlüsse darüber bieten die Zollsätze der oberen Lechbrücke nach dem Traditionsbuch von St. Ulrich, die angeblich auf 1031 zurückgehen, in Wahrheit aber auch in ihren echten älteren Teilen wohl frühestens ins ausgehende 12. Jahrhundert gehören. Dieser Zolltarif ist ein Gemisch von Brücken-, also Flußübergangszoll, von Wegzoll und von Marktzoll, das auch die Sicherung der Stadtversorgung mit im Auge hatte. So konnte Getreide gegen bloßen Brückenzoll aus Baiern in die

Stadt, aber nur gegen wesentlich höheren Marktzoll aus der Stadt nach Baiern geführt werden. Ähnliches galt für Rinder- und Kleintierhäute. Mengenmäßig mehrfach abgestufte Zollsätze bestanden für Salz, das nach wie vor ein außerordentlich wichtiges Handelsgut war. Leider wissen wir nicht, ob das Salz vorwiegend von Reichenhall in Baiern oder von Hall in Tirol kam; am Haller Salzbergbau hatte wohl schon damals der Augsburger Bischof einen Anteil. Weiterhin erscheinen im Zolltarif Hafer und Spelt, Heu und Stroh, Rüben, Gemüse und Obst, Holz, Pferde, Rinder, Schweine und Schafe, Hühnchen, Fische, Speck, Eier und Käse, Wolle und Unschlitt, Brot und Mehl, Öl, Wachs und Honig, Hopfen und Bier oder Met, Trauben, gewöhnlicher und mit viermal so hohem Zollsatz österreichischer, welscher, griechischer Wein, der jetzt regelmäßig eingeführt wurde. In Südtirol besaß, nach einer Besitzaufzeichnung von etwa 1200, auch das Kloster St. Ulrich ein Amt Bozen mit zahlreichen Weingütern, die ihre Karrenlasten Tirolerwein zum Inn und nach Augsburg abzuführen hatten. Lechbrückenzollsätze waren ferner festgelegt für Kalk und Mühlsteine, für Eisen, Stahl, Blei, Zinn und Kupfer, für Sicheln, Tontöpfe, Trinkbecher und Glas, Ofenplatten und Wärmebehältnisse, für Kasten, Tische, Betten, Polster und Kissen und für Schwämme und Leinentuch.

Die silbernen Augsburger Bischofspfennige mit stilisiertem Bischofskopf, die sog. *Augustenses,* wurden rasch allein herrschende Währung im Augsburger Bistum, doch wurde auch in Tirol jahrzehntelang in einer Münzstätte zu Innsbruck nach Augsburger Schlag gemünzt. Die frühesten, zufällig erhaltenen Registerbruchstücke eines Bozener Notars von 1237 erwähnen einen Augsburger Kaufmann Hermannus *Rosarcetus,* Rosenholz, der in der Südtiroler Marktstadt in dem von Seivridus *Cervus,* Hirsch, bewohnten Hause Kramwaren, metallverzierte Gürtel und Leinwand verkaufte. Ein zweiter Augsburger, Marquard der Handschuhmacher, verkaufte Leder und Kram. Erstmals tritt uns hier der Augsburger Italienhandel und zugleich der Augsburger Textilfernhandel entgegen, wenn auch die Leinwand vielleicht nicht Augsburger Erzeugnis war.

Der steigende Geldumlauf hatte zur Folge, daß auch ein neues Bevölkerungselement in der Stadt auftauchte, das sich besonders den angesichts des kirchlichen Zinsnahmeverbotes auftauchenden Darlehensbedürfnissen widmete, die Juden. Im Jahre 1212 findet sich erstmals der Augsburger Jude *Josephus* in einer Würzburger Urkunde erwähnt. Wie seine anderen Augsburger Glaubensgenossen, die durch überkommene Augsburger Judengrabsteine von 1231 und 1232 bezeugt sind, stand er außerhalb der christlichen Stadtgesellschaft und war dem Kaiser zu einer besonderen Schutzgeldzahlung verpflichtet.

Eine erste Augsburger Mühle wird wider Erwarten spät erst 1245 urkundlich genannt. 1249 erscheint dann die *schwalmul* am Schwall-Lech. Ihrer Anlage muß der Ausbau des Lechkanals vorausgegangen sein, an dem sie lag. Leider hören wir nirgends ein Wort über den doch ebenso zeitraubenden wie kostspieligen Ausbau der Lechkanäle, die später für das Leben der Stadt so wichtig werden sollten. In der sog. Meringerau im Lechtal oberhalb von Augsburg, auf staufischem Grunde, wurde ein System von Dammbauten in Angriff genommen, dessen Spuren noch heute auf dem linken Lechufer sichtbar sind. Diese Dammwehr lief vom Niederterrassenrand bei Haunstetten nordöstlich zum Flußufer südlich der damals noch einzigen Lechbrücke und schützte so auch die nordwärts dahinter liegende Bischofsau, die Straße und die Brücke. Durch den Damm hindurch aber wurden von Lechanstichen her Kanäle zum Ostrand der Stadt geführt. Das gezähmte Kanalwasser konnte nun vor der Stadt oder im tiefliegenden Südostteil der Stadt selbst als Antriebskraft für gewerbliche Zwecke genutzt werden und am ganzen Ostrande als schützender Wassergraben dienen. Vor dem Ostabhang der Bischofsstadt wurde eine Uferverbauung aus römischen Steinresten aufgegraben, die in diese Zeit zurückgehen könnte.

Im kirchlichen Leben Augsburgs spiegelten sich die wachsenden Seelsorgebedürfnisse der handel- und gewerbetreibenden Stadtbevölkerung. Als sich im Frühjahr 1199 die Kunde erhob, im Spital zum Heiligen Kreuz habe sich eine Hostie wunderbarerweise in Fleisch verwandelt, da erhielten auch die Augustiner von Hl. Kreuz eine Pfarrei. Unter den Zeugen der Verleihung war wieder ein *Ebo de burgetor*. 1205 empfing Hl. Kreuz für das wunderbare Gut einen romanischen Reliquienschrein Lindauer Arbeit mit silbergetriebenen Relieffiguren Christi, der Apostel und des Propstes von Hl. Kreuz. Der Schrein wurde vergoldet und mit Edelsteinen besetzt und ist noch erhalten.

Dazu kamen jetzt neue religiöse Kräfte, die dem Aufstreben des eigentlichen Städtertums ebenso kennzeichnend folgten wie die Juden. In Italien und Frankreich, den Ländern der fortgeschrittensten Stadtkultur, waren von Franz von Assisi und Dominicus die Bettelorden der Franziskaner und Dominikaner gegründet worden. Sie unterschieden sich von den bereits bestehenden Ordensgemeinschaften dadurch, daß sie nicht nur den einzelnen Ordensangehörigen, sondern auch den Klöstern selbst die Pflicht zur Armut auferlegten. Der Unterhalt der Klosterbrüder, die sich als Franziskaner selbst Minoriten oder Mindere Brüder nannten, sollte vor allem durch erbettelte und freiwillige Almosen bestritten werden, wofür sie den Gläubigen wieder nach Kräften durch Predigt und Seelsorge zu dienen suchten. Im Oktober 1221 trafen nach entbehrungsreichem Zug über die Alpen die ersten französischen Sendboten, dreizehn Geistliche und dreizehn Laienbrüder, in Augsburg ein, wo der Bischof sie freundlich empfing. Sie hielten hier eine Beratung über die Gewinnung Deutschlands für den Orden ab, die dann von Augsburg aus alsbald eingeleitet wurde. 1225 erschienen von Straßburg her auch die ersten Dominikaner in der Stadt. Beide Bettelorden erhielten vom Bischof Niederlassungsplätze am Ostfuß der Hochterrasse, noch innerhalb der eigentlichen, umwehrten Stadtsiedlung, die Franziskaner, im Volksmund Barfüßer genannt, östlich des Perlachberges, die Dominikaner südöstlich von St. Moritz. In diesem von den Lechkanälen durchschnittenen Südostteil der Stadt muß also noch reichlicher Boden für Hofstätten zur Verfügung gestanden haben, obwohl seine Besiedlung besonders mit kleinen Gewerbetreibenden offenbar rasch voranschritt. Kloster St. Franziscus und turmlose Kirche der Barfüßer entstanden nach 1243 bis 1265, wobei für die Fundamente noch immer zahlreiche römische Werkstücke mit verwendet wurden; das Dominikanerkloster wurde erstmals 1245 ausdrücklich erwähnt und erhielt eine Kirche St. Magdalena. Alsbald ließ sich auch ein Nonnenkonvent auf dem sogenannten Lechgries vor dem östlichen Stadtrand nieder, der 1246 seine päpstliche Eingliederung in den Dominikanerorden und 1251 den Einzug in die Stadt selbst, in ein neues Kloster St. Katharina westlich gegenüber dem Dominikanerkloster erreichte. In einer seiner ersten Urkunden taucht 1252 erstmals der Uferort *Hausen* jenseits des Lech, das spätere Lechhausen, auf. 1257 konnte unter Vorsitz des großen Gelehrten Albertus Magnus in Augsburg das erste Ordenskapitel der deutschen

Abb. 10 Kopf vom Grabmal des Bischofs Wolfhart von Roth (gest. 1302) im Chorumgang des Augsburger Domes. Von den Meistern Otto und Cunrat modelliert und in Bronze gegossen

Abb. 11 Der Dom von Südwesten her. Links das romanische Langhaus mit Südturm, gotischer Ostchor von 1356 bis 1430

Dominikaner stattfinden. Schon 1261 wurde aus Leitau bei Schwabmünchen ein zweites Dominikanerinnenkloster in die südöstliche Stadt verlegt, St. Margaretha. Der berühmteste Augsburger Bettelmönch war der große franziskanische Volksprediger Bruder David von Augsburg, der seit etwa 1246 in der Stadt wirkte. Er predigte aus asketisch-mystischer Stimmung und aus dem praktisch-christlichen Geiste Bernhards von Clairvaux heraus, oft zu einem sehr großen Zuhörerkreis unter freiem Himmel, und verfaßte im Augsburger Franziskanerkloster auch eine Reihe lateinischer und deutscher Schriften, die zum grundlegenden Geistesgut der deutschen Mystik zählten.

Die Städter blieben aber nicht nur Zuhörer der Predigt der Bettelmönche und fromme Stifter. Durch die Drittordensidee Franz' von Assisi beflügelt, gewann das Laienbruderschaftswesen noch größere Bedeutung als bisher. Da das Spital Hl. Kreuz auch unter Obhut des Augustinerstiftes nicht recht gedieh, wurde offenbar noch vor 1239 ein neues bruderschaftliches Spital zum Hl. Geist südöstlich vor der Stadt gegründet. Es stand unter einem Prior oder Spitalmeister, erhielt rasch sehr beträchtliche Schenkungen, so von den kleinen Rittern von Bannacker bei Wellenburg, und besaß schon 1245 in der Stadt selbst ein steinernes Haus, wohl aus Ziegeln, und zwei weitere Häuser. Der heutige Spitalbach erinnert noch an den Ort dieses neuen Spitals.

Selbstverständlich stellte die königliche Verwaltung der Staufer in Augsburg ihre erheblichen Ansprüche an die Finanzkraft der Kaufleutestadt. Die Kaufleute und selbständigen Gewerbetreibenden zahlten jetzt Schutzabgaben an den König schon gemeinsam und in Form einer fest bestimmten Reichssteuer. Aus dem Jahre 1241 besitzen wir eine Reichssteuer-Matrikel der königlichen Kammer, in der die *civitas Augusta* und die Augsburger Juden bereits getrennt als Steuerpflichtige aufgeführt sind. Leider erfahren wir die Steuerbeträge nicht, da die Augsburger gerade damals wegen eines vorausgegangenen Stadtbrandes von den Abgaben an den König befreit waren. Die Städter wußten sehr gut, was sie als Gegengabe für die Unterstützung der staufischen Herrschaft erwarten konnten: die Duldung ihrer wachsenden Selbständigkeit gegenüber dem Bischof. Von der Eigenbedeutung ihrer eidgenössischen Gemeinde zeugt jetzt plötzlich deren eigenes Siegel. Das Stadtsiegel ist in weißem Wachs erstmals an Urkunden der Jahre 1237 und 1254 erhalten. Es zeigt in der Umschrift *Sigillum civium Augustensium* ein offenes Stadttor mit zwei Zinnentürmen, über ihm einen Stern, wohl als Zeichen des Bischofs, und zwischen den geöffneten Torflügeln einen pinienzapfenförmig aus einem Dreiberg aufwachsenden (Lebens-)Baum. Seit 1260 wurde dieses Stadtzeichen dann als stilisierte Weintraube auf geschwungenem Fuß wiedergegeben. Die *Stadtpier,* Stadtbeeren, später als römische Zirbelnuß gedeutet, blieben das für alle Zukunft gewählte Wappenzeichen der Stadt. Es wurde auch später nicht etwa durch ein Wappen mit dem Reichsadler ersetzt.

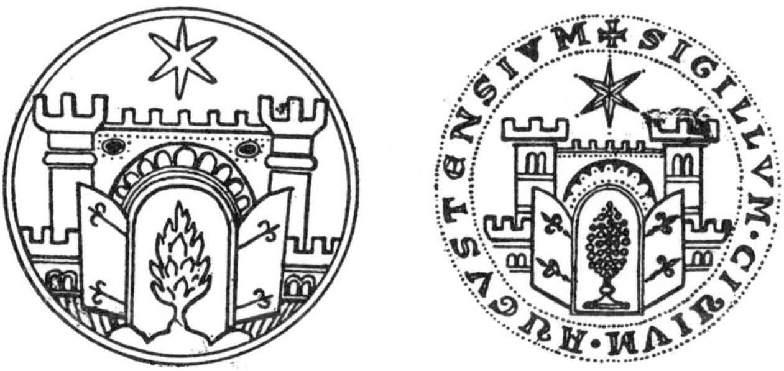

Die ältesten Augsburger Stadtsiegel
Links das Stadtsiegel 1237 und 1254 (Durchmesser 78 mm; die verstümmelte Umschrift SIGILLVM CIVIVM AVGVSTENSIVM ist hier weggelassen)
Rechts das Stadtsiegel ab 1260 (Durchmesser 81 mm)

Nachzeichnung von Klemens Stadler aus Stadler-Zollhoefer, Wappen der schwäbischen Gemeinden

Die Siegelumschrift erweist, daß die früheren Vorstädter damals zu den eigentlichen und wichtigsten Bewohnern der Stadt wurden. Sie waren es jetzt, die sich als die *cives* von Augsburg bezeichneten, und jeder galt als *civis,* als Bürger, den sie in ihre Gemeindebildung einzubeziehen bereit waren. Leute aus dem Stande der alten *cives,* der bischöflichen Ministerialen, konnten ebensogut darunter sein, wie angefochtene befreite Handwerker. Nachdem die Quellen die Namen von Städtern aus dem Handels- und Gewerbestand allzulange verschwiegen haben, lernen wir seit 1235 durch Gerichtsurkunden, die Besitzveränderungen von Grundstücken betreffen, endlich eine Reihe wichtiger Stadtgeschlechter kennen. 1239 stellten der Stadtvogt, alle *burgenses*, Bürger, und das Volk von Augsburg gemeinsam eine Urkunde aus, in der sie die Schenkung eines Ackers im öffentlichen Gericht bestätigten. Unter den Zeugen waren auch der Burggraf und ein *Hainricus Schongouare cancellarius,* 1246 als *Hainricus de Schongou civis Augustensis* wiederkehrend, erster bekannter Vertreter des besonders mächtigen Kaufmannsgeschlechtes der Schongauer. Ein Ministerialenbürger *dominus Ulricus de Porta,* Portner, veräußerte ein Grundstück beim alten Tor der *civitas*, offenbar dem Südtor der Bischofsstadt, dessen Hut und Schließung mit der Verstärkung der Außenbefestigung an Bedeutung verlor. In der Urkunde von 1246, die darüber berichtet, erscheinen ferner ein *magister Albertus Physicus,* also ein auf einer wohl italienischen Universität gebildeter Arzt, dann *Conradus, Siboto* und *Liupoldus Cervus* oder gleichzeitig anderwärts *Curialis Cervus,* zu deutsch mit bezeichnendem Zusatz erstmals 1259 *Stolzhirz,* Stolzhirsch, Angehörige eines anderen reichen Geschlechts, endlich ein *Heinricus Welser* und ein *Cunradus Sparrarius,* Langenmantel vom Sparren (im Wappen).

Auf diese selbstbewußte, kaisertreue Stadtgemeinde traf der Entscheidungsanspruch des Papstes Innozenz IV., der Kaiser Friedrich II. 1245 durch ein Konzil für abgesetzt erklären ließ, die Wahl eines deutschen Gegenkönigs veranlaßte und schließlich Bischof Siboto 1247 zum Verzicht auf das Augsburger Bistum zwang. Unter dem Einfluß des Papstes wählte das Domkapitel an seiner Stelle den Grafen Hartmann von Dillingen, der sich vom Kaiser bewußt fernhielt. Ein kaiserlicher Gegenbischof konnte nicht mehr aufgestellt werden. Augsburg drohte, soweit sein Schicksal vom Bischof abhing, für die staufische Sache verlorenzugehen.

Die erste Folgerung aus dieser Entwicklung zog Herzog Ludwig, später Ludwig II. von Baiern, der es als seine Aufgabe ansah, die kaiserliche Sache vom Lech her aufrechtzuhalten. Auf staufischem Grund und baierischem Stammesboden legte er noch 1247 auf dem Hügelrand genau östlich von Augsburg, anstelle von drei Höfen zu *Punen* und einem Hof *Wintzenburch,* im heutigen Friedberg eine Burg an. Es war die Stelle, wo die Salzstraße von München nach Augsburg ins Lechtal hinabstieg. Aber noch waren Augsburgs Kaufleute und Handwerker nicht unter den Willen des neuen Bischofs gebeugt. Durch die Bettelmönche in geistlicher Beziehung vom bischöflichen Klerus unabhängig geworden, sperrten sie Graf Hartmann die Stadteingänge und verweigerten ihm den Gehorsam. Der Bischof mußte gewisse Zugeständnisse an die Vertreter seiner trotzigen Stadt machen, ehe er in die Bischofsstadt und den Dom einziehen konnte. Das wichtigste davon war offenbar die Überlassung der Stadttore an die Bürger. Graf Hartmann verließ die feindselige Stadt bald wieder und residierte meist auf seinem Schlosse Mergenthau südlich von Friedberg oder auf seinem Stammsitz in Dillingen.

1250 starb Kaiser Friedrich II. Ihm folgte sein Sohn Konrad, der sich in Augsburg mit der Tochter des Baiernherzogs Otto vermählt hatte, als König Konrad IV. Es scheint, daß die Bürger dem Bischof nun außer dem Recht des Burgbannes auch das Recht der Besteuerung im Namen König Konrads bestritten, der als letzter König in Augsburg für sich münzen ließ. Als der Bischof Kriegsvolk gegen die Stadt heranführte, soll es westlich von Augsburg, wo 1245 der Einzelhof *Tuiringen*, Deuringen, und 1249 in einer datierten Urkunde von St. Stephan auch *Westhain*, Westheim, auftaucht, zum bewaffneten Zusammenstoß gekommen sein. Die wehrhaften Bürger behielten aber offenkundig gegen den Bischof die Oberhand und zerstörten in der Bischofsstadt selbst mehrere Höfe und Häuser der Domherrn. Sie müssen zur eigenen Abgabeneintreibung geschritten sein, um die Mittel für eine energische weitere Stadtbefestigung aufzubringen. Unter Beteiligung der beiden Bettelorden kam es erst am 9. Mai 1251 auf dem Gunzenlee zum Friedensschluß zwischen Bischof und Domkapitel einerseits und Bürgerschaft andererseits. In der ersten der lateinischen Vergleichsurkunden bestätigte der Bischof, daß die Bürger alle Tore seiner *urbs* oder *civitas*, die schon bestehenden wie die erst künftig erbauten, in ihrer Gewalt haben und für ihn und für sich selbst treulich bewachen sollten. Allerdings durften sie ihm, den Domherrn, sonst einem Weltgeistlichen oder Mönch oder einem kirchlichen Hörigen die Tore nicht übelwollenderweise verschließen. Die folgenden Punkte betrafen sämtlich persönliche Abgaben- und Nachlaßfragen. Der Bischof machte seinerseits etwa die Zusage, auf eine festgesetzte Höchstgrenze der Geldzahlungen höriggebliebener *cives* an ihre Leibherrn achten zu wollen. Die Stadtgemeinde ihresteils durfte die bischöflichen Beamten und Hörigen, die Stiftsherren und Mönche mit keinerlei Abgaben und Steuer belegen, wenn sie sich nicht nebenzu bürgerlichen Geschäften widmeten. Endlich durften auch die bischöflichen, stiftischen und klösterlichen Güter und Besitzungen mit keinerlei Steuer oder Brandschatzung belegt werden. Damit war mittelbar ausgesprochen, daß die Bürgerschaft grundsätzlich eigene Steuern von jedem erwerbstätigen Stadtbewohner erheben konnte, die dem Bischof vorenthalten blieben. Die Stadtsteuer richtete sich nach der Leistungsfähigkeit, die jeder Bürger einzuschätzen und zu beeiden hatte. Bischof und Domkapitel siegelten den Vertrag von 1251 nebeneinander, als Zeugen traten fünf Domherrn, vier Dominikaner, vier Franziskaner und elf *cives augustenses* auf, unter ihnen Konrad Stolzhirsch der Ältere und der Jüngere und Siboto Stolzhirsch. In der zweiten Friedensurkunde verzichtete das Domkapitel unter Zeugenschaft des Bischofs, der Dominikaner, Franziskaner und Bürger auf seine Schadensersatzansprüche gegenüber der Bürgerschaft.

Im selben Jahre erschien noch Konrad IV. als König und Hochvogt in Augsburg und hielt einen Reichstag ab, auf dem er die deutschen Verhältnisse vor seinem Abzug nach Italien zu regeln suchte. Die Anhänger der staufischen Sache werden ihn freudig begrüßt haben. Die Auswirkungen der bischöflichen Niederlage von 1251 wurden bald deutlich. Bereits im August 1253 mußte Bischof Hartmann dem Heinrich Schongauer gegen ein Darlehen von 150 Pfund Augsburger Pfennigen die sog. Augsburger Bischofsmühle vertraglich als Pfand überlassen. Um die Lücken in seinen laufenden Einkünften zu schließen, erhöhte er seinen Zoll, namentlich wohl an der bischöflichen Wertachbrücke. Er geriet darüber neuerdings mit den Bürgern in Streit, die an ihren Toren das erst jetzt auftauchende sog. *ungelt,* eine indirekte Verbrauchssteuer auf Wein, erhoben. Zur Entscheidung dieses Streites wurde ein Schiedsausschuß aus fünf Domherrn und drei bischöflichen Ministerialen eingesetzt. Dieser entschied, daß Bischof und Bürger auf Schadenersatz verzichten sollten, der Bischof aber keinen anderen Zoll inner- und außerhalb Augsburgs erheben dürfe, als ihn die Bischöfe seit alters erhoben hätten. Der Bischof sollte die Bürger ferner auf zehn Jahre, von seinem ersten Einzug an gerechnet, nicht in der eigenen Erhebung des *ungelt* behindern. Die Bürger sollten dafür an den Bischof wieder bis zur persönlichen Rückkunft des Königs jährlich hundert Pfund Augsburger

Geldes entrichten. Bischof Hartmann bestätigte diesen Schiedsspruch mit Urkunde vom 4. Mai 1254. Die Urkunde trug die Siegel des Bischofs, des Domkapitels, des immer selbständiger werdenden Abtes von St. Ulrich, zweier weiterer Prälaten und das Siegel der *civitas.*

Bald darauf starb Konrad IV., ohne Deutschland wiedergesehen zu haben, in Süditalien. Die Königswahl seines kleinen Sohnes Konradin hat Papst Urban IV. mit dem Kirchenbanne bedroht. Der staufische Erbe behielt also nur Sizilien, das sein Oheim Manfred einstweilen für ihn behaupten konnte, und den süd- und mitteldeutschen Erbbesitz des Stauferhauses. Sein Vormund war sein wittelsbachischer Oheim Ludwig II. von Baiern, an dessen Hof er auch erzogen wurde. Seit dem Tode des Gegenkönigs Graf Wilhelm von Holland erlosch die deutsche Königsgewalt fast ganz; der Ausfall des königlichen Friedensschutzes aber ließ ein recht- und regelloses Fehdewesen überhandnehmen, in dem sich jeder Reichsteil so gut es ging mit bewaffneter Hand durchzusetzen suchte.

Diese Verwirrung bot der selbstbewußten Augsburger Bürgerschaft die erwünschte Gelegenheit zur Erweiterung und Befestigung ihrer Unabhängigkeit. Die jetzt reichlich erhaltenen Urkunden erlauben es uns, diese Entwicklung ziemlich genau zu verfolgen. Als 1257 ein Vergleich zwischen dem bischöflichen Ministerialen Heinrich Kämmerer von Wellenburg hier und dem von ihm geschädigten ministerialischen Augsburger Stadtvogt und den Augsburger Bürgern dort beurkundet wurde, traten in der Schilderung der Schadensersatzregelung plötzlich *consules,* eigene Rechtsvertreter oder Ratsherren der Stadtgemeinde auf. Anfang Januar 1259 begab sich der bedrängte Bischof Hartmann, der im Vorjahr Stadt und Schloß Dillingen dem Hochstift Augsburg vermacht hatte, noch tiefer in die Schongauersche Schuld. Er belehnte Heinrich Schongauer gegen 270 Pfund Pfennige mit der Wertachbrücke und ihren gesamten Zollerträgnissen und mit seinem Meierhof neben der *Porta Civitatis quae ducit versus Huesteten,* dem neuen südlichen Stadttor, das bei St. Ulrich nach Haunstetten hinausführte. Gegen weitere 100 Pfund Pfennige und eine Leibrentenzahlung übertrug er Schongauers Söhnen Konrad und Siboto in einer zweiten gleichzeitigen Urkunde den Zoll der *civitas,* den alten Marktzoll. Für den Fall einer Beeinträchtigung mußte er dem vorsichtigen Heinrich Schongauer als Sicherheit beider Überlassungen mehrere Häuser bezeichnen, und zwar sechs Häuser des Domkapitels, die als *domus Judeorum,* als Judenhaus bekannt waren, das nebenanliegende Haus der Schuster, das steinerne und zwei hölzerne Häuser der Kaufleute oder Krämer und eines der zusammenliegenden Schneiderhäuser. Man entnimmt daraus, daß sich die nun auftretenden Bekleidungshandwerker ebenso wie die im Handel tätigen Stadtbewohner nach dem Brauche mittelalterlich-städtischen Wesens auch wohnsitzmäßig zusammenfanden.

Der Rest eines Wohnbaues aus dem 13. Jahrhundert dürfte teilweise noch der 1900 abgebrochene sog. Afraturm nördlich von St. Moritz gewesen sein. Dieser viel schlanker als der Königsturm aufgeführte Hausturm besaß ein Untergeschoß aus Quaderstein, auf das bis zum Ende des 15. Jahrhunderts festes Ziegelmauerwerk aufgestockt worden war. Vielleicht aus der Jahrhundertmitte stammt auch der unterste, aus Tuffstein gemauerte Teil des freistehenden Kirchturms des Stiftes St. Moritz. Der allein emporwachsende Glockenturm zeugt wiederum vom Einfluß Italiens in der Lechstadt.

1260 berichtet dann eine Urkunde, daß die Bürgergemeinde, in Nachfolge eines älteren *pretorium,* ein Rathaus an der Stelle besaß, an der noch heute das Rathaus steht. Zu Stadtglocke und Stadtsiegel kam damit das dritte Hauptsymbol der Stadtfreiheit. Es war damals zwischen dem Stift St. Peter auf dem *Berlaich* und der *universitas civium Augustensium* Streit über den Platz zwischen dem Stiftsgebäude und dem *domus civium,* dem Haus der Bürger ausgebrochen, und die Bürger hatten auf Stiftsgrund Mauerteile von Stiftsgebäuden, die sie störten, einfach abgebrochen. Bischof Hartmann entschied nach Beratung mit dem Domkapitel den Zwist dahin, daß die Bürger auf dem strittigen Platz nur eine Treppe zum Rathauseingang bauen durften, die Stiftsherrn aber alles, was nicht Feuergefahr heraufbeschwor. Vier Brottische und andere feste Verkaufsstände am Stift mochten bestehen bleiben, ebenso die beweglichen, mit Stoff gedeckten Stände, die man wochentags hier aufzustellen pflegte; die Bürger ihresteils durften ein Dach bestehen lassen, das sie über die Fischbänke gezimmert hatten. Der Platz zwischen Rathaus und St. Peter trägt noch heute den Namen des Fischmarktes. Die als Zeugen mit aufgeführten Bürger erscheinen in dieser Urkunde erstmals alle mit dem Titel *dominus,* Herr, der bisher nur den Domherrn und

Ministerialen zugebilligt worden war. Im Juli 1262 mußte der Bischof als Schuldner Heinrich Schongauers ein weiteres Zugeständnis machen. Gegen ein Darlehen von 500 Pfund Augsburger Pfennigen übertrug er jetzt dem alten Schongauer und seinen Söhnen Heinrich, Siboto und Johannes auf zwölf Jahre auch das Burggrafenamt mit allen seinen Nutzungen. Nicht genug damit, begegnet 1263/65 Siboto Stolzhirsch als Augsburger Stadtvogt. Die gesamte Stadtverwaltung schien also in raschem Zuge in die Hände der reichsten Bürgergeschlechter gelangt zu sein, während der Bischof die Hochvogtei an sich zog, um seine Landeshoheit über sein Hochstift abzurunden. Aber noch lebte der Stauferebe und Schwabenherzog Prinz *Konradin.* Im Spätjahr 1232 kam er nach Augsburg, seit 1264 hielt er sich, durch aufstrebende Große wie den Grafen von Wirtemberg aus dem westlichen Schwaben verdrängt, in Begleitung des Reichsministerialen Volkmar von Kemnat meist in Augsburg und Friedberg auf. Stets von Geldnot bedrängt, muß er unter dem Schutze der Friedberger Burg an der Lechbrücke einen Zusatzzoll zum Brückenzoll der Benediktiner erhoben haben. Als die Bürger sich dagegen zur Wehr setzten, mußte Konradin der Stadt im Februar 1264 zusammen mit Ludwig II. von Baiern eine Schutzurkunde ausstellen, welche die Abstellung der Zollvermehrung an der Brücke zusagte, anderseits aber auch die Erbauung einer neuen Stadt bei der jetzt ausdrücklich genannten Burg *Fridberch* innerhalb der kommenden drei Jahre ankündigte. Das zuerst an einer Urkunde von 1304 erhaltene Friedberger Stadtsiegel zeigte auf einem Berg ein Marktkreuz zwischen zwei Lilien. Gegen die Vorenthaltung der Augsburger Vogtei und ihrer Einkünfte rief der junge Staufer ein Fürstengericht an.

Ende September 1266 hielt Konradin zu Augsburg einen Hoftag, zu dem der Baiernherzog und mehrere schwäbische Herren erschienen. Dann einigte er sich mit dem Bischof in der Vogteifrage. Anfang Oktober schloß er mit ihm einen Vertrag, in dem er auf die Einforderung bisheriger Ansprüche verzichtete und dem Bischof die Teilung aller eingehobenen Grund- und Schutzsteuern zusagte. Bischof Hartmann übertrug ihm dafür neuerdings die Augsburger Hochstiftsvogtei zu Lehen. Bereits am 23. Oktober erteilte Konradin als Vogt dem Stift St. Ulrich ein Privileg, das es der Gerichtsbarkeit des Stadtvogtes, des hier erstmals genannten *magister civium,* wörtlich des Bürgermeisters, der Meier und der ganzen *civitas* entzog, also neben dem geistlichen Sondergerichtsbezirk der Bischofsstadt endgültig einen zweiten sicherte. Laut Urkunde vom folgenden Tage setzte er seine Oheime, die Herzöge Ludwig II. von Oberbaiern-Pfalz und Heinrich XIII. von Niederbaiern, die ihn tatkräftig bei der Aufstellung eines kleinen Heeres unterstützten, für den Fall seines kinderlosen Todes zu Erben ein. Im November befreite er die Augsburger Juden in Anerkennung ihrer Dienste, wohl in Form von Darlehen, auf fünf Jahre von ihren üblichen Schutzgeldern, setzte ihre Abgaben herab und übertrug den Judenschutz für diese Zeit auf den Stadtvogt, den *magister civium*, die *consules* und die *communitas*, der Schwurverband der ganzen *civitas*. 1267 brach er mit seinem kleinen Heer nach Italien auf, um den Kampf um sein südländisches Erbe aufzunehmen.

Bei der Übermacht der vom Papst unterstützten Stauferfeinde in Italien war der Ausgang dieses Unternehmens von vornherein mehr als zweifelhaft. Die wittelsbachischen Herzöge durften ihr Stauferérbgut als vermutliche Neuerwerbung betrachten, und in Augsburg selbst scheint man sich über diese Aussichten nicht im unklaren gewesen zu sein. Da weder der Bischof noch die Bürgerschaft unter baierische Landeshoheit zu geraten wünschten, schlossen Bischof, Domkapitel und Städter im Oktober 1267 ein Zweckbündnis, in dem sie sich zur Wahrung der Rechte von Kirche und Stadt zu gegenseitiger Schutzleistung verpflichteten. Die Bürger versprachen auch, Leute und Güter, die der Bischof zur Verteidigung in die *civitas* brachte, willig aufzunehmen. Die Stadtmauern wurden offenbar verstärkt, 1268 wird erstmals die *Porta Geggingensium*, das Gögginger Tor am Westrand der Stadt, urkundlich genannt. Wie notwendig solche Abwehrmaßnahmen waren, zeigte sich schnell genug. Als der italienische Feldzug immer mehr Mittel verschlang, stellte Konradin Herzog Ludwig II. seit Ende 1267 gegen Bargeld Verpfändungsurkunden über seinen Besitz am Lech aus. Am 10. Januar verpfändete er ihm für 2000 Mark Silber Kölner Gewichts vor allem die Augsburger Hochvogtei samt der Straßvogtei und ermächtigte ihn zur sofortigen Schadloshaltung. Ende August desselben Jahres wurde Konradin, der letzte Staufersproß, östlich Rom völlig geschlagen und gefangen, am 29. Oktober in Neapel hingerichtet.

Der Baiernherzog machte sofort seine Erb- und Pfandrechte geltend.

Der Augsburger Bischof schloß sich noch enger an die Bürger an, die ihn als Vogt anerkannten und auch mit neuerlichen Darlehen unterstützten. Er gelobte ihnen dafür im Oktober 1269 ausdrücklich, daß er mit der von Konradin innegehabten Vogtei in Hochstift und Stadt niemanden als den künftigen römischen Kaiser oder König belehnen werde, und band sich an Rat und Zustimmung des Domkapitels, der Ministerialen und der *cives pociores* – wie der Bischof von Würzburg gab Bischof Hartmann dem Bürgermeister und den Ratsherren der Stadtgemeinde nur den Titel von mächtigeren Bürgern. Ludwig II. setzte sich anscheinend ungehindert in den Besitz Friedbergs und des vormals welfischen Herrschaftsbezirkes von Mering, zu dem auch der Gunzenlee und die Meringerau mit ihren Lechanstichen gehörten. Das herzogliche Güterverzeichnis von 1269/71 nennt schon Einkünfte aus der Stadt Friedberg, darunter die einer Mühle. Der Herzog gewann auch Schwabegg und Teile Ostschwabens an der Donau. Er vermochte aber die verbündeten bischöflichen und städtischen Augsburger, die überdies vom Markgrafen von Burgau unterstützt wurden, nicht niederzuzwingen; nur wenige Bürger, darunter zwei aus dem Geschlechte der Burggraf und zwei Stolzhirsche, kämpften auf seiner Seite mit. Eine Feldschlacht bei Hammel endete mit einer nachhaltigen Niederlage Ludwigs, der in einer Urkunde vom 31. März 1270 auf sein Recht auf die Vogtei über die Güter der Augsburger Kirche ausdrücklich verzichten mußte. Die Bürger bedangen sich überdies aus, daß ihnen kein Schaden durch eine baierische Salzniederlage in der Stadt Friedberg erwachsen dürfe. Es war damit entschieden, daß Augsburg bis in die ferne Zukunft keine baierische Herzogsstadt wurde. Nach der Abweisung der baierischen Gefahr präsentierten die Bürger allerdings dem Bischof die Rechnung für ihre Waffen- und Geldhilfe. Ende Mai mußte ihnen Graf Hartmann neuerlich auf fünf Jahre die Einhebung eines Ungelts auf Wein und alle sonstigen Handelsgüter an allen einzelnen Stadttoren einräumen. Ende 1270 trat er ihnen gegen jährlich 10 Pfund Pfennige seine Schutzgeldrechte gegenüber den Juden ab und im Februar 1272 überließ er ihnen gar auf drei Jahre die bischöfliche Münze und das Recht, selbst Münzen auf Grund seines Münzrechtes schlagen zu lassen. Noch vor 1275 erschienen infolgedessen die Stadtpier als zusätzliches Zeichen auf dem bischöflichen Pfennig.

Die bewegten Jahrhunderte des Hochmittelalters hatten so nicht nur das bürgerlich-städtische Leben neu sich entfalten lassen, sondern auch drei Gewalten in der Stadt herausgebildet. Die Reichsgewalt war nicht mehr imstande, eine einheitliche Herrschaft in Augsburg herzustellen. Wo vormals der Bischof das Bollwerk des Heiligen Römischen Reiches an der Alpenstraße hütete, da rangen jetzt Bischof, Abt und Bürgerstadt miteinander um die Ordnung innerhalb der Stadtmauern. Es war die Bürgerstadt, die mit wachsender Kraft die Entwicklung bestimmte.

Der Aufstieg der Reichsstadt

Um 1273, als die »kaiserlose, die schreckliche Zeit« endlich mit der Wahl des südschwäbischen Grafen Rudolf von Habsburg zum deutschen König ein Ende nahm, erstreckte sich die Stadt Augsburg als langgezogene Siedlung über einen wesentlichen Teil der Hochterrassenzunge. Im Norden und Westen blieb aber noch ein beachtlicher Abstand der Stadtumwehrung vom Mündungswinkel der Flüsse und vom Hochterrassenrand am Rosenauberg, während die Stadt am östlichen Rande schon den Abhang hinabstieg. Sie nahm jetzt bei einer Länge von 1600 m und einer Breite von 600 m eine Fläche von rund 83 ha ein, mehr als die fünffache Fläche der Bischofsstadt. In dieser »Großstadt« gab es keine räumliche Trennung mehr zwischen Bischofsstadt und Bürgerstadt. Die Bodengestalt erlaubte dem Bischof keine beherrschende Absonderung, wie sie der Würzburger Marienberg und der Hohensalzberg oder auch der Freisinger Domberg gestatteten. Auch in der alten Augsburger Bischofsburg waren Mitglieder der bürgerlichen Gemeinschaft ansässig, und ihr Nordtor war ein Bürgertor wie alle anderen Tore. Vor diesem Tore, auf dem Gelände des Nordteils der alten Römerstadt, entwickelte sich zwischen den Stiften St. Stephan, St. Georg und Hl. Kreuz eine neue Vorstadt wie vor dem Osttor am Graben beim Barfüßerkloster. Die halbkreisförmige erste Abgrenzung dieser Ostvorstadt zu einem Lechübergang bei Lechhausen hin läßt sich noch deutlich aus dem Stadtplan ablesen.

Glücklicherweise sind wir jetzt auch weniger auf Mutmaßungen angewiesen, denn mit dem letzten Viertel des 13. Jahrhunderts tut sich im Augsburger Stadtbuch eine so reiche Quelle der schriftlichen Überlieferung auf, daß die Bürgerschaft dieser Zeit in allen Äußerungen ihres Lebens anschaulich vor uns aufsteht. Dazu kommt, daß mit einer Urkunde von 1273 der Gebrauch der mittelhochdeutschen Sprache in den erhaltenen Augsburger Rechtsaufzeichnungen üblich wird. Das Bürgertum schüttelte mit der geistlichen Oberherrschaft auch die lateinische Kirchensprache ab, als es in sein großes Zeitalter eintrat.

Im Mai 1275 kam Rudolf I. nach Augsburg, um seit 1251 wieder den ersten Reichstag in der Lechstadt abzuhalten. Am 12. Mai wurde der Reichstag eröffnet, und die Vertreter der Bürgerschaft ergriffen sofort die Gelegenheit, bei dem König wegen einer erweiterten Stadtrechtsaufzeichnung vorstellig zu werden. Es geschah, so berichtet uns diese selbst, *daz die biderben burger die eltesten unde auch die witzigsten ratgaeben von Auspurch durh ir triwe unde durh ganze raehticheit ze unserm herren kunch Rudolfe chomen unde im furleiten umbe sogetanen gebraesten unde umbe elliu diu raecht, diu disiu stat ze Auspurch von alten ziten bi kaisern, bi kunigen unde bi bisschoefen herbraht hete, ez si an des vogtes raehte oder ans burggrafen oder an der muenze oder an zollen unde ains ieglichen biderben mannes reht, er si arm oder riche. Da begnate uns unser herre kunch Rudolf mit unde bechante uns unserr raehte unde gab uns daruber sinen brief versigelten mit sinem insigel und mit unsers herren bisschof Hartmannes willen, der do bischof was, unde mit siner choerherren. Do disiu gnade der stat gemeinlichen widerfur von unserm herren kunch Rudolfe unde von unserm herren dem bisschofe, do chomen si an ir rat unde namen mit guter beschaidenheit vier biderbe man unde sweren die zen hailigen, daz si uf ir eit alliu diu reht, ez waere von vogten oder von burggrafen oder von munze oder von zollen oder ains ieglichen biderben mannes reht, er si arm oder riche, daz si diu hiezzen schriben, unde swaz si schrieben, daz si daz braehten fur ganzen rat, unde daz ez da bestaetet unde bewaeret werde.* Bezeichnend ist dabei, daß der König, aber gleichzeitig auch noch der Bischof als der Herr der Stadt angesprochen wird.

Für die nun bewilligte und ins Werk gesetzte Sammlung und Niederschrift eines ausführlichen eigentlichen Stadtrechtsbuches war Augsburg ein besonders günstiger Ort, weil die Augsburger Bettelmönche ihren wissenschaftlichen Eifer noch während des Interregnums stark den Rechtsaufzeichnungen zugewandt hatten. Zwischen 1265 und 1275 war eine oberdeutsche Übersetzung des vor 1230 entstandenen Sachsenspiegels angefertigt worden. Auf Grund dieser Übersetzung, aber unter zusätzlicher Aufnahme Augsburger Gewohnheitsrechtes entstand der in Bruchstücken überlieferte Deutschenspiegel, den ein Augsburger Franziskaner zwischen 1274 und dem Reichstag von 1275 bearbeitete. Eine wichtige Ableitung dieses Deutschenspiegels wurde nun neben dem sog.

Schwabenspiegel das Augsburger Stadtrecht, wie alle Stadtrechte ein Gemisch von Kaufmannsrecht, Marktrecht und allgemeinem Recht. Das Stadtrechtsbuch ist glücklicherweise noch in der ursprünglichen Fassung erhalten. Es ist in mittelhochdeutscher Sprache mit etwas schwäbischem Mundarteinfluß und von einer einzigen Hand zweispaltig auf Pergamentpapier geschrieben; die Artikelüberschriften sind rot geschrieben, die Anfangsbuchstaben der Artikel und Absatzzeichen rot und blau gemalt. Der deutsche Text beginnt mit dem Satz: *Fride gnade unde diu minne des almaehtigen gotes si mit allen gotes getriwen amen,* schildert dann, wie oben wiedergegeben, seine Entstehung und ordnet bereits in einem Inhaltsverzeichnis seine Artikel in drei Kapitel. Das erste (Art. 1–27) bringt das *lantrehtbuch,* das die Rechte des Königs und des Bischofs, des Hochvogtes und des Burggrafen gegenüber der Stadtgemeinde, die Rechte der Bürger und aller einzelnen Handwerke, des Rates und der Stadtämter, endlich das Recht der Juden behandelt. Das zweite Kapitel (Art. 28–113) spricht, mit genauer Aufzählung aller Straftaten, vom Gericht des Vogtes und allen darunter fallenden Rechtsgebieten, das dritte (Art. 114–150) vom Burggrafengericht. Unter diesen Überschriften enthält das Buch eine ausführliche Rechtsordnung: Freiheiten und Gerechtsame der Bürgerstadt nach außen, Bestimmungen zur Stadtverfassung, also eine Art Gemeindeordnung, und Rechtsbestimmungen für das städtische Alltagsleben: bürgerliches Gesetzbuch, Gewerbeordnung, Handelsrecht, Strafgesetz, Prozeßordnungen, Wasser- und Wegerecht und manches andere. Das Stadtrecht galt nur für die Stadtbewohner, die das *burcreht,* das Bürgerrecht, empfangen hatten, also nicht für die Geistlichen und Kirchenleute, die außerhalb der Stadtgenossenschaft standen.

Wir verdanken ihm zunächst die erste genauere Nachricht über die damaligen vier Lechkanäle, heute Lochbach – Vorderer Lech östlich unter der Dominikanerkirche, Schwallech längs der Ostgrenze der alten Stadt, Sparrenlech und Schäfflerbach. Die *vier laeche* sollten zwölf, je vierzehn und sechzehn Schuh breit sein und mußten von den anliegenden Müllern so instand gehalten werden, der erste vom Müller *bi Hustester tor,* dem *creucemulner, phlaterlacher,* d. h. Müller auf der noch bis heutzutage bestehenden Pfladermühle und dem äußeren Bischofsmüller, der zweite von den sog. inneren Müllern, vom *wolfmulner, swalmulner,* dem Müller am Schwall, dem Klessingesmüller und *geumulner*, der dritte durch den Rotigermüller vor dem *strafanstor*, der äußerste durch den *spitaler mulner* in der Hanorei, deren Name noch heute in einem Lechkanal, dem Hanreibach, fortlebt. Die Mühlen mahlten Korn und Malz, preßten aber auch Öl aus Mohn, Lein und Hanf. Die hölzerne Überbauung der Lechkanäle in der Stadt wird *ubergezimber* genannt. Das hier zuerst erwähnte *stravans Tor* ist das spätere Sträffinger- oder Barfüßertor am Ostrand der Stadt neben dem Barfüßerkloster. Den Holztransport in die Stadt besorgten von Süden her *in den obern bach oder in den nidern* die *vlozlute*, die Lech- und Wertachflößer mit ihren Gesellen, den Korn- und Mehltransport die *eseltriber*, den sonstigen Güterverkehr die *wintrager* und *saktrager*, die offenbar organisiert waren und genaue Tarife hatten.

Vom größten Interesse ist, was das Stadtbuch erstmals ausführlicher über die *antwaercke*, die Handwerke, berichtet, die teilweise an den innerstädtischen Abschnitten der Lechkanäle als den Lebensadern des städtischen Gewerbewesens zusammensaßen. Die *laederaer*, Gerber, mußten ihre Häute in das fließende Wasser des Lechviertels hängen können. Ihr Arbeitsgebiet war genau gesondert von dem der *rintschuhster*, der Schuhmacher, und der *alpuzzer*, Schuhflicker, dem der *wizmaler*, die feines weißes Lederzeug herstellten, und der *hutaer*, der Wollfilzmacher. Weiter begegnen die Handwerke der *lodwaeber*, die einfaltiges Wolltuch erzeugten, der *snider*, Schneider, der *mezzerer* oder *mezzersmit*, der *goltsmide*, aus deren Erzeugung goldene Haarbänder, Kleiderspangen und Ringe erwähnt sind. Die Erwähnung von Fuchs-, Lamm- und anderen Pelzen läßt auf das Kürschnerhandwerk schließen. Der oder jener *antwaerkman* hatte mehrere *lerenchint*, Lehrlinge. Die Nahrungshandwerke der *litgaeben*, Weinwirte, der *birbriwer*, Brauer, der *becken*, der *fleishaeckel* oder *fleismanger*, Metzger, der *hucker*, der Lebensmittelhändler mit Öl, Heringen, Aalen, Stören, Salz und Feigen in kleinen Mengen, und der *obzer*, Obstler, sowie der *fuetrer*, der Händler mit Hafer, Heu und Stroh, hatten weiterhin besondere Abgaben an den sie überwachenden Burggrafen zu entrichten. Nach der entsprechenden Aufzählung der Bischofsrechte im bischöflichen Urbar oder Einkünfteverzeichnis von 1316 galt dies auch für die *sulzer*, die Kuttler oder Wurstmacher.

Beim Bäckerhandwerk scheint sich bereits das Bestreben nach engerem gildenartigem Zusammenschluß gezeigt zu haben, denn nur den Bäkkern wurde im Stadtbuch ausdrücklich verboten, ohne den Burggrafen und die *burger* der Ratsgeschlechter *einunge,* Innungen untereinander einzugehen.

Eine gewisse Sonderstellung hatten die *vischer,* die unter unmittelbarer bischöflicher Gewerbeaufsicht standen. Weiter gab es die *huenraer,* die Wildpret, Eier, Käse, Butterschmalz zum Verkauf hatten. *linwat,* Leinwand, wurde meist durch vorstädtische *waeber* selbst in die Stadt gebracht. Die *saltzlute* besorgten den Salzvertrieb. Die eigentlichen *kramer* handelten dagegen mit Handschuhen und Gürteln, mit Wachs, Unschlitt und allen anderen Gütern (außer grobem und einfarbigem Tuche), die man auf der Waage wog. Die öffentliche *vronewage,* die Herrenwaage des Bischofs *uf der strazze,* wird jetzt zum ersten Male erwähnt.

An der Spitze der bürgerlichen Erwerbsgesellschaft, in welcher nebenbei nach wie vor auch Landwirtschaft betrieben wurde, standen die *kauflute,* die Fernhändler, die *von lande ze lande, von zungen ze zungen* Waren heranführten, und die *gewantsnider* oder *gewander,* die Tuchhändler. Die Einfuhrgüter der Kaufleute waren nach den im Stadtbuch enthaltenen Tor- und Brückenzolltarifen vor allem Wein und Salz, Heringe, Kupfer, Blei und Zinn, Eisen, ferner Olivenöl, Aale, große Störe, Feigen, Seide, feines flandrisches Gewandtuch, welsche Messer und der hier im Stadtbuch erstmals erwähnte kostbare Pfeffer. Eigens hervorgehoben werden nun jene Bürger, die Ware *durh die berge* aus Venedig herbeiholten. Als Venedigwaren galten hochwertige Stoffe, Erzeugnisse des venezianischen Kunsthandwerks, Spezereien und Gewürze des Orients. Die Gewandschneider vertrieben ellenweise Tuch aller Art, auch Scharlachstoff für die gelegentlich angeführten *scharlachensmaentel.* An dem leinenen Bischofsgewand des 10. Jahrhunderts, von dem schon die Rede war, finden sich als Ausbesserung Stücke elfenbeinfarbigen, sizilianischen Seidenstoffes und dünnen, naturseidenen Gewebes maurisch-spanischer Art: Beide Stoffe des 13. Jahrhunderts müssen ebenfalls schon durch den Fernhandel nach Augsburg gelangt sein.

Die Kaufleute und Gewandschneider werden im Stadtrecht mehrfach als *burger* im engeren Sinne von den Kramern und von den Handwerken unterschieden. Die Bezeichnung *burger* war also gelegentlich mehr als die bloße Übersetzung des lateinischen *civis:* sie wurde in diesem besonderen Sinne nur den *pociores,* den Angehörigen der vornehmen Kaufmanns- und Ritterbürgergeschlechter zugebilligt, die am städtischen Rate teilhatten, in großen, oft steinernen Häusern wohnten, zu Pferde kämpften und bald Wappen und Siegel führten. 1295 erscheint etwa das Schongauersiegel. Zu den ansässigen Kaufleuten, die in offenen Vorläden oder Bänken und in Kellern verkauften, gesellten sich fremde, die bei den *gastgaeben* abstiegen. Sie kamen als Gäste besonders zum Ostermarkt oder auch zur Kirchweih am Michaelstag, wenn die sonst sehr strengen Handelsvorschriften, die zugunsten der heimischen Einzelhändler galten, gelockert waren. Grundsätzlich verboten war den Gästen seit 1275, Salz in Augsburg durchzuführen, ohne es in der Stadt zu verkaufen. Dieses Stapelrecht wurde eifersüchtig bewacht.

Bei der bischöflichen Münze tritt neben dem *munzmaister* eine Münzergenossenschaft von zwölf *husgenozze,* Hausgenossen aus der finanziellen Oberschicht der Bürgerschaft in Erscheinung. Münzmeister und Hausgenossen waren die eigentlichen Geldhändler dieser Zeit; sie hatten das alleinige Recht, mit Silber zu handeln und Geld zu wechseln. Goldschmiede und Münzpräger waren das Münzpersonal. Brauchte ein handeltreibender Bürger Silbergeld zum Fernhandel, so konnte er beim Münzmeister nach Köln oder nach Venedig Münze bis zu 40 Mark Silber erstehen, nach Frankreich, wo damals noch die Champagnemessen in Troyes, Provins, Lagny und Bar blühten, oder nach Bozen bis 20 Mark. In Bozen trafen die Augsburger Kaufleute mit oberitalienischen Händlern auch aus Mailand und Verona zusammen.

Auf dem Augsburger Markte selbst erhob der Zöllner im Auftrag des Marktzollinhabers von den Gästen den bischöflichen Marktzoll zu $1^2/_3$ Prozent des Kaufpreises, nach Gewicht oder nach Sonderansatz. Als Sondermarktplätze werden der *kornmarckt* und der *rindermarckt* erwähnt. Der Zöllner in der Stadt nahm auch am St. Michaelstag von den unter Burgrecht besessenen Höfen für den Bischof die *hofstiwer* ein, den Kaufmannsgrundzins, der in enger Verbindung mit dem Zoll gesehen wurde. Als Zollstätten für Ein- und Ausgangszölle dienten die drei Kontrollstellen an der *obern brugge,* der Hochzoller Lechbrücke, an der *stravans brugge* beim Barfüßertor und an der *wertaher brugge.* Die hier von den Tor- und Brückenzöllnern erhobenen und im Stadtrecht genauestens verzeichneten Zölle waren jetzt reine Weg- und Brückenzölle. Bewohner der Stadt konnten sie für ihr zur Weide gehendes Vieh und für ausländische Waren durch einen festen Jahrzoll ablösen; er bestand für die *burger* in einem halben Pfund Pfeffer, für Metzger in Fleisch und für Geistliche in zwei Gänsen. Die Stadtgemeinde besoldete zur geregelten Abwicklung des Ortshandels zwölf *underkeufel*, Zwischenhandelsbeamte, unter deren Vermittlung allein fremde Kaufleute in der Stadt Geschäfte abschließen durften: vier für Seiden- und Wollgewandstoff, für alle welschen Handelsgüter, für Silber, Gold, Kupfer, Zinn, Blei, Eisen, Unschlitt, Fett, Schinken, Heringe, Störe, Häute, Felle im Großhandel, Öl, Wachs, Geldwechsel vorbehaltlich der an die Münze gehörigen Rechte sowie für Verkauf von Eigengrundbesitz und Lehen, sechs für Wein, Salz, Honig und Pferde und schon zwei für Leinwand, gebleichten oder ungebleichten Zwilch und Garn im Großhandel. Zwölf städtische *maezzer* hatten das Korn abzumessen. Gewichts- und Maßverfälschung gehörten vor das Vogtgericht.

Der Hochvogt, der auch an neue Stadtgenossen das Bürgerrecht verlieh, hatte noch immer dreimal jährlich in der bischöflichen *phallenz* und im *dinckhuse*, dem Rathaus, zu Gericht zu sitzen. Er hatte dabei mit den *dinchluten*, den Schöffen der Stadtgemeinde und *nah der burger urteil* zu richten. Als hohes Stadtgericht erscheinen im Stadtrecht *der vogt unde die burger*, vertreten durch Ratsherren, niederes Stadtgericht waren nach wie vor Burggraf und Ratsherrn. Städtische Gerichtsbeamte waren die zwei *waibel* und der *hencker*, der auch die *varnden freulin*, die Dirnen, zu beaufsichtigen hatte. Die Gerichtsbeamten mußten außerdem mitwirken, wenn die Stadt eine *stiure*, die Stadtsteuer, erhob.

Eine ganz eigentümliche Rolle im städtischen Leben nahmen nach wie vor die Juden ein, die allein die Pfandleihe pflegen durften und offenbar auch den Handel mit billigen Bauernpferden besorgten. Sie waren Bürger, genossen aber das eigene jüdische Nationalrecht und hatten einen eigenen *rihter*, Judenmeister. Die Juden standen zwar unter der hohen Gerichtsbarkeit des Vogtes, doch saß dieser für sie getrennt, mit Beisitzern aus der christlichen und jüdischen Stadtbevölkerung, in der jüdischen *schule*, der Synagoge, zu Gericht. Es gab auch eine eigene jüdische Fleischbank, wo ein Jude mit spitzem Hut ausgeblutetes Fleisch feilhielt.

An der Spitze der politischen Bürgergemeinde standen die *ratgaeben*, der Rat. Schon der zweite Stadtrechtsartikel legte dieses wichtige Freiheitsrecht fest: *Man sol auch wizzen, daz disiu stat ze Auspurch ze allen ziten einen gesworn rat sol haben von zwelf erbaeren mannen der besten unde der witzegsten die hie sin.* Zwölf war die Normalzahl der deutschen Städte. Wenn von den besten Vertretern der Bürgerschaft die Rede war, so lag darin auch eine Anspielung auf die Vorrechte der Ratsgeschlechter, aus deren Reihen der Rat sich selbst ergänzte. Jeder Ratsherr konnte die Sturmglocke läuten lassen, wenn er Feuer, Verbrechen oder blutigen Streit eher bemerkte als der Wächter auf dem jetzt erstmals erwähnten *turn uf berlaich*, dem Stadtturm. Die dauernde Turmwache, das Glockenläuten und Feuerlöschen waren Pflichten der Träger, die dafür steuerfrei blieben. Das große Stadtrecht war kaum fertiggestellt, als es König Rudolf I., vom Bischof wieder mit der Augsburger Vogtei belehnt, bei einem neuen Besuch der Stadt mit Urkunde vom 9. März 1276 in Kraft setzte. Am selben Tage erwies er sich durch Abgabenverzicht dafür erkenntlich, daß ihm die *cives* eine Schuld von 350 Mark Silber nachließen: Zum ersten Male treten die Bürger urkundlich als Gläubiger des deutschen Königs auf.

Der König bildete dann aus dem alten Reichsgut des Augsburger Raumes links des Lech, aus der Stadt und der unteren Straßvogtei bis hinauf nach Schwabmünchen eine ostschwäbische Reichslandvogtei Augsburg, verschmolz mit ihr die Hochstiftsvogtei und ließ sie von seinem Schwager Graf Albrecht von Hohenberg als Landvogt verwalten. Augsburg trat damit mehr oder weniger als Reichsstadt auf, deren Herr nur der König war. Der Stadtvogt wurde jetzt vom Reichslandvogt ernannt. Dieses Untervogtamt blieb in der Hand der mächtigsten Stadtgeschlechter. Bis 1280 war Liupold Stolzhirsch Vogt, 1281 Heinrich Schongauer, damals auch Lehensinhaber des einträglichen Augsburger Bischofszolles an der Brennerpaßklause bei Sterzing. Rudolfs Rückkunft zu einem zweiten Augsburger Reichstag, Weihnachten 1282, stärkte noch einmal die Königsgewalt; es war der Reichstag, der durch die Belehnung der Königssöhne mit den Herzogtümern Österreich, Steiermark und Krain die habsburgische Hausmacht in Südostdeutschland begründete. Im Februar 1286 hielt der König nochmals Reichstag in Augsburg. Bischof Hartmann von Dillingen starb, ohne seine verlorenen Augsburger Stadtherrenrechte zurückerlangt zu haben. Sein im Dom gefundenes Steingrabmal zeigte ihn stehend mit Bischofsstab und Kirchenmodell.

Hauptanliegen der städtischen Politik mußte es nun sein, das Geflecht der bürgerlichen Freiheiten und Gerechtsame zu verdichten und den Stadtgenossen auch außerhalb der Stadt möglichst weitgehenden Rechtsschutz zu sichern. 1294 erreichte der Rat ein wichtiges Privileg König Adolfs von Nassau, demzufolge Augsburger Bürger im Streit mit Fremden vor kein anderes Gericht als vor den Vogt von Augsburg selbst geladen werden konnten.

Im Innern baute man erstaunlich rasch eine gegliederte städtische Verwaltung aus. Der *senatus,* der Rat, setzte sich um 1291 bereits aus den *zwelfen,* dem Zwölferrat, aus dem *vierundzwaitzehen* und als letzter Instanz dem *grozzen rate* zusammen. Eine in dieser Zeit mit Zustimmung des Vogtes verabschiedete deutsche Rats- und Gerichtsordnung setzte Aufbau, Wirksamkeit und Entschädigungen der einzelnen Ratsglieder genau fest. Der regierende Rat versammelte sich auf das Läuten der Ratsglocke wöchentlich zweimal auf dem Rathaus; sein engerer Ausschuß, die *viere,* hatte an zwei weiteren Tagen zur Erledigung der laufenden Geschäfte und zur Vorbereitung der Vorlagen an den Rat zusammenzutreten. Von einem Bürgermeister ist nicht mehr die Rede; dafür werden als Stadtoberhäupter zwei alljährlich wechselnde *phlegere,* Pfleger, genannt, die auch schon in einer Ratsurkunde von 1291 erscheinen. Der Rat suchte sich einen zuverlässigen Überblick zunächst über die neuen Bürger zu verschaffen, indem er seit 1288 die Neuaufnahmen ins *ius civile,* das Bürgerrecht, die durch Bürgereid und oft Bürgschaft altangesessener Bürger ermöglicht wurden, in ein sorgsam auf Pergament geschriebenes Bürgerbuch eintragen ließ. Seit 1302 ergänzte man die Liste der Aufnahmen durch eine solche der Ausstoßungen und Feindschaften und hielt alle wegen schwerer Verbrechen aus der städtischen Friedensgemeinschaft Ausgeschlossenen in einem pergamentenen Achtbuche fest. 1296 begegnen in einer Vertragsurkunde als neue städtische Beamte aus dem Rate selbst die *bowmeister,* Baumeister, die vor allem für die städtischen Befestigungs- und Lechbauten zu sorgen und die dazu nötigen Geldmittel aus den indirekten Abgaben einzunehmen und zu verwalten hatten. Unmittelbar darauf fühlte sich der Rat der Erhebung einer neuen direkten Stadtsteuer gewachsen. Sie erfaßte nach dem Vorbild der

Städte Konstanz, Ulm und Ravensburg gesondert das bewegliche Vermögen, Gewinne, die zu Kapitalvermögen aufgesammelt und zu handwerklicher Erzeugung oder zu Handels- und Geldgeschäften Verwendung fanden, und wurde durch neue Stadtbeamte aus dem Rat, die 1299 bezeugten *stiwermaister*, eingehoben. Die Vermögenssteuer vergaß auch den Schmuck der Frauen und die Geschäftsgewinne der persönlich steuerfreien Geistlichen und Kirchenleute nicht. Die Vermögenssteuerordnung wurde in einem Ratsdekret wohl noch vor der Jahrhundertwende festgelegt und in einer Stadtbuchabschrift des Stadtschreibers von 1324 überliefert. Welche für das zeitgenössische Urteil hohen Vermögenswerte die neue Steuer erfaßte, ergibt sich allein aus den belegten Darlehen. 1294 schossen vier Augsburger Bürger, darunter ein Bitschlin und ein Langenmantel, 1126 Mark Silber an Herzog Meinhard II. von Kärnten-Tirol vor, dem die Augsburger 1295/99 auch flandrische Tuche von Ypern lieferten. 1300 liehen die Augsburger Juden Laemblin und Juedlin, Johann Schongauer und drei weitere christliche Augsburger seinem Nachfolger Herzog Heinrich über 997 Mark. Den beiden Juden schuldeten 1304 auch die Baiernherzöge Rudolf und Ludwig IV. 4000 Pfund Pfennige. Als der Habsburger König Albrecht I. 1301 in Augsburg weilte, mußte er den Bürgern für eine bei ihnen aufgenommene Geldschuld von 2360 Mark Silber eine Reihe teilweise hochadeliger Bürgen benennen. Die Rückzahlung übernahm dann Albrechts Sohn Herzog Rudolf III. von Österreich aus den Einkünften seines Herzogtums.

Der Geist der bürgerlichen Selbstverwaltung machte sich auch im Augsburger Kirchenwesen geltend. In den Pfarreien traten neben den Pfarrern Bürger auf, die mit diesen zusammen als *zehenmaister*, Zechpfleger, das Kirchenstiftungsvermögen verwalteten. Der Rat setzte durch, daß von den Kirchenzechen Steuer an die Stadt bezahlt wurde. Die Bürgerstadtkirchen selbst erhielten den reicheren Innenschmuck städtischer Gotteshäuser, wie erhaltene Trümmer eines Steinlettners mit Engelfiguren und Säulen bei St. Moritz und Reste einer Wandbemalung, besonders zwei verhältnismäßig gut bewahrte weibliche Heiligengestalten, bei St. Peter bezeugen. Neue Stiftungsmittel flossen reichlich. Schon 1275 konnten Mönche des neuen Bettelordens der Brüder der Heiligen Maria vom Berge Karmel, die Karmeliter, ein Grundstück und Haus hinter dem Gögginger Tor erwerben und errichteten dort das Kloster

St. Anna, das seit 1321 auch eine eigene Kirche erhielt. 1287 trat gegenüber dem Barfüßerkloster ein Franziskanerinnenkloster der Schwestern zur *Stella,* vom Stern, auf, später St. Maria Stern. Durch Stiftung des Bürgers Hartmann des Langenmantels vom Sparren entstand 1288 das Siechenhaus St. Servatius, in dem später zwei jüngere und kleinere Siechenhäuser St. Wolfgang und St. Sebastian aufgingen. Noch vor 1286 wurde am Südrand der Bischofsstadt eine Niederlassung ohne Ordensregel zusammenlebender Frauen, ein Beginenhaus St. Martin gegründet, dessen Bewohnerinnen aber 1314 die Regel des franziskanischen Dritten Ordens annahmen. Schließlich bildete sich noch ein drittes Franziskanerinnenkloster an der *horbrugge* über einen Lechkanal nördlich des Barfüßerklosters. Die Dominikaner erbten die Augsburger Niederlassung des 1312 aufgehobenen Tempelherrenordens.

Das ganze Bild der Innenstadt veränderte sich im eigentlich städtischen Sinne, indem die großen von den Altbürgern zu Erbleihe genommenen Hofplätze immer weiter geteilt und weiterverpachtet wurden, ohne daß der Bischof mehr Grundzins davon erhielt. So entstanden im Stadtkern geschlossene Gassen mit schmalen, tiefen Häusern. Dadurch verschlechterten sich die hygienischen Verhältnisse, und man war zu planvoller Gesundheitsfürsorge genötigt. Bereits 1264 hatte es eine gemauerte Abwasserleitung in der Stadt und ein Leprosenhaus des Hl. Geistspitals für ansteckende Aussatzkranke vor der Stadt gegeben. 1283 urkundete ein *her Lutfrid der Appentecker* aus den Ratsgeschlechtern, wobei die Berufsbezeichnung freilich wie in vielen anderen Fällen zum dauernden Familiennamen wurde. Zwei Jahre danach wird ein erstes *obres badhus,* eine Badestube, an einem Brücklein über einen Lechkanal urkundlich erwähnt. 1290 richteten die Augsburger Juden für sich und ihr teilweise christliches Gesinde ein eigenes *badhus* ein. Auch eigene gewerbliche Zweckbauten der Stadt entstanden. Durch eine Vergleichsurkunde von 1288 hören wir von einer ziegelgedeckten *schranne,* die von den Bürgern auf dem Kornmarkt im Zuge der Hauptstraße nahe St. Moritz erbaut wurde. Im letzten Jahrzehnt des Jahrhunderts erscheint südlich davon auch ein städtischer *salzstadel,* dem sich später ein eigener *saltzmarckt* anschloß.

1295 brach eine Fehde zwischen Herzog Rudolf von Baiern und Bischof und Stadt aus. Der Herzog griff erfolglos Augsburg an, Bischof

Wolfhart von Roth ließ 1296 erstmals die herzoglich bairische Stadt Friedberg mit ihrer eigenen Zollstätte und Salzniederlage angreifen und belagern. Nach dem gewinnlosen Vergleichsfrieden von 1297 starb Bischof Wolfhart 1302. Das stark überziselierte Bronzegrabmal des Bischofs im Dom, ein Meisterwerk des Bildhauers Otto und des Gießers Konrad, gibt, für diese Zeit bahnbrechend, das stilisierte Abbild des Lebenden und gilt als das bedeutendste Bronzebildwerk Süddeutschlands aus dieser Stilepoche.

Mit Bischof Wolfhart war ein entschlossener Widerpart der Stolzhirsche dahingegangen. Diese sahen den Augenblick gekommen, die Stadtpfleger durch einen ständigen Bürgermeister ihres Geschlechts zu ersetzen und eine Signorie nach dem Vorbild der oberitalienischen Städte aufzurichten. 1303 versuchten Siboto und Liupold Stolzhirsch und Heinrich der Zwainkircher durch einen Putsch eine Stadtdiktatur Liupold Stolzhirschs zu begründen. Konrad, Albrecht und Heinrich Stolzhirsch, Johannes und Siboto Schongauer und Liupold der Schroeter standen dem Unternehmen nahe. Man trat offenbar mit starkem bewaffnetem Gefolge auf. Siboto Stolzhirsch Vater und Sohn fälschten für ihre Zwekke das Stadtsiegel und das Siegel des gewesenen Stadtpflegers, Ratsmitgliedes und Judenpflegers Konrad des Langen, der gerade damals die arme Bevölkerung vor dem nördlichen, östlichen und südlichen Stadttor durch eigennützige Sperrung der öffentlichen Viehweide zwischen Lechbrücke und Wertacheinmündung gegen sich aufbrachte. Der vielleicht auf diesen Anhang rechnende Putsch wurde aber dem Rate vorzeitig aufgedeckt und kam vor Gericht und Vogt. Alle drei Hauptverschwörer wurden des Bruches des geschriebenen Stadtrechts angeklagt und gestanden, Siboto Stolzhirsch Vater und Sohn gelang aber die Flucht nach dem schwäbischen Eßlingen. Am 23. Juni 1303 verordneten die Ratgeben im Einvernehmen mit dem großen Rat, daß es künftig niemals mehr einen alleinigen Bürgermeister in Augsburg geben solle, sondern entsprechend der Niederlegung im Stadtbuch stets nur zwei Pfleger. Wer des Strebens nach dem Bürgermeisteramt überführt wurde, der sollte mit Weib und Kindern auf immer die Stadt verlassen müssen. Bewaffnetes Bürgergefolge zu haben, wurde verboten. Konrad und Heinrich Stolzhirsch begegnen 1320 und 1322 wieder als Stadtpfleger, und der jüngere Siboto Stolzhirsch war 1324 wieder Besitzer einer Leinwandbank in Augsburg, aber die eigentliche Macht des Geschlechts und wohl auch die der Schongauer war gebrochen. Bald nach dieser inneren Krise, nach 1305, unternahm der Rat eine Erweiterung der Grabenbefestigung nach Norden. Durch sie wurde die 1295 urkundlich erwähnte *vorstat vor unser frawen tor,* die Vorstadt vor dem nördlichen Tor der Bischofsstadt mit den Stiften Hl. Kreuz, St. Georg und St. Stephan zwar nicht in die Ringmauer, aber in die Stadtumgrenzung einbezogen und das Stadtgebiet von rund 83 auf 126 ha vergrößert. Vielleicht hängt es mit dieser Einbeziehung zusammen, daß bald darauf die *weber,* die Leinenweber, als innerstädtisches Handwerk auftreten; schon in die Stadtbuchabschrift von 1324 setzte dann der *notarius civitatis* oder Stadtschreiber eine erste Augsburger Leinwandordnung. Sie enthielt eingehende Vorschriften über die Leinwandschau, die Prüfung der Webware nach der Ratsvorschrift durch vier vereidigte Webermeister und zwei Messer. Bald aber sollte die rasch aufgeblühte Stadt wieder in die Stürme reichspolitischer Kämpfe hineingerissen werden.

Nach dem Tode Kaiser Heinrichs VII. von Luxemburg traten 1313 der Baiernherzog Ludwig IV. und der habsburgische Herzog von Österreich Friedrich der Schöne gegeneinander als Thronbewerber auf. Der Augsburger Bischof Friedrich I. Spät von Faimingen schloß sich der Partei des Österreichers an, die Bürgerstadt wählte kurz darauf die Partei des Baiern. Der Kampf der Könige zog das Augsburger Gebiet empfindlich in Mitleidenschaft. Der Bischof gab die Bischofsstadt preis, wich auf seine Burg in Dillingen aus und mußte für seine Kriegführung neue Schulden aufnehmen. Die Baiernherzöge Rudolf und Ludwig ihrerseits sahen sich noch 1314 genötigt, Laemblin und Juedlin in Augsburg für 3600 Pfund Pfennige die Steuern ihrer schon 1304 eingesprungenen Stadt München auf sechs Jahre zu verpfänden. 1315 mußte sich König Ludwig vor den österreichischen Angriffen nach Friedberg, endlich nach Augsburg zurückziehen. Der Rat unternahm nun offenbar alle möglichen Anstrengungen, um dem Wittelsbacher neue Geldmittel zu verschaffen, und warb wohl auch selbst Söldner für ihn an. In Anbetracht der ihm geleisteten Dienste erließ Ludwig schon zu Ende Juli 1315 den *cives Augustenses* auf vier Jahre die ganze Reichssteuer und ermäßigte sie für alle Folgezeit auf jährlich 400 Pfund Pfennige. Darüber hinaus sicherte er in einer lateinischen Urkunde vom 9. Januar 1316

Abb. 12 Augsburger Stadtwappen an der Ostseite des Rathauses. Steinrelief vom 1614 abgebrochenen gotischen Rathaus, 1450

Abb. 13 Zunftstube der Augsburger Weberzunft, ausgemalt von Peter Kaltenhofer 1457

Abb. 14 Augsburger Geschlechtertanz. Tafelgemälde um 1500

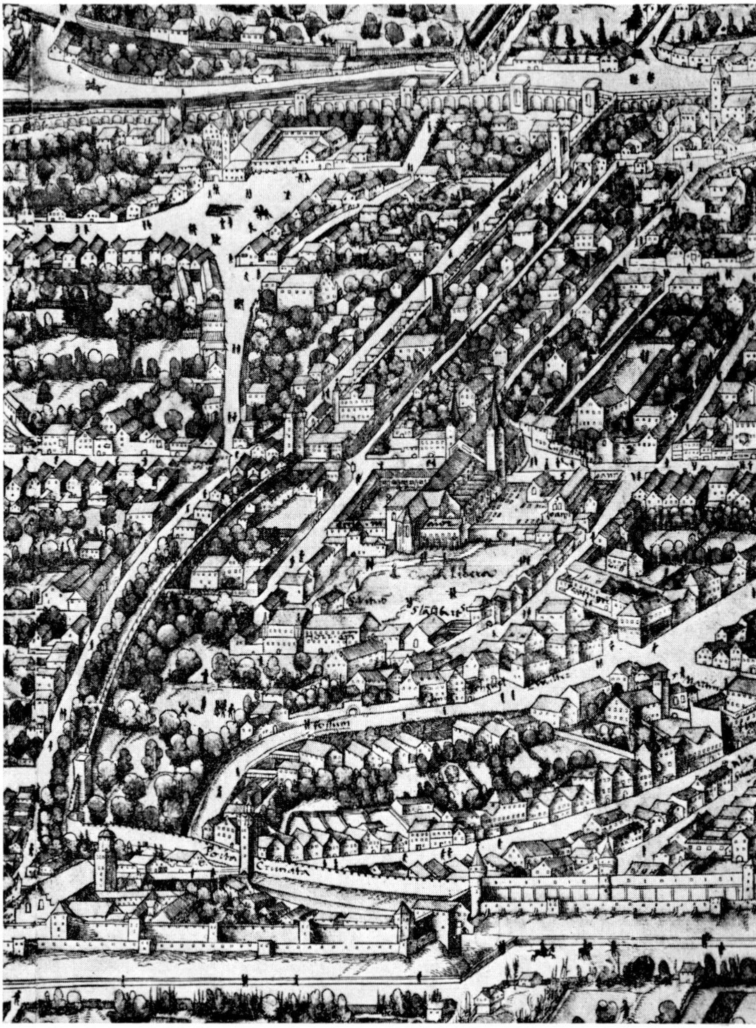

Abb. 15 Ausschnitt aus dem Stadtplan von Jörg Seld (1521), geschnitten von Hans Weiditz. Im Mittelpunkt der Dom, oben St. Stephan, unten Hl. Kreuz

den *consules* und allen Bürgern die Unveräußerlichkeit der Stadt vom Reiche, die Gleichstellung der *cives* mit den ritterlichen Dienstmannen in Gerichtsbeisitz und Rechtsprechung und seinen besonderen Schutz für ihr Eigentum zu. »Da die genannte *civitas Augustensis*«, so verkündete die Königsurkunde, »als eine ehrenwerte und vorzügliche Stadt unter den Städten des Reiches hervorragt, so wollen wir, daß sie immerwährend unter der Herrschaft des Reiches gehalten werde, derart, daß sie in keiner Weise durch Verkauf, Tausch, Lehensgebung oder irgendeine andere Form von Entfremdung von Gewalt und Herrschaft des Reiches losgerissen werden darf«. Der Bischof wurde nicht mehr erwähnt. Stadtherr ist jetzt eindeutig und ausschließlich das Reichsoberhaupt, der König. Im Januar 1317 stellte Ludwig in einer Augsburger Urkunde allen Augsburger Bürgern Ersatz des seinetwegen erlittenen Schadens an Geld und Gut in Aussicht. An Handelsgütern, die unterwegs durch Adelige weggenommen worden waren, wurden eigens genannt 15 Faß welscher Wein, ferner Neckarwein, der als Rückladung für Salz ostwärts zu gehen pflegte, und 45 Tuche zum jeweiligen Wert von vier Pfund Schwäbisch-Haller Münze (Hellern) oder zwei Pfund Pfennigen. Das Münzgebiet des Augsburger Pfennigs wurde jetzt schon immer kleiner.

Die starke Anspannung der städtischen Abgabenkraft weckte nun das Bedürfnis nach schriftlicher Aufzeichnung der Ausgaben und Einnahmen. Im Jahre 1320 wurde durch die beiden *bumaister* die erste erhaltene städtische Rechnung lateinisch auf eingeführten schmalen Baumwollpapierbogen aus Oberitalien erstellt. Sie verzeichneten die Einnahmen aus dem nun städtischen Brücken- und Torzoll an der Wertachbrücke, am Haunstetter Tor, Gögginger Tor und Straeffinger Tor, die Erlöse aus dem Getreidemessen und aus dem Leinwandmessen auf der *blaich,* der öffentlichen städtischen Leinwandbleiche in der Lechau östlich von St. Stephan, die Erträge des Salz- und des Weinungelts, die an die Stadt übergegangenen Abgaben der Bäcker und Metzger, Mieten für den Salzstadel und andere Erträgnisse. Als Ausgaben wurden diesen gegenübergestellt Sold der Stadtsöldner, Aufwandsentschädigungen, Entlohnungen für Geleitschutz, Tor- und Turmwachen und andere Dienstleistungen, Kosten für Kriegsmaterial und namentlich Baulasten für die Stadtbefestigung und für Bauten am Lech. Ausgaben für Vorstadtmauerbau bei St. Georg, für Ziegel- und Kalkfuhren bezeugen seit 1321 die

Arbeit an der Einschließung der Nordvorstadt in den Mauerring. Noch 1328 und 1330 entschädigten die Baumeister den Pförtner des *dominus* Portner dafür, daß er das Frauentor am Nordzugang der Bischofsstadt schloß. 1330 wird dann ein *hailig criuzzer* Tor genannt. Schon von 1321 ab wurde die Abrechnung der Stadtbaumeister in einem richtigen Rechnungsbuch oder Baumeisterbuch weitergeführt. Vom gleichzeitigen Rechnungsbuch der Steuermeister sind leider nur wenige einzelne Blätter übriggeblieben. Da die Aufzeichnungen der Baumeister weder im Sinne eines städtischen Gesamthaushaltes vollständig noch genügend geordnet waren, ermöglichen sie auch uns keinen wirklichen Überblick über die damalige Augsburger Stadtwirtschaft. Bedenklich war, daß die Baumeisterbücher alsbald Zinszahlungen an städtische Juden für dort aufgenommene Darlehen und noch 1321 eine neue Judenanleihe von 1200 Pfund Heller bei dem Juden Suter und Genossen ausweisen. Seit 1330 trug der Rat die Darlehen, die er bei Christen gegen Zahlung von Leibrenten, auch auswärts, aufnahm, in ein besonderes Leibgedingbuch ein.

Der Rat atmete auf, als König Ludwigs entscheidender Sieg von 1322 die gebrachten Opfer rechtfertigte und die königliche Reichsstadterklärung von 1316 besiegelte. Bischof und Domkapitel hatten auch diesen Kampf gegen die eigenwillige Bürgerstadt verloren. Es war eine ohnmächtige Abwehr, wenn das Domkapitel 1322 ein vorgeblich altes Statut erneuerte, demzufolge den Söhnen von Augsburger Bürgern Domherrnstellen in Augsburg grundsätzlich verschlossen sein sollten. Am 9. Oktober 1323 gab der König auch dem Benediktinerstift St. Ulrich ein Privileg, das ohne jede Bezugnahme auf bischöfliche Rechte den Abt Marquard zum königlichen Kaplan ernannte und das Königsgericht selbst zum alleinigen Gerichtsstand des Klosters und seiner Leute machte. St. Ulrich wurde dadurch Reichsstift im eigentlichen Sinne. Anfang 1326 wurde von König Ludwig in Augsburg wieder Reichstag gehalten.

Nach dem Kriege ernteten vor allem die Augsburger Kaufleute die Früchte der städtischen Politik. 1326 finden wir sie in Brabant und Doornik (Tournai) in Flandern, seit 1333 fortdauernd auf den aufblühenden Messen von Frankfurt am Main belegt, wo sie ausweislich der Frankfurter Schöffenbücher meist Venedigwaren anboten. 1328 bezeugt ein lateinischer Schuldschein erstmals einen namentlich genannten Augsburger Kaufmann, Johannes Apothecarius, als Besucher von Venedig; im dortigen Rast- und Kaufhaus der Deutschen, dem Fondaco dei Tedeschi, spielten die Augsburger bald eine bedeutende Rolle. Nach den Baumeisterbüchern läßt sich seit 1327 als Weinhändler mit Welschwein erstmals Hans Begossenbrot näher ansprechen.

Mittlerweile kam es zu wichtigen Veränderungen im Verhältnis der Stadt zu ihrer unmittelbaren Umgebung. Der geistliche Grundbesitz in den Nachbarorten war auch unter staufischer Herrschaft bedeutend geblieben. Um 1300 war der Meierhof in Gersthofen Besitz des Domkapitels, die Meierhöfe in Göggingen, Inningen und Oberhausen und die Mühle in Oberhausen gehörten 1316 zum nicht zu Lehen vergebenen bischöflichen Eigengut. 1336 verpfändete Kaiser Ludwig dem Bischof die Ortsvogteien der unteren Straßvogtei von Schwabmünchen bis Göggingen und in Oberhausen sowie über alle freien Leute, die dort in die Landvogtei Augsburg gehörten. Diese Verpfändung von Reichsgut wurde zwar noch jahrhundertelang immer wieder als solche beurkundet, aber tatsächlich schrumpfte die Landvogtei dadurch doch auf die Stadtvogtei und die Oberherrschaft über Gersthofen, Stettenhofen und Langweid zusammen.

Anderseits geriet bischöfliches Lehensgut im näheren und weiteren Umkreis von Augsburg immer zahlreicher in die Hand von Stadtgenossen. Die reichen Bürger der Herrengeschlechter erwarben jetzt außer weitverstreuten Grundstücken, außer Stadthäusern, Verkaufsbänken und gewerblichen Anlagen dank einem königlichen Privileg auch adelige Lehensgüter. Heinrich Portner, aus ritterlichem Geschlecht, wurde bischöflicher Lehensträger auf der alten Kämmererveste Wellenburg. Unter seiner Herrschaft erhielt Wellenburg in der Schloßmagd Radegundis, die wohl noch vor 1300 auf einem Krankenbesuch im Walde gegen Augsburg zu von Wölfen zerrissen wurde, auch eine eigene Ortsheilige. Konrad der Aunsorg (Onsorg) erwarb 1330/45, nach dem Tode des zeitweise sehr gefürchteten Raubritters Hermann von *Pherse*, den bischöflichen Lehensbesitz im Dorfe Pfersee, wozu die ritterliche Burg, das Ortsgericht, eine Mühle und Brückenrechte gehörten; er erscheint 1338 auch als Besitzer der äußeren Bischofsmühle. Johann der Lange(n)mantel urkundete 1332 als *ritter und burger zu Augspurg* und erhielt 1337 als erster Augsburger Bürger vom Kaiser das Recht zur Ausübung der Blutgerichtsbarkeit für das mittelschwäbische Zusmarshausen. Die Langenmantel mit dem R waren damals bereits Besitzer von Westheim samt dem Kobel. Wachsender lehensrechtlicher Adelsbesitz brachte noch engere Beziehung zum Landadel, als die Stadtniederlassung einzelner Rittergeschlechter wie der Rehlinger von Rehling nördlich Friedberg. Der Bischof sah mit Unwillen, wie ihm die Stadt durch ihre landadelig werdenden Kaufmannsbürger die Abgaben vieler bischofshöriger Bauern streitig machte. Auch wurden jetzt Leute als Bürger in die städtische Eidgenossenschaft aufgenommen, die gar nicht in der Stadt, sondern außerhalb ihrer Grenzpfähle wohnten. Diese Pfahlbürger oder Ausbürger schuldeten der Stadt Steuer und Wehrdienst und beanspruchten dafür die Privilegien der Bürger von Augsburg an ihren Wohnorten unter fremden Hochgerichts- und Grundherrn, besonders auch auf bischöflichem Boden.

Der Streit nahm erbitterte Formen an, obwohl die Bischöfe Ulrich und Heinrich von Schönegg in dem neuerdings aufgeflammten Weltkampf zwischen Papsttum und Kaisertum ebenso auf der Seite des Kaisers standen wie die Stadtgemeinde. 1339 vertrieben die Bürger Bischof Heinrich gewaltsam aus der Bischofsstadt. Kaiser Ludwig selbst mußte ihm zur Rückkehr verhelfen und mit einer Schutzurkunde die bischöflichen Rechte in Augsburg sichern. Aber die Bürger blieben an der Reichsstraße in der Bischofsstadt ansässig und hielten den Bischof in der Stadt selbst umklammert, wie er sie vor den Mauern durch geistliche Ortsherrschaft in den Nachbarorten zu umklammern suchte. Das Stück der alten Via Claudia südlich des Domes wird zuerst 1351 *der hohe Weg* genannt. Das *alte burgtor,* das ihn abschloß, wird im Steuerbuch dieses Jahres zum letzten Male erwähnt; 1355 ist es verschwunden.

Nicht genug mit der nördlichen Abriegelung der Bischofsstadt durch die Frauenvorstadt, ging die Stadtgemeinde nach 1339 auch an die Stadterweiterung nach Osten gegen das bischöfliche Lechhausen zu. Man entschloß sich damals, die noch locker und vorwiegend ländlich-handwerklich besiedelte Vorstadt vor dem Barfüßertor, der Ringmauer und dem *graben* mit der 1292 erwähnten *Saechsin gazzen,* den heutigen Sächsengäßchen, in die Stadtgrabenlinie einzubeziehen. Der gegen den Lech hin aus Backsteinen und einigen römischen Werkstücken errichtete wuchtige Torturm am neuen Stadtrand, das jetzige Jakobertor, mit seinen zwei achteckigen Obergeschossen wird 1346 erstmals als *nova porta,* neues Tor, erwähnt. Die Eingliederung der Ostvorstadt vergrößerte die Stadtfläche auf 168 ha, die zehnfache Größe der frühmittelalterlichen Stadt.

Im Jahre 1348 wurde in der östlichen Vorstadt am dort abgeleiteten *luter laech,* Lauterlech, eine Pfründe St. Jakob für die Armen- und Krankenpflege und zur Aufnahme von Pilgern gestiftet, die zu dem Grabe des Apostels Jacobus nach Compostela in Spanien zogen. Bis 1355 errichtete man bei der vom Rat verwalteten Pfründe aus Backstein eine einfache Meßkirche der Dompfarrei, die Kirche St. Jakob, die alsbald der Ostvorstadt den Namen gab.

1357 begegnet auch ein *niw tor* im Nordwesten an der Wertachbrükke. Der Flächeninhalt der mauer- und turmgeschützten Augsburger Altstadt war kleiner als die Fläche der Kölner und Straßburger, aber größer als die Fläche der Nürnberger oder Frankfurter Altstadt. Diesen Umfang sollte die ummauerte Stadt dann jahrhundertelang behalten. Außerhalb der Mauer und nur schwach geschützt blieben die Bleich, die bischöfliche Fischervorstadt am nördlichen Hochterrassenfuß und die 1332 erstmals belegte Vorstadt *bi dem wagenhalz vor Husteter tor.* Östlich davon, auf dem Lechgries, taucht 1333 ein Benediktinerinnenkloster St. Nicolaus auf.

Mit dem Wachstum der Stadtgemeinde verstärkten sich die Gruppenbildungen und damit die sozialen und politischen Spannungen innerhalb der Bürgerschaft. Schon der baierisch-österreichische Thronkrieg hatte den Rat einerseits in Geldschwierigkeiten gebracht und anderseits auf die opferbereite Mitbürgerleistung der Handwerker angewiesen. Nur ganz vereinzelte von ihnen fanden Zugang in die Ratsgeschlechter. Es war nicht zu vermeiden, ihre Vereinigung in engeren Gildenverbänden zu dulden. Als erste dieser Gilden erscheint 1324 urkundlich die geschlossen vor dem Burggrafengericht auftretende *gemain der ledrer.* Die Bäcker hatten 1334 schon ein eigenes Bad für sich, der *becken badhaus,* das sicherlich wie der *bekken brunnen* in der heutigen Bäckergasse lag.

Das Mitbestimmungsstreben der politisch minderberechtigten Handwerke wurde in den dreißiger Jahren angesichts der Handwerkererfolge in Straßburg, Mainz, dann Basel so stark, daß eine offene Krise für die Geschlechter drohte. Im August 1340 wurde ein Aufruhr offenbar nur dadurch verhindert, daß man die Ratgeben des jetzt vierundzwanzigköpfigen *clainen rates,* des *grozzen rates* und *die gemainde rich und arm* aufs Rathaus berief und eine, mit Urkunde vom 23. August niedergelegte, Vereinbarung über die innere Stadtverfassung traf. Sie bestimmte vor allem, daß die Steuermeister über die Verwendung der direkten Steuergelder jedes Jahr vor einem Ausschuß Rechnung zu legen hätten, der aus sechs Vertretern des kleinen Rates und sechs Vertretern *von der gemaind* nach Benennung des großen Rates bestehen sollte. Ebenso sollte die Verwaltung von Zins, Ungelt und sonstigen Einnahmen durch die Baumeister ausgewiesen werden. Schon bald darauf zeigten sich auch erweiterte Rechte der Gemeinde in der ausführenden Verwaltung selbst. Im Jahre 1346 legten die drei Steuermeister und ihre drei wohl aus der Gemeinde genommenen Genossen gemeinsam eine erste *stiure inscriptio,* eine Steuerliste, der pflichtigen Bürger auf großen Pergamentblättern an. Das vollständig erhaltene erste Steuerbuch führte rund 2750 Namen nach dem Weg der Einhebung und Steuerbezirken gegliedert auf. Leider ist in den lückenhaften Steuerbüchern bis 1396 nur in Ausnahmefällen ein Steuerbetrag angegeben. Nach den stadtansässigen Bürgern führt das erste Steuerbuch 91 *phalburger* auf, darunter einige in Gersthofen, sodann das steuerpflichtige Gut der Juden und der Geistlichen. Zum letzteren gehörten die Pfarrzechen von St. Marien, St. Ulrich, Heilig Kreuz, die Spitalstiftung und die Zeche St. Moritz, im Steuerbuch von 1351 auch die Zeche St. Georg, ferner der Klosterbesitz der Frauenklöster St. Margaretha, Stern, St. Katharina, St. Nikolaus und an der Horbruck. Das Bürgerbuch zeigte 1288–1350 eine auffallende Beschränkung der Ortsherkunft der Neubürger auf die schwäbische und baierische Nachbarschaft. Die weitesten Zuwanderungen kamen von Köln, Basel, Wien, Krems, Prag; schon das deutsche Alpenland und Mitteldeutschland fehlten vor der Jahrhundertmitte.

Kaiser Ludwig IV. weilte im Mai und August 1346 nochmals in Augsburg. Im selben Jahr starb sein aus Augsburg gebürtiger Protonotar und Leiter der Münchener Hofkanzlei Magister Ulrich Hofmaier und wurde von Bischof Heinrich trotz des auf ihm liegenden päpstlichen Bannes im Dom beigesetzt. 1347 starb der Kaiser selbst. Der bereits vorher mit Unterstützung des Papstes gegen ihn aufgebotene Gegenkönig Karl IV. von Luxemburg-Mähren gewann rasch die Oberhand über Ludwigs Söhne. Er betraute Herzog Friedrich von Teck mit der Augsburger Stadt- und Landvogtei, zu der nach einem kaiserlichen Schreiben von 1365 auch *dez rychs hof zu Auspurg* gehörte. Der Augsburger Rat hielt zur wittelsbachischen Partei bis zur völligen Entscheidung, und Augsburg huldigte dem im Januar 1348 eintreffenden Luxemburger als eine der letzten schwäbischen Städte, gefolgt von Domkapitel und Bischof. Dessen Amtstage waren nach Lage der Dinge gezählt; trotz der Fürbitte des Königs ernannte Papst Clemens VI. Ende Mai an seiner Stelle den Bamberger Dompropst Marquart von Randegg. Im Sommer dieses Jahres wurde Augsburg von der furchtbaren Welle der schwarzen Beulenpest heimgesucht, die damals allerorten in den deutschen Städten die Reihen der Bevölkerung lichtete. Die fiebrige Stimmung der Todesangst und des Mißtrauens gegen die Mitbürger verband sich alsbald mit den bestehenden sozialen Spannungen. Man beschuldigte wie in den anderen Städten Süddeutschlands die Juden, deren Ansprüche noch längst nicht abgegolten waren, der Brunnenvergiftung und der Verantwortlichkeit für das allgemeine Unglück. Am 22. November 1348 war die Erregung soweit gestiegen, daß sich eine wütende Volksmenge auf die Judenhäuser, auf *juden schuol* und jüdisches *tantzhus* in der 1361 urkundlich genannten *judengazzen* vor dem Südwestrand der Bischofsstadt stürzte. Die Judenfeinde ermordeten oder verbrannten jeden Juden, dessen sie habhaft werden konnten. Die damaligen 18 steuerpflichtigen Judenfamilien Augsburgs wurden an diesem blutigen Tage bis auf wenige Entkommene ausgerottet, die aufgefundenen Schuldscheine offenbar vernichtet. Die ungeheure Verwirrung suchten nun der ältere und der jüngere Heinrich Portner, anscheinend selbst von Judenschulden bedrängt, für eigene politische Zwecke zu nutzen. Sie ließen ihre Leute einen Anschlag auf die Stadttore unternehmen und holten Landadelige und Bauern in die Stadt, in der wohl noch mehr Blut floß als das der Juden. Auch angesehenere Bewohner der Umgegend wie der Meier und der Müller von Haunstetten nahmen an den Gewalttaten in Augsburg teil. Den Schutz der wenigen entronnenen Juden übernahm dann zunächst der Bischof. Erst im Dezember 1348 wies König Karl, der Inhaber des so unwirksam gewordenen Judenschutzes, den Reichslandvogt Herzog Friedrich von Teck an, sich des von den toten Juden hinterlassenen Gutes in der Stadt und auf dem Lande anzunehmen und es für ihn zu verkaufen oder zu versetzen. Im Januar 1349 beschlossen Augsburger *ratgeben und gemain* mit Urkunde die lebenslängliche Stadtausweisung der beiden Portner, die auch Wellenburg verkaufen mußten; erst 1392 wurde ein jüngerer Heinrich Portner noch Verwalter der Augsburger Landvogtei. Im März trug man die Friedensbrecher aus der Nachbarschaft ins Achtbuch ein. Im Mai dieses Jahres erschien als Bote einer ebenfalls durch die Pest hervorgerufenen religiösen Bußbewegung ein Zug von 400 Geißlern in Augsburg und verbreitete neue Unruhe.

Noch kam es nicht wie in Nördlingen zum Eindringen der Handwerker in die Stadtherrschaft, doch die Erregung zitterte nach. 1352 wurde vom Augsburger Rat eine geheime Bruderschaft von Unzufriedenen entdeckt und aufgelöst, die sich bei St. Jakob zu treffen pflegte und davon den Namen *Jacober* erhalten hatte. In dieser Krisenzeit der Stadtgemeinde bewies plötzlich der Bischof seine noch fortdauernde Machtstellung durch einen Um- und Neubau des Domes.

Die Umbauten der Augsburger Kathedralkirche im neuen gotischen Stil waren seit Jahren vom Westchor her im Gange. Die bisherige Flachdecke wich in Westbau, Langhaus, nördlichem und südlichem Querarm einer Gewölbedecke mit aufstrebenden Rippen und plastischen Schlußsteinen. Schon bald nach 1334 war wohl auch das kostbare, figuren- und farbenreiche Glasgemälde mit der Darstellung des Marienthrones in der Mitte eingesetzt worden, das bis heute das große gotische Fenster des südlichen Querarmes ausfüllt. Dann waren Umbau und Vergrößerung der Seitenschiffe gefolgt, die verdoppelt wurden. Wohl zwischen 1343 und 1356 entstand die jetzt wieder freigelegte farbige Fassung des Innenraumes, auch eine Wandbemalung, von der noch der Rest eines Schmerzensmannes zeugt. Gleichzeitig ging der Leiter des Dombaues, der Domherr Konrad von Randegg, an sein Hauptwerk, den Anbau eines neuen, höheren Ostchores. Der Entwurf dieses Ostchors folgte französischen Vorbildern, wie es bis dahin in Süddeutschland noch nicht versucht worden war. Unmittelbare französische Einflüsse waren aber nicht wirksam. Diese kamen vielmehr wahrscheinlich vom Prager Veitsdom. Der neue ragende Ostbau sollte das bisher östlich des Doms am Hohen Weg liegende Stift St. Gertrud in sich aufnehmen und die Gesamtlänge der Kirche von fast 69 m auf über 113 m vergrößern. Er zwang damit die Reichsstraße zu einem Bogen; durch den Domostchor blieb freilich ein halböffentliches Durchgangsrecht bestehen. Für Eintritt und Austritt dieses Durchgangs war eine Ausgestaltung in zwei großen Marienportalen mit reichem Figurenschmuck in Sandstein vorgesehen. Das Nordportal ist von einer rheinischen Künstlergruppe geschaffen, die dann von

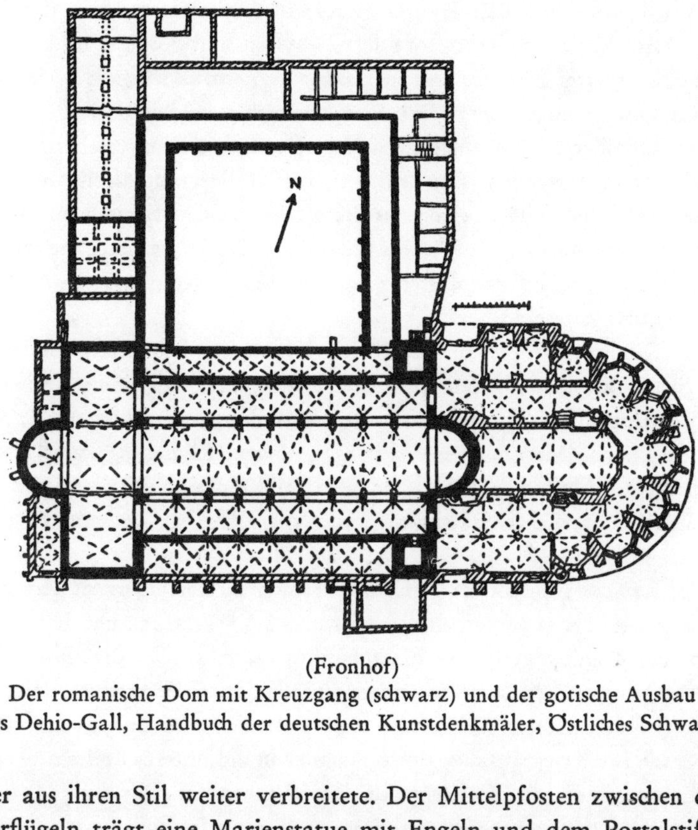

(Fronhof)

Der romanische Dom mit Kreuzgang (schwarz) und der gotische Ausbau
Aus Dehio-Gall, Handbuch der deutschen Kunstdenkmäler, Östliches Schwaben

hier aus ihren Stil weiter verbreitete. Der Mittelpfosten zwischen den Torflügeln trägt eine Marienstatue mit Engeln und dem Portalstifter Konrad von Randegg und nennt bereits die Jahreszahl 1343. Unter den Seitenstatuen befinden sich die Bistumsheiligen Afra und Ulrich und die Kaiserin Adelheid. Die Standfiguren des Nordportals sind heute zum Schutz gegen weitere Verwitterung ins Dominnere verbracht. Das Bogenfeld zeigt Szenen des Marienlebens, über dem Portal sind in fünf Spitzbogennischen Propheten, Sibyllen und Könige um eine thronende

Muttergottes angeordnet. Der 1356 eingeleitete Bau des eigentlichen Ostchores begann offenbar vom Südportal her. Es zeigt das Baumeisterschild der Schwäbischgmünder Parler; es war dieselbe Schule, die auch Ulmer Münster und Prager Veitsdom erbaute. Das Portal wurde hallenartig vertieft; die gekrönte Maria am Mittelpfeiler wird zu beiden Seiten des Portals von den Figuren der zwölf Apostel gesäumt, darüber neigen sich in drei Spitzbogenfeldern Sibyllen und Könige, im Giebelfeld sind in drei Streifen und in großer Figurenfülle über 20 Marienszenen zusammengedrängt. Der Domkreuzgang behielt drei Flügel, in denen Domherrn, zuweilen auch der Domgeistlichkeit nahestehende Laien beerdigt wurden. Die frühgotischen Reliefgrabplatten seit dem späten 13. Jahrhundert zeigen aus dieser Zeit neben Priestern mit Meßkelch auch einen betenden Ritter im Harnisch. Der Domkreuzgang wurde schließlich mit 341 Grabplatten und Epitaphien der monumentreichste Kreuzgang Deutschlands.

Der König, der 1355 in Prag für St. Ulrich eine kostbare Silberbüste des St. Dionysius arbeiten ließ, beeilte sich, dem Augsburger Bischof auch reichspolitisch wieder eine Vorzugsstellung einzuräumen. Er ernannte Bischof Marquart, der sich 1354 seinem Römerzug zur Kaiserkrönung anschloß, erst zu seinem Generalkapitän in Pisa und Lucca, 1356 zum kaiserlichen Statthalter und Generalkapitän für ganz Reichsitalien.

Der Rat der Reichsstadt kam nun offenbar zu der Überzeugung, daß die Bürgerschaft außergewöhnliche Anstrengungen zu machen habe, um trotz der Begünstigung des Bischofs durch den Kaiser die Oberhand in Augsburg zu behalten. Er schritt zunächst zu einer raschen Verstärkung der städtischen Wehrkraft. 1358 teilten großer und kleiner Rat die Stadt für Kriegsauszüge der Bewohner in ein unteres und ein oberes Aufgebotsgebiet, die wechselweise ausziehen sollten. Eine ergänzende Auszugsordnung von 1360 bestimmte, daß die *erber und besten burger* und ebenso *elliu antwerck* zu gleichen Teilen beiden Stadthälften zugeordnet werden sollten. 1362 wurden vier Aufgebotsviertel gebildet und in einem Verzeichnis die damals zu einem Fehdezug ausrückenden Hauptleute und Bürger mit den ihnen zugeteilten Bauernwagen festgehalten. Die Liste ist nach den einzelnen Handwerken gegliedert; an der Spitze standen die Weber mit zwei Hauptleuten und 70 Mann und die Bäcker mit zwei Hauptleuten und 36 Mann. Dazu wurden nach Bedarf Ritter mit reitenden Knechten in Dienst genommen und Fußsöldner, meist grün eingekleidete Armbrustschützen, angeworben. Das von 1360 an erhaltene städtische Söldnerbuch verzeichnet die Namen der Söldner, die für sie und ihre Wagen gemachten Ausgaben und die mit ihnen abgeschlossenen Verträge. Schließlich wurde mit Dienstvertrag ein *geswarner artzat*, ein Stadtarzt, angestellt. Trotz Wiedererlangung des Judenschutzes mußten bei solchen Ausgaben kleiner, alter und großer Rat im November 1363 durch den *stetschriber* ins Stadtbuch setzen lassen, die angehäuften Stadtschulden könnten nur noch durch ein neues Ungelt auf Wein, Met und Bier abgetragen werden. Es sollte der Verwaltung von fünf Einnehmern unterliegen, davon je einem Weber, Metzger und Bäcker aus der *gemain*. Die Steuererhöhung blieb trotzdem gerade den Handwerkern ein schweres Ärgernis und steigerte die allgemeine Unzufriedenheit mit der alleinigen Herrschaft der Geschlechter im kleinen Rate.

Die nicht bevorrechteten Bürger verlangten jetzt immer dringender die Einführung einer Zunftverfassung, die anerkannte politische Organisation der Handwerker in Zünften statt in bloßen beruflichen Handwerken, die Eingliederung aller Bürger in die bestehenden Zünfte, also auch die Zunftzugehörigkeit der ratsfähigen Geschlechter, und die maßgebliche Beteiligung der Zünfte am Stadtregiment. Wer sich keiner Zunft anschlösse, sollte weder zum Rat wählen noch gewählt werden können, also kein Augsburger Vollbürger mehr sein. Dem kleinen Rat gelang es nicht, die politische Gärung auf die Dauer zu dämpfen. So führte eine Fehdehilfszusage des Rats, die den waffengeübten Handwerkern mißfiel, im Spätjahr 1368 zur Zunftrevolution.

Die Stadtgeschichtsschreibung sieht sich in der glücklichen Lage, daß mit eben diesem Ereignis die erste Stadtaugsburger erzählende Quelle, die Augsburger Chronik von 1368 bis 1406 einsetzt. Der Verfasser dieses für das Wachsen des bürgerlichen Sinnes für Überlieferung und Selbstbewußtseins außerordentlich bezeichnenden Buches ist unbekannt; die älteste der erhaltenen Papierhandschriften aus dem Anfang des 15. Jahrhunderts ist wohl eine Abschrift des verlorenen Originals. Sie beginnt mit folgendem Bericht: *In der jarzal unsers herren in dem 1368 jar am nechsten mentag nach Simonis et Jude* (richtig wohl 23. Oktober) *do kom ain groz folk gewappent uff den Pernlaich und sprachen, si wölten ain zunft haben und wölten die haben mit guotem frid und im solt niemant fürchten weder libes noch guotes, si wölten nun recht tuon; und sprachen, si wölten nach gutem frid stellen mit gottes hilf und sprachen, si wölten der stat puoch* (das Stadtrechtsbuch von 1276) *ein nemen und prieff und der stat insigel und die schlüzzel zu der sturmgloggen. daz beschach allez mit guotem frid, und namen auch alle die schlüzzel, die zu den toren an der stat gehorten, und giengen all, rich und arm, uff den Pernlaich und schwuorn da, ain zunft ze haben hundert jar und ainen tag, und namen uz des hailigen römischen riches recht und des bischofs recht. und der sach aller was redner und vormund Haintz Weyss, der weber kellermaister*, einer der Weberhauptleute von 1362.

Die Zunftbewegung errang den Sieg, ohne daß die Geschlechter den Versuch gewaltsamer Abwehr wagten. Es bedurfte freilich einiger Wochen, bis man das aufgewühlte städtische Verfassungsleben in neuen Formen festlegen konnte, die der Tatsache des Zünftlersieges Rechnung trugen. Währenddessen holte man, laut Baumeisterrechnungen, durch Boten Nachrichten über die Verhältnisse in einigen Bischofsstädten ein, die bereits Zunftverfassungen hatten, in Speyer, Worms, Mainz, Basel, Straßburg und Konstanz, ferner in Ulm. Unter dem 24. November 1368 stellten die *ratgeben* und *die burger gemeinclichen rich und arme der stat zu Auspurg* eine deutsche Vergleichsurkunde aus, den sog. *ersten zunftbrief.* Er bestätigte, daß man über das Bestehen einer Zunft in Augsburg und alles dessen, was zu den Zünften gehöre, übereingekommen sei; wer gegen die Zunftverfassung arbeitete oder dazu Beihilfe leistete, wurde mit der Acht bedroht. Kein kaiserliches, königliches, bischöfliches Gebot sollte den geschworenen Eid nichtig machen können. Der Zunftbrief wurde in zwei Ausfertigungen erstellt. Die eine wurde mit dem Stadtsiegel und den 29 Siegeln der Stadtpfleger Heinrich Herwart d. Ä. und Konrad Bitschlin und der bisherigen Ratsmitglieder, die andere mit dem Stadtsiegel und mit den 17 Siegeln der in der Urkunde mehrfach angeführten *zunfftmeister* gesiegelt. Darunter sind der Bischofsmüller, der Sägmüller auf der *niwen muelin*, je ein *cramer, huenrer, kursner, ledrer, schuster, hucker, lodweber, kesselsmit* und *drehsel.* Am 9. Dezember wurden zwei neue Stadtpfleger vereidigt, der Geschlechter Johann Vogelin und der erste Pfleger aus den Zünften, Hans

Wessisprunner aus der Salzfertigerzunft. Zu genaueren Festsetzungen gelangte man erst im zweiten Zunftbrief vom 16. Dezember. Er verkündete, daß *us allen hantwercken der gemeine unserr stat ahtzehen zunffte* gemacht worden seien, deren jede einen Zunftmeister haben und in den Rat entsenden solle. Große Zünfte sollten zwei Vertreter erhalten, sehr kleine ohne eigenen Zunftmeister sich an eine der achtzehn anschließen. Insgesamt sollten diese 29 Ratsglieder stellen, die sich noch 15 *ratgeben* aus den angesehensten *burgern* (hier wieder im engeren Sinne den Kaufleuten) zuwählen sollten und auch allein *zwen burgermeister,* einen von den *purgern* und einen von den *zunfften der gemeinde,* zu wählen hatten. Ebenso hatten sie die vier Baumeister, zwei Siegler und sechs Steuermeister teils aus den Kaufmanns-, teils aus den Handwerkerbürgern im Rate zu nehmen. Sämtliche Stadtämter waren jährlich neu zu besetzen, der 44er-Rat jährlich zur Hälfte auszuwechseln. Mit jedem Zunftmeister aber sollten zwölf der ehrbarsten Leute seiner Zunft den Ratseid leisten, um den großen Rat bilden zu können; für besonders wichtige Angelegenheiten waren außer den Zwölfern noch allgemeine Beratungsversammlungen der einzelnen Handwerke vorgesehen. Ein zweiter Absatz bestätigte die *gemeinde von den zunfften* in der Gewalt über die Stadttore samt Schlüsseln, über den *berlachturn* samt Glocke, über Stadtsiegel, Stadtbuch, Urkunden, Rathaus und Archiv. Ein dritter Abschnitt verkündete die gleiche Steuerpflicht aller Stadtbewohner für alles eigene oder lehensweise besessene, liegende oder fahrende Gut inner- und außerhalb der Stadt, mit Ausnahme von selbstbewohnten mietzinspflichtigen Häusern, Hausrat, zwei Kühen und ein bis zwei Pferden. Die Steuerverwaltung blieb in der bisherigen Ordnung, auch das Getränkeungelt wurde beibehalten. Mit 32 Siegeln siegelten die Stadtpfleger, die Rats- und Zunftzeugen des ersten Zunftbriefes gemeinsam. Die Augsburger Zunftverfassung wurde dann großenteils wieder dem sog. großen Schwörbrief der Stadt Ulm zugrunde gelegt.

Die vollständige Reihe der schließlich nur 17 Augsburger Zünfte wird erst aus den Ratsprotokollen seit 1392 deutlich, die aus den älteren Ratsbüchern abgeschrieben wurden; die erste Zunftliste steht im Original des Ratsbuches von 1403. Sie führt auf: die Kaufleute, selbständige Firmeninhaber, Faktoren und Handlungsdiener, mit eigenem Zunftstatut vom

Jahresende 1368 (2 Ratsvertreter), Weber (Leinen-, dann auch Baumwollweber, 2), Kramer (2), Bäcker (2), Metzger (2), Schuster (2), Kürschner (1), Schneider (mit Tuchhändlern, Gewandschneidern, 2), Brauer (2), Lodweber (auch Geschlachtgewander, mit Färbern, Walkern und Mangern, 1), Zimmerleute (mit Maurern, anderen Baugewerben und Müllern, 1), Lederer (mit Pergamentern, 2), Hucker (mit Gärtnern und Seilern, 1), Schmiede (mit Glasern, Malern, Bildschnitzern und Goldschlägern, 1), Schäffler (mit Drechslern, Wagnern und anderen Holzgewerben, 1), Fischer (1), Salzfertiger (Salzhändler, 1397 mit der Zunft der Weinschenken vereinigt, mit vielen Berufsfremden, 2).

Schwierigkeiten gab es noch mit der Forderung nach der Zunfteinreihung sämtlicher Bürger. Ein Teil der Geschlechter, die bereits im Handel tätig waren und darin bleiben wollten, gab der Forderung nach, so die Rem, deren Haupt Hans Rem 1357 einen sehr einträglichen Handel nach Venedig begonnen und nach dem Zeugnis seines Urenkels Lucas Rem die erste Baumwolle über die Alpen nach Augsburg gebracht hatte, ferner die reichen Dachs, die Egen und Meuting. Andere verweigerten den Eintritt und handelten trotzdem, die Langenmantel mit dem R, die von Hoy (Huy an der Maas), Welser und Gossembrot (Begossenbrot). Schließlich war man klug genug, die in der neuen, von Kaiser Karl IV. erst im Januar 1374 bestätigten Stadtverfassung gezeigte Einsicht und Mäßigung walten zu lassen. Die Handwerker duldeten eine Gesellschaft derer von den Herren, eine Patriziervereinigung außerhalb der Zünfte.

Die Zurückstellung der inneren Zwistigkeiten gegenüber dem städtischen Gesamtinteresse war um so wesentlicher, als die Fehde zwischen Stadtbürgerschaft und Fürstentum weit über Augsburg hinaus immer bedrohlichere und grundsätzlichere Formen annahm. Kaum befanden sich die Handwerker entscheidend mit in der Stadtherrschaft, so setzten sie selbst die Rüstungspolitik der Geschlechter fort. Schon 1370 kaufte der Rat, laut Baumeisterrechnung, zwei erste *buchs,* im Folgejahr zwanzig weitere Feuerbüchsen an, dazu Salpeter und Schießpulver; 1373 ließ er die Eigenfertigung von kleinen Feuerbüchsen in Augsburg selbst beginnen. Nicht umsonst entschloß man sich sogar, die ganze Wagenhalsvorstadt im Südosten der Stadt wegen ihrer ungünstigen Verteidigungslage niederzureißen; sie sollte wenigstens dem Feind keinen Unterschlupf bieten. Auch das Lechgries wurde bis auf St. Nikolaus zum unbesiedelten Vorfeld gemacht. Das Spital zum Hl. Geist wurde aufgegeben und beim Haunstetter Tor hinter die verstärkte Stadtbefestigung verlegt. Diese Maßnahmen waren nicht zu früh getroffen.

Zunächst war es ein alter Streit um den herzoglich baierischen, von dem oberbaierischen Statthalter erhobenen Zoll am *zolhus* von Friedberg–Hochzoll, aus dem sich 1372 ein offener Krieg der Augsburger mit den Herzögen Stefan und Friedrich von Baiern entwickelte. Die sieben aus dem Rat eingesetzten Kriegsherren ließen Söldner und Bürger gegen baierische Städte, gegen Burgen und Dörfer ausrücken und das flache Land mit Brand heimsuchen; Kriegshauptmann der Augsburger war der Landvogt Herzog Friedrich von Teck. Die *baniere,* die Fahnen der Augsburger Streitmacht wurden, laut Baumeisterbuch, aus roter, grüner und weißer Seide angefertigt, also schon in den heutigen Stadtfarben. Ende 1372 gelang es, mit 300 Mann den Markt in Friedberg einzunehmen, niederzubrennen und die verhaßte Nachbarstadt zu plündern. Die Baiern antworteten mit gleicher Münze, konnten aber dem gut verteidigten Augsburg selbst nichts anhaben. Der 1374 durch den nunmehrigen Patriarchen von Aquileia Marquart von Randegg vermittelte Friede, der die Stadt 37 000 und ihre Juden 10 000 Gulden kostete, war nicht von Dauer. Daß Karl IV. die Augsburger Vogtei im nächsten Jahr ausgerechnet an Herzog Friedrich von Baiern verpfändete, schuf begreifliche Mißstimmung, die von den übrigen schwäbischen Reichsstädten geteilt wurde. 1376 entstand unter Führung Ulms ein schwäbischer Städtebund, der für die allgemeine städtische Selbständigkeit energisch gegen die Herzöge von Baiern und Grafen von Wirtemberg auftrat. Der Augsburger Rat trat dem Bunde vorerst nicht bei, betrieb aber die Kriegsvorbereitungen lebhaft weiter; 1378 goß ein angesehener wallonischer Büchsenmeister in Augsburg und für die Stadt eine oder mehrere große Steinbüchsen. Um den 27. Juli 1379 schloß sich dann auch Augsburg als letzte schwäbische Stadt dem Bunde an, die Bürgerschaft hatte auf den Bundesvertrag den Eid zu leisten. Augsburg erhielt wie Ulm, Eßlingen und Konstanz zwei Stimmen im Bundesrat. 1381 vereinigte sich der schwäbische mit dem rheinisch-elsässischen zu einem großen süddeutschen Städtebund.

Der Augsburger Bischof, der streitlustige Edle Burkard von Ellerbach, hielt sich zur Fürstenpartei. Der Rat ließ ihm und der Geistlichkeit allen baulichen Besitz an der Ringmauer als Verteidigungshindernis abbrechen, sogar Steinhaus und Kapelle des Dompropstes. Weit empfindlicher war, daß er von allen Domherren, Pröpsten, Äbten, Mönchen und Nonnen, falls sie in der Stadt bleiben wollten, die Annahme des Bürgerrechts und die Steuerzahlung an die Stadt verlangte. Mehrere Geistliche kamen dieser Forderung nach, die Mehrzahl wanderte wohl mit dem Bischof einstweilen ab. Auch das bischöfliche Münzrecht wurde jetzt vom Rat in Anspruch genommen. Die Vogtei ging für einige Jahre an den städtefreundlichen Herzog Leopold von Österreich über. Im Dezember 1382 kamen Abgesandte von 27 Bundesstädten nach Augsburg, um in einer Vergleichsurkunde die Streitigkeiten zwischen ihren *aidgenoszen von Augspurg* und Bischof und Geistlichkeit wegen Münze, Einbürgerung und Steuerpflicht zu schlichten. Aber der bewaffnete Austrag ließ sich bei der Schwäche des Königs Wenzel bestenfalls noch verschieben. 1384 stieß die Reichsstadt Nürnberg zum Bund.

1387 brach in Baiern der große Städtekrieg, der Entscheidungskampf zwischen Städten und Fürsten, aus. Mit der Bundeskriegserklärung vom 17. Januar 1388 wurden auch die Augsburger Bürgerschaft und Söldnertruppe aufgeboten. Am 20. Januar sammelte sich das zahlreiche Feldheer der schwäbischen, fränkischen, elsässischen und rheinischen Städte von Ulm her bei Augsburg und zog darauf über den Lech nach Baiern hinein, wo Regensburg dem Städtebund angehörte. Die gegenseitigen Verheerungszüge der Augsburger im baierischen Lechraingebiet und der mit den Wirtembergern verbündeten Baiern im Augsburger Umland folgten seit Februar pausenlos aufeinander. Friedberg wurde zum dritten Mal belagert und zum zweiten Mal niedergebrannt, Stadtbergen, Steppach, Leitershofen gingen in Flammen auf. Gegen die Stadt selbst konnten die im Juli zwei Tage und Nächte vor Augsburg lagernden Baiernherzöge wieder nichts ausrichten. Der Bischof blieb nicht untätig. Als ein Augsburger Warentransport von 60 Faß Welschwein und 20 Ballen Venedigware wegen der Verwüstungszüge im bischöflichen Füssen festlag, einigte er sich mit Herzog Stefan III. von Baiern über die Wegnahme dieser Güter. Die Stadtchronik fügte dem Bericht über diesen Zugriff den Satz bei: *der bischoff Burckart von Ellerbach was ain rechter böswicht, er ward mainaid, triwlos und erlos* ... Die *burger* beriefen den großen Rat ein und man beschloß, die bischöfliche Münze am Perlach, die Häuser der Bischofspfalz am Fronhof und das Haus des Domdekans niederreißen zu lassen. Die Steine der Bischofspfalz, von der vielleicht die Pfalzkapelle St. Veit stehenblieb, wurden sofort wieder in die Ringmauer verbaut. Selbst die Bäume des Bischofsgartens legte man um, vermutlich verschwand damals bis auf Strecken der Römersteinfundamente die innerstädtische Mauer um die Bischofsstadt. Das Burggrafenamt, der bischöfliche Meierhof in Augsburg und eine neue bischöfliche *schleifmül* nahe der Stadt am Lech wurden wie die Münze als bürgerschaftlicher Besitz angesprochen. Anfang August rüstete sich der Städtebund von Ulm aus zum Feldzug gegen Graf Eberhard von Wirtemberg; der Augsburger Rat ließ dazu eine Söldnertruppe unter zwei Hauptleuten ausrücken; einer von ihnen war der Patrizier Johann Langenmantel vom Sparren *der Radawer* (nach dem von ihm erworbenen Gut Radau bei Göggingen). Gleich darauf suchten die Baiern den Augsburgern ihr Vieh wegzutreiben, wurden aber von dem nachsetzenden Bürgeraufgebot zersprengt. Am 23. August kam es bei Döffingen westlich Stuttgart zur Entscheidungsschlacht zwischen den Städten und den mit dem Wirtemberger vereinigten Fürsten. Das schwäbisch-rheinische Städteheer wurde geschlagen, die beiden Augsburger Hauptleute gerieten in Gefangenschaft. Die Niederlage der Städte im ganzen Kriege war keine völlige, aber die große reichspolitische Machtprobe, die sie gewagt hatten, erschien doch als verloren. Die Stadt Augsburg hatte in ihrem politischen Aufstieg den ersten empfindlichen Rückschlag erlitten. Sie mußte 1389 den Herzögen Stefan, Friedrich und Johann von Baiern 10 000 Goldgulden ungarischer und böhmischer Währung zahlen, 31 070 Gulden Leibrentenschuld aufnehmen und den Fortbestand der Friedberger Zollstätte hinnehmen. Dem Bischof wurden alle Anrechte zurückerstattet, auf zehn Jahre hinaus durfte kein Geistlicher mehr als Bürger aufgenommen werden. Als Augsburg Frieden machte, folgte auch die Führerstadt des schwäbischen Städtebundes, Ulm, seinem Beispiel. Vielleicht fällt in die folgenden Jahre der Bau der spätmittelalterlichen Backsteinmauer, mit welcher der Bischof von neuem einen Großteil der alten Bischofsstadt umgab. Sie ist an der Nord- und Südwestseite zum Teil noch erhalten und zeigt einen merklichen Höhenunterschied zum Bürgerstadtboden.

Es überrascht, daß Augsburgs Handel und Gewerbe in diesen unruhigen Jahrzehnten nicht zurückging, sondern an Umfang und Ertrag sichtlich zunahm. 1360 wurde dem vornehmen Kaufmann Ulrich Ilsung bei Huy eine große Ladung Seidenstoff geraubt, 1362 erhielt ein Augsburger mit zwei Münchnern zusammen von der Gräfin von Tirol ein neu eröffnetes Eisenbergwerk bei Landeck zur Ausbeute zugewiesen. Der Tiroler Bergbau sollte später für Augsburgs Handelsleben eine maßgebliche Bedeutung gewinnen. Ein Augsburger Ungeltverzeichnis von 1373 in der Stadtchronik unterscheidet im örtlichen Tuchhandel brabantisch-flandrisches Tuch von Brüssel und Mecheln, von Löwen, St. Trond und Doornik, schließlich Tuch aus der hessischen Wetterau und vom Rhein. Eine einschneidende Wandlung im einheimischen Textilgewerbe selbst vollzog sich durch die zunehmende Baumwolleinfuhr aus dem östlichen Mittelmeer. Da man noch keine Baumwollfäden von genügender Festigkeit zu spinnen wußte, stellte man aus leinenem Kettgarn und baumwollenem Einschuß ein neues Mischgewebe, den Barchent, her. Er wurde rasch zum großen Augsburger Ausfuhrgut. Zahlreiche Landweber drängten nun in die aufstrebende Textilstadt. Schon 1367 meldete das Steuerbuch die Zuwanderung des Webers Hans Fugger aus dem Lechfelddörfchen Graben: *Fucker advenit.* Die Rohbaumwolleinfuhr aus Venedig vermehrte nicht nur Wirtschaftsmacht und Gewinn der Kaufleute, sondern ließ auch die Weberzunft immer stärker in eine kleine Gruppe wohlhabender und eine große Masse armer Zunftgenossen zerfallen. 1395 erscheinen erstmals besitzliche Augsburger Barchentweber mit ihrer eigenen Ware auf der Frankfurter Messe. Die Zunft als solche erwarb zwar einen Ilsungschen Hofplatz gegenüber von St. Moritz und erbaute dort, an der Reichsstraße und mitten in der Altstadt, 1390 als sichtbares Zeichen ihrer Bedeutung das Weberzunfthaus. Aber die Stadtchronik merkte zu Ungeltunruhen von 1397 besorgt an, daß *gar vil armer verdorbner weber in der stat was und man maint, daz die weber gern hetten ain mord gestift in der stat darumb, daz si ir geltschuld ledig weren worden.* Dieser Bevölkerungsteil bildete auch für das zünftische Stadtregiment eine stete Unruhegefahr. Die Lodweber, die 1389 für ihr Gewerbe eine städtische *walkmül* benutzen konnten, waren ebenfalls leicht erregbar. Von ihnen weiß die Stadtchronik, daß sie fast allein die 1393 in Augsburg auftretende Anhängerschaft der Waldenser oder des englischen Reformators John Wiclif bildeten, aus welcher der Rat schließlich fünf Leute als Ketzer öffentlich verbrennen ließ. Neben dem Textilhandel spielte der Weinhandel nach wie vor eine bedeutende Rolle. Das besonders vollständig erhaltene Baumeisterbuch von 1391 wies etwa eine Weinungelteinnahme der Stadt in Höhe von 4257 Pfund Heller 6 Schilling, von 22 rheinischen, 85 ungarischen und 16 böhmischen Gulden (im Wert von je einem Pfund Heller) aus, die weitaus größte Summe unter den Baumeistereinnahmen überhaupt. Bier braute man in der Stadt selbst; auf 1395 führt eine noch heute bestehende Augsburger Brauerei, die Brauerei zur Goldenen Gans, ihre Gründung zurück. Bezeichnend ist, daß man sich nun veranlaßt sah, gegen üppige Lebensführung mit Verordnungen einzuschreiten. Schon 1385 versuchten kleiner, alter und großer Rat in einer ausführlichen Hochzeitsordnung den Luxus bei den Heiraten einzudämmen. Die darin enthaltene Kleiderordnung verbot den Frauen das Tragen von Perlen, von übermäßigem Gold und Silber, von Hermelinpelzen und allzu teuren Schleiern. Die Männer durften nicht mehr als 2¹/₂ Mark Silber an sich tragen. Natürlich suchte der Rat den wachsenden Wohlstand auch steuerlich zu erfassen. Über den Ertrag der direkten Stadtsteuern läßt sich erst seit 1396 ein genaueres Bild gewinnen. In diesem Jahre begannen die Steuermeister in den Steuerbüchern neben den Namen der Steuerpflichtigen regelmäßig auch deren Steuerbeträge zu verzeichnen. Es gab damals einschließlich der sog. *habenitze,* die nur die stuira minor, die Kopfsteuer, und keine Vermögenssteuer bezahlten, 2930 Steuerzahler in Augsburg. 74 von ihnen oder etwa 2¹/₂ Prozent gaben 20 ungarische Gulden und mehr Steuer und verfügten laut diesem Ansatz über ein Mindestvermögen von 1200 Gulden. Diese 74 Reichen bezahlten allein 3525⁷/₁₀ Gulden jährliche Steuer. Aus der Reihe der Reichsten in Augsburg schieden eben damals Hartmann Onsorg und seine Söhne aus, denen die Werkleute und Maurer Herzog Stephans von Baiern und der Stadt im selben Jahr wegen Raubritterei ihre Feste Wellenburg niederlegten und die Anfang November 1396 beurkunden mußten, daß sie nie wieder nach Augsburg kommen wollten.

Die Spitze als reichste Bürgerin der Stadt hielt nun mit 360¹/₂ Gulden Jahressteuer und 21 630 Gulden Vermögen die Kaufmannswitwe Dachs; an zweiter Stelle stand Augsburgs größter Barchentverleger, der Bürgermeister Mangmeister. An fünfter Stelle unter den Reichen stand ein Kunsthandwerker, ein Goldschmied. Erst nach der Jahrhundertwende klommen auch tüchtige Weber, die sich gegen die Vereinigung von Materialeinfuhr und Fernvertrieb des Fertiggewebes in der Hand der Kaufleute stemmten, zu den oberen Stufen des Reichtums empor. So betätigte sich der Weber Ulrich Arzt seit 1416 als Kaufmann im Textilhandel nach Italien und gründete als Weberzunftmeister nach entsprechender Vermehrung seines Vermögens mit andern zusammen eine angesehene Handelsgesellschaft. Die alten Geschlechter gingen inzwischen nach Einbuße ihrer politischen Alleinherrschaft und angesichts des sozialen Aufstiegs einzelner neureicher Handwerker dazu über, ihre gesellschaftliche Vorrangstellung zu sichern. Im Jahre 1383 einigten sie sich über die Schließung der sog. Geschlechtergesellschaft. Niemand sollte mehr zum geschlossenen Patriziat Zutritt haben, der nicht vom Adel war oder den alten Ratsgeschlechtern der großen, über 10 000 Einwohner zählenden Reichsstädte Straßburg, Nürnberg und Ulm entstammte oder als Augsburger Bürger eine *Geschlechterin* ehelichte. Gesellige Stätte der städtischen Oberschicht wurde die 1412 zuerst erwähnte Geschlechterstube, *der Herren Bürgerstube* gegenüber dem Rathaus, das seit 1385 als Steinbau mit gotischen Spitzgiebeln und einem kleinen Turm für die *stundglogken,* die Stadtuhr, neu erstand. Die Zünfte ihrerseits schufen sich ihre eigenen Mittelpunkte in den sich rasch vermehrenden Zunfthäusern. 1392 findet sich nach dem Weberhaus der *metzger hous* neben *dez kaysaers hofstat* am Perlach erwähnt, 1398 ein Bäckerzunfthaus.

Das einzige Stück von farbiger weltlicher Wandmalerei dieser Zeit in steinernen Privathäusern, das südöstlich von St. Anna erhalten blieb, zeigt einen Fries mit ritterlichen oder patrizischen Turnierkämpfen. Ein in einer Hausruine am Fronhofsüdrand zum Vorschein gekommenes zweites Wandbild zeigte die Belagerung und Erstürmung einer Burg durch Mäuse, die Fabel von Kranich und Fuchs, den Oswaldraben und eine Wappenfolge. 1404 ordnete der Rat an, Häuser mit Stroh- und hölzernen Schindeldächern innerhalb der Ringmauer abzubrechen. 1412 ließ er zunächst in der oberen Stadt sieben öffentliche *rörprunnen* anlegen, die von einem Brunnenwerk am Haunstetter Tor mit wassergetriebenen Pumpen und drei Drucktürmen durch Holzrohre gespeist wurden. Stücke solcher Rohre, mit glühendem Eisen durchbohrter Baumstämme, wurden noch in dem erst später versorgten Lechviertel ausgegraben; das Wasser war erst Quellbach-, dann Grundwasser aus der Bischofs- und Meringerau, das der Brunnenbach heranleitete. Für 1416 wird schließlich gemeldet, daß ein Bürger am Rindermarkt bei St. Anna als erster den Platz vor seinem Hause mit Steinen pflastern ließ.

Die kirchlichen Stiftungen und Neubauten rissen darüber nicht ab. Schon 1394 begegnet eine neue Beginenniederlassung am Schwallech, nahe dem Dominikanerkloster, aus der nachmals das dritte Dominikanerinnenkloster St. Ursula wurde. Bei St. Anna wurde der Kreuzgang eine beliebte Patriziatsgrablege mit schließlich 124 Denkmälern. Dort machte 1420 der Goldschmied Konrad Hyrn, der Cramer, die Stiftung einer bürgerlichen Grabkapelle, der nachmaligen Goldschmiedekapelle. Ihr Ostteil und Chor zeigt noch heute in italienisch beeinflußten Wandfresken aus den Jahren nach 1420 die Geschichte von den Heiligen Drei Königen in weiter Landschaft, Bilder aus der Leidensgeschichte und die Legende von der Kreuzauffindung der heiligen Helena. Der Stiftersarg trägt eine prächtige rote Marmorplatte mit Reliefbild der Heiligen Jakob und Helena und des knienden Stifterehepaares. Sie kam später als ältestes erhaltenes plastisches Porträt von Bürgern in den Dom. Dessen überhoher Ostchor ging damals trotz kirchlicher Wirren seiner Vollendung entgegen. 1396 empfing er wie Vierung und Querarme figürlichen Wand- und Säulenschmuck böhmischen Stils, 1410 bis 1413 wurde er, laut eingemeißelter Inschrift, gewölbt. Die Gewölbescheitel erhielten wiederum Malereien, wie auch im Langhaus ein Pfeilerwandgemälde mit den Frauen am Grabe Christi von etwa 1430 von neuerlicher Ausgestaltung zeugt. Nach 75jähriger Bauzeit konnte endlich Bischof Peter von Schaumberg, der erste Humanist auf dem Augsburger Bischofsthron, am Vorfest des Michaelstages 1431 die Weihe des nunmehrigen Hauptchors vollziehen. Sein besonderer Schmuck waren ein Steinbaldachin mit feinem Maßwerk und das holzgeschnitzte Chorgestühl, eines der frühesten in Süddeutschland. Der steil bedachte Domostchor ragte nun, 28 m hoch, mächtig über die Stadt empor.

Augsburgs Rolle in der Reichspolitik schien im 15. Jahrhundert an Bedeutung zu verlieren. Im September 1401 wählte König Ruprecht von der Pfalz die Stadt wieder zum Schauplatz eines Reichstages und brach von hier aus zum Italienzug auf. Im Oktober 1418 kam der Luxemburger König Sigismund nach Augsburg und ließ sich zum Tanz in die Herrenstube einladen. 1426 gab er den Augsburgern das Privileg, daß Land- und Stadtvogt von Augsburg nur noch nach eigenem Vorschlag der Bürger eingesetzt werden sollten. Als er im September 1431 auf dem Weg nach Mailand und Rom wiederkam, regte er an, auf dem höchstgelegenen Punkt der Hochterrassenzunge am Nordosteck der Stadt den Lueginslandturm zu erbauen, der dann lange Augsburgs höchster Turm war.

Der Nachbar im Osten, das Wittelsbachische Herzogshaus, war damals durch fortgesetzte Teilungen und Zwiste geschwächt. Das verminderte die Bedeutung der Erhebung Friedbergs zum Sitz eines baierischen Landrichters, die unter Teilung des Landgerichts Aichach 1415 erfolgte. 1422 wurde die in Friedberg liegende Besatzung Herzog Ludwigs von Baiern-Ingolstadt durch Herzog Wilhelm von Baiern-München angegriffen, der die Burg nach viermonatiger Belagerung nahm und die Stadt verbrannte. Friedberg blieb für die Münchener Herzöge Ernst und Wilhelm ein sehr wichtiger Stützpunkt, obwohl 1430 von einer zweiten Lechbrücke, der *nidern pruck* bei Lechhausen, die Rede ist. So war es kein Zufall, daß Ernsts Sohn Prinz Albrecht im Fasching 1428 in Augsburg war und an einem Ritterstechen mit Adeligen und Patriziern, wohl auf dem Fronhof, teilnahm. Er lernte dabei die schöne angebliche Baderstochter Agnes Bernauerin kennen und ließ sich um die Jahreswende 1432/33 mit dem bürgerlichen Mädchen heimlich trauen. Albrecht brachte sie auf sein Schloß Vohburg an der Donau, dann nach Straubing, wo sie zum größten Mißfallen des Herzogs Ernst als Herzogin von Baiern geehrt wurde. Anfang Oktober 1435 gelang es dem alten Herzog, Albrecht von Straubing wegzulocken, sich der Bernauerin zu bemächtigen und sie wegen Zauberei zum Tode verurteilen zu lassen. Am 12. Oktober wurde sie, ehe Albrecht zurück war, in der Donau ertränkt. Nach Herzog Ernsts Tode eroberte der jüngere Ingolstädter Ludwig 1438 die Stadt und 1439 nach längerer Belagerung auch die Burg von Friedberg für seine Linie zurück.

Vom Feinde jenseits des Lech vorerst so glücklich befreit und auch vom Bischof nicht ernstlich bedroht, wandte nun die Augsburger Bürgerschaft ihre Aufmerksamkeit wieder einem Bevölkerungsteil zu, den man seit jeher als Darlehensgeber in Geldnöten und als Steuergeldquelle geschätzt hatte, der aber jetzt teils als entbehrlich, teils durch steigenden Einfluß einzelner Vertreter als lästig erschien: den Juden in der *Judengassen* und am erstmals 1404 so bezeichneten *Judenberg* östlich St. Moritz. 1432 bat der Rat den König, es möge ihm gestattet werden, die Augsburger Juden durch ein *zaichen uff ir gewand* kenntlich zu machen. Nach kaiserlicher Genehmigungsurkunde vom September 1434 wurden sie tatsächlich gezwungen, gelbe Stoffringe auf ihren Kleidern zu tragen. Zwei Jahre später wurden Gerichtsverhandlungen zwischen Christen und Juden aus der Synagoge ins Rathaus verlegt und Anfang Juli 1438 ließ der kleine und alte Rat in die Ratsprotokolle setzen, die Juden sollten – wie aus Wien, Köln und Speyer – binnen zwei Jahren auch aus Augsburg ganz vertrieben werden. König Albrecht II., wieder ein Habsburger, stimmte 1439 zu, und der Auszug der etwa 300 Juden aus der Stadt ging anscheinend rascher vonstatten, als der Rat selbst es verlangte. Schon im Steuerbuch von 1439 findet sich kein jüdischer Stadtbewohner mehr vor. Die Synagoge wurde ein Wohnhaus, das jüdische Tanzhaus eine Mühle. Die über 100 Grabsteine des aufgelassenen Judenfriedhofs am nördlichen Stadtrand wurden 1449 zu Ausbauten am gotischen Rathaus verwendet, das 1450 auch mit einem Reliefbild des Stadtwappens geschmückt wurde. Es zeigt noch heute an der östlichen Rathausfassade die Zirbelnuß zwischen zwei keulenbewehrten wilden Männern samt Weihespruch der *Augusta Rhaetica urbs vere regia,* der wahrhaft königlichen Stadt Augsburg. Die vertriebenen Juden ließen sich teilweise in unmittelbarer Nachbarschaft Augsburgs wieder nieder, in Kriegshaber und in Pfersee, dann auch in Steppach.

Die Judenaustreibung war nur möglich auf Grund der wachsenden Finanzkraft des bürgerlichen Handels selbst. 1411 erhielt Hans Rem für ein in Venedig gegebenes Darlehen eine Wechselzahlung von einem Lübecker Kaufmann in Brügge. Auf dem Landwege des hansisch-venezianischen Warenhandels gelegen, erscheint Augsburg erstmals in Beziehung zum flandrischen Haupthafen Nordwesteuropas. Spätestens in den Jahren vor 1436 gründete der Weber und Kaufmann Hans Meuting mit seinen heranwachsenden Söhnen die Meutingsche Gesellschaft, die auch fremdes Kapital aufnahm und die größte Augsburger Handelskompagnie dieser Zeit wurde. Sie handelte zunächst mit Venedigwaren, später auch nach Wien. Das Aufblühen des Berggeschäftes im sächsischen

Erzgebirge zog die Augsburger Fernhändler alsbald an. Schon um 1450 besaßen die Welser Bergwerksanteile im Silberbergbau von Freiberg. Noch wichtiger wurde die Belebung des Metallbergbaus in Tirol, am Italienweg des Augsburger Großhandels. Um die Jahrhundertmitte wurden dort die reichen Kupfer- und Silbergruben bei Schwaz entdeckt. 1456 liehen die Meuting dem verschwenderischen habsburgischen Herzog Sigmund dem »Münzreichen« von Tirol 35 000 Gulden, wofür er ihnen bis zur Tilgung des Darlehens und der Zinsen die Silberausbeute seiner Kupferbergwerke von Schwaz zu dem billigen Preise überließ, zu dem er sie selbst als Inhaber der Berghoheit in Tirol von den Tiroler Gewerken beanspruchen konnte. Der Abstand zum Marktpreis wurde Meutingscher Gewinn. Die Meuting legten sich dann auch auf den Geldwechsel und ließen sich 1479 vermutlich als erste Augsburger in dem aufstrebenden niederländischen Handelsplatz Antwerpen nieder, der gerade damals der reichen Weltstadt Brügge mit Erfolg den ersten Rang streitig machte. Sie bewiesen mit diesen Geschäften eine glücklichere Hand als der reiche Geschlechterbürgermeister Peter Egen, der vom Bischof noch vor 1424 Untervogtei und Ortsgericht in Pfersee zu Lehen erhielt, 1442 vom Kaiser in Augsburg als von Argon geadelt wurde und 1446 auch den bischöflichen Stadtzoll, die bischöfliche Waage und Münze käuflich an sich brachte, der aber durch seine Mitbürger darüber in einen erdrückenden Prozeß verwickelt wurde. An sicherer Einträglichkeit konnte es mit dem Erzkauf auch das Textilgeschäft nicht aufnehmen, aus dem noch immer die reichsten Kaufleute aufstiegen. Das Steuerbuch von 1461 führte bereits 160 Steuerzahler mit über 1200 Gulden Vermögen auf, mehr als doppelt so viele wie das von 1396. An ihrer Spitze stand jetzt Ludwig Meuting mit 16 452 Gulden. Im Steuerbuch von 1467 war er bereits durch den Weber und Wollhändler Thomas Ohem (Ehem) abgelöst. Die zweite Stelle nahm nun Lucas Welser ein. Er begründete 1473 mit seinen Brüdern Bartholomä IV., Ulrich und Jacob eine Handelsgesellschaft und wurde 1475 unter die Hausfreunde des Herzogs von Mailand aufgenommen. 1479 besaß er auch Anteile am neu eröffneten Silber- und Kupferbergbau am sächsischen Schneeberg bei Zwickau. Um dieselbe Zeit, 1476, erhielt ein Augsburger Bürger das Recht, sich in Tirol mit Messingerzeugung aus Kupfer und Zink industriell zu betätigen.

Abb. 16
Hans Holbein
d. Ä. mit seinen
Söhnen Ambrosius
und Hans d. J.;
Ausschnitt aus
der Tafel der
Paulusbasilika
für Kloster
St. Katharina in
Augsburg von
Hans Holbein
d. Ä., um 1504

Abb. 17 Jacob Fugger der Reiche. Gemälde von Albrecht Dürer, nach 1518

Auch das künstlerische und geistige Leben Augsburgs regte sich immer stärker. Für das Stift St. Ulrich wurden zum Halbjahrtausendgedächtnis der Ungarnschlacht 1455 von einem unbekannten Augsburger Meister zwei noch erhaltene Altartafeln mit Bildern aus der Legende des heiligen Ulrich gemalt. Sie sind das älteste sicher einheimische Augsburger Tafelgemälde und eines der frühesten Zeugnisse für die Übernahme niederländischer Formen in Süddeutschland. Auf einer Szene mit der Stiftspatronin Afra entdeckt man einen Fensterausblick auf die Lechfeldlandschaft mit dem Afrakirchlein, in einer andern daneben erkennt man einen Jüngling als Martin Schongauer, der damals Malergeselle in der Stadt seines Vaters und seiner mächtigen Vorfahren war. Die damals für den Hochaltar angekaufte flämische Altartafel ging verloren. Die Weberzunft war durch die Zugehörigkeit einer Reihe von reichen Leuten in der Lage, 1457 im Weberhaus eine neue holzgetäfelte Amtsstube mit Tonnengewölbe ausstatten zu lassen, die jetzt im Münchener Nationalmuseum zu sehen ist. Die Ausschmückung besorgte der Augsburger Maler Peter Kaltnhoff (Kaltenhofer). Die Bretter der Decke sind mit farbigen Darstellungen aus dem Alten Testament und dem mittelalterlichen Alexanderroman und mit erklärenden deutschen Versen bemalt, darunter zum Bilde Adams und Evas bei der Arbeit dem berühmten Vers gegen den Adel: *Da Adam hackt und Eva span ...* Unter einem durchlaufenden Streifen mit weiteren biblischen Szenen begegnet man in den 27 erhaltenen Feldern der Wandverkleidung in eigentümlicher Zusammenstellung altjüdischen Propheten, griechischen und römischen Philosophen, König David, Alexander dem Großen, Cäsar und Karl dem Großen, endlich dem damals regierenden Habsburger Kaiser Friedrich III. mit den Kurfürsten. Ein feines, schmales Tafelbild der Muttergottes in St. Ulrich um 1480 trägt das Stifterwappen der Patrizierfamilie Ilsung.

Früh wurde die Kunst des Buchdrucks in die Reichsstadt am Lech eingeführt. 1468 druckte der erste bekannte Augsburger Drucker Günter Zainer ein anonymes lateinisches Erbauungsbuch im Folioformat auf festes Lumpenpapier. Die 71 Blätter dieses ältesten Augsburger Buches sind sehr sorgfältige Arbeit; in ausgespartem Raum an den Kapitelanfängen sind von Hand mit roter Tinte große Anfangsbuchstaben eingemalt. 1470 folgte der Zainersche Wiegendruck eines deutschen Kalenders, 1471 sein erster bebilderter Druck, eine Heiligenlegende mit zahlreichen Holzschnittdarstellungen. 1473 wird Augsburg zur zweiten Druckstätte deutscher Bibelübersetzungen.

Die Freunde der von Italien her neu belebten humanistischen Gelehrsamkeit sammelten sich seit etwa 1450 um den auf der Universität Wien gebildeten Kaufmann und Bürgermeister Sigmund Gossembrot. Von ihm angeregt, verfaßte der Benediktiner von St. Ulrich Sigmund Meisterlin eine allerdings recht fabel- und legendenreiche lateinische Stadtgeschichte, das erste humanistische Geschichtsbuch Deutschlands.

Hector Muelich, Kramerzunftmeister, Ratsmitglied, Baumeister und Stadtchronist, fertigte bis 1458 eine sorgsame Abschrift ihrer deutschen Übersetzung an und schmückte sie selbst mit reizenden Tuschfarbenbildern. Auf einer seiner Buchmalereien tritt uns erstmals das türmereiche Augsburger Stadtbild entgegen, wie Muelich es 1457 von Osten her sah. In der Mitte unterscheidet man den spitzbedachten Perlach und das dreigiebelige Rathaus mit dem Glockenturm, rechts davon das Hl.-Kreuz-Tor, Spitztürme und Hochchor des Domes und am nördlichen Stadtrand den Lueginslandturm, links St. Moritz mit dem Göggingertor, die alte St.-Ulrichs-Kirche mit ihren zwei Giebeln und dem Ulrichsturm, schließlich am Südeck das Haunstettertor, jetzt auch *rotes Tor* genannt. Es war die *Augusta Vindelica* des ausgehenden Mittelalters, von der die lateinische *Germania* des gelehrten Italieners Aeneas Sylvius Piccolomini, des späteren Papstes Pius II., im Rückblick auf einen Besuch vom Jahr 1458 sagen konnte, es sei schwer etwas zu finden, worin Augsburg von einer anderen Stadt übertroffen werde, betrachte man nun *sive nitorem urbis sive populi et cleri divitias et reipublicae formam* – den äußeren Glanz der Stadt, den Reichtum von Bürgerschaft und Geistlichkeit oder die städtische Verfassung. Es war die uralte Lechstadt, von deren damals dargestellten Bauwerken allein der Dom sein Erscheinungsbild über die neueren Jahrhunderte hinweg bewahrte. Das letzte spätmittelalterliche Patrizierhaus des 15. Jahrhunderts, das Imhofhaus am Südzugang der Bischofsstadt unmittelbar neben dem Königsturm, mit wehrhaft über das Dach emporragender, zinnengekrönter Stirnmauer und eingebautem Eckturm, fiel 1863. Stehengeblieben sind dagegen am östlichen Außengraben das Vogeltor von 1445 und der wenig spätere Fünfgratturm mit vier Rundtürmchen an den Dachecken.

Bezeichnend für die Entfaltung des bürgerlichen Selbstbewußtseins im Persönlichen ist die handschriftliche Stadtchronik des Burkard Zink. Ihr Verfasser war Handlungsdiener in Augsburg, später selbständiger Kaufmann im Venedighandel. Das dritte Buch seines Werkes gibt eine Familienchronik und eine ungemein lebendige, treuherzig offene und anschauliche Selbstbiographie bis 1456. Die bürgerliche Gesellschaft versuchte sich nun auch in selbständiger Kulturpflege. 1449 wird, als erste in Deutschland, eine Meistersingerschule in Augsburg erwähnt.

Das Augsburger Mittelalter endete reichspolitisch wie innenpolitisch mit dramatischen Ereignissen. Im Juli 1461 gerieten der Habsburger Kaiser Friedrich III., der streitbare Markgraf Albrecht Achilles von Brandenburg-Kulmbach und die Wirtemberger Grafen in Krieg mit Herzog Ludwig dem Reichen von Baiern-Landshut und dem aufständischen Erzherzog Albrecht. Vorsichtig ergriff der Augsburger Bischof diesmal keine Partei, aber die Stadt nahm eine große Zahl Berittener und durch Anwerbung in Zürich eine beachtliche Fußtruppe der damals sehr gefürchteten Schweizer Spießknechte in Sold und schickte Herzog Ludwig im Januar 1462 die Kriegserklärung. Anfang Februar verbrannten die Augsburger das Friedberger Zollhaus und zerstörten die Lechbrükke. Die Baiern antworteten mit Einfällen, durch die nach und nach die Dörfer und bürgerlichen Landhäuser vor den Stadttoren in Asche sanken, ebenso die *plaichheuser* in der Lechau, die Mühlen und eine hier erstmals genannte Augsburger *schmeltzhütten* mit einem Eisenhammer von sieben Feuern. Ende März zogen die Augsburger mit 100 Reitern, der Hälfte der berittenen Söldner, und mit 480 Mann zu Fuß, darunter 250 Schweizern und vielen Büchsen- und Armbrustschützen, gegen Friedberg, konnten es aber ebensowenig einnehmen wie Herzog Ludwig, der Ende Juni mit etwa 1500 Mann beim Stadtgalgen gegen Kriegshaber hin erschien, das gut mit Kanonen bestückte Augsburg. Am 25. Juli kam der Herzog mit einem weit stärkeren Heer, mit einer Wagenburg und Geschütz zurück und bezog am Hügelrand westlich der Stadt ein Zeltlager. Gersthofen, Oberhausen, Pfersee mit Schloß, Stadtbergen, Leitershofen, das wieder errichtete Schloß Wellenburg und ein Teil von Göggingen samt Kirche und Schloß gingen in Flammen auf. Ein Turm in Göggingen wurde durch acht Leute lange verteidigt (Turm und acht Schwerter gelangten deshalb 1837 in Gögingens eigenes Gemeindewappen). Da die Söldner der Augsburger Besatzung und die aufgebotenen Bürger ebenso kräftige Abwehr leisteten, mußten die Baiern am 28. erneut unverrichteterdinge abziehen. Der Friede vom August 1463 ließ Augsburg unberührt. Freilich machte Herzog Ludwig jetzt Bischof und Domkapitel die hohe Gerichtsbarkeit über Lechhausen streitig und ordnete sie seinem Landgericht Friedberg ein. Lechhausen wurde damit Augsburgs nächster baierischer Nachbarort, die Lechgrenze vollständig zur Grenze des Herzogtums Baiern. Als 1488 Adel und Städte Schwabens zunächst gegen dessen Westvordringen den Schwäbischen Bund gründeten, wurden Bischof und Reichsstadt Augsburg eifrige Mitglieder. Auf friedlichere Weise verband sich die pfälzische Linie des wittelsbachischen Gesamthauses mit Augsburg, indem Kurfürst Friedrich I. von der Pfalz der Augsburger Ratsdienerstochter Clara Tott seine Neigung zuwandte, sie 1471 heiratete und zur Stammutter des fürstlichen Hauses Löwenstein-Wertheim machte.

Die wiederholten Auszüge beanspruchten trotz der Anwerbungen auch wieder den Kriegsdienst der Bürgerschaft. Das eingesetzte Fußvolk wurde gelegentlich ganz von den Zünften gestellt, der geschlechterfeindliche Zunftmeister der Salzfertiger, der Zimmermannssohn Ulrich Schwarz, hatte als Söldnermeister des kleinen Rates entscheidenden Einfluß auf die Kriegführung genommen. Die auf ihre Leistung gegründeten Ansprüche der breiteren Stadtbevölkerung ließen nicht auf sich warten. 1466 erregten die ärmeren Zünftler, besonders Weber, Zimmerleute und Schuster, neue Ungeltunruhen. 1467 wurde Schwarz Baumeister, 1469 Zunftbürgermeister. 1471 und 1473 mußte ihm die Bürgerschaft nach der Schwörordnung von etwa 1457 wieder den öffentlichen Eid leisten, daß sie das Bürgerrecht halten und Bürgermeistern und Rat gehorsam sein wolle. Er empfing als einer der beiden Stadtoberhäupter den Kaiser Friedrich III., der im April 1473 mit seinem Sohne Erzherzog Maximilian wieder zu einem Augsburger Reichstag einritt, und wohnte den feierlichen Reichstagshandlungen bei, die sich wie künftig stets um eine hohe Bühne am *tantzhaus gegen dem weinmarkt* bei St. Moritz abspielten. Schon 1474 folgte Friedrichs nächster Augsburger Reichstag. Seit 1475 gelang Schwarz mit Unterstützung seiner Zünftefreunde die alljährliche Wiederwahl zum Bürgermeister, 1476 erreichte er, daß der sog. geheime Rat, der sich als engerer Dreizehnerausschuß des Rates herausgebildet hatte, ausgesetzt und daß an seiner Stelle unter Ausschluß der Geschlechter ein Zunftmeisterausschuß von 18 Mitgliedern in den Vordergrund der Ratspolitik geschoben wurde. Sämtliche Zünfte, auch die kleinen, erhielten zwei Vertreter im kleinen Rat. Das entsprach aber auch nicht den Wünschen der höheren Zünfte. Der Kramer und mehrmalige Zunft- und Bürgermeister Hans Vittel benutzte eine Gesandtschaft zum Kaiserhof im März 1477, um Kaiser Friedrich gegenüber die Schwarzsche Ratspartei in ein bedenkliches Licht zu setzen. Schwarz ließ ihn sofort nach seiner Rückkehr der Verunglimpfung des Rates bezichtigen und zusammen mit seinem Bruder im April 1477 öffentlich enthaupten. Auf diese Kunde hin befahl der Kaiser dem Augsburger Landvogt Sigmund Marschall von Pappenheim, für Schwarz' Sturz zu sorgen. Am 11. April 1478 drang auf Pappenheims Weisung der Stadtvogt als Träger des Blutbannes geharnischt und mit bewaffneten Stadtknechten in eine Ratssitzung ein und nahm Schwarz zusammen mit den Zunftmeistern der Bäcker, Zimmerleute, Bierschenken und Schäffler gefangen; Geschlechter und Kaufleute hielten sich gerüstet bereit, um einem Aufstand seiner Anhänger zu begegnen. Die Anklagen waren so zahlreich, daß das Todesurteil rasch fiel. Schon am 18. April wurde der mächtigste der Zunftbürgermeister, nach Muelichs Worten *so gewaltig, das kainer in Augspurg nie so gewaltig was gewesen,* unter Bedeckung von 160 Reitern und 200 Bewaffneten zu Fuß am Hochgericht gehängt. Nach ihm kam der Bäckerzunftmeister an den Galgen, die übrigen Belasteten wurden aus der Stadt verwiesen.

Dieser Ausgang der nicht verfassungsmäßigen, aber tatsächlichen Zunftdiktatur, über die wir bei anscheinend planmäßiger Vernichtung von Originalakten nur durch eine späte und einseitige Ratsdenkschrift von 1555 genau unterrichtet sind, kam den Geschlechtern als wahre Befreiung. Nachdem sich zwischen der Herrenstube und der abgesonderten Stätte der nichtpatrizischen Kaufleute, der Kaufleutestube, ein freundnachbarliches Verhältnis entwickelt hatte, gründeten die Patrizier von der Gesellschaft der Herren 1478 eine eigene sog. Gesellschaft der *Mehrer* der Geschlechter, in die nichtpatrizische Ehegatten von Patriziern und Patrizierinnen, die guten Herkommens waren, Aufnahme fanden. Sie wurden damit herrenstubenfähig, d. h. gesellschaftlich gleichberechtigt; die Heiraten innerhalb der Herrenstube wurden seit 1484 sorgfältig in Hochzeitsbüchern aufgezeichnet. Die meisten Mehrer kamen aus der Kaufleutezunft, doch waren sie auch in der Salzfertiger-, Kramer- und Weberzunft vertreten.

Als das Spätmittelalter sich zum Ende neigte, hatte Augsburg seine Reichsstadt- und Bürgerfreiheit nach außen und innen gefestigt und das soziale Gefüge der Stadtgemeinde ins dauerhafte Gleichgewicht gebracht. Noch bis 1512 trug der Stadtschreiber Nachträge ins ehrwürdige Stadtbuch von 1276 ein. Die Sprengung der bischöflich-baierischen Umklammerung und die Erwerbung eines größeren umliegenden Landge-

A ue maria
gr̄a plena
dominus
tecū bene
dicta tu in mulieribꝰ
et benedictus fructꝰ
uentris tui : ihesus
christus amen.

Aus dem Schriftprobenblatt des Augsburger Druckers Erhart Ratdolt:
Initiale im venezianischen Stil und venezianische Rotunda. 1486.

bietes unter städtischer Herrschaft, wie Ulm es besaß, war nicht gelungen. Auch der Stadtsitz des Bischofs und die Sonderstellung der Geistlichen mußten zweihundert Jahre nach der Stadtbuchabfassung wie ehedem ertragen werden und die Augsburger Pfennige, die bis 1494 geprägt wurden, zeigten neben dem Bischofskopf nur eine kleine Zirbelnuß. Aber die Augsburger Kaufleute hatten in dem Sinne die Nachfolge des Bischofs angetreten, daß sie mit wirtschaftlichen Mitteln der Lechstadt ihren Rang als bedeutender Straßenplatz am Wege zwischen den damaligen Welthandelszentren, Oberitalien und den Niederlanden, zu wahren verstanden. An eigener wirtschaftlicher Macht stand das damalige Augsburg in Oberdeutschland noch hinter Regensburg und Ravensburg, erst recht hinter Nürnberg und Wien zurück. Die schwäbisch-fränkisch-baierische Landschaftsmesse hatte es dem kleineren Nördlingen im Ries überlassen müssen. Mit Brügge, Köln, Lübeck konnte es einen Vergleich so wenig wagen wie mit Mailand, Genua oder Venedig. Den künstlerischen Vorrang im schwäbischen Raum behauptete bis etwa 1480 vor Augsburg noch Ulm. Und doch sollte die Stadt nun im Zeitalter des »goldenen Augsburg« so steil emporsteigen, daß sie für eine Reihe von Jahrzehnten im Vordergrund der Weltgeschichte stand und die Ausstrahlungen ihrer Stadtkultur in fernste Länder sandte.

Wirtschaftsmacht und Glaubensspaltung

Aus den Jahren 1516/20 und 1521 stammen die ersten Stadtansichten Augsburgs aus der Vogelschau. Beide Stadtpläne geben gewissenhaft die bemerkenswerten Kirchen, öffentlichen Gebäude, Tore und Türme der Stadt wieder und sind damit eine kostbare Hilfe für die Erkenntnis des damaligen Stadtbildes. Der bedeutendere jüngere Plan, von dem hochbegabten Goldschmied Jörg Seld gezeichnet und als Holzschnitt mit Wasserfarbe ausgemalt, bietet bei fast zwei Metern Länge sogar einen Aufriß der gesamten Stadtsiedlung in geometrischem Verhältnis und mit sämtlichen einzelnen Häusern, mit Straßen, Gassen und Gärten und mit den von Stoffbahnen bedeckten Bleichwiesen der Lechau. Das Domstift, die Stifte und Klöster, 18 an der Zahl, liegen wie kleine geschlossene Sonderbezirke über die Gesamtstadt verstreut. Außer dem Dom haben auch St. Ulrich, St. Georg, Hl. Kreuz und St. Stephan kleine Neben- oder Predigtkirchen und Friedhöfe, dazu kommen Friedhöfe bei St. Moritz und am Lueginsland und eine Anzahl selbständiger Kapellen. Als einziges Kloster liegt St. Nikolaus vor dem geschlossenen Mauergürtel der Stadt. Im äußeren Mauerring und in der Innenmauer gegen Frauen- und Jakobervorstadt zählt man nicht weniger als 115 Türme, die vormalige Südmauer der Bischofsstadt ist bereits ohne Rest verschwunden. Die Häuser selbst sind in den Vorstädten noch ein- und zweistöckig und in viel Garten- und selbst landwirtschaftliches Nutzland eingebettet. In der inneren Stadt, besonders an der Reichsstraße, sind sie dreistöckig, häufig mit Erkern geschmückt und mehr oder weniger eng aneinandergedrängt. In und vor der Stadt erkennt man auf dem Seldschen Plan zahlreiche Fußgänger und Reiter, zwei- und vierräderige Wagen und gelegentlich auch innerhalb der Stadtmauer Großvieh. Wir kennen aus baulichen Überresten und Museumsgut nicht nur Wohnweise, Hausrat und Luxusgut der Augsburger um 1500, wir wissen jetzt auch ziemlich genau, wie sie aussahen, was sie dachten und fühlten. Eine Bildnistafel des jungen Kaufmanns Georg Fugger in venezianischer Tracht, die kein Geringerer als der große Venezianer Giovanni Bellini 1474 malte, ist das erste sichere und im Original erhaltene Augsburger Bürgerporträt eines Malers, dem sehr viele weitere solcher Bilder folgten.

Mehrere Papierhandschriften zeitgenössischer Stadtchroniken beleuchten jetzt die gleichen Ereignisse des städtischen Lebens von verschiedensten Blickwinkeln aus und mit verschiedenem Temperament. Unter allen deutschen Städten ist Augsburg mit seiner Chronistik in dieser Zeit die weitaus fruchtbarste gewesen. Zu den Urkunden und den Aufzeichnungen der städtischen Verwaltung, die seit 1501 auch schon eine Tauf-, Hochzeits- und Todesstatistik führte, gesellen sich kirchliche Akten und vor allem wertvolle Familien- und Geschäftspapiere von Augsburger Kaufmannshäusern. Einen hervorragenden Einblick in das Kaufmannsleben der Zeit gewährt etwa das Tage- und Rechnungsbuch des Welserschen Handlungsdieners, dann selbständigen Kaufmanns Lucas Rem von 1494 bis 1541. Das Fuggerarchiv hat Bilanzen und Geschäftskorrespondenzen von höchster Bedeutung bewahrt, und die Geschäftsbücher der Welser beginnen just in unseren Tagen vollständiger zum Vorschein zu kommen. Mindestens teilweise aus der Augsburger Fuggerfirma stammt eine wichtige Zusammenstellung der Welthandelsbräuche von etwa 1480 bis 1540 und von London bis Sizilien, von Budapest bis Lissabon, ja in den damals neuentdeckten indischen Ländern, in Arabien, Afrika und Brasilien.

Um 1480 treten die beiden großen Häuser des »goldenen Augsburg«, die Fugger und die Welser, stärker in den Vordergrund des Augsburger Handels, der inmitten des lauten und emsigen bürgerlichen Lebens seine Fäden in die sich weitende Welt spann. Die Brüder Ulrich, Georg und Jacob Fugger beteiligten sich zu Anfang der achtziger Jahre am alpenländischen Bergbau, indem sie durch Kredite an kleine Gewerken des Salzburger Landes eigene Gruben erwarben und sich mit anderen Unterbeteiligungen betätigten. Dann traten sie in Tirol mit Georg Gossembrot in Konkurrenz, der noch 1483 von Herzog Sigmund von Tirol als Abschlagszahlung auf eine Darlehensforderung 1000 Zentner Kupfer zum Eigenverkauf erhielt. Ende 1485 wurden auch die Brüder Fugger durch ein Darlehen gegen Silbererz Geldgeber des nunmehrigen Erzherzogs Sigmund, Ende 1487 gaben sie ihm in Gemeinschaft mit einem

Genuesen die erste große Anleihe auf Schwazer Silber und Kupfer, 1488 eine Gesamtanleihe von nicht weniger als 150 000 Gulden, für die Prälaten, Adel, Städte und Gerichte Tirols einzustehen hatten. Sie waren damit die führenden Tiroler Hofbankiers, als 1490 der Kaisersohn und Gatte der Erbin der Niederlande, Maximilian, die Regierung in Innsbruck übernahm. 1490 waren auch die Welser, zusammen mit dem Memminger Patrizier Hans Vöhlin, im Tiroler Silberhandel tätig. Im August 1493 starb Kaiser Friedrich III., ihm folgte Erzherzog Maximilian als König Maximilian I.

Ein Jahr später schlossen die Brüder Fugger den ersten eigentlichen Gesellschaftsvertrag und drangen mit verstärkter Energie ins alpen- und karpathenländische Bergbau- und Metallgeschäft ein. Nach Erwerb der Kupferschmelzhütte Gastein im Salzburgischen und Erlangung eines Anteils am Schwazer Bergbau richteten sie ihr Hauptaugenmerk auf die Kupfergruben der ungarischen Slowakei. Dort hatten die sieben niederungarischen Bergstädte den Krakauer Ingenieurunternehmer Johann Thurzo mit der Hebung ihres Bergwesens betraut, der selbst immer mehr Gruben, insbesondere die Neusohler Kupfer- und Silberwerke, von den ungarischen Königen pachtete. Schon im Spätherbst 1494 vereinbarten die Fuggerschen Brüder mit der Handelsgesellschaft Thurzo einen bedeutsamen Unterstützungsvertrag, der einen neuen, selbständigen Handelsverband, den *Gemeinen Ungarischen Handel*, begründete. Er bezweckte den Betrieb und die gemeinsame Ausbeute von Bergwerken, Hütten- und Hammerwerken, die gemeinschaftliche Herstellung von Silberbarren und Kupferplatten und den Vertrieb dieser und anderer Waren besonders wieder an die Fugger- und die Thurzogesellschaft, die sie dann ihrerseits auf eigene Rechnung weiterverkauften. Als Stützpunkte des ungarischen Handels dienten nun auch Faktoreien in Breslau und Leipzig. 1495 erwarben die Fugger bei Villach in Oberkärnten für die Scheidung silberhaltigen Neusohler Kupfers in seine Bestandteile das Bleibergwerk von Bleiberg-Kreuth, legten eine erste eigene Saiger- und Messinghütte an und ließen daneben ihr erstes eigenes Schloß Fuggerau aufführen. Diese Fuggerauer Werkgruppe brachte schon im ersten Jahrzehnt rund 50 397 Zentner Kupfer und etwa 21 740 Mark Silber auf die große Metallbörse von Venedig. Ungarisches Erz verarbeitete auch, mit Eifeler Blei, eine zweite Fuggersche Saigerhütte, Hohenkirchen bei Ohrdruf am Thüringer Wald. Eine Faktorei in Ofen (Budapest) mit Kupferlager in Preßburg folgte. Die erheblichen Geldmittel, die für diese Anlagen benötigt wurden, kamen zum Teil aus stillen Beteiligungen, deren bedeutendste bald die des Fürstbischofs von Brixen und nachmaligen Kardinals Melchior von Meckau war. Um am Finanzgeschäft am päpstlichen Hofe selbst teilzuhaben, errichteten die Fugger 1495 auch eine Niederlassung in Rom. Im August 1496 schloß König Maximilian, laut Innsbrucker Schuldbuch, mit Sigmund Gossembrot und seiner Gesellschaft, mit Ulrich Fugger und seinen Brüdern, Jörg Herwart und seinen Brüdern und Franz Baumgartner von Nürnberg und Gesellschaft, allesamt Bürger zu Augsburg, einen Silberkaufvertrag über eine dreijährige Schwazer Silberausbeute in Höhe von 120 000 Gewichtsmark Silber ab. Die Gesellschafter liehen dem König 60 000 Gulden, hatten 150 000 Gulden an den Schatzmeister der Grafschaft Tirol abzuführen und 760 000 Gulden für das Silber selbst zu erlegen, auch ein Viertel des Silbers in der Tiroler Münze zu Hall vermünzen zu lassen.

Das Stadtsteuerbuch von 1498, das einen Gesamtertrag der Vermögenssteuer von etwa 12 889 Gulden errechnen läßt, nennt unter 5050 Steuerzahlern nicht weniger als 143 Besitzer von Vermögen von allermindestens 2400 Gulden und 32 Besitzer von mindestens 10 000 Gulden. Es wies als reichsten Mann der Stadt Augsburg noch Sigmund Gossembrot aus, der ein Vermögen von mindestens 43 200 Gulden versteuerte und wohl über 50 000 Gulden besaß; der Gossembrotschen Familie gehörte damals das Dorf Pfersee. Es schlossen sich an die Kinder des Patriziers Bernhard Rehlinger mit mindestens 39 200 Gulden, die Witwe des Baumwoll- und Leinenhändlers Leonhard Lauginger mit mindestens 35 600 Gulden. Die Fugger und Welser standen also dem versteuerten Eigenvermögen nach noch nicht an der Spitze der Augsburger Handelsherrn. Sie sollten aber bald, beide zur selben Zeit, auch die finanzielle Führung in die Hand bekommen.

Die Gesellschafter des Schwazer Silberkaufs von 1496 schlossen im März 1498 das erste große, allerdings kurzlebige Kupfererzsyndikat der deutschen Wirtschaftsgeschichte. Es betraf den gemeinsamen Absatz der aus dem gemeinsamen Schwazer Erzkauf stammenden Kupfervorräte sowie ungarischen Kupfers in Venedig. Der dortige Faktor der Fugger vertrieb das Kupfer zu genau geregeltem Einheitspreis.

Im gleichen Jahr 1498 wurde die Firma Anton Welser, Conrad Vöhlin & Co. gegründet. Sie war keine reine Familiengesellschaft wie die Fuggersche, sondern begnügte sich mit Welserscher Leitung durch den Regierer Anton Welser und nahm als Teilhaber auch mehrere Faktoren aus den alten Handelsfamilien Lauginger und Pfister mit auf. Die Welser-Vöhlin hatten jetzt bereits eine Niederlassung in der aufblühenden französischen Messestadt Lyon, die Antwerpen zwar im Warenhandel nicht gleichkam, aber im Geld- und Wechselhandel eine bedeutende Rolle spielte. Von dort aus spannen sie, offenbar in die Nachfolge der großen Ravensburger Handelsgesellschaft eintretend, ihre Fäden zur Iberischen Halbinsel, die gerade jetzt in ihr großes Entdeckungs- und Kolonialzeitalter eintrat. Die Gesellschaft des aus der Gewandschneiderzunft aufgestiegenen Ambrosius Höchstetter drang über Köln vor. Es war genau die Zeit, zu der Vasco da Gama in portugiesischem Auftrag den Seeweg über die Südspitze Afrikas nach Ostindien fand. Das kostbare Gewürz und sonstige Indiengut konnten nun unter Ausschaltung des venezianischen Zwischenhandels über See unmittelbar an die europäische Küste herangebracht werden. Lissabon wurde fast über Nacht ein wichtiger Mittelpunkt des Warenfernhandels, 1501 und 1502 gingen die ersten portugiesischen Handelsflotten auf dem neuentdeckten Schiffahrtsweg nach Indien ab. Und sofort waren die Welser zur Stelle. Schon im Februar 1503 schloß die Welser-Vöhlingesellschaft einen Vertrag mit König Manuel von Portugal, der ihr die Einschaltung in den staatlichen Gewürzhandel erlaubte, und errichtete eine Niederlassung in Lissabon. Die Brüder Fugger hatten sich gerade, seit dem päpstlichen Jubelablaß von 1500, auch in die kirchliche Ablaßverwaltung eingeschaltet und 1503 selbst die römische Münze, die »zecca«, übernommen. Münzen der Päpste Julius II. und Leo X. tragen die Fuggersche Handelsmarke, den Dreizack mit Ring. 1502 bis 1505 entstanden Fuggerische Hauptfaktoreien in Danzig und Lübeck, also mitten im Machtbereich der Hanse, und Antwerpen. Die Fugger zögerten darüber nicht mit dem Nachstoßen in Portugal und erreichten im Herbst 1503 die Welserschen Freiheiten beim orientalischen Gewürzhandel auch für sich. Alsbald suchten sich die Augsburger auch an den gewinnbringenden Indienfahrten mit eigenen Schiffen zu beteiligen. Laut Vertrag vom August 1504 trugen die Welser 20 000 Dukaten (zu 1,3 Gulden), die Fugger und Höchstetter je

4000, Sigmund Gossembrot 3000 Dukaten zur Ausrüstung von drei Handelsschiffen oberdeutscher und italienischer Handelshäuser bei, die mit einer Flotte des Vizekönigs Francisco de Almeida nach Indien segeln sollten. Kurz bevor sie Ende März 1505 in Lissabon die Anker lichtete, schrieb der Augsburger Stadtschreiber, eigentlich Ratssyndikus Dr. Conrad Peutinger, ein Schwager des Bartholomäus V. Welser, stolz an einen Sekretär König Maximilians, dies Unternehmen sei *uns Augspurgern ains gross Lob, als für die ersten Teutschen, die India suchen.* Der Welserfaktor Balthasar Sprenger machte die Fahrt als Beauftragter seines Hauses mit. Nachdem man in Cananore (Kananur) an der Westküste Vorderindiens eine reiche Ladung von Gewürzen, Perlen und feinen Baumwollzeugen aufgenommen hatte, kehrte man im Mai und November 1506 glücklich nach Lissabon zurück. Der Gewinn war trotz hoher Beteiligungsansprüche des portugiesischen Königs ungewöhnlich groß und betrug 150 Prozent, wenn nicht 175 Prozent. Sprenger selbst verfaßte einen sehr aufschlußreichen Reisebericht, zu dessen Druck der Augsburger Maler Hans Burgkmair d. Ä. 1508 eindrucksvolle kolorierte Holzschnitte schuf; sie zeigten als erste Bilddarstellung der neuentdeckten Länder Eingeborene der Guinea- und südwestafrikanischen Küste, Araber und Inder. Sprengers Bericht regte Burgkmair auch zu einem größeren Bilde des südindischen Königs von Kotschin an. Eine Wiederholung einer solchen Augsburger Beteiligung ließen die Portugiesen nicht zu. Zu gleicher Zeit erwarben die Fugger 1504 von der Stadt Basel vier weltbekannte Edelsteinkleinodien aus dem Schatz des letzten Burgunderherzogs und Schwiegervaters König Maximilians und finanzierten 1505 die Gründung der berühmten päpstlichen Schweizergarde. 1506 beteiligten sich Fugger und Welser mit Geldeinlagen an der spanischen Expedition des Tristao da Cunha. Cunhas Flotte versuchte auf dem westlichen Seeweg um die Südspitze des erst 1492 entdeckten amerikanischen Erdteils nach Indien zu gelangen. Dieses Unternehmen mißlang, doch erlitt die Wirtschaftsmacht der Fugger und Welser, deren Niederlassungen auch in Antwerpen immer reger wurden, dadurch keine Einbuße. 1507 ersah König Maximilian im Fuggerschen Gelde bereits die wirksamste Hilfe zum Erwerb der Kaiserkrone auf einer Romfahrt. Zu den Erzkäufen trat jetzt als königliche Gegenleistung die Überlassung von Herrschaftsrechten. Um 50 000 Gulden kauften die Brüder Fugger zunächst mit geteilten Rechten die Grafschaft Kirchberg und die Herrschaft Weißenhorn nebst einigen angrenzenden Herrschaften an der unteren Iller. Alle Kräfte wurden für den König angespannt, doch blieb es schließlich bei einer behelfsmäßigen Kaiserproklamation in Trient im Februar 1508.

Dank der vielen kleineren Handelsfirmen der Stadt wurde das Handelsnetz, durch das Gewinn auf Gewinn in Augsburger Kassen floß, von Jahr zu Jahr dichter. Im Zeitraum 1488 bis 1513 sind in Antwerpen 47 Augsburger Kaufleute nachgewiesen. Das Augsburger Gewerbe blieb nicht zurück. Seit 1488 unterhielt die Stadt beim Lueginslandturm einen eigenen Kupferhammer. Im selben Jahr zog der Nürnberger Rat, um die Barchentweberei dort heimisch zu machen, zwanzig Augsburger Barchentweber nach Nürnberg und ließ für sie Häuser bauen. Das beständige Steigen der Textilerzeugung und Textilausfuhr verminderte freilich nicht die sozialen Spannungen in der Weberschaft. Zwei Jahre später kam es in der Augsburger Weberzunft zum offenen Streit zwischen den wohlhabenden Meistern, die sich zu Baumwollhändlern emporzuschwingen wußten, und der Masse der »armen Weber«. Es ging um die Einfuhr von langem Flachsgarn aus Preußen, das wie das kürzere Leingarn mit Baumwolle zu Barchent verwebt wurde. Der kaufmännische Teil der Weberzunft war für die Verwendung des Einfuhrgarns, der rein handwerkliche dagegen. Mit dem Textilgewerbe verbunden war das jetzt auftauchende neue Gewerbe der Papiermacher. 1483 wird die erste, 1485 die zweite Augsburger Papiermühle vor dem Nordrand der Augsburger Hochterrasse erwähnt. Und die Papiermacherei hing wieder mit dem äußerst lebhaften Buchdruck zusammen. In die Jahre 1473 bis 1490 fielen nicht weniger als sechs Augsburger Ausgaben der Heiligen Schrift, 1482 erschien in Augsburg die älteste bekannte »Neue Zeitung« in deutscher Sprache, ein Flugblatt über die Angriffe der Türken und anderen Ungläubigen auf die christliche Kirche. Bald darauf kehrte der bedeutende Augsburger Drucker Erhard Ratdolt aus Venedig in die Heimat zurück und vermehrte ihren Ruhm auch durch Farbdruck von Holzschnitten. Mit dem Handel entwickelte sich schließlich ein lebhafter Postverkehr. Schon im ersten gedruckten Poststundenpaß der Taxisschen Reichspost von 1496 ist eine Eilpostbeförderung von Augsburg über den Fernpaß nach Westtirol erwähnt, seit 1504 wird der Postkurs (Brüssel/Mecheln–) Augsburg–Innsbruck(–Bozen–Venedig) häufiger bezeugt.

Das Gesamtsteuervermögen der Augsburger Bürgerschaft dürfte ausweislich der Steuerbücher in den drei Jahrzehnten von 1470 bis 1500 mindestens auf das Vierfache gestiegen sein. Ein gewisser äußerer Glanz wurde das sichtbare Glücksanzeichen der ostschwäbischen Reichsstadt. Ein bekannter Spruch der Zeit lautete:

Hätt' ich Venedigs Macht,
Augsburger Pracht,
Nürnberger Witz,
Straßburger Geschütz
und Ulmer Geld,
so wär' ich der Reichste von der Welt.

Nach wie vor erwies sich der Reichtum, der sich in der Großzügigkeit des Einzelbauwerks äußerte, vor allem in kirchlichen Bauten. Die Zerstörung der St.-Ulrichs-Kirche durch einen Sturm wurde zum Anlaß für die bedeutendste Leistung der Augsburger Kunst und des Augsburger Kunsthandwerks im Ausgang der Gotik. 1477 wurde der Schwarzwälder Burkhard Engelberg, der letzte große schwäbische Baumeister gotischer Überlieferung, für den Wiederaufbau dieses Gotteshauses zu Rate gezogen. Der Neubau begann mit dem südlichen Seitenschiff, wo die Gebeine des Bischofs Adalbero und des heiliggesprochenen Bischofs Sintpert gefunden wurden; das Sintpertgrab erhielt einen prächtigen gotischen Steinbogen Engelbergs. 1492 trat Maximilian wie einst Friedrich Barbarossa in die Klostergemeinschaft der Reichsabtei St. Ulrich ein.

Kaum war die neue Ulrichskirche eingewölbt, so ritt Anfang März 1500 Maximilian zu einem Augsburger Reichstag ein, bald gefolgt von der Königin, nun der Mailänder Prinzessin Bianca Maria Sforza. Mitte Juli nahm der König mit dem Reichskanzler Berthold von Henneberg, Erzbischof von Mainz, und mit den versammelten Reichsfürsten an der Weihe teil und legte den Grundstein zum neuen Chorbau. Der Weinmarkt samt Tanzhaus und das Rathaus sahen wiederum die farbenprächtige Entfaltung des geschichtsträchtigen Kaiserprunks, auf dem

Fronhof fand wie seit je das ritterliche Kampfspiel statt, vor dem westlichen Stadtrand am Schießgraben das Armbrustschießen. Es war der Reichstag, der dem König das sog. Reichsregiment zur Seite stellte; dem ersten Ausschuß der Reichsstände gehörte als Städtevertreter zusammen mit einem Kölner ein Bürgermeister von Augsburg an. Maximilian beendete seinen Augsburger Aufenthalt erst nach 182 Tagen; schon 1501 kaufte er das Meutingsche Haus nahe der Hl.-Kreuz-Kirche. Künftig hielt er sich mit Vorliebe in der Lechstadt auf und nahm lebhaften Anteil an der Augsburger Geschützgießerei in einem 1501 beim Wertachbruckertor eingerichteten eigenen Büchsenstadel. Schon 1502 wurden hier durch einen Konstanzer Meister 35 metallene Stücke und ein großer Mörser gegossen. Im gleichen Jahre führte Maximilian in Augsburg einmal persönlich den Vorsitz im Reichskammergericht, das bis 1505/06 in Augsburg blieb. Im März und April 1504 hielt der König hier einen Hoftag, von März bis Mai 1510 einen zweiten Augsburger Reichstag ab. Der Rat zeigte sich dem hohen Herrn der Stadt dadurch besonders gefällig, daß er an der Stadtmauerpforte in der Nähe von Maximilians Haus, dem sog. *einlauss,* Alten Einlaß, eine kunstvolle Maschinerie anbringen ließ, durch die Maximilian auch bei nächtlicher Heimkehr von der Jagd Eingang in die Stadt finden konnte. Er nahm auch stets gern am Geschlechtertanz der Augsburger Patrizier teil, den ein Ölbild von 1500 lebendig und mit Namen der tanzenden Paare darstellt. Sein Kanzler, der Augsburger Patriziersohn Matthäus Lang, wurde entgegen dem bürgerfeindlichen Statut des Domkapitels Augsburger Dompropst und erwarb 1507 als Bischof von Gurk und künftiger Kardinal zum Anteil seiner eigenen Familie an der Ruine Wellenburg auch den der Lauginger. Derart gewann Maximilian auch ein alsbald neu aufgebautes Jagdschloß in unmittelbarer Stadtnähe zu seiner Verfügung, dazu das Jagdhaus Radau. 1509 wurde die Basler Reichsmünze nach Augsburg verlegt. 1515 ist erstmals ein Mitglied der Familie Taxis als ansässiger Postmeister von Augsburg im Steuerbuch aufgeführt.

Die Bautätigkeit in der Stadt selbst war damals außerordentlich lebhaft. Fast gleichzeitig mit St. Ulrich wuchs etwa die neue Stiftskirche zum Hl. Kreuz, der erste Augsburger Hallenbau, empor. Die andern bildenden Künste blieben nicht zurück. 1491 entstand im südlichen Querarm des Domes das weit überlebensgroße, eindrucksstarke Fresko

Abb. 18 Jacob Fugger der Reiche und sein Buchhalter Matthäus Schwarz in der Augsburger Fuggerschreibstube. Aus der Trachtenbiographie Schwarzens, nach 1520

Abb. 19 Bartholomäus V. Welser. Bildnismedaille in Silber bzw. Blei von Hans Kels d. J. oder Christoph Weiditz, 1534

Abb. 20 Philippine Welser, Gemahlin Erzherzog Ferdinands von Österreich. Gemälde eines Tiroler Meisters, um 1570

des heiligen Christophorus mit dem Kinde und mit einem Baum als Stab. Für St. Ulrich schuf Jörg Seld 1494 eine mit Edelsteinen besetzte, auf der Rückseite mit Bilderdarstellungen geschmückte kostbare Kapsel des Ulrichskreuzes, der Ulmer Michel Erhart ein prächtiges Steinrelief des Bischofs Sintpert auf die Deckplatte des Sintpertusgrabes, sein Sohn Gregor das figurenreiche, plastische Grabdenkmal des Abtes Konrad Mörlin mit einer Anbetungsgruppe nach einer Zeichnung des Augsburgers Hans Holbein d. Ä. Für den Kreuzgang des Klosters St. Katharina malten die einheimischen Maler Hans Holbein d. Ä., Hans Burgkmair und ein unbekannter Dritter 1499 bis 1504 sechs berühmte Tafelbilder, welche die sieben römischen Wallfahrtskirchen und ihre Legenden darstellten. Diese sog. Basilikenbilder standen wie der 1507 von Burgkmair für das von Augsburger Patriziertöchtern bevorzugte Kloster gemalte Rosenkranzaltar noch in spätgotischer Überlieferung, aber schon begann auch die neue Kunstgesinnung der Renaissance von Italien her in Augsburg und damit in Deutschland einzudringen.

Es lag nahe, daß ihre Förderer vorzugsweise die Kaufleute mit ihren starken Italienbeziehungen waren. Allen voran als Kunstförderer gingen die Brüder Fugger. Sie schmückten das Haus am Rindermarkt, das sie als Wohn- und Bürohaus, Lager- und Versandbau erwarben, um 1493 mit zwei spätgotischen Portalen mit dem Fuggerschen Lilienwappenschild und mit einem zierlichen, kupferbedachten Erker, der ihre »goldene Schreibstube« erhellte. Als Ulrich und Jacob Fugger 1509 mit dem Karmeliterkloster St. Anna die Stiftung einer Familienkapelle vereinbarten, wählten sie für den Bau schon den neuen Stil. Die im Westchor der Kirche bis 1512 errichtete Fuggerkapelle über der Gruft wölbt sich auf vier marmorbelegten Pfeilern zur Decke empor. An der Westwand selbst wurden vier Grabplatten aus weißem Marmor eingelassen. Die inneren Relieftafeln gehörten Georg und Ulrich Fugger zu, zeigen über den aufgebahrten Toten den Simsonkampf und die Auferstehung und wurden von dem Augsburger Bildhauer Sebastian Loscher nach Entwürfen Albrecht Dürers geschaffen; die äußeren Tafeln Loschers für Jacob Fugger mit Wappen, Waffen und allegorischen Figuren verraten den Einfluß der oberitalienischen Renaissance. Den Abschluß der Kapelle gegen die Kirche zu bildet eine Brüstung mit steinernen Putten; in ihrer Mitte steht der marmorverkleidete Altar mit Reliefs aus dem Leiden Christi und einer vollplastischen Marmorgruppe des toten Christus mit einem Engel, mit Maria und Johannes von dem Augsburger Bildhauer Hans Daucher. Von dem Holzgestühl der Kapelle, das wie das Gestühl des Domwestchores von 1493 reiche Figurenschnitzerei aufwies, sind die 16 Büsten von Propheten und Sibyllen, Helden und Heldinnen des Alten Testaments und drei Reliefs mit Puttenpaaren aus Birnbaumholz erhalten. In einem Männerkopf mit Haube und Schwertgriff erkennt man Jacob Fugger selbst. Sein Bild kehrt in Jörg Breus d. Ä. Bemalung der Orgel über den Grabplatten wieder. Eine untere kleine und obere große Orgel trugen beiderseits der 1944 verbrannten Pfeifen Bilderflügel mit Darstellungen zur Geschichte der Musik und der Himmelfahrt Christi und Mariens. Die Kosten der Fuggerkapelle beliefen sich auf etwa 23 000 Gulden, aber das Geschäftskapital des bei ihrer Vollendung noch lebenden Bruders Jacob Fugger betrug nach der uns überlieferten Bilanz von 1527 im Februar 1511 bereits 196 791 Gulden. Jacob Fugger erwarb auch Schloß und Bergstadt Freiwaldau am schlesischen Altvatergebirge, dann das Reichensteiner Goldbergwerk im Glatzer Bergland und entwickelte eine eigene Rüstungsindustrie für Kanonen, Büchsen und sonstige Waffen. Das slowakische Kupfer ging jetzt nicht mehr nach Venedig, sondern in wachsenden Mengen nach Antwerpen.

Anfang Mai 1511 erhob der Kaiser seinen Bankier in den Adelsstand des Heiligen Römischen Reiches und machte das Fuggersche Geschlecht rittermäßig. Das Haus am Rindermarkt genügte nicht mehr. Deshalb erbaute Jacob Fugger 1512 bis 1515 am Weinmarkt bei St. Moritz ein neues Fuggerhaus, dessen Front sich durch späteren Zukauf eines weiteren Hauses auf 68 m verbreiterte. Der Neubau erhielt eine ziemlich glatte Straßenseite mit steilem Traufendach, das 1515 gleichzeitig mit den Dächern von Schloß Wellenburg und der neuen Hl.-Kreuz-Kirche mit Neusohler Kupferblech gedeckt wurde. Die Straßenwand selbst wurde nach Augsburger Brauch durch farbige Fresken mit Geschichtsdarstellungen verschönt. Im Innern des Gebäudes entstanden ein Mittelhof mit offenem Arkadengang und anschließend der feiner durchgestaltete sog. Damenhof, dessen schlanke Arkadensäulen aus rötlichem Marmor sind. Eine offene Balustrade mit Terrakottasäulchen bildet den Abschluß der Hofwandungen nach oben. Auch die Wände des Damenhofes waren mit Malereien ausgestattet, von denen nur geringe Reste erhalten blieben. Sie zeigten im oberen Teil Architektur- und dekorative Malerei oberitalienisch-venezianischer Art, der untere Teil bot Bilder von Taten Kaiser Maximilians mit deutschen Unterschriften. Noch heute gilt der Damenhof als einer der schönsten privaten Herrenräume der deutschen Frührenaissance, noch heute spricht er unmittelbar den deutsch-italienischen Geist um den damaligen Augsburger Kaufmannskönig aus, der nach Erhebung zum kaiserlichen Rat im Juli 1514 von Maximilian die persönliche Grafenwürde empfing. Jacob Fugger beteiligte sich mit Maximilian und mehreren reichen Augsburgern auch durch Schenkungen am Neubau der Dominikanerkirche, die 1512 bis 1514 unter der Bauleitung des Priors, Generalvikars der deutschen Dominikanerprovinz und kaiserlichen Hofpredigers Dr. Johann Faber, wohl nach französischem Vorbild und nach Plan Engelbergs, als lichter zweischiffiger Hallenbau mit sieben schlanken Rundpfeilern emporwuchs. Um 1509 ließ Fugger sich von Hans Holbein d. Ä. und um 1511 von Hans Burgkmair zeichnen, 1518/20 in schwarzem Gewand mit breitem Pelzkragen und in der gemusterten Goldhaube des Venezianer Handelsherrn von Albrecht Dürer malen. Jacob Fugger den Reichen in seiner Schreibstube zeigt uns die Bilderbiographie, in der sich der Fuggersche Hauptbuchhalter Matthäus Schwarz in den verschiedenen Kleidungen seines Lebens darstellen ließ. Eine ihrer Miniaturen stellt Fugger und den Buchhalter, der an seinem Schreibtisch sitzt, im Gespräch dar. Im Hintergrund erkennt man einen Schrank der Handelsregistratur mit Fächern für Rom, Venedig, Ofen, Krakau, Mailand, Innsbruck, Nürnberg, Antwerpen und Lissabon.

Spätestens im Frühjahr 1514 gedieh ein für Deutschland bahnbrechender sozialer Plan Jacob Fuggers zu fester Gestalt: Gott zum Lobe und zum Dank für den Handelserfolg des Fuggerschen Hauses eine Wohnsiedlung zu stiften, in der arme Bürger und Einwohner von Augsburg, die nicht betteln wollten, würdig und billig Unterkunft finden könnten. In der Jakobervorstadt wurde der benötigte Grund aufgekauft und sogleich mit dem Bau der zweistöckigen Reihenhäuser und Gassen der heute noch vorbildlichen Siedlung begonnen. Die eingerichteten Zwei- und Dreizimmerwohnungen erhielten jeweils eine eigene Küche und einen eigenen Gasseneingang. Noch 1516 wurden die ersten zwei Häuser bezogen, 1517 waren 17 bewohnt, 1518 32, 1519 39. In diesem Jahre wurden laut Inschriften die drei wappengeschmückten Tore erbaut, welche die Fuggerei gegen die übrige Stadt abschließen und noch jetzt nachts versperrt werden. Die Zahl der Häuser betrug 53 (heute 56). Der Seldsche Stadtplan gibt die kleine Stadtanlage bei St. Jakob schon fast vollendet wieder. Die Jahresmiete für eine Dreizimmerwohnung war damals ein rheinischer Gulden und ist heute noch 1,72 DM; dazu kommt derselbe Betrag für den Fuggereipfarrer. Das tägliche Gebet der Fuggereibewohner für das Seelenheil der verstorbenen Fugger ist, im Sinne des mittelalterlichen Stiftungsgedankens, der einzige wesentliche Dank der Stiftungsempfänger.

Mit solchem sozialem Stiftersinn und der großzügigen Kunstförderung der Fugger konnten sich andere reiche Augsburger nicht messen, obschon Anton Welser Jacob Fugger an kaufmännischem Unternehmungsgeist wenig nachstand. Er errichtete von Lissabon aus eine Faktorei in Funchal auf Madeira und betrieb bis 1509 auf der kanarischen Insel Palma, vor der afrikanischen Nordwestküste, auf selbsterworbenem Land bei Tassacorte Zuckerrohrpflanzungen. Aber er wählte sich als Grabschmuck in der Barfüßerkirche eine einfache Steinplatte mit dem Welserschen und Vöhlinschen Wappen. Wir haben kein Bild von ihm, und von den Welserhäusern wurde keines wie das Fuggerhaus zum bürgerlichen Stadtpalast ausgebaut. Das Welserhaus südlich von Imhofhaus und Königsturm behielt seine Hauskapelle, die St.-Leonhards-Kapelle, in der gotischen Ausstattung des späteren 14. Jahrhunderts; sie wurde lediglich etwas erweitert. Nach der Kriegszerstörung von 1944 hat man sie ebenso wie den geretteten Erker des Höchstetterhauses ins Administrationsgebäude der Fuggerei eingebaut.

Bei den malerischen Einzelaufträgen, die sie für vermögende Kaufleute ausführten, erwiesen sich Hans Holbein d. Ä. und Hans Burgkmair als die führenden Meister der Stadt. Hans Holbeins Kunst wurzelte tief in der Spätgotik und war bei aller weltmännischen Feinheit konservativ. Kennzeichnend für den Augsburger Gerberssohn war die Abneigung gegen Baiern, die er zuweilen sogar in seinen Bildern ausdrückte. Auf seinem Kreuzigungsbild zeigt der Kriegsknecht, der dem Heiland das Rohr reicht, auf seinem Hosenboden das baierische Wappen und auf seinem Sebastiansaltar für St. Katharina von 1516 erscheint einer der Schergen in die baierischen Farben gekleidet. Obwohl er, um einen Hochaltar zu malen, bis nach Frankfurt am Main gerufen wurde, geriet Holbein in wirtschaftliche Not und war 1516 gezwungen, nach Isenheim im Elsaß überzusiedeln. Schon 1515 war aus dem, im letzten Kriege zerstörten, Holbeinhaus im Augsburger Lechviertel sein 1497/98 dort am vorderen Lech geborener Sohn Hans Holbein d. J. nach Basel gezogen. Der jüngere Hans Holbein, vom Vater mit seinem älteren Bruder Ambrosius auf der Tafel der Paulusbasilika bei St. Katharina und in einer Silberstiftzeichnung von 1511 porträtiert, sollte einst neben Dürer der größte deutsche Renaissancemaler werden. Nach dem Wegzug Holbeins beherrschte Hans Burgkmair in Augsburg allein das Feld. Es gelang ihm in einem großen Peutingeraltar von 1519 mit Kreuzigungsdarstellung, der auf den Außenseiten der Flügel Kaiser Heinrich II. und St. Georg zeigt, meisterhaft den Übergang von der spätgotischen Überlieferung zum klaren Renaissancestil zu vollziehen. Burgkmair machte dem Namen seiner Vaterstadt aber nicht nur als Maler, sondern auch als Zeichner und Illustrator Ehre. Von ihm stammt die Zeichnung für das freilich niemals vollendete Marmorstandbild Maximilians bei St. Ulrich, das den »letzten Ritter« zu Pferde und im Harnisch mit Kaiserkrone und bloßem Schwerte darstellen sollte. Er lieferte eine stattliche Anzahl Vorzeichnungen zu einer Holzschnittfolge eines Triumphzugs Kaiser Maximilians. Er schuf schließlich einen Teil der Illustrationen zum »Theuerdank«, jenem merkwürdigen Heldengedicht, in dem der kaiserliche Geheimschreiber Maximilians Jugendgeschichte in allegorisch-moralisierender Form verarbeitete, und bebilderte mit anderen zusammen das vom Kaiser selbst in Prosa entworfene Gegenstück zum Theuerdank, den »Weißkunig«. Die zweite Ausgabe des Theuerdank ließ der Kaiser in der Augsburger Druckerwerkstätte Hans Schönspergers d. J. drucken, der auch die wenigen Exemplare des berühmten Georgsritter-Gebetbuchs Maximilians herstellte.

Das Zeitalter Maximilians war zugleich die Zeit, in der sich die Neigung für die klassische Literatur und die Pflege der Geschichte, der Humanismus, in der Fugger- und Welserstadt immer kräftiger ausbreitete; die Erinnerung an die römische Vergangenheit der eigenen Stadt erfuhr dabei eine besondere Belebung. Der erste bedeutendere Augsburger Humanist dieser Zeit war der vormalige Leibarzt Herzog Sigmunds von

Tirol, Dr. Adolf Occo I. Das Reliefbildnis seines Grabmals im Domkreuzgang von 1503, ein Werk Gregor Erharts, zeigt ihn am Tisch sitzend mit aufgeschlagenem Buch und Rosenkranz. Im Mittelpunkt der vollerblühten Augsburger humanistischen Bestrebungen stand der Stadtschreiber Conrad Peutinger, Doctor der Rechte der Universität Padua, seit 1506 Rat Maximilians. Ein vorzüglicher Altertumskenner, gab er 1505 auf Wunsch Maximilians die damals bekannten Augsburger römischen Inschriften heraus, die erste planmäßige Inschriftensammlung Deutschlands. Auf seinen Vorschlag wurde 1517 der Ritter Ulrich von Hutten in Augsburg vom Kaiser zum *poeta laureatus*, zum lorbeergezierten Dichter gekrönt, eine Ehre, die auch dem Augsburger lateinischen Privatlehrer Johannes Kening widerfuhr. Um Peutinger schloß sich eine gelehrte Augsburger Gesellschaft zusammen, zu der 1507 mehrere Domherrn, voran Bernhard und Konrad Adelmann, sowie der Patrizier Georg Herwart gehörten. Außerhalb dieses Kreises waren bedeutendere Humanisten bei St. Ulrich P. Veit Bild, bei den Dominikanern Prior Dr. Faber, im Domkapitel Christoph von Stadion, Doctor der Universität von Ferrara und Verehrer des Erasmus von Rotterdam. Als er im Juli 1517 Bischof von Augsburg wurde, öffneten sich auch dem Humanismus Erasmischer Prägung, der sich sehr um die gereinigte Ausgabe, Übersetzung und Auslegung der Heiligen Schrift mühte, die Wege der religiösen Reform. Der gelehrte Humanist Dr. Oecolampadius (Hussgen) wurde als Domprediger berufen. Aber über ein kurzes sollte die humanistische Reformbewegung nicht nur in seinem Leben vom Sturm einer anderen überholt und verschüttet werden.

Am 27. Juni 1518 kam Kaiser Maximilian zu seinem letzten Reichstag nach Augsburg, dessen Rathausfassade unter den drei gotischen Spitzgiebeln ihm zu Ehren noch 1516 mit einer Habsburgerreihe und mit Schlachtendarstellungen bemalt worden war. Der Reichstag war sehr gut besucht. Unter den Teilnehmern waren der päpstliche Legat Kardinal Thomas de Vio von Gaeta (Cajetanus), ein hervorragender Dominikanertheologe, und sämtliche Kurfürsten außer dem unmündigen König von Böhmen und Ungarn. Der Kaiser selbst wohnte in der bischöflichen Pfalz. Dort hat ihn damals im Turmstübchen des noch heute stehenden Residenzturmes Albrecht Dürer in einer wundervollen Kohlezeichnung porträtiert. Hauptanliegen Maximilians war, die Kurfürsten für die Wahl seines spanischen Enkels Karl zu seinem Thronfolger zu gewinnen. Mit Hilfe vorzüglich Fuggerschen Geldes gelang es, die Stimmen der Kurfürsten von Mainz, Köln, Brandenburg und der Pfalz zu sichern. Jacob Fugger ließ sich damals nicht nur wie der Kaiser von Dürer zeichnen. Er ließ durch den Augsburger Medailleur Hans Schwarz Bildnismedaillen von sich entwerfen und eröffnete mit ihrer Prägung in Silber die deutsche Medaillenkunst. Die Vorderseite der Medaillen von 1518 zeigt den Kopf mit venezianischer Haube, die Rückseite die Römergötter Apollo, Neptun und Merkur. Mit Besorgnis beobachtete Jacob Fugger den Kampf gegen den vom Fuggerschen Hause verwalteten Ablaß Papst Leos X., der 1517 von dem Wittenberger Augustinereremiten Dr. Martin Luther ausgegangen war. Nach Schluß des Reichstags zu Ende September siedelte der Kardinal ins Fuggerhaus über. Er hatte noch den Wittenberger Mönch zu verhören, der sich vor ihm in Augsburg verantworten sollte und Anfang Oktober mit zwei Begleitern hier eintraf. Luther stieg im St.-Anna-Kloster ab, mit dessen Prior Johann Frosch er von Wittenberg her befreundet war. Die Aussprache zwischen Cajetan und Luther fand wahrscheinlich im Fuggerhaus statt und endete mit Luthers Weigerung, die von ihm gegen den Ablaß verkündeten Thesen zu widerrufen. Am 14. Oktober übergab er eine schriftliche Zurückweisung. Er fand in seiner Haltung freundschaftliche Stützung nicht nur bei Frosch und den Karmelitern, sondern auch bei Peutinger, der ihn in sein Haus einlud, und noch mehr wohl bei Bernhard Adelmann, der ein strenger Gegner kaufmännischer Zinsgeschäfte war. Der Domherr lag deswegen in bitterem Streit mit Jacob Fugger. Dieser hatte das Kirchenpatronat von St. Moritz an sich gebracht und dort seinen theologischen Beistand, Dr. Johannes Maier genannt Eck, als Prediger eingesetzt. Als Luther die Verhaftung zu drohen schien, verhalfen ihm einflußreiche Augsburger in der Nacht vom 20. auf 21. Oktober zur Flucht durch ein Mauerpförtchen. Wenige Wochen später reiste Frosch nach Wittenberg, um sich dort den theologischen Doctorhut zu erwerben. Bei dem Augsburger Buchdrucker Silvan Othmar erschien alsbald Luthers deutsche Auslegung des 109. Psalms.

Im Januar 1519, kurz nachdem der junge Habsburger Karl die spanische Schuldverschreibung auf die Fuggerschen Wahlgelder und 300 000 Gulden in Wechseln auf die Fugger ausgefertigt hatte, starb Kaiser Maximilian I. Er war als König und Kaiser nicht weniger als siebzehnmal in Augsburg gewesen, fünfmal länger als 100 Tage, zusammen zwei ganze Jahre und 211 Tage. Nicht ohne Grund hatte er sich beim französischen König den Beinamen eines Bürgermeisters von Augsburg erworben und Augsburg hatte es gewiß nicht zu bedauern, daß es noch nicht wie Worms, Speyer, Köln, Regensburg und Straßburg eine Freie Reichsstadt, sondern eine Reichsstadt unter kaiserlicher Stadtherrschaft war. Maximilians Enkel Karl sah sich zur endgültigen Erlangung seiner Kaiserwahl, die nun seit Maximilian unabhängig von der Krönung in Rom vorgenommen wurde, wieder auf die Fugger und Welser angewiesen. Jacob Fugger brachte an Wahlmitteln selbst 543 585 Gulden gegenüber 143 333 Gulden der jetzt von Bartholomäus V. Welser geleiteten Welsergesellschaft auf; bei ihm wurde auch die ganze ungeheure Wahlkasse von 851 918 Gulden angesammelt. Als am 28. Juni 1519 in Frankfurt die Stimmen sämtlicher Kurfürsten sich endlich auf Karl vereinigten, gab es denn auch fast nur eine Meinung darüber, wem er seine Erhebung zu verdanken hatte. Der Augsburger Rat feierte sie mit einem Freudenfeuer vor dem Perlach und in den Vorstädten. Das Aufgeld, das Jacob Fugger für sich und die Welser berechnete, betrug nur 17 500 Gulden. Er hatte diesmal die bisherige Grenze seiner Darlehen ans Haus Habsburg weit überschritten und zudem den Grundsatz verlassen, sie nur auf genau kontrollierbare Sicherheiten zu geben. Jetzt stand und fiel sein Haus mit dem kaiserlichen Schuldner.

1521 erreichte er einen Vertrag mit Karl V., der ihm für 400 000 Gulden in Tirol Anrechte auf Haller Salz und Schwazer Kupfer und Silber sowie den Schmelzhandel von Rattenberg überließ und ihn im übrigen auf niederländische und spanische Kroneinkünfte verwies. Für die Hochzeiten des Kaiserbruders Ferdinand und seiner Schwester mit ungarischen Königskindern gab Jacob Fugger ein neues Darlehen von 170 000 Gulden. Als Ferdinand im Februar 1522 Regent der österreichischen Erblande wurde, erhielt Jacob Fugger neue Tiroler Bergwerksrechte und wurde so auch in Tirol zum aktiven Großindustriellen. Auch der überseeische Handel schien neue Möglichkeiten zu eröffnen. Im Herbst 1522 kehrte eines der spanischen Schiffe des Admirals Magelhães von der ersten Erdumsegelung über die Südspitze Südamerikas mit erster Indienware von Osten her nach Spanien zurück. Sofort übernahm der

Welserfaktor Heinrich Ehinger in Sevilla fast die ganze Gewürz- und Spezereiladung für die deutschen Handelshäuser. Und da für eine neue, größere Ausfahrt in Spanien selbst nicht genug Schiffe zur Verfügung standen, lud der Kaiser noch im Dezember 1522 deutsche Kaufleute unter der Leitung Jacob Fuggers zur Beteiligung ein. Im März 1523 beauftragte er diesen, zusammen mit einem Spanier, acht Schiffsladungen mit Schiffbaumaterial von Lübeck und Danzig nach Spanien zu bringen. Jacob Fugger zeichnete für dieses Unternehmen 10 000 Dukaten, die Welser gaben diesmal 2000. Ein Fuggerscher Faktor begleitete die von La Coruña auslaufende Flotte von sechs Schiffen, die freilich am Ziel der portugiesischen Gegenarbeit zum Opfer fiel. Ähnlichen Wagemut zeigten immer wieder auch andere Kaufherren. Andreas Grander erhielt gegen ein Darlehen an den letzten Hochmeister des Deutschritterordens in Ostpreußen das Bernsteinhandelsmonopol. Aber all das konnte die Tatsache kaum verdecken, daß für das glänzende Bündnis von Kaiser, Kirche und Augsburger Kapital eine schwere Krise heraufgezogen war. Der weitere Fortschritt der Wirtschaftsmacht vollzog sich unter heftigen Kämpfen mit mächtigen Gegenströmungen.

Der Leipziger theologischen Disputation zwischen den Doctoren Luther und Eck vom Jahre 1519 waren die großen reformatorischen Kampfschriften Luthers gefolgt, dazu sein Großer Sermon vom Wucher. Sie fanden auch in Augsburg rasch weitere Verbreitung. Der Bischof untersagte jetzt den Geistlichen das Lesen der lutherischen Veröffentlichungen, Mitte Oktober 1520 empfing er durch Eck die päpstliche Bannandrohungsbulle gegen Luther und sechs seiner Freunde zur Verkündigung. Sie galt auch seinem eigenen Domherrn Bernhard Adelmann, der daraufhin seine beanstandeten Auffassungen abschwor und sich dem Papst unterwarf. Im Dezember brachte Bischof Christoph von Stadion die Bannbulle nach längerem Zögern zur allgemeinen Kenntnis und ließ das Kirchenvolk zum Jahresende von den Kanzeln auffordern, lutherische Büchlein beim Domkapitel abzuliefern. In der Fastenzeit 1521 wurde Bürgern, die den Besitz solcher Schriften gebeichtet hatten, sie aber nicht ablieferten, die Lossprechung verweigert. Die Folge war eine böse Mißstimmung unter den Handwerkern, voran wohl wieder den Webern, die der Geistlichkeit schon an sich nicht wohlgesinnt waren. Zu Ende März erhielt der Bischof den päpstlichen Auftrag, auch den Domprediger, den eben erst anstelle Oecolampads berufenen »poeta laureatus« Dr. Urbanus Rhegius (Rieger), wegen fortgesetzter Predigten gegen den Ablaß zum Widerruf zu zwingen. Rhegius verließ die Stadt, nachdem er sich, gleich seinem Vorgänger, offen für Luthers Lehre erklärt hatte, noch vor Jahresende. Schwieriger stand es mit Geistlichen an Stiften und Klöstern, die das Bürgerrecht besaßen. Das Selbstbewußtsein des Rates wurde gerade jetzt dadurch gehoben, daß der Kaiser der Stadt 1521 auf dem Reichstag zu Worms, vergleichsweise spät, das eigene Münzrecht unabhängig vom bischöflichen verlieh. Die ersten goldenen und silbernen Stadtmünzen zeigen auf der einen Seite die Zirbelnuß mit der Umschrift *Augusta Vindelicorum,* auf der andern meist den Reichsadler mit der Kaiserkrone und den Namen Karls V. Seit 1527 erscheint darauf auch das Brustbild des geharnischten Kaisers mit Schwert und Reichsapfel.

Im Juli 1522 mußte der Bischof den Rat ersuchen, ihm den Prior von St. Anna, Dr. Frosch, und den Nachfolger Ecks bei St. Moritz, Dr. Johann Speiser, wegen Predigtverfehlungen im lutherischen Sinne auszuliefern. Er stieß dabei auf den Widerstand des Rates, der eine Verhaftung an den beiden eingebürgerten geistlichen Stätten ablehnte und ein ordentliches Verfahren, ja ein Weiterpredigen der zwei Priester bis zur nächsten Fastenzeit verlangte, da er bei ihrer Entfernung Aufruhr in der Stadt befürchte und seiner Gemeinde nicht mächtig sei. Augsburger Druckereien begannen Teile der Lutherischen Bibelübersetzung zu drukken. Die beiden geistlichen Lutheranhänger blieben auch nach den Fasten 1523, ja Rhegius kehrte auf Wunsch des Rates nach Augsburg zu St. Anna zurück. Dr. Frosch erklärte im August auf der Kanzel, er wolle nicht mehr Messe lesen, falls nicht Anwesende das Sakrament empfangen wollten; dann legte er das Priorat nieder und spendete seit 1524 das Abendmahl auf Wunsch unter beiderlei Gestalt. Im Frühjahr dieses Jahres begann der Lesemeister des Barfüßerklosters, der Franziskaner Johann Schilling, scharfe Predigten gegen Kirche, Rat und Reiche, besonders wohl gegen Jacob Fugger, zu halten. *Er ließ sich auch,* so schildert die Chronik eines Ungenannten, *in seinen predigen heren, als ob alle ding gemain sein sollten. Mit disen und dergleichen predigen und gesellschaften zoch der minich vil volckhs, doch merer tail den bevel* (Pöbel) *an sich, die vil lieber mit den reichen geteilt, dann frid und das heilig evangelii in aufnemung gesehen, auch inn wenig an aines erbaren rhats und gemainer statt verderben gelegen.* Hier wurde weder die Fuggereigründung gewürdigt noch die gutmeinende Almosenordnung des Rates von 1522. Unter dem Einfluß dieser aufreizenden Predigten kam es am 8. Mai beim Gottesdienst in der Barfüßerkirche zu einem Tumult, worauf der Rat Schillings Abberufung erwirkte. Als dieser aber Augsburg wirklich verließ, sammelte sich am 6. August eine laut lärmende Menge von etwa 1800 Menschen, größtenteils Bierschenken, Schneider und Weber, vor dem Rathaus und verlangte drohend den Mönch zurück. Der überraschte Kleine Rat mußte die Belassung Schillings zusagen. Am 9. ließ er aber sämtliche Stadtsöldner und Amtsleute am Rathaus aufziehen und besetzte mit ihnen Rathaus, Herrenstube und Kaufleutestube, während die Zunftmeister die Zunfthäuser zu sichern hatten. Mit den Bürgermeistern Vetter und Hieronymus Imhof erschien fast der ganze Rat im Harnisch zur Ratssitzung mit dem Großen Rat, der sich aber nur, soweit es nicht gegen das Evangelium ginge, einmütig hinter den Kleinen stellte. Inzwischen suchten sich die Kaufleute, Jacob Fugger voran, die Domherren, der Benediktinerabt und viele Weltgeistliche aus der Stadt in Sicherheit zu bringen; die Klöster wurden verbarrikadiert. Am 12. untersagte der Rat alle weiteren aufrührerischen Reden und Handlungen und ließ wenige Tage später am Perlach zwei Weber enthaupten, die sich dagegen vergingen. Trotzdem blieb die Lage für Kirche und Kaufleute bedrohlich. Es kam hinzu, daß es im April 1523 den vereinigten Klagen zahlreicher Grafen, Herren und Ritter über warenverteuernden Monopolkapitalismus der großen Augsburger Häuser gelungen war, den Anwalt des Reichsregiments zu einer Ladung Jacob Fuggers, dem insbesondere Verteuerung des Kupfers vorgeworfen wurde, Bartholomäus V. Welsers, Ambrosius Höchstetters, Christoph Herwarts, Andreas Granders und Andreas Rems vor das Reichskammergericht zu veranlassen. Peutinger setzte, soweit er dies nur konnte, den Einfluß der Stadt zugunsten der betroffenen Firmen ein. Der Kaiser selbst beeilte sich, seine unentbehrlichen Helfer in Geldnöten zu decken und verbot im September 1523 von Burgos aus die Weiterführung des Monopolprozesses. Das gesamte Aktenmaterial wurde nach Spanien abgefordert und nicht zurückgegeben. Ja, zum Jahresbeginn 1525 verpachtete der Kaiser an Fugger zusammen mit den Meistergütern der spanischen geistlichen Ritterorden die altberühmten Quecksilbergruben von Almaden, zur Tilgung seiner restlichen Wahlschuld und gegen ein neues Darlehen von 200 000 Dukaten. Er schloß damit als König von Spanien selbst einen Monopolvertrag. Erzherzog Ferdinand folgte unverzüglich nach, indem er einen ähnlichen Vertrag mit Höchstetter über die Quecksilber- und Zinnausbeute von Idria in Krain nördlich Triest einging. Im März 1525 erließ der Kaiser ein Madrider Edikt für die freie Ausdehnung der Handelsgesellschaften, im Mai zu Toledo ein Mandat zugunsten der Erzhandelsmonopole. Die Häuser Fugger, Welser und Höchstetter erhielten zum allgemeinen Schutzgesetz noch besondere Privilegien.

Zu gleicher Zeit, 1524, erschien in Wittenberg Luthers »Sermon von Kaufhandlung und Wucher«, der sehr scharf gegen die Handelsgesellschaften und ihre Monopolpolitik anging. Und noch vor Jahresende brach der große Bauernaufstand los und breitete sich lawinenartig auch in Schwaben aus. Im Februar 1525 bot der Schwäbische Bund auch die Truppenkontingente von Augsburger Bischof und Reichsstadt gegen die Bauern auf; Bundeshauptmann der Städte, mit Kanzlei in Ulm, war der mehrmalige Augsburger Bürgermeister Ulrich Arzt. Herzog Ludwig X. von Baiern besetzte die Lechlinie und deckte der Stadt den Rücken. Seitens der Bauern wurde die Verbindung mit den Unzufriedenen in Augsburg selbst, vor allem den armen Webern, hergestellt. Mitte März schlugen aufständische Bauern ein Lager bei Wellenburg und vereinigten sich mit Gesinnungsfreunden von Haunstetten und Gersthofen. Aber der Rat wies sie ab und fand dafür die Billigung der Zunftzwölfer. Angreifen konnten die Bauern die ummauerte, von 400 Söldnern geschützte Stadt nicht. Seit Anfang April ging der Bauernkrieg mit vernichtenden Niederlagen der Bauernhaufen zu Ende. An der Niederwerfung des Bauernaufstandes außerhalb des Stadtgebietes beteiligte sich Augsburg nur mit einem Fähnlein Landsknechte; nachmals hielt es den wegen Teilnahme am Bauernkrieg gefangen gesetzten Ritter Götz von Berlichingen in Gewahrsam. Weit gefährlicher wurde dem Augsburger Großhandel der anschließende Bauern- und Bergknappenaufstand in Tirol, dessen Artikel die Abschaffung der Fugger, Welser und Höchstetter und das Verbot des kaufmännischen Silberkaufs im Lande verlangten. In Ungarn kam es zu Bergknappenunruhen in Neusohl, im Juni auch zu einem

Volksaufstand in Ofen (Budapest), in dessen Verlauf die dortige Fuggerfaktorei beraubt und die vorübergehende Einziehung der Bergwerksprivilegien der Gesellschaft durch den ungarischen König Ludwig II. herbeigeführt wurde. Auf einem Augsburger Reichstag kam in diesen wirren Zeitläuften wegen des schlechten Besuches nichts zustande. Während der Kaiser auch in der ungarischen Sache zu Hilfe eilte und in Augsburg selbst noch ein Generallandtag der österreichischen Erblande stattfand, starb Jacob Fugger am 30. Dezember in seinem Augsburger Hause und wurde gegen seinen Willen bei St. Anna beigesetzt. Der benediktinische Stadtchronist Clemens Sender schreibt dazu stolz, Fuggers Name sei selbst in der Heidenschaft bekannt gewesen und die Kardinäle seien vor ihm aufgestanden. 1526 löste sich der Ungarische Handel der Fugger-Thurzo zugunsten der alleinigen Fuggerschen Bergwerkspacht auf, 1527 wurde die Fuggerbank in Rom aufgehoben. Erzherzog Ferdinand, jetzt König von Ungarn-Böhmen, begann aber gleichzeitig Verschreibungen auf Einkünfte im spanischen Neapel zu geben.

Die Krise von 1525 war so gemeistert, aber die fiebrig erregte Zeit schuf immer neue religiöse und soziale Zwiste. Neben Luthers Lehre trat jetzt die reformatorische Botschaft des Schweizers Huldrych Zwingli, die sich namentlich in der Abendmahlsfrage noch weiter von der bisherigen Kirchenlehre entfernte. Zwingli begann persönlich eine rege briefliche Werbung in der Lechstadt. Der Rat unterhielt bereits selbst die lutherischen Prediger im St.-Anna-Kloster. Nach Schillings endgültigem Weggang nahm er nun auch am Barfüßerkloster, aus dem der Guardian 1526 austrat, einen Ratsprediger an, den aus Baiern vertriebenen Pfarrer Michael Keller (Cellarius). Keller war Zwinglianer und hielt das Abendmahl in Schweizer Gestalt als reines Gedächtnismahl. Der Zulauf war groß und die Zwinglischen erhielten derart die Oberhand in der Bevölkerung, daß Augsburg schon Anfang 1527 als überwiegend zwinglische Stadt gelten konnte. Während vor allem die kleineren Frauenklöster an der Horbruck und bei St. Nikolaus, aber auch die zu St. Katharina und Maria Stern stark zusammenschmolzen, mußten den Reformationsanhängern auch die Nebenkirchen bei Hl. Kreuz und St. Georg, 1529 das Predigthaus von St. Ulrich als neue Gottesdienststätten überlassen werden. Sie stellten selbst drei weitere zwinglische Geistliche an. Neben Lutheranern und Zwinglianern traten noch die Anhänger der biblischen

Erwachsenentaufe, die Wiedertäufer, auf, die zwar keine Kirche hatten, aber um so heftiger in der gärenden städtischen Menge warben. Sie versammelten sich in Stuben und Kellern oder in Gärten an der Innenseite der Stadtmauer; im Sommer 1526 wurden anscheinend die ersten Wiedertaufen in Augsburg vollzogen. 1527 wurden die Besuche der umherziehenden Täuferprediger trotz der Ausweisungen und Beherbergungsverbote des Rates immer häufiger. Man schätzte die Taufgesinnten schließlich auf 800 Seelen. Im August 1527 fand sogar eine allgemeine Versammlung der Täuferprediger in Augsburg statt, die sog. Märtyrersynode. Darauf griff der Rat entschlossen durch, verwies die hartnäckigen Taufgesinnten aus der Stadt, ließ die vier Hauptanführer einkerkern und drohte im Oktober strengste Strafen für Anschluß an die Täuferbewegung an. Der Prediger Hans Hut kam bei einem Ausbruchsversuch ums Leben, seine Leiche wurde vom Henker verbrannt. Die reuigen Wiedergetauften wurden im Folgejahr von allen städtischen Ämtern und auf fünf Jahre von den Ratswahlen ausgeschlossen. Mit der Hinrichtung eines einzigen Täufers war die Bewegung dann unterdrückt.

Hauptbollwerk der alten Kirche in der Bürgerschaft war das jetzt von Jacobs des Reichen Neffen Anton geleitete Haus Fugger. Die von ihm veranlaßte und älteste erhaltene Fuggerinventur vom Jahresende 1527 wies Vermögensstand, Schulden und Forderungen in allen Teilen Europas aus. Die Gesamtabrechnung, die namentlich die Großfaktoreien Augsburg, Venedig, Rom, Antwerpen, Nürnberg und Breslau, dazu die Faktoreien Schwaz, Fuggerau, Wien, Leipzig, Hohenkirchen, Ofen, Neusohl, Köln, Bozen, Frankfurt am Main, die spanische Faktorei und Hoffaktorei aufführte, ergab Einnahmen in Höhe von 3 000 588 Gulden 19 Kreuzern 6 Pfennigen und Ausgaben von 867 797 Gulden 1 Kreuzer 4 Pfennigen, so daß der Gesellschaft ein Vermögen von 2 132 791 Gulden 18 Kreuzer 2 Heller verblieb. Das Warenkonto in den Faktoreien betrug 380 000 Gulden, meist Kupfer, auch Silber, etwas Messing und wenig Textilien, in Antwerpen allein für über 200 000 Gulden Kupfervorrat; von den Bergwerken und Bergwerksanteilen entfielen rund 60 000 Gulden auf Tirol, 210 000 Gulden auf Ungarn. Unter den Forderungen erschien eine Schuld des Erzherzogs Ferdinand von nicht weniger als 918 460 Gulden! Dabei nahm der Erzherzog als Ungarn- und Böhmenkönig gegen alle erdenklichen Verpfändungen gleichzeitig noch bei anderen Augsburger Kaufleuten Darlehen auf. Dem Hause Fugger verpfändete er nebst Bestätigung des Münzrechts zu Kremnitz bei Neusohl Zölle in Tirol und in Schlesien, die Silberbergwerke von St. Joachimsthal in Böhmen und, noch 1528, die Einkünfte der Salzkammer im Fürstentum Siebenbürgen, den Zunftkaufleuten und Brüdern Leonhard, Anton und Hans Bimmel Kroneinkünfte in der Zips! Ambrosius Höchstetter, der in Augsburg auch kleinste Spareinlagen bis herab zu 10 Gulden annahm, wagte den Griff nach einem allgemeinen Quecksilbermonopol, überschätzte aber dabei seine Kraft. Als er dem Brüsseler Hof auf ein Anleihegesuch Quecksilber statt Geld anbot, entstanden Zweifel an seiner Zahlungsfähigkeit und es begann der Ansturm der Gläubiger. 400 000 Gulden soll Höchstetter bar ausgezahlt haben, aber im Frühjahr 1529 war er am Ende. Gebrochen wandte er sich an Anton Fugger um Rat und Beistand, aber der Konkurs war nicht mehr zu verhüten. Der alte Mann wurde Ende Juni 1531 vom Rat mit zwei Söhnen in Ketten gelegt und starb in der Schuldhaft.

Aussichtsreicher erschien eine wagemutige überseeische Planung der Augsburger Welser, die schon 1524 eine amerikanische Faktorei auf der Insel Santo Domingo (Haiti) in Spanisch-Westindien eröffnet hatten, die erste Niederlassung eines deutschen Handelshauses in Amerika. Man betrieb von hier aus vor allem den Rohrzuckerhandel, schaltete sich aber auch in die Edelmetallschmelze besonders der Provinz Santa Marta am Nordwestrand des südamerikanischen Festlandes ein. Anfang 1528 schloß der Kaiser mit den vorgeschobenen Welserfaktoren Heinrich Ehinger und Hieronymus Sailer zunächst einen Vertrag, der diese verpflichtete, 50 Bergleute in Deutschland anzuwerben und nach Santo Domingo zu bringen, wo der Kupferbergbau gefördert werden sollte. Ein zweiter Vertrag vom 12. Februar beauftragte Ehinger und Sailer gegen eine Pauschalabgabe mit der Einfuhr von 4000 Negersklaven, davon ein Drittel Frauen, nach Spanisch-Amerika innerhalb der nächsten vier Jahre. Der dritte und wichtigste Vertrag vom 27. März übertrug ihnen für Lebensdauer das noch unerforschte Kolonialgebiet an der Nordküste Südamerikas von der Halbinsel von Carupano am Golfo de Paria gegenüber Trinidad im Osten bis zum Cabo de la Vela im Westen und zum offenen Meer im Süden zur Erschließung und alsbaldigen Besiedelung mit mindestens 300 europäischen Kolonisten binnen zwei Jahren. Ein vierter Vertrag vom 16. April verschaffte den Welserfaktoren das Münzmeisteramt für Santa Marta und die neue Kolonie. Ehinger begab sich noch 1528 nach St. Joachimsthal, gewann dort mehrere Gruppen von Bergleuten und schaffte sie wie einige Schwazer über Spanien nach Santo Domingo. Da die nächste spanische Behörde in Santo Domingo die erworbenen Anrechte der Deutschen auf die neue Küstenprovinz nicht wirksam gegen Wettbewerber schützte, ging im Februar 1529 Ehingers Beauftragter Ambrosius Dalfinger dort mit meist spanischen ersten Ansiedlern als Gouverneur an Land und baute zunächst bei einer indianischen Küstensiedlung den festen Platz (Santana de la) Coro aus. Eine westlich davon angelegte zweite Kolonistenniederlassung an der Küste, Maracaibo, hatte noch keinen dauernden Bestand. Nach den dort auf Pfählen in das Wasser der Lagunen gebauten Indianerdörfern führte die ganze Provinz den Namen Klein-Venedig, Venezuela. 1530 führte Georg Ehinger neue Ansiedler nach, dazu Bergleute. Bald kam auch Vieh. Auf einer sorgfältig auf Pergament gezeichneten Welserschen Weltkarte von 1530 wurde die neue Kolonie, durch große Banner abgesteckt, erstmals dargestellt. Diese mit hübschen Bildzeichnungen geschmückte, in Tuschfarben ausgemalte und spanisch beschriftete Karte zeigt nicht nur das neuentdeckte Amerika, sondern auch Afrika und Asien bis ins ferne hinterindische Inselgebiet.

Im Januar 1530 schrieb Karl V. seinen ersten Augsburger Reichstag aus, auf dem die Frage der Glaubensspaltung unter Anhörung der Meinung von Katholiken wie von Reformationsanhängern bereinigt werden sollte, die sich seit ihrem Einspruch gegen den Speyerer Reichstagsabschied von 1529 Protestanten nannten. Als Häupter der protestantischen Partei im Reiche kamen Luthers Landesherr, Kurfürst Johann von Sachsen, Landgraf Philipp von Hessen, der Markgraf von Brandenburg-Ansbach und Herzog von Braunschweig-Lüneburg, unter den Abgeordneten der protestantischen Reichsstädte die von Nürnberg und Straßburg; der Augsburger Rat selbst hatte sich der Speyerer Protestation nicht angeschlossen. Da man vielfach glaubte, es würde in Augsburg zu einer Art Nationalkonzil kommen, brachten die Reichstagsteilnehmer oft auch ihre Theologen mit; so kam mit dem sächsischen Kurfürsten Dr. Philipp Melanchthon als begabtester theologischer Mitarbeiter des auf der kursächsischen Grenzfeste Coburg zurückgebliebenen Luther, mit

Abb. 21 Kaiser Karl V. zu Roß bei Mühlberg in einem von dem Augsburger Plattner Desiderius Helmschmied gefertigten Panzer. Ausschnitt aus einem Gemälde Tizians, Augsburg 1548

Abb. 22 Fuggerkapelle bei St. Anna in Augsburg, 1509–1518

den Straßburgern der Zwinglianer Martin Bucer. Zu Anfang Mai traf der päpstliche Legat Kardinal Campeggi ein, am 15. Juni, begleitet von Erzherzog Ferdinand und den Herzögen Wilhelm IV. und Ludwig von Baiern, der Kaiser selbst. Bischof und Domkapitel, der Abt von St. Ulrich, dem nur eine Minderzahl seiner Mönche abgefallen war, und die altgläubige Geistlichkeit, außer den gelichteten Bettelorden, empfingen ihn am Südrand der Bischofsstadt. Am folgenden Fronleichnamstag verpflichtete er den Rat für die Reichstagsdauer zur Unterbindung der lutherisch-zwinglischen Predigt. Am 23. Juni versammelten sich der sächsische Kurfürst, der Landgraf, der Markgraf und der Lüneburger mit ihren Räten und zwölf Theologen zur Schlußberatung über eine endgültige Fassung eines gemeinsamen Bekenntnisses, dem sich dann Nürnberg und einige kleinere Reichsstädte anschlossen. Diese lutherisch geprägte *Confessio Augustana* sollte dartun, daß die Lehre der Protestanten nicht wesentlich von jener der alten Kirche abweiche und daß der Gegensatz vornehmlich Mißbräuche des kirchlichen Lebens betreffe. Sie enthielt deshalb die Forderung nach einem neuen Konzil. Straßburg und die drei oberländischen Reichsstädte Konstanz, Lindau und Memmingen verwarfen sie und beharrten auf einem zwinglischen Sonderbekenntnis. Die Augustana wurde am 25. Juni vor Kaiser und versammeltem Reichstag in der Kapitelstube der bischöflichen Pfalz nahe dem Pfalzturm durch den kursächsischen Kanzler Beyer in ihrem deutschen Text verlesen und dann deutsch und lateinisch übergeben. Der Kaiser ließ darauf durch Eck und andere Theologen eine katholische Widerlegungsschrift, die Confutatio, verfassen und am 3. August an derselben Stelle durch den kaiserlichen Sekretär bekanntmachen. Die Protestanten nahmen sie als Urteil nicht an, und schon am 6. verließ der Landgraf heimlich die Stadt. Die weiteren Verhandlungen, bei denen sich besonders der Augsburger Bischof sehr um den Frieden bemühte, blieben ergebnislos. Der Reichstagsabschied enthielt zwar das Versprechen des Kaisers, zur Abstellung der eingerissenen kirchlichen Mißbräuche und zu echter Kirchenreform beim Papste für ein Konzil einzutreten, betrachtete aber das Augsburger Bekenntnis als widerlegt. Die Bekenner der Augustana lehnten den Abschied am 22. September ab. Am Folgetag verpflichteten sich die katholischen Fürsten in der Bischofspfalz, im Falle der Hartnäckigkeit der Protestanten mit Gut und Blut zum Kaiser zu stehen. Dieser ordnete nun zur Wiederherstellung der altkirchlichen Ordnung zunächst die Rückgabe der Barfüßerkirche für den katholischen Gottesdienst an. Sie fand in Gegenwart Erzherzog Ferdinands statt, wobei es aber zu einer blutigen Schlägerei mit protestantischen Zünftlern kam. Ein neuer Zunftaufstand schien loszubrechen. Als am 13. Oktober der Reichstagsabschied verlesen wurde, sah sich der Rat zwischen dem Kaiser und der Stimmung der Mehrheit der Bevölkerung in sehr schwieriger Lage. Am 25. fiel die Entscheidung unter Heranziehung des Großen Rates. Die Zunftzwölfer gaben den Ausschlag für die Ablehnung. Man erklärte, man wolle und werde in allen weltlichen Dingen dem Kaiser gehorsam sein und eher mehr als zu wenig tun; da der Abschied aber den heiligen Glauben und die Gewissen der Menschen betreffe, könne und möge man ihn nicht annehmen. Auch eine schriftliche Aufforderung des Kaisers an den Rat vom 12. November, in welcher er ihm seinen Schutz gegen die Gemeinde anbot, vermochte nichts zu ändern.

Die Monopolklage des Reichstages gegen die großen Handelshäuser wurde mit Vorschlägen für Drosselung und Überwachung der Kapitalzusammenballung erneuert. Peutinger trug nun in einer berühmten Denkschrift die grundsätzliche Rechtfertigung des »neuen ökonomischen Denkens« vor, und der Kaiser schlug die Klage diesmal endgültig nieder.

Noch besseren Erfolg hatte er mit dem Reichstagsvorhaben, Erzherzog Ferdinand, den er vor Schloß Wellenburg mit den österreichischen Ländern belehnte, auch zum »römischen« König zu erheben. Anton Fugger gab wieder ein Wahldarlehen von 356 845 Gulden und eine Jahrespension für den Reichserzkanzler; als neue Sicherheiten dienten nun die Einkünfte der reichen niederländischen Städte Antwerpen, wo beim Fuggerhaus ein ansehnlicher *Fokkers toren,* Fuggerturm, aufragte, und Mecheln. Als am 13. November das Wahlabkommen mit fünf gewonnenen Kurfürsten glückte, erhob der Kaiser seine Räte Raymund, Anton und Hieronymus Fugger samt ihren Erben in den Grafenstand. Sie sollten künftig von allen bürgerlichen Abgaben außer dem Ungelt und von der Gerichtsbarkeit der Stadt Augsburg außer bei Klagen von Augsburger Bürgern befreit sein. Nach Ferdinands Krönung schloß Anton Fugger am 28. Januar 1531 einen Vertrag mit der spanischen Regierung über den Besitz von Chile und (Süd-)Perú, von der Südgrenze des bereits spanischen Inkareiches bei Chincha bis zur Magelhãesstraße und östlich 1100 km landeinwärts. Der Plan wurde von Santo Domingo her organisiert und rechnete offenbar mit der Möglichkeit einer mittelamerikanischen Durchfahrt, scheiterte aber im Grunde schon mit dem Untergang des ersten von Spanien ausgelaufenen Schiffes. Das angewiesene Land wurde von den spanischen Eroberern Pizarro und Almagro besetzt. Die Grafen Fugger zogen sich völlig wieder aus Amerika zurück. Sie erhielten dafür 1534 das Recht zur Errichtung einer eigenen Münzstätte und 1535 den ungarischen Adel. Die in der Barchentstadt Weißenhorn geprägten Fuggermünzen tragen das Reichs- und das Fuggerwappen.

Günstiger schien sich das Unternehmen der Welser, die durch Lucas Welser das Vermögen Sigmund Gossembrots geerbt hatten, in Venezuela zu entwickeln. Noch während des Augsburger Reichstags erklärten Heinrich Ehinger und Sailer dem Kaiser, sie hätten den Kolonialvertrag nur im Namen des Bartholomäus V. Welser abgeschlossen. Im Februar 1531 übertrug Karl V. die ihnen verliehenen Rechte in aller Form auf Bartholomäus und Anton d. J. Welser selbst. Schon berichtete der Welsersche Feldhauptmann Nicolaus Federmann von einem ersten Entdekkungszug ins Innere Südamerikas, er glaube in die Nähe des als Handelsweg nach Indien eifrig gesuchten Südmeeres gekommen zu sein. Ambrosius Dalfinger stieß denn auch bald selbst von Coro aus mit Reitern und Fußvolk erneut nach Süden vor, ließ sich aber durch die Kunde von großen Goldschätzen immer wieder zu ziellosen Kreuz- und Querzügen verleiten und fiel 1533. Im nächsten Jahre sandte das Haus Welser, dessen Hauptvertreter Bartholomäus V., Anton und Franz 1532 vom Kaiser den Adel empfangen hatten und das 1533–37 die Fugger in der Maestrazgopacht ablöste, zwei Schiffe mit den Feldhauptleuten Georg Hohermuth und Nicolaus Federmann, dem Ritter Philipp von Hutten, sechs Priestern, 600 in Spanien angeworbenen Soldaten sowie Zimmerleuten und Bergleuten nach Venezuela, um eine neue Expedition einzuleiten. Für die Jahre 1526–35 hat man das mindestens neunzigmalige Auslaufen Welserscher Transport-, Expeditions- und Handelsschiffe von Sevilla-San Lucar nach Häfen in der Neuen Welt errechnet! Freilich wurden die Siedlungs- und Plantagenpläne jetzt aufgegeben. Im Mai 1535 zog Hohermuth von Coro aus mit einer Abteilung nach Süden und erreichte Anfang 1537 das Gebiet südlich des Orinocobogens, fand aber kein Gold und brachte nur ein Drittel seiner Leute zurück. Federmann brach 1536 mit etwa 160 Mann auf, die außer der kaiserlichen Fahne auch eine noch erhaltene rotweiße Welserfahne mit dem einfachen Lilienwappen mitführten. Er bog nach Westen ab, überschritt in mühseligem Marsch, vermutlich am Pardé-de-la-Suma-Paß bei Bogotá in 4100 m Höhe, den Kamm der Hochkordilleren und gelangte ins Tal von Fosca. Hier aber traf er auf einen Hauptmann des spanischen Statthalters von Santa Marta, westlich von Coro, und mußte erfahren, daß dieses Gebiet soeben für den Kaiser erobert und in Neugranada umbenannt worden war. Nach ergebnislosen Verhandlungen schiffte er sich nach Antwerpen ein, um seine persönlichen Ansprüche zu vertreten, wurde aber verhaftet, da er im Verdacht der Bereicherung stand. Federmann starb, zwei Jahre nach Hohermuth, 1542. An ihrer Stelle traf Anfang März 1541 als Statthalter seines Vaters der junge Bartholomäus VI. Welser ein. Er brach mit dem Feldhauptmann Hutten und 150 Reitern im August 1541 nach Süden auf und kam südöstlich ins Stromgebiet des Amazonas, mußte aber im Herbst 1544, wieder ohne greifbares Ergebnis, den Rückweg nach Coro antreten und stieß im Tocujotal auf einen von Santo Domingo aus eingesetzten stellvertretenden spanischen Statthalter von Coro, der ihn und Hutten nach heftiger Auseinandersetzung über das Welsersche Recht auf Venezuela 1546 durch Indianer ermorden ließ. Es zeigte sich, daß der Einsatz im Amerikawagnis der Augsburger doch größer war als der Gewinn, obwohl ein 1540 auf Santo Domingo in Betrieb gesetztes Welserisches Kupferbergwerk gute Erträge brachte. Dieselbe Erfahrung machte der Herwarterbe Sebastian Neidhart, der dem Kaiser auf dem Augsburger Reichstag 40 000 Dukaten gegen westindische Perlen vorstreckte und, nachdem deren Eingang hinter den Erwartungen zurückblieb, 1534 zusammen mit der verselbständigten Nürnberger Welserfirma eines von den Schiffen der Expedition stellte, die Don Pedro Mendoza nach der La-Plata-Mündung unternahm. Die Landung führte 1535 zur ersten Gründung von Buenos Aires, aber zu keiner Entdeckung irgendwelcher Handelsreichtümer oder Handelswege.

In Augsburg selbst vollendete sich seit der Ablehnung des Reichstagsabschieds die Hinwendung der Stadt zur Reformation. Noch im Dezember berief der Rat neue protestantische Geistliche und zwar Theologen straßburgisch-oberländischer Färbung, also vorherrschend zwinglischer Richtung. Darauf beschloß er, im Geiste der evangelisch-humanistischen Schulidee in den Räumen des fast ganz verödeten St.-Anna-Klosters eine lateinische Stadtschule zu eröffnen. Ihr erster Rektor wurde Ende 1531 ein lutherischer Niederländer Gerhard Geldenhauer aus Nymwegen. Die meisten Schüler der neuen Anstalt gehörten dem zwinglischen und lutherischen Glauben an, doch war sie keine rein evangelische Anstalt. Seit demselben Jahre spitzte sich freilich das Verhältnis des Rates und seiner Prediger zur Lehre Luthers zu, der deswegen mehrere Briefe an den Rat schrieb. Im Mai 1533 ging der Rat den Katholiken gegenüber einen Schritt weiter und forderte den Bischof schriftlich zur Abschaffung der von den evangelischen Predigern beanstandeten Punkte des katholischen Glaubens und Gottesdienstes auf. In einer Sitzung des Großen Rates am 22. Juni 1534 wurde mit 175 von rund 220 Stimmen entschieden, daß alle Predigt außer derjenigen der vom Rate angestellten Prediger abgestellt werden sollte. Alle nicht mit Ratspredigern besetzten Kirchen sollten bis auf sieben, die vorerst den Katholiken überlassen blieben, bis zu einem Konzil gesperrt werden; diese sieben Kirchen, in denen noch Messe gelesen werden durfte, waren der Dom (ohne St. Johannis), St. Ulrich, St. Peter, St. Moritz, Hl. Kreuz, St. Georg, St. Stephan und St. Ursula. Die Schließung der kleineren Neben- und Klosterkirchen erfolgte durch eine Vollzugskommission des Rates, der sich damit förmlich zum Haupt der Kirche in seinem Herrschaftsbereich machte; die Zechpfleger dieser Kirchen nahmen alles dem Pfarrvolk Gehörige aus ihnen fort. Auch St. Anna wurde geschlossen. In der Folge lösten sich die männlichen Bettelordensklöster vollends auf. Im August 1534 gingen die letzten vier Dominikaner nach Freiburg im Breisgau, im Oktober übergaben die letzten sechs Karmeliter von St. Anna ihr Kloster gegen Leibrenten dem Spital zum Hl. Geist, 1535 traten die letzten Franziskaner ihre Ansprüche auf das Barfüßerkloster zugunsten der Armen an den Rat ab, der die Jakobspfründe hierher verlegte und die Klostergebäude dafür umbauen ließ. Für die zwangsweise Vollendung der Reformation wirkte vor allem der Straßburger Hauptreformator Martin Bucer, der von Ende 1534 bis 1537 jedes Jahr einmal in Augsburg weilte und häufig predigte. Im Frühjahr 1535 war er drei Monate lang in der Stadt. Luthers Abmahnung an den Rat, von der Gewalt abzusehen, fand demgegenüber kein Gehör. Nachdem der Rat schon am 20. Januar 1536 dem Schmalkaldischen Bunde der erklärt protestantischen Fürsten und Städte des Reiches unter Führung des Kurfürsten von Sachsen beigetreten war, sprach Bucer nochmals heftig für die gewaltsame Austilgung des restlichen Katholizismus in der Stadt. Noch im April ermächtigte Papst Paul III. Hans Baumgartner, Güter von St. Ulrich, St. Katharina, St. Margaretha und anderen Klöstern in Augsburg, die an Protestanten überzugehen drohten, an sich zu bringen. Die jetzt von zwei aus dem Rat genommenen Schulherren beaufsichtigte Lateinschule bei St. Anna erhielt im selben Jahr einen zwinglisch gesinnten Rektor, den aus Augsburg gebürtigen Sixt Birk, einen bedeutenden Pädagogen, der die Anstalt zu einem angesehenen humanistischen Gymnasium erhob. Die durch Bucer vermittelte sog. Wittenberger Konkordie vom Mai 1536 schuf einen Burgfrieden zwischen Luther und den meisten zwinglisch gesinnten Oberdeutschen, wenn auch nicht mit den Schweizern selbst. Er sicherte dem Augsburger Protestantismus die volle Rückendeckung der Schmalkaldener.

Anfang 1537 schritt der Augsburger Rat unter den Bürgermeistern Mang Seitz und Hans Welser, dem Augsburger Vertreter der Nürnberger Welsergesellschaft, zum letzten Schlag gegen Bischof und katholische Geistlichkeit. Am 17. Januar beschloß der Große Rat die restlose Abschaffung der »papistischen Abgötterei«, die Auflösung der noch bestehenden Klöster und die Unterstellung auch ihres ländlichen Grundbesitzes unter die Ratsverwaltung. Alle Geistlichen, die noch in der Stadt bleiben wollten, sollten zur Annahme des Bürgerrechts mit Steuervergünstigung gezwungen werden. Der Beschluß wurde, wie berichtet wird, mit $^{7}/_{8}$ der Ratsstimmen gefaßt und am Folgetag dem Domkapitel und den anderen Geistlichen mitgeteilt. Gleichzeitig unterband eine Ratskommission die Feier der Messe und begann der Stadtvogt mit der Beseitigung der noch vorhandenen Bildwerke von Heiligen in den bisher katholischen Kirchen. Die zwinglische Bilderfeindschaft führte dabei stellenweise zu bilderstürmerischen Zerstörungen. Später aufgefundene Trümmer von Steinbildwerken bezeugen noch, daß eine Reihe auch bedeutender Kunstwerke dem Glaubenseifer zum Opfer fielen. Im Dom etwa ging ein Tafelbild Hans Holbeins d. Ä. zugrunde, das die Gottesmutter zwischen St. Afra und St. Ulrich darstellte. Was dort heute an

Bildausstattung des 15. und 16. Jahrhunderts zu sehen ist, kam erst nach dem Bildersturm an seine Stelle; die vier Altargemälde Holbeins im Domlanghaus, von 1493, stammen von einem untergegangenen Marienaltar des oberschwäbischen Klosters Weingarten. Die Domherrn entschieden sich für den Wegzug nach Dillingen, wo sich der Bischof bereits aufhielt und auch die Chorherrn von Hl. Kreuz und die Nonnen von St. Ursula eine Zuflucht fanden. Die Stiftsherrn von St. Moritz gingen mit Ausnahme einiger weniger, die Bürger wurden, nach Landsberg unter den Schutz des Baiernherzogs, die Chorherrn von St. Georg nach Schloß Guggenberg bei Schwabmünchen, die neun verbliebenen Benediktiner von St. Ulrich, bis auf einen eingebürgerten Abtrünnigen, nach Schloß Unterwittelsbach bei Aichach, das dem Stift gehörte, die Stiftsdamen von St. Stephan nach Höchstätt. Unerwarteten Widerstand leisteten nur die bereits bürgerlichen Nonnen von St. Katharina, St. Maria Stern und die zwangsweise nach St. Katharina verbrachten Nonnen von St. Nicolaus, die weder die Stadt verließen noch ihre Klostergemeinschaften auflösen wollten. Der Rat ließ die Kirche St. Nicolaus ebenso wie die zu St. Martin und zum Hl. Geist abbrechen. Die Kranken- und Armenpflege wurde zur Sache der Ratsverwaltung, der dafür auch die Klöster St. Martin, St. Margaretha und an der Horbruck sowie St. Nicolaus zufielen. Nach Auflösung der Domschule und der Schulen bei St. Ulrich und St. Moritz besorgte der Rat weiterhin die Beaufsichtigung des gesamten Schulwesens in der Stadt. Er übernahm nun auch die Lehrer an den deutschen Schulen, den bisher von den Geistlichen geleiteten Pfarrschulen, und unterstellte sie städtischen Schulherrn. Die Bibliotheken der aufgehobenen Klöster wurden beim Gymnasium St. Anna gesammelt; sie sind der Grundstock der Augsburger Stadtbibliothek. Die Frauenhäuser waren schon vor einigen Jahren geschlossen worden. Eine neue Zucht- und Polizeiordnung sollte das sittliche Leben der Bürgerschaft von Grund aus erneuern. Sechs aus dem Rat gewählte Zucht- oder Strafherrn hatten die Verfehlungen vor allem in Ehesachen zu ahnden. Im übrigen wurden in der Stadt, die mit 53 Drucken bis 1546 der zweitbedeutendste Druckort der Lutherischen Bibelübersetzung nach Wittenberg wurde, Bürgern und sonstigen Einwohnern streng verboten, sich irgendwie noch als Katholiken zu betätigen. Wachen an den Toren sollten auch den Besuch katholischer Gottesdienste außerhalb der

Stadt verhindern. Gleichzeitig nahm man ohne Rücksicht auf das Glaubensbekenntnis eine Vermehrung der Geschlechterfamilien vor, deren Zahl allmählich auf acht gesunken war: die Rehlinger, Welser, Langenmantel vom R und vom Sparren, Herwart, Ilsung, Ravenspurger und Hofmaier. Mit Zustimmung des Großen Rates wurden noch Ende 1538 Mitglieder von 38 Familien, die meist schon zu den Mehrern gehörten, ins Patriziat aufgenommen, darunter der alte Dr. Conrad Peutinger, die Baumgartner, Meuting, Arzt, Vittel, Walther, Rem, Pfister, Imhof, Vöhlin, Lauginger, von Stetten, Neidhart, als Emporkömmlinge aus der Weberzunft die Öhem, und die katholischen Grafen Anton und Hieronymus Fugger. Anton erwarb damals, 1537 und 1538, die schwäbischen Herrschaften Glött und Babenhausen.

Die Macht der Stadtgemeinde hob sich sowohl durch das eingezogene Kirchenvermögen wie durch den Reichtum ihrer besitzenden Bürger. Das Steuerbuch von 1540 wies bei etwa 45 000 Einwohnern 6780 Steuerzahler und einen Gesamtvermögenssteuerertrag von etwa 31 850 Gulden aus, annähernd den doppelten Betrag als 1509. Seit etwa 1470 bis zur Mitte des 16. Jahrhunderts hat sich Augsburgs Steuerkraft nun auf das Dreizehnfache gesteigert. An der Spitze der Steuerzahler standen drei Männer, die als Vermögenssteuer die sog. reiche Steuer von jährlich 800 Gulden bezahlten und dafür zu keiner Vermögenserklärung mehr verpflichtet waren. Zu ihnen gehörte seit 1536 Hans Baumgartner, der im Jahr zuvor die Herrschaft Hohenschwangau am oberen Lech, 1539 das Quecksilbermonopol von Idria erwarb und 1543 vom Kaiser in den Freiherrnstand erhoben wurde. Anton Fugger samt seinen Neffen wurde die reiche Steuer 1546 zugesprochen. Das Fuggersche Haus erreichte damals den Höhepunkt der Kurve seines Gesellschaftsvermögens; laut Abschluß von Ende 1546 betrug dieses jetzt fast fünf Millionen Gulden. Das Warenlager stellte einen Wert von 1 250 000 Gulden dar, davon Kupfer für über eine Million. Unter den Schuldnern stand Kaiser Karl V. mit fast 2 Millionen Gulden an der Spitze, nach ihm König Ferdinand mit 593 108 Gulden. Auch König Heinrich VIII. von England war jetzt durch Vermittlung einer Londoner Fuggerfaktorei unter den Fuggerschen Schuldnern. Sebastian Neidhart war Zahler der reichen Steuer seit 1548. Mit etwas höherer Steuer waren 1540 die mindestens 167 000 Gulden der Witwe Hans Herwarts belastet, es folgte Bartholomäus Welser mit mindestens 106 000 Gulden. Vier weitere Bürger versteuerten mindestens 80 000, zwölf mindestens 50 000 Gulden.

Der Augsburger Rat wendete schon seit 1538 erhebliche Mittel für die Verstärkung der Stadtbefestigung unter Beiziehung von hessischen Baumeistern, von italienischen Maurern und herangeholten deutschen Maurern und Erdarbeitern auf. Nachdem der Lueginslandturm schon 1532 abgetragen worden war, wurden jetzt etwa hundert mittelalterliche Türme an der Stadtumfassung und an den Toren niedergelegt, um dickeren Mauern und Wällen Platz zu schaffen. Ganze Reihen kleiner Häuser, die im Wege standen, mußten fallen. Der Stadthauptmann Ritter Sebastian Schertlin von Burtenbach, der zu gleicher Zeit im Dienst des hessischen Landgrafen stand, sorgte für die militärische Verbindung zu den Schmalkaldenern. 1539 empfingen die zwanzig Hauptleute des Bundes in Augsburg ihre Werbungsgelder. Außer größeren Kriegsvorräten wurde zur Verstärkung der Ratssöldner eine stärkere Bundestruppe in die Stadt gelegt. 1544 kaufte der Rat das prächtige Geschütz des evangelischen Neuburger Pfalzgrafen Ottheinrich an; in der Stadt selbst war der berühmteste Geschützgießer der Zeit Gregor Löffler tätig. Er goß freilich auch für König Ferdinand. Ebenso schuf der berühmte Augsburger Harnischplattner Desiderius Helmschmied, dessen Großvater schon prächtige Harnische für die Kaiser Friedrich III. und Max I. geliefert hatte, weiter kunstvolle Rüstungen für den Kaiser und den spanischen Hof und war 1545 selbst in Valladolid.

Das Haupt der Augsburger Kriegspartei wurde Anfang 1545 als Zunftbürgermeister der Kürschnerzunftmeister Jacob Herbrot, ein Mann, der durch Pelzwaren-, Juwelen- und Schmuckhandel und Geldleihe zu großem Reichtum gelangt war, aber ausgesprochen die Anliegen der Zünfte gegen das Patriziat und gegen die führenden Kaufleute vertrat. Die Vermögenssteuersätze wurden verdoppelt, städtische Proviantherrn aufgestellt, und auch Frauen und Kinder zum Hilfsdienst beim Befestigungsbau aufgeboten. Zur raschen Gewinnung von Triftholz kaufte der Rat umfangreiche Waldungen im oberen Lechtal auf. Mitte August fand auf Herbrots Betreiben ein allgemeiner Bürgerauszug mit Musik und Geschütz zu einem Scheingefecht zwischen Pfersee und Stadtbergen statt. Neben den Zünften nahmen daran mehr oder weniger freiwillig zu Pferde auch die Mitglieder der Herren- und Kauf-

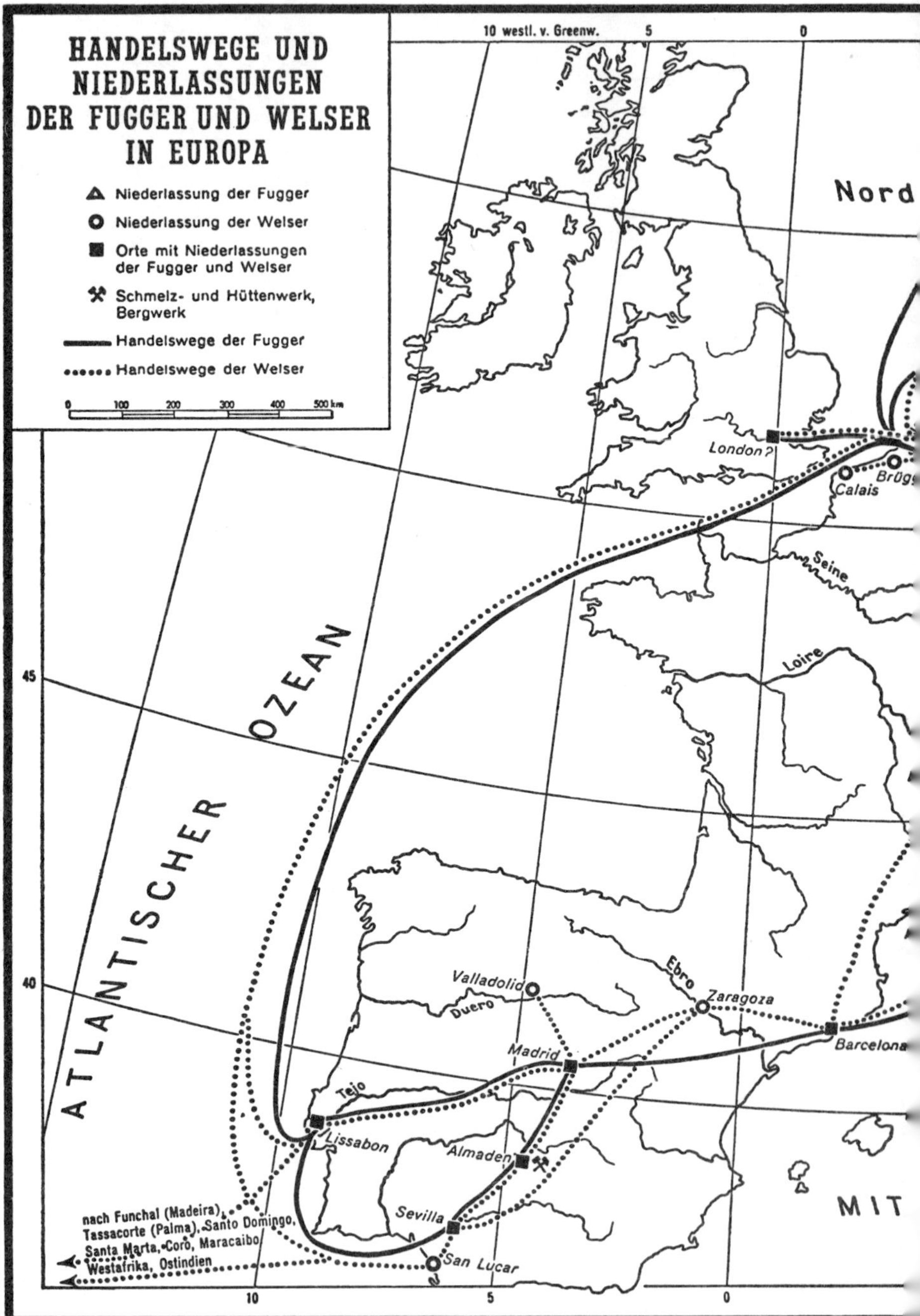

Vereinfachte Nachzeichnung der Karte von Götz Freiher von Pölnitz unc
(Stichjahr für die F

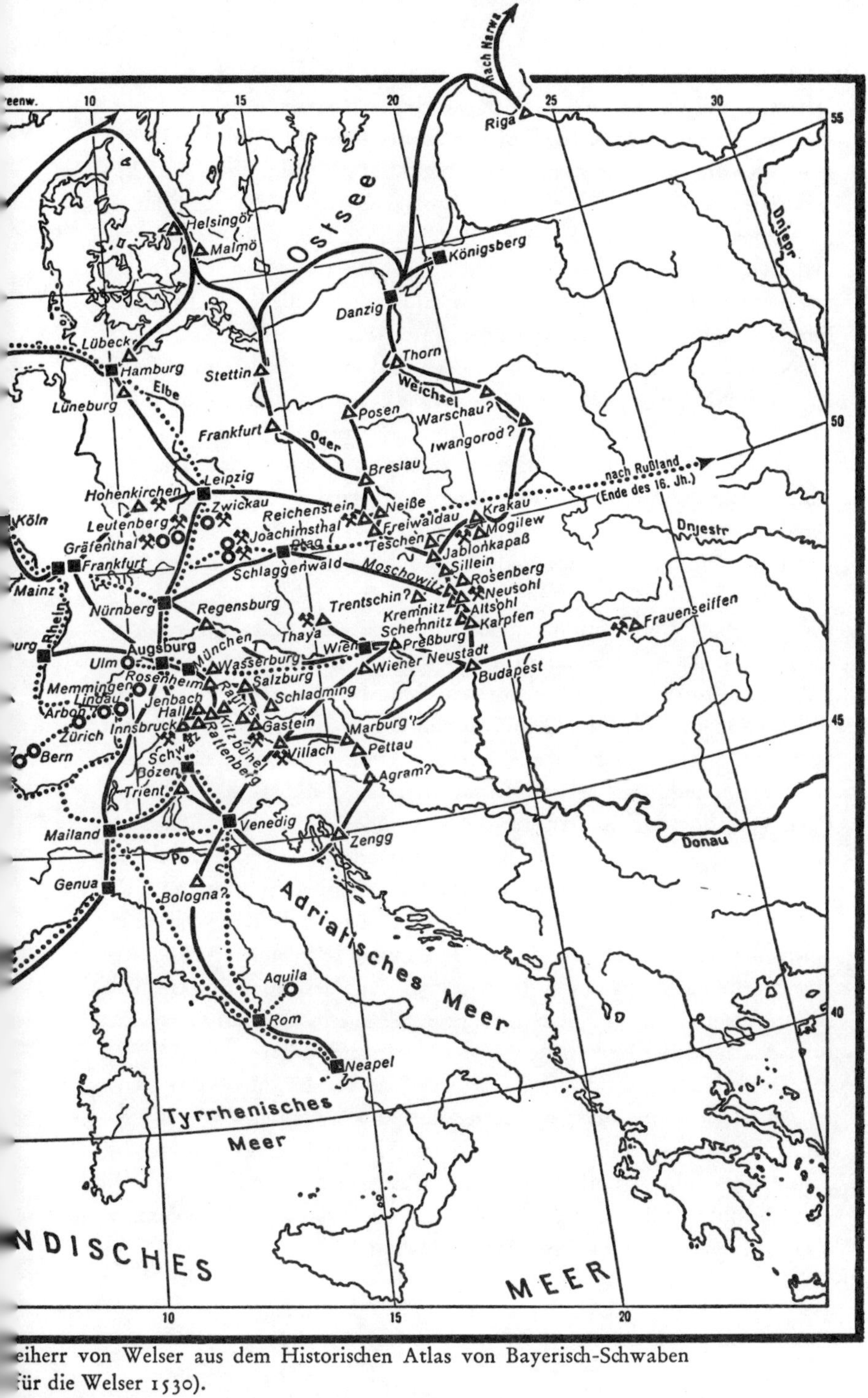

eiherr von Welser aus dem Historischen Atlas von Bayerisch-Schwaben
für die Welser 1530).

leutestube teil; man zählte mit den städtischen Reisigen etwa 470 Reiter und etwa 3600 Mann einheitlich gekleidetes Fußvolk. Ende Juni 1546 kam Schertlin mit 4000 Mann nach Augsburg, die er in Stadt und Umgebung einquartierte. Von seinen 16 Fähnlein waren 10 für den Schmalkaldischen Bund, 6 für die Stadt selbst geworben; ihr Sold kostete diese monatlich etwa 15 000 Gulden. Jetzt verließen trotz Ratsverbotes die mit den Habsburgern enger verbundenen Kaufleute die Stadt. Es waren sämtliche Fugger, als deren Haupt Anton Fugger dem Kaiser gegen Pfandschaften auf Einkünfte in Spanien und mit Drittels-Unterbeteiligung der Nürnberger Welser wieder volle 530 000 Gulden, dem König 110 000 Gulden für den Krieg vorschoß, es waren die meisten Welser, die Baumgartner, vier Rehlinger, zwei Herwart und andere. Der Rat beließ ihnen ihr Augsburger Bürgerrecht nur gegen Zwangsanleihen, die für die Fugger 40 000, die Welser 30 000, die Herwart 20 000 Gulden betrugen; dem widersetzlichen Hans Baumgartner wurde sein Augsburger Besitz beschlagnahmt. Unmittelbar darauf brach der Schmalkaldische Krieg aus. Am 9. Juli nahm Schertlin mit Augsburger, Ulmer, Memminger und Kempter Söldnern das bischöfliche Füssen ein, am 23. fiel Dillingen, das der neue Augsburger Bischof, der frühere Domherr, kaiserliche Rat und Kardinal Otto Truchseß von Waldburg schon verlassen hatte und das sogleich eine württembergische Besatzungsverwaltung erhielt. Angesichts dieser Erfolge sah der Rat die Möglichkeit auftauchen, vor allem auf Kosten des Bischofs und Domkapitels endlich ein reichsstädtisches Territorium außerhalb der engen Stadtgrenzen zu erwerben. Im Einvernehmen mit den Verbündeten befahl er am 27. Juli, zunächst die hochstiftischen und burgauisch-österreichischen Orte zwischen Augsburg und Donauwörth in Huldigung zu nehmen. Am 10. August wurde zur Verwaltung des mittleren Teils des Hochstifts ein Kollegium aus drei Ratsmitgliedern eingesetzt. Am selben Augusttag sperrte man das geistliche Einkommen in der Stadt und machte allen Bürgern mit Dorfbesitz zur Pflicht, in ihren Orten den katholischen Gottesdienst zu beseitigen. Ohne die vom Kaiser über die Stadt verhängte Reichsacht zu beachten, vollzog Anfang September ein Ratsadvokat die Inpflichtnahme der Chorherrnpropstei Wettenhausen und des adligen Damenstifts Edelstetten weit westlich der Stadt; das geräumte Nonnenkloster Oberschönenfeld wurde beschlagnahmt.

Seit Mitte September nahm aber der Krieg für die verbündeten Protestanten eine ungünstige Wendung. Die kaiserlich-katholische Macht, von Juli bis Oktober von den Fuggern neuerlich mit 155 000, 200 000, 100 000 Dukaten unterstützt, gewann die Oberhand und drängte auch die Augsburger Kriegführung aus dem Angriff in die Verteidigung. Noch im September mußten auf Befehl der Bundeshauptleute die Friedberger und Lechhauser Lechbrücke abgebrochen werden. Dazu begann es, da Fugger, Welser und Baumgartner keine Darlehen gaben, am Geld zu fehlen; die Beiträge Augsburgs zur Schmalkaldischen Bundeskasse betrugen von Ende Juli bis Ende September ohne die Löhnung der sechs Stadtfähnlein bereits 180 000 Gulden. Im Oktober zog Kardinal Otto Truchseß mit dem Domkapitel wieder in Dillingen ein, und am 13. Januar 1547 mußte der Kleine Rat beschließen, beim Kaiser erkunden zu lassen, ob man mit ihm zu einem leidlichen Vertrag kommen könne. Am Folgetag stimmte der Große Rat zu. Graf Anton Fugger, der sich um diese Zeit angesichts der wachsenden Türkengefahr in folgenschwerem Entschluß aus der Neusohler Bergwerkspacht und dem ganzen osteuropäischen Geschäft zurückzog, wurde um seine Vermittlung gebeten und übernahm sie. Auch das Haus Welser mußte nun 100 000 Gulden leihen. Da Karl V. Schonung des neuen Glaubens bis zur Kirchenreform zusagte, entschlossen sich Kleiner und Großer Rat am 24. Januar zur Übergabe; eine Abordnung von Rat und Gemeinde unter Führung Anton Fuggers tat in Ulm den Fußfall. Eine kaiserliche Besatzung von 10 Fähnlein rückte ein. Alle beschlagnahmten geistlichen Güter mußten freigegeben werden. Ferner hatte die Stadt 150 000 Gulden an den Kaiser zu bezahlen, ohne die Verehrungen an den Kanzler Granvelle, den Herzog von Alba und andere Räte des Kaisers, 20 000 Gulden an Herzog Wilhelm von Baiern für die Aufhebung der von ihm gegen Augsburg verhängten Proviantsperre und den Wiederaufbau der Lechbrücken, 100 000 Gulden an König Ferdinand für Kriegsschäden und Freigabe beschlagnahmter Kaufmannsgüter. Im April wurde der sächsische Kurfürst bei Mühlberg an der Elbe von Karl V. geschlagen und gefangengenommen. Zu allem hin verfügte der Kaiser, daß der am 1. September zu eröffnende Reichstag wieder in Augsburg stattfinden solle. Der Kardinal, der als seinen Vertreter auf dem Konzil von Trient den Hauptbahnbrecher des neugegründeten Jesuitenordens in Deutschland, Petrus

Canisius (Kanijs), entsandt hatte, ritt am 18. Juli wieder in seine Bischofsstadt ein. Wenige Tage später kam mit starker Truppenmacht der Kaiser, begleitet auch von seinem Hofmaler Tizian. Dieser schuf während des Reichstags sein berühmtes Porträtbild Karls V. im schwarzen Gewand und in einem Armsessel, dessen Lehne die Zirbelnuß bekrönt, ferner das große Reiterbild des Kaisers auf dem Schlachtfeld von Mühlberg, das ihn in einem Harnisch Desiderius Helmschmieds zeigt. Am 1. August mußte dem Kaiser auf sein Verlangen der Dom nebst St. Johannis zum katholischen Gottesdienst geöffnet werden, dazu die Dominikanerkirche und St. Katharina. Der Reichstag war im übrigen durch die Anwesenheit des Königs und sämtlicher Kurfürsten, auch des gefangenen und abgesetzten sowie des neuerhobenen Kurfürsten von Sachsen, und der meisten geistlichen und weltlichen Fürsten der glänzendste und besuchteste, der je in Augsburg stattfand. Er wurde vor allem in der Kar- und Osterzeit 1548 mit zahlreichen katholischen Kirchenfesten verbunden. Am 17. Mai wurde den Ständen das sog. Interim, die einstweilige Religionsordnung des Kaisers bis zum Abschluß des Konzils, verlesen. Es gestattete weiterhin die evangelische Rechtfertigungslehre, die Priesterehe und das Abendmahl unter beiderlei Gestalt, doch mußten täglich Messen gelesen, Beichtmöglichkeiten geschaffen, die Chorröcke der Geistlichen wieder eingeführt und Feier- und Fasttage eingehalten werden. Als der Rat das Interim annahm, verließ ein Teil seiner zwinglischen Prediger die Stadt. Am 2. August folgte unter kaiserlichem Druck ein Vertrag mit dem Kardinal, dem der Rat bereits eine Abfindung von 95 000 Gulden bezahlt hatte. Bischof, Domkapitel und die gesamte katholische Geistlichkeit erhielten die Rückkehr nach Augsburg zugesichert; das Schicksal der vom Rat verwalteten Kirchen, Klöster und Schulen sollte der kaiserlichen Entscheidung vorbehalten bleiben.

Da der Kaiser dem bestehenden Rate einen zuverlässigen Schutz der zurückgekehrten Geistlichkeit nicht zutraute und schon seit dem letzten Augsburger Reichstag die Entscheidungen des Rates zugunsten der Reformation auf den Einfluß der Zünfte zurückführte, unternahm er im unmittelbaren Anschluß daran einen tiefen Eingriff in die städtische Verfassung. Am Morgen des 3. August hatten nach Schließung der Stadttore die Bürgermeister den Kleinen und Großen Rat und die Ratsbeamten in den Kapitelsaal der Bischofspfalz zu beordern, wo ihnen der kaiserliche Rat und Reichsvizekanzler Dr. Georg Sigismund Seld, ein Sohn des Augsburger Goldschmieds und Stadtplanschöpfers, den Entschluß des Kaisers mitteilte, das Zunftregiment in Augsburg abzuschaffen. Die Zünfte seien schon deshalb zur Verwaltung einer so großen Stadtgemeinde gänzlich untauglich, weil ihr Verstand zu den hochwichtigsten Verhandlungen, mit denen sie sich befassen müßten, viel zu gering sei und weil sie in Ausübung der Ratsgeschäfte ihr Gewerbe vernachlässigen und so zugrunde gehen müßten. Darum würden hiermit die Bürgermeister, der gesamte Rat, das Gericht und die Ratsdiener unter Aufrechterhaltung ihrer bürgerlichen und anderen Pflichten entlassen. Anschließend wurden die Namen der neuen Ratsmitglieder verlesen. Der Kleine Rat wurde von 68 auf 41 Angehörige eingeschränkt, wovon 19 bis 20 Katholiken und 21 bis 22 Protestanten waren. 31 Ratssitze besetzten allein die Geschlechter, von denen der Kaiser erst im Januar noch mehrere in den Adel erhoben hatte, 3 die Mehrer, nur 7 die *Gemeind*. Aus dem alten Rat waren nur 9 Patrizier und die 7 Ratsglieder von der Gemeinde herübergekommen. Die noch 7 Familien des alten Patriziats waren im neuen Rat mit 13 Ratsgliedern am stärksten vertreten. An Stelle der Bürgermeister wurden wieder zwei Pfleger an die Spitze des Stadtregiments gestellt, ein Katholik und ein Lutheraner. Das abgeschaffte Amt des Zunftbürgermeisters war in den 180 Jahren des Zunftregiments 94mal von der Kaufleutezunft, 32mal von den Salzfertigern, je 14mal von Kramern und Webern besetzt worden. Herbrot schied aus der Leitung der Stadtgeschicke aus. Er blieb aber im Besitz des von ihm erworbenen, erst 1544 bis 1546 von Lienhard Boeck von Boeckenstein neu erbauten prächtigen Renaissancehauses mit zwei zierlichen medaillon-, putten- und lateinspruch-geschmückten Erkern am Rindermarkt, das jetzt das städtische Maximilianmuseum beherbergt. Den Stadtpflegern zur Seite gestellt wurden fünf Geheime, die mit ihnen den geheimen Rat bildeten. Unter ihnen waren Anton Fugger, Bartholomäus V. Welser und Hans Baumgartner, aber nur ein Protestant. Die zwei Bürgermeister, deren Befugnisse unter den Stadtpflegern bedeutend eingeschränkt wurden, sollten alle vier Monate wechseln, so daß jährlich sechs zu wählen waren.

Der Stadtvogt machte die Verfassungsänderung öffentlich bekannt, tags darauf wurde die einseitige Öffnung der Kaufleutestube für die

Patrizier erzwungen. Der neue Rat vereinbarte nun sofort unmittelbar mit dem Kardinal die Verteilung der Augsburger Kirchen. Außer den schon übergebenen gab er St. Ulrich, St. Moritz, Hl. Kreuz, St. Georg, St. Stephan, St. Ursula und die noch bestehenden von den 1534 geschlossenen Kirchen zurück und behielt nur St. Anna, die Barfüßerkirche und St. Jakob sowie die Predigthäuser von St. Ulrich, St. Georg und Hl. Kreuz. Die abgewanderten Stifts- und Klosterinsassen kehrten alsbald zurück, die geistlichen Schulen am Dom und bei St. Ulrich wurden neben dem St.-Anna-Gymnasium wieder eröffnet. Am 12. August wurden die evangelischen Prediger von den Stadtpflegern auf das Interim vereidigt und die katholischen Pfarrgottesdienste wieder begonnen. Am nächsten Tag reiste der Kaiser ab, der zu dem sog. geharnischten Reichstag ein volles Jahr und drei Wochen in der Fuggerstadt gewesen war. Zwei kaiserliche Fähnlein blieben als Besatzung zurück.

Von Brüssel aus verfügte Karl V. dann noch über die Neubildung eines Großen Rates von 300 Mitgliedern, wovon 44 aus den Geschlechtern, 36 aus den Mehrern, 80 von den Kaufleuten und nur 140 aus den Handwerken genommen wurden, darunter möglichst viele Katholiken. Die Befugnisse dieses im Jahr 1549 durch einen kaiserlichen Kommissär vereidigten Großen Rates waren sehr gering. Um die Zunftmacht vollends zu zerstören, wurden im Frühjahr und Sommer 1549 durch den Rat auch neue Handwerksordnungen erlassen, welche die Zunftverbände in ihre einzelnen gewerblichen Gruppen auflösten und statt der Zunftmeister und Zwölfer vom Rat zu bestellende Vorgeher einsetzten. Diese unterstanden jeweils der Aufsicht besonderer Ratsausschüsse. Die Weber kamen so unter die Deputation ob dem Weberhaus, das ihre Gewebeschaustätte blieb und ebenso wie das Metzgerzunfthaus mit der Metzg darunter in den Besitz der Stadt übernommen wurde. Das Bäckerzunfthaus mit dem Brothaus und das Fischerzunfthaus waren schon städtisch. Die Kaufleutetrinkstube und die übrigen zehn Zunfthäuser der Schmiede, Hucker, Kramer, Lederer, Zimmerleute, Kürschner, Schneider, Schuster, Bierschenken, Schäffler wurden vom Rat samt Silber- und Zinngeschirr verkauft.

Während der Kaiser auf solche Weise Augsburgs Stadtverfassung umstürzte, verband er den Namen der Stadt mit zwei entscheidenden Vorgängen in der Geschichte der Niederlande: Der Augsburger Vertrag von

Abb. 23 Die Fuggerei in Augsburg, älteste Sozialsiedlung der Welt, 1516 bis 1525. Blick durch die Herrengasse gegen St. Markus (1581/82)

Abb. 24 Katholische und evangelische St. Ulrichs-Kirche am Ulrichsplatz, 1499–1594 und 1710. Nachtaufnahme

1548 vereinigte deren 17 Provinzen zu einem gemeinsamen Staat und Reichskreis, die Pragmatische Sanktion von Augsburg erklärte sie im Folgejahr als untrennbar und nur durch einen Generalgouverneur königlichen Blutes regierbar.

Der tiefe Bruch, den die erste schwere Niederlage der Stadt im Schmalkaldischen Krieg für die Stadtgeschichte bedeutete, wurde vorerst noch nicht voll sichtbar. Ja, nach der Beugung unter den Willen des Kaisers schien die große Zeit der Reichstage wiederzukehren. Schon für den Frühsommer 1550 berief Karl V. wieder einen Reichstag nach Augsburg. Diesmal erschien der Kaiser mit dem spanischen Infanten Philipp, der fast ein ganzes Jahr in Augsburg bleiben sollte, um sich ohne schließlichen Erfolg um die Zuneigung der deutschen Stände für seine Kaiserwahl zu bemühen, und der hier von dem wieder anwesenden Tizian gemalt wurde. Mit dem Kaiser kamen wieder der Kanzler Granvelle, der in Augsburg starb, der Herzog von Alba und ein freilich kleineres Gefolge als 1547. Wieder sah man König Ferdinand, den gefangenen ehemaligen Kurfürsten Johann Friedrich von Sachsen und seinen Hofmaler Lucas Cranach, der bekannte Porträtbilder seines Herrn und Luthers für die St.-Anna-Kirche schuf. Der Besuch des Reichstags durch die Fürsten war diesmal sehr schlecht. Wieder ging es wie auf dem Reichstag, so für die Stadt Augsburg um die Glaubensfrage. Es wurden zwei Augsburger evangelische Prediger für die Teilnahme am Konzil von Trient bestimmt, trotzdem aber zu Ende August 1551 alle evangelischen Geistlichen Augsburgs vor dem kaiserlichen deutschen Hofrat über das Interim verhört und darauf durch den Kaiser bis auf vier aus Stadt und Reich verwiesen. Mit der gleichen Begründung wurden vierzehn Gymnasialprofessoren und Schulmeister entlassen. Es wurde wieder Oktober, bis der Kaiser Augsburg verließ.

Ende März 1552 schlug völlig überraschend der vom Kaiser selbst erhobene Kurfürst Moritz von Sachsen im Bunde mit Frankreich und den alten Schmalkaldenern gegen ihn los. Der Bankier des Sachsen war der protestantische Augsburger Kaufmann Georg Oesterreicher. Die Verbündeten rückten so rasch von Norden heran, daß der Kaiser von Tirol aus keine Hilfe mehr leisten konnte. Am 1. April standen sie vor der Stadt, in der nur drei Fähnlein lagen, forderten den Rat zum Anschluß auf und wandten sich in einem eigenen Schreiben an die Gemeinde, an Zünftler und Protestanten. Der Rat lud darauf die gärende Bürgerschaft durch die Viertels- und Unterhauptleute auf die vier Sammelplätze und die Herren und Kaufleute auf ihre Stuben und legte allen die Verteidigung nahe. Die meisten Bürger einschließlich der Kaufleute, deren Stube am Perlach 1549 vom Stadtwerkmeister neu erbaut worden war, erklärten jedoch zum Teil stürmisch, sie würden unter keinen Umständen kämpfen. Es mußte ein kleiner Ausschuß der Gesamtbürgerschaft gebildet werden, in dem die Abgetretenen von 1548 unter Herbrot wieder das Wort führten. Nach Beratung mit Ausschuß und Gemeinde nahm man am 4. April den Übergabevertrag an, der die Wiederherstellung der kirchlichen und politischen Verhältnisse vor 1548 verlangte. Am nächsten Tage wählten die Handwerker wieder Zunftmeister und Zwölfer, am übernächsten Herbrot zum Zunftbürgermeister. Der neue Rat wurde aus 40 Zünftlern und 15 Patriziern gebildet, schaffte sofort das Interim zugunsten der alten evangelischen Ordnung ab und rief die vertriebenen Prediger und Lehrer zurück. Im Mai unterband der Herzog von Mecklenburg namens der Verbündeten in Augsburg den öffentlichen katholischen Gottesdienst.

Bald aber traf sie der Gegenschlag des Kaisers, der Ende Mai von Anton Fugger, jetzt auch Besitzer von Schloß und Herrschaft Kirchheim in Mittelschwaben, ein Kriegsdarlehen von 400 000 Dukaten erhielt. Als Sicherheiten dienten eine spanische Kreuzzugssammlung, spanische Kirchengeräte, die aus Amerika eintreffenden Gold- und Silberflotten und die königlichen Einkünfte in Kastilien. Der Passauer Friede, der den Fortbestand des Augsburgischen – nicht zwinglischen – Bekenntnisses im Reiche sicherte, gewann Karl die Herrschaft zurück, und bereits am 19. August rückten wieder kaiserliche Truppen in Augsburg ein, denen am nächsten Tag der Kaiser selbst folgte. Am 25. lud er den Kleinen und Großen Rat und ließ ihm durch Dr. Seld die Aufhebung aller erfolgten Neuerungen befehlen. Unter den aus der Stadt Verbannten war auch Oesterreicher, der nach Sachsen ging. Herbrot, als Gläubiger König Ferdinands königlicher Rat, kam mit einer Verwüstung seines schönen Gartens davon, siedelte aber bald in das pfalzneuburgische Lauingen über. Von neuem erzwang der Kaiser von der erschöpften Stadt 100 000 Gulden, der König 25 000. Wieder blieben nach Wegzug des Kaisers im September sechs Fähnlein Besatzung zurück. Der Rat befleißigte sich nun, für die evangelischen Kirchen an Stelle der zwinglischen Prediger durch Melanchthons Vermittlung sächsische Theologen lutherischer Färbung zu berufen. Allerdings wurde der lutherische Katechismus erst 1559 bei St. Anna eingeführt.

In den Folgejahren sorgten dann auch neue beträchtliche Darlehen des nunmehrigen Hauses Anton Fugger und Gebrüdersöhne an den Kaiser gegen niederländische und spanische Einkünfte für die Erhaltung der habsburgischen Neigungen für Augsburg. Seit 1553 gaben die Fugger auch Geld an Herzog Cosimo I. Medici von Florenz, den Erben des berühmten italienischen Bankhauses, das vom Fuggerschen schon längst in den Schatten gestellt war. Die Fuggerschen Bergwerksanteile in Tirol und Kärnten waren seit 1548 als Tiroler und Kärntner Handel gesondert zusammengefaßt. Die Fuggerbilanz von Ende 1553 ergab für die sieben Jahre seit 1546 einen Gewinn von 921 518 Gulden und wies die Austeilung von mehr als zwei Millionen an die Gesellschafter der Familie aus: Anton Fugger war seit Jahren bestrebt, das Geschäft abzubauen, was aber durch die dauernde Verknüpfung der kaiserlichen und königlichen Rückzahlungen mit neuen Forderungen nicht gelingen wollte.

Im März 1555 eröffnete König Ferdinand wieder einen Reichstag in Augsburg, der über den endgültigen Religionsfrieden beraten sollte, aber noch schlechter besucht war als der von 1550. Es erschien weder der Kaiser noch ein Kurfürst. Kardinal Otto Truchseß von Waldburg, einer der beiden kaiserlichen Kommissäre, trat als schroffer Gegner der Evangelischen hervor, begriff aber die Reichstagsverhandlungen ähnlich wie auf evangelischer Seite Herzog Christoph von Württemberg klarer in ihrer religiösen Bedeutung als die Masse der Reichsfürsten. Die Frage der Religionsverhältnisse in den bekenntnismäßig gemischten Reichsstädten bereitete besondere Schwierigkeiten. Man beschloß, sie den Städten selbst zu überlassen. Der Augsburger Rat, der im Juni durch kaiserliche Verordnung um einen Mehrer und eine neue Gruppe von drei Kaufleuten erweitert wurde, erklärte darauf am 5. September offen, er wolle, da man sich durch das Nebeneinanderbestehen von zwei Religionen in Augsburg nicht beschwert fühle, beide auch künftig in der Stadt dulden und handhaben. Am 25. September wurde der Augsburger Religionsfriede im Rathaussaal feierlich verkündet. Der Friede stellte das Glaubensbekenntnis der jeweiligen Untertanen im Reiche der Entscheidung des Landesherrn oder reichsstädtischen Rates anheim und gestattete die Auswanderung Andersdenkender. Ein eigener Artikel bestimmte, wo in Reichsstädten beide Religionen im Gange seien, da solle es dabei verbleiben und keine solle die andere beeinträchtigen.

Kaiser Karl V. nahm an dieser Vereinbarung keinen Anteil. Im nächsten Jahr dankte er, müde vom Kampf um Reich und Reform und Einheit der Kirche, zugunsten seines Sohnes und Bruders ab. Der spanische Besitz kam mit den Niederlanden, Neapel-Sizilien und den südamerikanischen Kolonien an König Philipp II. von Spanien, der deutsche mit Ungarn an König, dann Kaiser Ferdinand I.

Die Mitwelt vermochte erst teilweise zu erkennen, daß im Augsburger Bekenntnis von 1530 und im Augsburger Religionsfrieden von 1555 Entscheidungen von dauernder und weltgeschichtlicher Bedeutung gefallen waren. Wir wissen, daß die Augustana noch heute die Bekenntnisgrundlage des Weltluthertums ist und daß die Glaubensbezeichnung »evangelisch Augsburgischen Bekenntnisses« den Namen Augsburgs vor allem im Volksdeutschtum des europäischen Ostens unauslöschlich lebendig erhalten hat. Wir begreifen den Religionsfrieden als die große Wendung des westlichen Christentums zur grundsätzlichen rechtlichen Toleranz verschiedener christlicher Bekenntnisformen, zu einem kirchlich-weltlichen konfessionellen Doppelleben, das nun namentlich auch in Augsburg selbst seine Bewährungsprobe zu bestehen hatte.

Was den Zeitgenossen klarer bewußt wurde, war die Rolle, die Augsburg im Welthandel gewonnen hatte. Lagen um 1480 die gesicherten Außenstützpunkte der Augsburger Handelshäuser noch in Antwerpen, in Mailand, im Fondaco in Venedig, in Wien und Zwickau, so war jetzt Europa von einem Netz von Augsburger Faktoreien überzogen, deren weitest vorgeschobene in Westeuropa, London, Lissabon und Sevilla und Neapel waren, von den Welserplätzen Funchal, Santo Domingo und Coro gar nicht zu reden. Das 1546 abgebaute Fuggersche Faktoreisystem in Osteuropa reichte mindestens zeitweise mit Sicherheit bis Budapest, Posen, Thorn, Königsberg, Riga und Helsinki. In den Neusohler Bergwerken allein waren von 1494 bis 1546 74 281 Tonnen Kupfer und 119 024 kg Silber erzeugt worden. Im slowakischen Kupfergeschäft war schon 1548 das auch am Tiroler Bergbau beteiligte Augsburger Haus

Matthias Manlich und Mitverwandte als Verleger an die Stelle der Fugger getreten; der Neusohler Kupferkauf sollte noch auf lange Zeit hinaus ein Vorrecht des Augsburger Großhandels bleiben. Zogen die Welser seit 1544 ihre Beteiligung im sächsischen Kupferbergbau zurück, so suchte Konrad Mayr von Augsburg 1549–53, unter Verwendung von zusammen 600 000 Fuggergulden und vorzugsweise von Schlaggenwald aus, auf einen Vertrag mit König Ferdinand ein böhmisch-sächsisches Zinnmonopol zu begründen, was allerdings mißlang. Dafür entdeckten die Fugger selbst gerade 1555 im Gebiet der *Maestrazgos*, ihrer gepachteten spanischen Ordensgüter, die reichen Silbererzgruben von Guadalcanal und brachten dorthin wie nach Almaden Schwazer und andere deutsche Bergleute. Fuggersche Messingwaren gingen etwa 1548–51 nachweislich über Portugal an die westafrikanische Goldküste und wohl auch in das Niger-Reich von Benin.

Selbst das nicht ausfuhrgewerbliche Augsburger Handwerk griff noch unmittelbar in den internationalen Handel ein: Die Einkaufsgenossenschaften der Augsburger Metzger kauften nicht nur regelmäßig in Wien ungarische Ochsen auf, sondern ließen etwa 1552 auch aus Bromberg polnische Ochsen nach Augsburg treiben.

Wo der europäische Welthandel blühte, da standen in Augsburgs goldener Zeit Augsburger Häuser vor den Häusern der überflügelten Hansestädte, vor allen oberdeutschen Städten und dann und wann selbst vor den Weltfirmen Antwerpens, Venedigs, Mailands und Genuas. Die Augsburger Handelsorganisation selbst trug diesen Bedürfnissen Rechnung. Seit 1536 gab es ein Stadtwaaghaus und seit 1550 wurden alle Wechselgeschäfte, Darlehen und Edelmetallerwerbungen am Ort in die Maklerbücher der städtischen Wechselunterkäufer eingetragen, die bis 1558 erhalten sind. Die Stadt am Lech war in zwei Generationen eine Weltstadt geworden, freilich eine Weltstadt, die ihre äußersten Kräfte anspannen mußte, um bei ihrer eigentlich nur für den mitteleuropäischen Durchgangshandel günstigen Lage die Möglichkeiten ausschöpfen zu können, die ihr von hier aus noch offen standen. Die Zeit der großen Kaufmannsfürsten war schon vorüber, als das reiche Bürgertum in seiner Breite seinen Anteil an der »Augsburger Pracht« gewann.

Glanzvoller Niedergang

Was wir im Augsburger Stadtbild heute noch »Alt-Augsburg« nennen, das hat seine endgültige und kennzeichnende Form in den Friedensjahren nach 1555 erhalten. Die Lechstadt wurde mit ihren neuen und anspruchsvollen öffentlichen Gebäuden, mit ihren prächtigen Kunstbrunnen und mit ihrer Bekrönung von kupferbedeckten Zwiebeltürmen erst damals zum »Pompeji der deutschen Renaissance«. Durch den neuerlichen Mißerfolg ihrer Reichs- und Territorialpolitik in ihrer politischen Macht empfindlich geschwächt, vollbrachte die Bürgergemeinde ihre schönsten Leistungen auf dem Gebiete bürgerlicher Stadtkultur. Nach dem Vorbild der Fugger wurden jetzt Riesensummen verbaut und in Kunstwerten angelegt. Freilich konnten die verausgabten Teile der in der ersten Hälfte des 16. Jahrhunderts angesammelten Großvermögen nur mehr unzureichend ersetzt werden. Der Wohlstand der breiten bürgerlichen Schichten war noch im Wachsen, aber Augsburgs große Handelshäuser bekamen es jetzt zu spüren, daß sie sich nicht nur auf Gedeih, sondern auch auf Verderb mit dem Hause Habsburg verbunden hatten.

Noch im selben Jahr 1556, in dem Kaiser Karl V. abdankte und auch Bartholomäus V. Welser die Leitung des Welserhauses niederlegte, wurde diesem durch spanischen Richterspruch Venezuela ohne Entschädigung aberkannt, weil es die Kolonisierung unterlassen habe. Es war höchstens äußerlich ein Ausgleich dieses Verlustes, wenn 1557 der zweite Sohn Kaiser Ferdinands I., Erzherzog Ferdinand von Tirol und Burgau, eine Welsertochter, Philippine, heiratete und nach Anerkennung der Ehe zur Freiin von Zinnenburg erhob.

Beim Hause Fugger erlangte König Philipp II., im Kriege mit Frankreich, über Antwerpen im Februar 1556 400 000 Dukaten, im März und April 881 419 Gulden, wobei als Sicherheit Schuldverschreibungen der Rentmeister der spanisch-niederländischen Provinzen mit vorgeschoben wurden. Im Frühjahr 1557 stellte sich auf der Antwerpener Messe heraus, daß der spanische Staatskredit überspannt war. König Philipp und die Stadt Antwerpen verschoben ihre Schuldzahlungen. Im Juni 1557 befahl der König, in Spanien und in den Niederlanden alle Zahlungen an seine Gläubiger aus Kroneinkünften einzustellen und dafür Staatsrenten zweifelhaften Wertes anzubieten. Anfang November ließ König Heinrich II. von Frankreich sein Unvermögen erklären, die fälligen Meßzahlungen an der Börse von Lyon vorzunehmen, und stellte die Zahlungen an seine Gläubiger überhaupt ein. Waren am französischen Staatsbankerott nur kleinere Augsburger Firmen mit höheren Beträgen beteiligt, so traf der spanische die Fuggersche Weltbank am Nerv ihrer Macht. Anton Fugger vermochte die auch für die Welser empfindliche Krise nur durch eigene Geldaufnahme zu überbrücken. Er starb im September 1560 in schweren Sorgen; der Florentiner Lodovico Guicciardini bezeichnete ihn bald nach seinem Tode in seiner Beschreibung der Niederlande noch voll Hochachtung als einen wahren Fürsten der anderen Kaufleute. Bis Ende des Jahres wuchsen die spanischen Forderungen der Firma Anton Fugger und Raymunds Söhne auf volle 2 975 797 Dukaten oder vier Millionen Gulden an, die niederländischen sicher auf über eine Million Gulden. Hans Jacob Fugger, Antons ältester Neffe, der mit dessen ältestem Sohn Marx Fugger die Leitung des Hauses übernahm, vermochte seine schwierige Aufgabe nicht zu lösen. Seine eigentlichen Neigungen galten nicht dem Handel, sondern der Kunst und Wissenschaft. Auch nach einem ungünstigen Rückzahlungsvertrag mit König Philipp zeigte die Fuggerbilanz von 1563 ein bedrohliches Bild. Der Warenhandel hatte aufgehört, der Hüttenbetrieb in Kärnten war im allmählichen Erlöschen, neben dem entscheidend gewordenen spanischen Geld- und Berggeschäft spielte nur noch der Antwerpner Börsenhandel eine bedeutendere Rolle. Der persönlich schwer verschuldete Hans Jacob Fugger trat jetzt aus der Firma aus, verließ Augsburg und wurde 1570 Geheimer Rat und Hofkammerpräsident Herzog Albrechts V. von Baiern, dem er 1571 auch seine kostbare Bibliothek mit vielen antiken Handschriften verkaufte. Ihre 10 000 Bände bilden den Kern der heutigen Bayerischen Staatsbibliothek; darum war dann Hans Jacob auch der einzige Fugger, der in Augsburg durch König Ludwig I. von Bayern ein Standbild gesetzt bekam. Seit 1572 führte Marx Fugger mit seinen jüngeren Brüdern das Unternehmen, von König Philipp neuerlich zu Dukatendarlehen gepreßt, mit Anstrengung fort.

Auch der Welsersche Glanz verblaßte in diesen Jahren sichtlich. Ihre Großfaktorei in Antwerpen allein hatte 1556 Außenstände von 877 817 Gulden. Zu gleicher Zeit brachen andere altangesehene Firmen zusammen. 1562 verfiel Jacob Herbrot dem Bankrott, geriet in Schuldhaft und starb 1564 als armer Mann. Sein Sturz riß das Baumgartnersche Haus ins Verderben. Hans Baumgartners drei Söhne waren kaufmännisch unbegabt. Sie hatten schon 1553 ihre Tiroler Bergwerksanteile verkauft und das Geschäft auf eigene Rechnung aufgelöst. David Freiherr von Baumgartner mußte 1565 Schloß Hohenschwangau aufgeben, das zwei Jahre später Herzog Albrecht von Baiern erwarb. Er selbst schloß sich an den fränkischen Adelsverschwörer Ritter Wilhelm von Grumbach an, wurde mit diesem in die Reichsacht erklärt, gefangen und im April 1567 in Gotha enthauptet. Sein Bruder Hans Georg kam in Augsburg in jahrelange Schuldhaft. Besser schien es zunächst einigen neu aufsteigenden Augsburger Kaufleuten zu ergehen. Ende 1558 zog Kaiser Ferdinand I. zum Reichstag ins Fuggerhaus ein, der bis August 1559 dauerte. Sein unentbehrlicher Bankier war der königliche Rat Matthias Manlich, der aber während des Reichstages starb. Von Januar bis Juni 1566 hielt sich Kaiser Maximilian II. zu einem Reichstag in Augsburg auf, von dem wir erstmals eine bildliche Darstellung einer Reichstagszeremonie auf dem Weinmarkt haben. Ein gleichzeitiger Holzschnitt zeigt den Kaiserthron an der Rückseite des Tanzhauses, davor eine große Bühne, auf welcher gerade der sächsische Kurfürst mit seinem Gefolge zur Belehnung niedergekniet ist, ringsum auf der Straße und in den Fenstern der Häuser dichtgedrängte Zuschauer. Es war die letzte öffentliche Belehnung im Reiche.

Bedeutender kaiserlicher Geldgeber war jetzt auch das Bimmelsche Nachfolgeunternehmen David Haug, Hans Langnauer, Melchior Link und Mitverwandte, dessen Abschluß von 1561 bei 910 000 Gulden Einnahmen und Ausgaben schon 212 000 Gulden Kaiserschulden auswies. Das Haus betrieb den Kupferbergbau in Schwaz und für einige Jahre den Neusohler Kupferverlag. Die Augsburger Kaufleute kamen dadurch in Verbindung mit den Bestrebungen der Königin Elisabeth von England zur Entwicklung der englischen Bergwerksnutzung nach deutschem Vorbild. Im Dezember 1564 schloß die Königin mit dem englischen Kronschatzmeister und dem Londoner Faktor der Haug-Lang-

Belehnung Herzog Augusts von Sachsen mit der sächsischen Kurwürde durch Kaiser Maximilian II. am 23. April 1566 · Holzschnitt der Zeit

Dum tibi conſpicitur, præſentis Imago tabelle,
Lector, amas certo ſcire quid Ipſa uelit.
Namq; oculos tantum pictura paſcere nuda,
Iuſta voluptatis pondera ferre nequit.
Ergo ut cum fructu uerſere in imagine picta,
Perlege quæ fidis ſunt ibi iuncta Typis.
Illic Imperij Mariſcalcum ſumere ſacri
Inuenies terris debita Iura ſuis.
Namq; is ab Auguſto, Auguſtus percepit Honores
Auguſtæ, placida qua Lycus intrat aqua
Illic Theutonici apparent procèreſq; duceſq;,.
Claudere quos Domini cernis utrinq; latus,
Saxonicoq; Ducem circumuolitare caballo
Sepius Auguſtum ſtructa Theatra uides,
Quiq; Sacramento fidei ſeſe obliget, illi
Quem penes Imperij ſcepera decuſq; ſacri.
Sed quid ago multis, tibi primũ impreſſa legãtur,
Supplebit reliquum picta tabella, vale.
tis
Joannes à Francolin Sa: Cæ: Ma:
Romanus fecialis, ſiue Rex armorum.

nauer einen Vertrag, der die Vertragspartner der Krone ermächtigte, gegen Abgabe eines bestimmten Anteils vom gefundenen Gold, Silber und Kupfer in England alle Arten von Bergwerken zu betreiben. Bei der Bildung der Königlichen Bergwerksgesellschaft von England, 1565, übernahmen von 24 Anteilen die mit der Geschäftsführung betrauten Augsburger 11, englische Adelige und sonstige hohe Persönlichkeiten 13. Schwazer Bergarbeiter wurden in neueröffnete Gruben bei Keswick in der Grafschaft Cumberland geschickt. Im Oktober 1566 übernahmen die Haug-Langnauer auch die Erzeugung der Idrianer Quecksilbergruben. Aber das englische Unternehmen erwies sich als zu kostspielig, der Quecksilberabsatz stockte. Umsonst erhoffte man Rettung von alchimistischen Versuchen zur Herstellung von Silber aus Quecksilber. Schließlich wurde die Verbindung mit der Augsburger Firma Melchior Manlich d. Ä. u. Co. zum Verhängnis, die 1563 im Kupferverlag von Neusohl nachgefolgt war und sich seit etwa 1570 von ihrer Faktorei in Marseille aus mit sieben eigenen Schiffen unter französischer Flagge lebhaft in Handelsfahrten nach Tripolis in Syrien, nach Aleppo, Famagusta auf Cypern und Alexandria betätigte. Der Manlichsche Levantehandel lohnte Wagnis und Mühe infolge widriger Umstände gleichfalls nicht. Im Sommer 1574 wurde Manlich zahlungsunfähig, machte Konkurs und beantragte Klärung der Haug-Langnauerschen Vermögensverhältnisse. Der Augsburger Rat griff nun angesichts der Schäden, welche die gesamte Stadtbevölkerung durch die Zusammenbrüche von Handelshäusern erlitt, im Interesse der Gläubiger zu scharfen Maßnahmen gegen Bankrotteure. Im Oktober 1574 schlossen trotzdem die Haug und mußten zwei Familienmitglieder ins Schuldgefängnis senden. Noch im selben Jahr führte der Manlichkonkurs die Erben der Herwartgesellschaft, drei Brüder Herwart, ins Verderben. Nicht besser erging es den Neidhartschen Erben. Das Unternehmen der Firma Konrad Rot, die 1570 zusammen mit portugiesischen und italienischen Häusern einen Pfefferhandelsmonopolvertrag mit dem König von Portugal abschloß und dann mit dem Kurfürsten von Sachsen die Thüringische Pfefferhandelsgesellschaft errichtete, endete 1580 gleichfalls mit dem Bankrott. Es rettete Rot nicht, daß er noch vor 1573 in Augsburg die wohl älteste deutsche Zuckerraffinerie zum Aussieden spanischen Rohrzuckersaftes begründete.

Im September 1575 sperrte König Philipp II. von Spanien, durch den Aufstand der nördlichen Niederlande schwer bedrängt, erneut die Rückzahlung an seine Gläubiger. Die Fugger wurden von diesem Schlag bewußt ausgenommen. In höchster Not erlangte so König Philipp, als die spanischen Truppen in den Niederlanden meuterten, von Marx Fugger noch einmal 200 000 Dukaten. Aber noch 1576 plünderten die Soldaten Antwerpen, dessen Glanz vollends erlosch, und damit barst eine weitere Säule des Fuggerschen wie des Welserschen Geschäftes. Trotzdem überstanden die Häuser Fugger und Welser die Jahrzehnte des furchtbarsten Zusammenbruchs in der Augsburger Wirtschaftsgeschichte, in denen 1556 bis 1584 nicht weniger als siebzig bedeutende, international bekannte Augsburger Firmen Bankrott machten.

Zu gleicher Zeit setzte sich in Augsburg das Ringen zwischen den nebeneinander anerkannten Religionsparteien fort. Das große Reformkonzil von Trient endete 1563 als rein katholische Kirchenversammlung. Das im Folgejahr vom Papste erlassene Glaubensbekenntnis stärkte die gereinigte alte Kirche für den einsetzenden Kampf gegen den Protestantismus, die sog. Gegenreformation. Als Augsburger Domprediger unter Bischof Kardinal Otto Truchseß wirkte schon seit 1559 Petrus Canisius, der spätere erste Provinzial der oberdeutschen Jesuitenprovinz. Die Begründung einer Augsburger Jesuitenniederlassung wollte allerdings gegen den Widerstand des Domkapitels und des Rates lange nicht gelingen. 1574 sandte Papst Gregor XIII. einen Legaten als Helfer der Jesuiten nach Augsburg, und erst im September 1579 führten Graf Philipp Eduard Fugger und mehrere andere Enkel Raymund Fuggers durch eine Stiftung die Gründung eines Jesuitenkollegs auf einem geschenkweise überlassenen Grundstück zwischen Dom und Hl. Kreuz herbei. Mit dem Kollegium wurden eine Kirche St. Salvator und ein katholisches Gymnasium erbaut, mit dem die alte Domschule vereinigt wurde; die Stiftsschulen bei St. Moritz und St. Ulrich gingen gegen Ende des Jahrhunderts ein. Der 1580 mit dem Rate vereinbarte Vertrag untersagte den Ausbau des Jesuitengymnasiums zu einer Jesuitenuniversität, wie eine solche seit 1563 als bischöfliche Hochschule in Dillingen bestand; doch wurde 1589 ein sog. Lyzeum mit philosophischen Vorlesungen angegliedert. Der erste Rektor der Schule war der bedeutende Humanist und Pädagoge P. Jakob Spanmiller (Pontanus) aus Brüx/Sudetenland.

Das nun rein evangelische Gymnasium bei St. Anna, das bis 1580 von dem sehr angesehenen lutherischen Schulmann und Humanisten Hieronymus Wolf geleitet wurde, erweiterte der Rat 1562 durch ein eigenes städtisches Bibliotheksgebäude. Da das Jesuitengymnasium auch ein Internat einschloß, eröffneten evangelische Kaufleute unter Führung des Allgäuers Martin Zobel, Orts- und Schloßherrn in Pfersee, eine Sammlung für die Errichtung auch eines evangelischen Schülerheims beim St.-Anna-Gymnasium. Im Dezember 1582 konnte dieses protestantische Kollegium bei St. Anna eröffnet werden. Der Rat zeigte sich auf dem Ende Juni 1582 unter Kaiser Rudolf II. beginnenden letzten Augsburger Reichstag ehrlich bemüht, eine gerechte Auslegung des Religionsfriedens zu beobachten. Nach Abreise des Kaisers hielten die katholischen, protestantischen und gemischten Reichsstädte im Oktober noch einen Städtetag in Augsburg. Zum Jahresende führte aber die Ablehnung des von Papst Gregor XIII. reformierten, noch heute gültigen Kalenders durch die evangelischen Prediger zu heftigen Auseinandersetzungen. Dazu kam noch ein Streit zwischen Stadtpflegern und evangelischen Kirchenpflegern um das Berufungsrecht für die evangelischen Prediger. Daß in der noch zu mehr als zu drei Vierteln protestantischen Stadt damals beide Stadtpfleger katholisch waren, verschärfte die Lage. Im Mai 1584 entschied das Reichskammergericht für den neuen Kalender. Die Ratsmehrheit suchte darauf die Kalenderreform mit Gewalt durchzusetzen. Das Eingreifen des Stadtvogts zur Entfernung des Pfarrers von St. Anna aus der Stadt veranlaßte am 4. Juni 1584 wieder eine drohende Massenzusammenrottung bewaffneter evangelischer Handwerker vor den durch ein Fähnlein Soldaten besetzten Sitzen der Regierenden, dem Rathaus und der Geschlechterstube. Der Stadtvogt wurde angeschossen, vermochte aber die Menge mit Hilfe der übrigen evangelischen Geistlichen ohne Kampf zu zerstreuen. Eine Reichskommission aus kaiserlichen, baierischen und öttingischen Abgeordneten legte schließlich den Kalenderstreit bei. Der neue Kalender wurde allgemein angenommen.

Die Abwehrstellung des Protestantismus wurde dadurch gestärkt, daß es gerade evangelische Kaufleute waren, die nun als Besitzer von je mindestens 150 000 Gulden zum Vorrecht der reichen Steuer aufstiegen. Da war der kaiserliche Rat Wolfgang Paler d. Ä., der, schon Kaisergläubiger, 1569 mit andern Augsburger Kaufleuten den Neusohler Kupferverlag übernahm; freilich war es ein Anzeichen für die sinkende Finanzkraft der Lechstädter, daß mit Wolfgang Paler d. J., der auch Hammel besaß, Wiener Kaufleute ins Kupfergeschäft eintraten: seit 1605 war sein Hauptpartner der fuggergleich erfolgreiche Zipser Lazarus Henckel von Donnersmarck. Da war Martin Zobel, der am Tiroler Kupferbergbau, aber auch am Zinnbergbau von Altenberg im Erzgebirge mit bedeutenden Summen beteiligt war. Da war vor allem die 1590 gegründete Firma Hans Oesterreichers Erben, die besonders mit Textilfertigwaren handelte und ihren zweiten Hauptsitz in Wien und eine Hauptabsatzstelle in Genua hatte. Die Eingangshalle eines Augsburger Patrizierhauses aus dieser Zeit ist noch gegenüber dem Boeckschen Haus in dem 1578 von Hans Holl erbauten Hainhoferhaus, der jetzigen Industrie- und Handelskammer, erhalten geblieben. Sie zeigt mit ihren schlanken roten Marmorsäulen und ihren antikisierenden Bronzebüsten unvermindert starken italienischen Einfluß.

Demgegenüber waren der Hauptrückhalt des Katholizismus stärker denn je die Grafen Fugger. Schon 1584 erbauten Marx Fugger und seine Brüder das St.-Markus-Kirchlein als Pfarrkirche der Fuggerei. Nachdem 1595 Schloß Wellenburg mit Leitershofen in Fuggerschen Besitz übergegangen war, errichteten die Grafen Fugger auf eigenem Augsburger Stadtgrunde eine Kirche und ein Kloster St. Sebastian für den 1601 eingezogenen neuen Bettelorden der Kapuziner. Im nächsten Jahre stiftete ein Langenmantel vom R ein Wallfahrtskirchlein auf dem Kobel bei Westheim, aber 1609 waren es wieder die Enkel Anton Fuggers, die den nach Augsburg zurückgekehrten Franziskanern den Bau eines neuen Klosters in der nördlichen Jakober Vorstadt ermöglichten. Es erhielt dann eine Kirche zum Heiligen Grab, später St. Maximilian, und wurde mit einer Ordensausbildungsstätte, einem Franziskanerstudium, verbunden.

Für den Fuggerhandel schienen sich neue Vorteile dadurch zu ergeben, daß Philipp II. 1580 auch König von Portugal wurde. Mit Rots italienischem Partner traten Georg Fuggers Erben und Welser 1586 wieder in den großen ostindischen Gewürzhandel ein. Aber Philipps Verhalten und englische Kaperangriffe nach dem Untergang der spanischen Flotte im Ärmelkanal 1588 führten zu Verlusten.

Beim dritten spanischen Staatsbankrott von 1607 waren die Fugger mit $3^1/_4$ Millionen Dukaten in Mitleidenschaft gezogen; nur durch neue Darlehen konnten sie ihre Ansprüche retten. Überdies begann im Tiroler Bergbau das erzführende Gestein zu versiegen, der Aufkauf der Silbergruben im Südschwarzwälder Münstertal brachte keinen besseren Erfolg. Nur der wiederbelebte Barchenthandel und die kaufmännisch-straffe Verwaltung des Landbesitzes erwiesen sich nochmals als lohnend.

Wenn das Fuggersche Haus auch diese Krise noch überwand, so waren die Kräfte der Welser mit dem Pfefferhandelsunternehmen nahezu erschöpft. Ihre ruhmreiche Handelsgeschichte endete mit dem tragischen Zusammenbruch des nunmehrigen Hauses Marx und Matthäus Welser und Gesellschaft. Freiherr Matthäus II. Welser, städtischer Bauherr, wurde 1603 durch Kaiser Rudolf II. noch zum Reichspfennigmeister, Reichsschatzmeister, ernannt. Er zeigte sich aber der schwierigen Aufgabe der dauernden Geldbeschaffung für den Kaiser nicht gewachsen, obwohl er für über dreieindrittel Millionen Gulden Wechsel aufnahm. 1608 mußte er sein Amt niederlegen. Nach seinem Rücktritt ließ die kaiserliche Hofkammer 1613 eine Klageschrift gegen seine Amtsführung veröffentlichen, und kaum war der Stadtpfleger, kaiserliche Rat und Teilhaber Freiherr Marcus Welser gestorben, so vermochten seine Brüder Matthäus II. und Paul Welser ihren aufgehäuften Verpflichtungen nicht mehr nachzukommen. Der Augsburger Rat erklärte sie am 1. Juli 1614 für zahlungsunfähig. Ende November nahm er sie in Schuldhaft, die für Paul Welser erst 1620 durch den Tod endete und für Matthäus 1621 zu Hausarrest gemildert wurde. Die Fugger meldeten im Welserbankrott noch eine Forderung von 125 069 Gulden an. Die so tief gestürzte alte Patrizierfamilie verschwand aus der Augsburger Geschichte.

Trotz der sinkenden Bedeutung der zwei größten Handelshäuser stieg der bürgerliche Reichtum Augsburgs noch in den breiten Schichten, die von den Staatsbankrotten und erschütternden Finanzkrisen der Zeit nicht betroffen wurden und in der Lage waren, die Gewinnmöglichkeiten des lebhaft bleibenden Warenhandels zu nutzen. Das Stadtsteuerbuch von 1605 belegte eine Vermögenssteuereinnahme von 65 227 Münzgulden (52 181 Goldgulden), das von 1618 eine solche von 71 346 (57 076) Gulden. Insgesamt ergab sich dabei ein höheres Steuervermögen der »Reichen« als je zuvor; 1617 war mit 11 000 die höchste Zahl von

Augsburger Steuerpflichtigen überhaupt erreicht, wenn auch der Anteil der Nichtsbesitzenden an der Bürgerschaft nicht kleiner werden wollte.

Die starke Nachfrage ließ namentlich die Ausfuhrgewerbe stark anschwellen. 1601 zählte Augsburg nach einer glaubwürdigen Aufstellung 2922 Inhaber der Weber-Meistergerechtigkeit mit 3677 Webstühlen; 2081 von ihnen übten mit etwa dreieinhalbtausend Gesellen das Handwerk selbständig aus. 1612 waren es nach derselben Quelle, bei einer Gesamteinwohnerzahl von rund 48 000 Menschen, 3024 Meister, darunter 2199 selbständige. Die reiche und arme Weberschaft brachte 1595 etwa 410 000, 1612 430 636 Stück Barchentstoff zur Beschau aufs Weberhaus. Das Augsburger Gewebe ging vor allem nach Italien und Spanien. Neben den Webern erfreuten sich jetzt die Augsburger Gold- und Silberschmiede eines besonders hohen Ansehens. Eine Bürgerliste, die der Rat 1615 anfertigen ließ, verzeichnete 199 Goldschmiede- und Juweliermeister mit 164 Gesellen. Unter ihnen waren bedeutende Künstler; eine besondere Rolle spielte die vielköpfige Familie Drentwett. Den Goldschmieden gesellten sich die Uhrmacher und mathematisch-optischen Instrumentenmacher, die gleichfalls Werke von Weltruf lieferten, die Kunstschmiede, Kunstschlosser und Kunstschreiner. Eine Spezialität der letzteren waren die sog. Kunstschränke, unter denen namentlich der bis 1616 für den Herzog von Pommern angefertigte Kasten aus Ebenholz mit Edelsteinen, Silbertreibarbeit und bunten Emailornamenten berühmt war.

Unter den Augsburger Malern der zweiten Jahrhunderthälfte ragte Christoph Amberger hervor, dem wir eine Reihe beachtlicher Ölporträts, aber auch ein italienisch beeinflußtes, farbenschönes Tafelbild für den Hochaltar des Domes mit der thronenden Gottesmutter, St. Afra und St. Ulrich von 1554 verdanken. Die katholische St.-Ulrichs-Kirche, in der sich jetzt die Grafen Fugger ihre Grabdenkmäler errichteten, empfing 1570 einen reichgeschnitzten und bemalten, 16½ m hohen, noch überwiegend gotischen Hochaltar mit Figuren und Flügelbildern. Im Jahre 1594 wurde endlich wenigstens der eine Turm der Ulrichskirche vollendet. Er erhielt, mit 93,4 m Höhe bis heute Augsburgs höchster Kirchturm, ein kupfernes Zwiebeldach, wie es der einheimische Baumeister Hans Holl zuerst 1574 auf das zierliche Türmchen der neuen Klosterkirche St. Maria Stern gesetzt hatte. 1603 konnte der Chor von St.

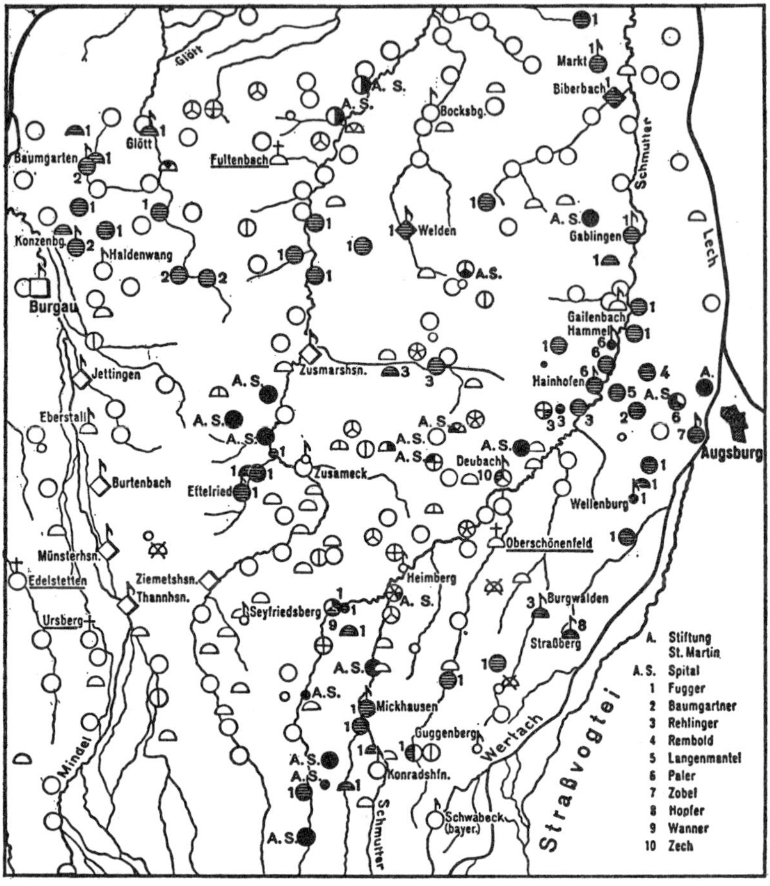

Quadrat = Stadt, Raute = Markt, Kreis = Dorf, Halbkreis = Weiler. Durchkreuzung bedeutet spätere Auflösung der Siedlung. Stifte und Klöster sind unterstrichen.

Grundbesitz von Augsburger Stiftungen und Patriziern zwischen Lech/Wertach und Mindel (Gebiet der Markgrafschaft Burgau) um 1615. Die Darstellung vereinfacht die Besitzverhältnisse bei starker Zersplitterung. Auszug aus der nach einer zeitgenössischen Vorlage bearbeiteten Karte von Wolfgang Zorn im Historischen Atlas von Bayerisch-Schwaben.

Abb. 25 Zeughaus, erbaut von Elias Holl 1602–1607. Fassade nach Entwurf von Joseph Heintz d. Ä. mit Michaelsgruppe in Bronze von Hans Reichle

Abb. 26 Der ehemalige »Goldene Saal« des Hollschen Rathauses. Ausstattung 1620 von Matthias Kager nach Entwürfen Peter Candids

Abb. 27 Stadtmodell in Holz von Hans Rogel, 1560–1563

Abb. 28 Christuskind von der Kanzel der Augsburger Barfüßerkirche, Holz. Von Georg Petel, 1632.

Ulrich eingewölbt werden, und im Folgejahr errichtete man in ihm einen neuen prachtvollen Hochaltar, der wie zwei Seitenaltäre für St. Afra und St. Ulrich in einen Renaissanceaufbau einen großen Figurenreichtum einfügte, dazu als Pfarraltar zwischen den Seitenaltären einen Kreuzaltar mit Kreuzigungsgruppe des Schongauer Bildhauers Hans Reichle. Die Orgel schenkten die Fugger.

Marx und Matthäus II. Welser waren dagegen die großen Förderer des Ratsentschlusses, die Altstadtbrunnen als Prachtbrunnen zu einer besonderen Zierde des Straßenbildes zu machen, eines Straßenbildes übrigens, dessen schöne und hohe Hausfronten und breite Wege schon um 1580 den bekannten französischen Philosophen Michel Eyquem de Montaigne in sein Reisetagebuch schreiben ließen, Augsburg gelte als die schönste Stadt Deutschlands. Daß seit 1560 außer den öffentlichen Brunnen auch weiter abgelegene Privatanwesen an die städtischen Wasserleitungen angeschlossen wurden, verminderte die Zweckbedingtheit dieser Brunnen; die Zahl der Brunnenwerke betrug jetzt drei, seit 1609 aber fünf. Als ersten der neuen Kunstbrunnen schuf 1589 bis 1594 der Niederländer Hubert Gerhard den Augustusbrunnen gegenüber dem Perlach. Er trägt die ursprünglich feuervergoldeten, in Augsburg gegossenen Bronzefiguren des Kaisers, unter dem die Römer ihren Fuß an Lech und Wertach gesetzt hatten, zweier männlicher Flußgötter mit Flößerruder und mit Fischernetz, zweier weiblicher mit Treibrad und Ähren und mit Urne und Füllhorn und mehrerer Putten und Wasserspeier. Gerhards Landsmann Adriaen de Vries gestaltete seit 1596 die beiden andern noch heute erhaltenen Kunstbrunnen auf der Reichsstraße: den Merkurbrunnen, mit einem eleganten bronzenen Handelsgott mit Flügelhelm und Flügelstab, zwischen Tanzhaus und Weberhaus, den Herkulesbrunnen mit dem keulenschwingenden Hydrabezwinger, drei sitzenden Najaden und anmutigen Knaben mit Wasservögeln vor dem Siegelhaus auf dem Weinmarkt. Diese drei Brunnen gehören zu den besten ihrer in Florenz von Giambologna entwickelten Art.

1602 wendete der Rat größere Mittel für Landankäufe auf. Er tauschte vom Domkapitel für die zur Unterhaltung des sog. Blatterhauses aus dem alten Klosterbesitz von St. Martin, St. Margaretha und St. Nicolaus gebildete St.-Martins-Stiftung das Dorf Oberhausen ein; er kaufte vom Bischof die Bischofsau am linken Lechufer zwischen Hochzoller

Brücke und Meringerau, den heutigen Siebentischwald. Aber die reichen Stadteinkünfte ließen noch genügend Möglichkeiten für weitere Städtebaumaßnahmen. Im unmittelbaren Anschluß an die Aufstellung der Figurenbrunnen begann so endlich der Umbruch in der ganzen baulichen Erscheinung der Stadt durch das baumeisterliche Schaffen von Hans Holls Sohn Elias. Elias Holl baute für den Rat zunächst das Gießhaus und das Bäckerzunfthaus neu, worauf ihm im Juli 1602 das Amt des Stadtwerkmeisters übertragen wurde. Noch im gleichen Jahre führte er den neuen Turm der St.-Anna-Kirche auf und begann den Bau des 1607 vollendeten Zeughauses zwischen St. Moritz und St. Katharina. Dessen hohe Renaissancefassade wurde mit der bewegten Bronzegruppe Hans Reichles geschmückt, die St. Michael im siegreichen Kampf mit dem Drachen zwischen Putten mit kriegerischen Ausrüstungsstücken darstellt. 1605 folgten ein neues Siegelhaus, von dem leider nur der stolze, schwingenbreitende bronzene Reichsadler des Giebels erhalten ist, und das heutige Wertachbrucker Tor; 1609 baute Holl die Renaissancefassade der Stadtmetzg am Fuße des Perlachbergs, deren Lichthofarkade wiederum italienische Formen aufnimmt, 1611 ein Weberkaufhaus am Herkulesbrunnen. 1613 vollendete er das neue städtische Schulgebäude, den heute sog. Hollbau des St.-Anna-Gymnasiums. Gleichzeitig richtete Holl seine Aufmerksamkeit auf das Herz der Bürgerstadt, die Baugruppe um den Platz, auf dem jetzt der Augustusbrunnen sich erhob. Zunächst entstand gegenüber dem Bäckerhaus ein zweistöckiges Renaissancegebäude. 1614 regte Holl bei einem der Stadtpfleger an, an Stelle des alten, teilweise baufälligen gotischen Rathauses ein würdiges neues aufzuführen. Der Plan fand angesichts der guten städtischen Haushaltslage und des starken reichsstädtischen Selbstbewußtseins beim Rat volle Zustimmung. Um Uhr und Stadtglocke aus dem alten Rathausturm unterzubringen, verstärkte der Stadtwerkmeister zuerst den Perlachturm und setzte ihm einen Glockenstuhl auf. Seine doppelte Dachzwiebel konnte im August 1615 mit einem goldenen Knopf samt Windfahnenbild der Cisa gekrönt werden. Im Unterteil des Turmes wurde 1616 eine Spielwerkfigur des satanstötenden St. Michael aufgestellt, die bis heute als »Turamichele« volkstümlich geblieben ist. Inzwischen wurde das alte Rathaus abgebrochen, von dem Holl noch ein genaues Holzmodell hatte anfertigen lassen, und am 15. August 1615 wurde in Gegenwart des Rates der Grundstein zum neuen Rathaus gelegt. Genau zwei Jahre später konnte dem mächtigen, 51 m hohen Baublock mit seinen sieben Stockwerken an der Eingangs- und neun Stockwerken an der Rückseite der Dachstuhl aufgesetzt werden. 1618 schlug Holl noch ergänzend vor, dem Flachdach zu beiden Seiten des deutschen Giebels zwei wuchtige achtekkige Zwiebeltürme aufzusetzen, was auch geschah.

Die Fassade des ungeheuren Giebelhauses ist zugleich klarer Ausdruck des Innern. Das Erdgeschoß ist eine dreischiffige Halle mit Marmorpfeilern und enthielt seitlich die Wachtstuben, das erste Stockwerk birgt eine schöne Säulenhalle, die bis 1944 eine prächtige, bemalte Holzdecke hatte und vormals zur Gerichtsstube und zu verschiedenen Verwaltungsräumen führte. Hinter sechs dreifach übereinander angeordneten Fenstern der Fassade aber lag im zweiten, dritten und vierten Stock der Herzraum des Baues, der große Ratssaal. Als ein bewußtes Gegenstück zum Dogensaal in Venedig stieg er 14,22 m hoch ohne eine einzige Säule auf; seine geschnitzte Holzdecke hing an 27 Ketten vom Dachstuhl herab. Noch nach der Brandzerstörung dieser Decke und der gesamten inneren Ausschmückung wirkt der einstige »Goldene Saal« des Rathauses als kühne und gewaltige Leistung. Der Prunk der Repräsentation, der hier entfaltet wurde, hatte in keinem Rathaus Deutschlands ein ebenbürtiges Gegenstück. Die reiche Ausstattung, an die nur noch dürftige Reste erinnern, besorgte der 1615 zum Stadtmaler ernannte Augsburger Matthias Kager. Er malte nach Entwürfen des Münchener herzoglichen Hofmalers Peter Candid auf die goldverzierte dunkle Holzdecke ein Mittelbild mit dem Triumphzug der Weisheit, zwei Rundbilder der Architektur und Kriegskunst und acht allegorische Frauengestalten als die Haupttugenden. In die gemalten Nischen zwischen den Seitenfenstern setzte er 16 Bilder antiker und mittelalterlicher römischer Kaiser. Über dem nördlichen Mittelportal stellte der in Augsburg ansässig gewordene Hans Rottenhammer die thronende Augusta und die vier Flußgötter Lech, Wertach, Singold und Brunnenbach dar. Die pompösen hölzernen Mittelportale selbst wurden reich vergoldet und mit Figuren besetzt. Die Nebeneingänge führten im zweiten Stockwerk in vier Fürstenzimmer mit Wandtäfelung, mit allegorischen oder alttestamentlichen und römisch-historischen Bildern Kagers und mit eisernen Kunstöfen. 1619 wurde der Mittelgiebel der Vorder- und Rückfront mit der

Zirbelnuß gekrönt und mit Reichsadlern aus vergoldeter Bronze belegt; von ihnen blieb nur eine Kralle übrig. Noch ehe die Auszierung abgeschlossen war, fand im August 1620 die erste Ratssitzung im neuen Rathaus statt. Ratsstube und Gerichtsstube erhielten dann Tafelbilder des Jüngsten Gerichts. Der Bau des Rathauses kostete ohne das teure Kupferdach, ohne Bronzearbeiten und sonstige Ausstattung rund 70 000 Goldgulden, mehr als ein Drittel eines damaligen städtischen Jahreshaushalts. Es war nicht nur die Krönung von Holls Lebenswerk und eines der bedeutendsten Bauwerke der deutschen Renaissance, sondern auch der sichtbarste Ausdruck von Macht und Glanz des goldenen Augsburg, das anspruchsvolle Wahrzeichen der Bürgerstadt, das sich nun zwischen Dom und Reichsstift St. Ulrich beherrschend emporreckte. Mit gutem Recht hat man ferner gesagt, das Rathaus sei in seiner Mischung von nordischer Gliederung und südlicher Symmetrie die höchste Steigerung, deren die Augsburger architektonische Eigenart überhaupt fähig war, ein steingewordenes Sinnbild für Augsburgs Vermittlerrolle zwischen Deutschland und Italien.

Mit der Kunst blühten in jenen Jahrzehnten die Wissenschaft und das geistige Leben. Der Arzt und Humanist Dr. Achilles Pirmin Gasser verfaßte eine lateinische, auch auf Ratspapiere gestützte Stadtgeschichte von den Anfängen bis 1576, die allerdings heftige Ausfälle gegen die katholische Geistlichkeit enthielt. Sie mußte deshalb außerhalb Augsburgs gedruckt werden, und der Rat hinderte schließlich aus Friedensrücksichten ihre Fortsetzung. Weniger gefährlich waren die auf das römische Altertum Augsburgs gerichteten historischen Interessen des Stadtpflegers Marx Welser. Seine lateinischen Hauptwerke ließ er zunächst in Venedig und Frankfurt am Main drucken. Zur einheimischen Förderung seiner Bestrebungen begründete er dann eine eigene Gesellschaft für wissenschaftlichen Buchdruck in Augsburg, die Druckerei *ad insigne pinus*, zur ausgezeichneten Zirbelnuß. Sie druckte seit 1595 und bestand wohl bis 1614. Die Meistersinger erbauten sich 1630 einen eigenen Komödienstadel. Das für sie geschaffene Spiel des Sebastian Wild von Passion und der Auferstehung Christi wurde zusammen mit dem Augsburger Passionsspiel von St. Ulrich und Afra zur Grundlage der seit 1634 aufgeführten Oberammergauer Passionsspiele. Auch die Musik stand in der allgemeinen kulturellen Entfaltung nicht zurück. Einer ihrer deutschen Hauptmeister dieser Zeit, der Nürnberger Hans Leo Hassler, wirkte seit 1584 als Kammerorganist des Grafen Octavianus Secundus Fugger in Augsburg und schuf hier seine schönsten Werke. Die katholische und evangelische Kirchenmusik wetteiferten in lebhafter Tätigkeit.

Diese Spätblüte der Fuggerstadt reichte noch bis in den großen Krieg hinein, der 1618 im Reiche zwischen der katholischen Liga unter dem Kaiser und Herzog Maximilian von Baiern und der protestantischen Union unter dem pfälzischen Kurfürsten Friedrich V. ausbrach. Der Augsburger Bischof Heinrich von Knöringen war seit der Begründung der Liga deren eifriges Mitglied. Der Rat aber hielt sich aus beiden Bündnissen fern. Er schloß 1619, abgesehen von der eigenen Anwerbung von sieben Fähnlein, lediglich ein Schutzbündnis mit dem Herzog von Baiern, demzufolge dieser im Notfall gegen jährlich 50 000 Gulden der Stadt militärisch zu Hilfe kommen sollte. 1622 erbaute Holl das verstärkte heutige Rote Tor. Aus dem Jahre 1626 stammt ein weiterer, von Wolfgang Kilian in Kupfer gestochener Plan der Stadt aus der Vogelschau. Er gibt die Einzelhäuser genau wieder. Als neu tritt nicht nur der gewaltige Rathausbau in der Stadtmitte hervor, sondern auch der starke Ausbau der Stadtbefestigung. Vor Stadtmauer und Graben legen sich jetzt mächtige, vorspringende Erdbollwerke, deren größtes heute noch der Rote-Tor-Wall ist, und ein geplanter äußerer Befestigungsgürtel.

Bald begann sich der vollständige Sieg der Liga im Felde, der dem Baiernherzog die pfälzische Kurwürde zufallen ließ und im April 1624 durch einen Augsburger Ligatag bekräftigt wurde, für Augsburg tiefgreifend auszuwirken. Zunächst brach 1623/24 das evangelische Handlungshaus Oesterreicher zusammen; nur das Genueser Leinengeschäft hielt sich noch einige Zeit. Wohl 1627 schied mit Marx Conrad Rehlinger, dem Nachfolger der Paler im Neusohler Verlag, der letzte Augsburger aus dem ungarischen Kupfergeschäft aus. Dem gesellte sich 1626 das Verlangen des auch im Kriege befindlichen spanischen Hofes an die Fugger, die Zahlung von monatlich 50 000 Dukaten für den Unterhalt des Hofstaates gegen großenteils wertlose Deckungen zu übernehmen, ein Schritt, der nun endgültig auch den Fuggerschen Zusammenbruch herbeiführen sollte. Schon 1630 war das Augsburger Haus in Spanien schwer an seine schärfsten Gegner im spanischen Geschäft, die Genuesen, verschuldet. Der Rat selbst erhielt 1627 noch einen kaiserlichen Gnadenbeweis, indem das seit 1482 immer weiter beschränkte Recht der Bürger, gegen ihr Stadtgericht bei Kaiser und Reich Berufung einzulegen, ganz beseitigt wurde. 1628 wütete die Pest.

Im selben Jahre traten Ereignisse ein, die auf einen völligen Umsturz der Bekenntnisverhältnisse in Augsburg abzielten und die unbedingte Gegenreformation im Sinne einer Austilgung des städtischen Protestantismus einleiteten. Auf Wunsch des Bischofs ernannte Kaiser Ferdinand II. am 11. Juni ohne vorherige Befragung des Rates 13 katholische Familien zu neuen Augsburger Geschlechtern. Sie sollten bei den Ratswahlen besonders bevorzugt werden. Das sog. Restitutionsedikt Ferdinands vom 6. März 1629, das den Evangelischen im Reiche die Rückgabe aller seit 1552 eingezogenen Kirchengüter auferlegte, betraf die Augsburger Protestanten genaugenommen nicht, und die beiden persönlich katholischen Stadtpfleger ließen denn auch keine Maßnahmen auf Grund des Ediktes in Augsburg zu. Darauf entschloß sich aber der Kaiser, in der Bischofsstadt am Lech schärfer vorzugehen. Am 1. August 1629, dem Ratswahltag, erschien ein kaiserlicher Kommissar, erzwang mit der Drohung der Wahlunterbindung, daß fast nur Katholiken in den Kleinen Rat gewählt wurden, und beauftragte Bischof Heinrich von Knöringen mit der Durchführung der vollen altkirchlichen Wiederherstellung kraft seiner Rechte aus dem Vertrag mit dem Rate von 1548. Die Stadtpfleger sollten den Bischof dabei unterstützen, im Weigerungsfalle behielt sich der Kaiser ihre Absetzung vor. Am 8. August wurden die 14 evangelischen Prediger auf das Rathaus geladen und von einem der Stadtpfleger im Beisein des Kommissars von dem kaiserlichen Befehl unterrichtet, sich bei Strafe des Leibes und Lebens künftig jeder öffentlichen und heimlichen Übung ihres Glaubens zu enthalten und den Eid darauf zu leisten. Zugleich mit der grundsätzlichen Amtsentlassung traf diejenigen evangelischen Geistlichen, die das Bürgerrecht nicht besaßen, die Stadtverweisung. Die evangelischen Kirchen wurden vom Rat gesperrt. Auf dem Fischmarkt wurde zur Abschreckung gegen Unruhen ein Galgen errichtet. Am 3. September befahl der Oberschulherr des Rates im Rathaus dem Rektor des St.-Anna-Gymnasiums und seinen Lehrern, dem Leiter des Anna-Kollegs, den deutschen Schulmeistern und dem evangelischen Waisenvater im Namen des Kaisers, von Luthers Katechismus und allem unkatholischen Unterricht abzulassen. Als die Lehrkräfte standhaft blieben, wurden auch sie sämtlich entlassen. Am 20. Januar 1631 erging an den Rat ein kaiserlicher Befehl, es seien auch alle evangelischen Ratsmitglieder, Gerichtsbeisitzer und Stadtbedienstete, sofern sie nicht wieder den katholischen Gottesdienst besuchten, ihrer Ämter zu entheben. Im August wurde diese Maßnahme gegenüber den Mitgliedern des Großen Rates und den Stadtbeamten vollzogen. Sie traf auch den Stadtwerkmeister Elias Holl, der seinen Neubau des Hl.-Geist-Spitals für 300 Pfründner mit schönem Pfeilerarkadenhof nicht mehr ganz zu Ende führen konnte. Fern von Augsburg ließ aber der Erzbischof von Gran nach Holls Plänen durch Augsburger Maurermeister am Preßburger Jesuitenkolleg weiterbauen. Im September mußten die Evangelischen auch den Kleinen Rat und das Stadtgericht verlassen. Von den der katholischen Geistlichkeit übergebenen evangelischen Kirchen wurden noch 1630 die kleine Hl.-Kreuz-Kirche vom Propst von Hl. Kreuz, die kleine Georgskirche vom Propst von St. Georg ganz niedergerissen. Die Kirche und das ehemalige Kloster St. Anna wurden Anfang Oktober 1631 an die Jesuiten von St. Salvator übergeben, die noch im selben Monat ihr Lyzeum ins St.-Anna-Gymnasium verlegten. Nur das Anna-Kolleg blieb als Neustiftung noch in der Hand der niedergedrückten evangelischen Bürgerschaft.

Die Wendung, die der Krieg durch das Eingreifen des Schwedenkönigs Gustav Adolf II. auf protestantischer Seite nahm, verhinderte eine längere Fortdauer dieses Zustandes. Nach erfolgreichen Kämpfen mit den Heeren der Liga erschien der Schwedenkönig von Norden her am 17. April vor Augsburg, das eine starke baierische Besatzung erhalten hatte, und bezog mit seiner Armee ein Lager bei Lechhausen. Der Rat ließ bei der evangelischen Bürgerschaft anfragen, ob sie bereit sei, mit der katholischen zusammen die Stadt zu verteidigen. Die Antwort lautete abschlägig. Als der freie Abzug der Besatzung zugesichert wurde, entschloß man sich wie Friedberg zur kampflosen Übergabe. Am 20. April rückten vier schwedische Regimenter durch das Jakober Tor ein, am 22. setzte der König die ausgestoßenen evangelischen Ratsmitglieder wieder ein, am 24. zog er in die zurückgenommene St.-Anna-Kirche und ließ in ihr seinen Hofprediger lutherischen Gottesdienst halten. Anschließend nahm er von einem Fenster des Fuggerhauses aus den Treueid der auf den Weinmarkt befohlenen Bürgerschaft entgegen, der in einer reichsrechtlich bedenklichen Weise als Erbhuldigung für die Krone Schwedens formuliert war. Unter den ihm überreichten Ehrengeschenken war ein prächtiges Gegenstück des pommerschen Kunstschrankes, ein reich geschmückter Schreibtisch aus Ebenholz und Elfenbein, den jetzt die Universität Upsala besitzt. Als Gustav Adolf zwei Tage später nach Baiern hinein aufbrach, blieben ein königlicher Statthalter im Schwäbischen Reichskreise und als schwedischer Gouverneur Graf Benedikt Oxenstierna, ein Sohn des schwedischen Reichskanzlers, zurück. Im Auftrag des Königs ließ er schon am 27. April durch die evangelischen Ratsmitglieder Angehörigen von 18 evangelischen Mehrer- und Kaufleutefamilien die Aufnahme unter die Augsburger Geschlechter antragen. Zu diesen sog. schwedischen Geschlechtern gehörten die Bimmel, Oesterreicher und Zobel. Am 28. bis 30. April setzte Oxenstierna gegen die Vorstellungen der evangelischen Ratsangehörigen alle katholischen Mitglieder des Kleinen und Großen Rates, Gerichtsherrn und Stadtdiener ab und ließ an ihrer Stelle Protestanten wählen. Die katholische Bürgerschaft wurde entwaffnet, die evangelische mußte zwei Kornetts Reiter und 24 Fähnlein Fußvolk mit zusammen 3210 Mann bilden. Gleichzeitig wurde die Verstärkung der Stadtbefestigung in Angriff genommen. Nach dem Plan des schwedischen Generalingenieurs wurden unter Mitwirkung des wieder eingesetzten Elias Holl namentlich mächtige Sternschanzen, auch eine solche an der Lechbrücke, aufgeworfen. Die Stadt mußte nicht nur die Befestigung, sondern auch bis zum April 1633 monatlich 20 000 Reichstaler an die Schweden laufend bezahlen. Das fiel um so schwerer, als die Steuereinnahmen fühlbar zurückgingen; nach dem Steuerbuch von 1631 bezahlte schon niemand mehr die reiche Steuer. Unter dem Namen des Schwedenkönigs wurden Augsburger Dukaten mit seinem Bilde, Schwedenwappen und Zirbelnuß geprägt, aber bis Juni 1633 berechneten sich Augsburgs Besatzungs- und Befestigungsausgaben schon auf 512 000 Gulden, die Stadtschulden auf 1 625 000 Gulden. Die Zahl der in Augsburg gebleichten Barchentstücke fiel für 1634 auf ganze 13 160 Stück.

Das katholische Kirchenwesen wurde gemäß der königlichen Zusicherung vorerst nicht grundsätzlich angetastet. Die Evangelischen erhielten außer ihren alten Kirchen und dem St.-Anna-Gymnasium auf

Anordnung des Königs neu nur die Stiftskirchen von Hl. Kreuz und St. Georg als Ersatz für die dort niedergerissenen Gotteshäuser. Ende Mai 1632 kam Gustav Adolf noch einmal für eine Woche nach Augsburg und trat dabei auch in nähere Verbindung mit dem evangelischen Patriziat. Tieferes Mißtrauen der schwedischen Besatzung gegen die katholische Bevölkerung entstand, als am 13. Juli nachts die schwedische Truppe in Friedberg überfallen und niedergemacht wurde. Drei Tage später wurde Friedberg von stärkeren schwedischen Kräften wieder erstürmt und zur Vergeltung samt Schloß und baierischem Hochzollhaus am Lech niedergebrannt.

Im November fiel der Schwedenkönig im Felde bei Lützen. Nun verschärfte sich das schwedische Vorgehen gegen die katholische Geistlichkeit, die sich bisher, mit alleiniger Ausnahme der Benediktiner, der Leistung eines Treueides gegenüber den Schweden zu entziehen gewußt hatte. Als die Weigerung aufrechterhalten wurde, zwang der Gouverneur am 19. Mai 1633 die Geistlichen zum Verlassen der Stadt. Die Domherrn gingen wieder nach Dillingen. Der bischöfliche Generalvikar übertrug beim Wegzug den zurückbleibenden Benediktinern die gesamte katholische Seelsorge samt der geistlichen Betreuung der Frauenklöster. In der katholischen St.-Ulrichs-Kirche allein wurde fortan noch öffentlich Messe gelesen, während St. Jakob eine evangelische Pfarrei wurde. Für die Verwaltung der katholischen Kirchengüter in der Stadt wurde eine schwedische Rentkammer eingerichtet, am 24. Juni 1634 erhielt die Reichsstadt sie zugewiesen. Seit Ende September 1634 machte die schwere Niederlage der Schweden bei Nördlingen die Augsburger Umgegend zum Ziel katholischer und baierischer Streifzüge, in der zweiten Oktoberhälfte erschien eine baierische Belagerungsarmee und schloß die nur noch mit zwei schwedischen Regimentern belegte Stadt ein. Da der schwedische Kommandant die Übergabe ablehnte, wurde die Blokkade Mitte Januar 1635 völlig geschlossen. Die Folge war bald eine sich grauenhaft steigernde Hungersnot. In diese Zeit fällt die erst im 18. Jahrhundert sagenhaft ausgestaltete Begebenheit, daß der Bäckermeister Konrad Hackher von der Stadtmauer aus den Belagerten einen aus seinem letzten Mehl gebackenen Brotlaib habe zeigen wollen, dabei aber einen Arm eingebüßt und daran gestorben sei; der Überlieferung nach verewigt sein Andenken das rohe, zusammengesetzte Bild des sog.

steinernen Mannes an der »Schwedenstiege« am unteren Graben. Am 28. Februar sah sich der Rat genötigt, einen Abgeordneten mit dem Übergabeangebot an den kaiserlichen Oberbefehlshaber zu entsenden, aber erst am 14. März kam es in Leonberg bei Stuttgart zu einem Übergabevertrag mit General Gallas. Zehn Tage später bestätigte ihn der Rat.

Der Leonberger Vertrag bestimmte im ersten Artikel, daß es in Augsburg unter Aufhebung der von den Schweden herbeigeführten Neuerungen bei der kaiserlichen »Reformation« von 1629 verbleiben solle. Im Unterschied zu ihr sollte es den Protestanten aber aus kaiserlicher Gnade erlaubt sein, sich auf ihre eigenen Kosten eine neue Kirche zu erbauen und an ihr einen Prediger zu unterhalten. Auch die Stiftungen, die sie selbst für ihre Lehre aufgerichtet hatten, sollten ihnen verbleiben. Die schwedische Garnison, noch etwa 1200 Mann stark, durfte mit Fahnen und Waffen abziehen. Am 28. März folgte ihr eine kaiserlich-baierische Besatzung, am 6. April zogen die katholischen Geistlichen wieder in sämtliche Augsburger Kirchen ein. Kaiserlicher Statthalter in Augsburg wurde der baierische Generalfeldzeugmeister Graf Ottheinrich Fugger auf Schloß Grönenbach bei Memmingen. Er ersetzte am 25. April den evangelischen Rat samt den Stadtdienern wieder durch einen katholischen und trieb die Strafsummen ein, die Augsburg an den Kaiser in Höhe von 200 000 und an den Kurfürsten Maximilian I. von Baiern in Höhe von 180 000 Gulden bezahlen mußte. Der Rat hatte dafür schon eine achtfache Jahressteuer ausgeschrieben, Evangelische zahlten eine zwölffache. In den Jahren 1634/35 starben in Augsburg nicht weniger als 11 903 Personen und wurden nicht mehr als 1566 geboren. Im Stadtsteuerbuch von 1635 ist fast keine Seite ohne Lücken; manchmal sind spaltenlang statt der Namen schwarze Punkte eingesetzt, die von der Verödung ganzer Häuserreihen berichten. Eine erste vom Rat angeordnete Augsburger Volkszählung vom September 1635 ergab einschließlich von 731 Fremden noch eine Bevölkerung von 16 432 Seelen, 12 017 Protestanten und 4415 Katholiken. Die Stadt hatte also seit Kriegsbeginn nahezu zwei Drittel ihrer Einwohner verloren. An den Bau der genehmigten evangelischen Kirche war unter solchen Umständen nicht zu denken. Es blieb nur der Ausweg, die evangelischen Gottesdienste künftig unter freiem Himmel im Hofe des Anna-Kollegs stattfinden zu lassen, das nur einer katholischen Verwaltung unterstellt war. Die zwei anerkannten Prediger sprachen dabei aus einem offenen Fenster, eines der von den Zuhörern verwendeten Klappstühlchen ist noch erhalten. Im Kolleg wurde auch das St.-Anna-Gymnasium kümmerlich fortgeführt.

Die furchtbaren Opfer des Krieges hatten, als nun auch noch Frankreich in den Krieg eintrat, die Kraft der Reichsstadt bis zu einem Grade zerstört, der ihren Niedergang besiegelte. Augsburg blieb zwar im nächsten Kriegsjahrzehnt abseits vom Schauplatz der Kämpfe, sein noch zu Kriegsbeginn so beschäftigtes Ausfuhrgewerbe vermochte aber zusammen mit dem verkümmerten Handel kaum noch den dürftigen Broterwerb der breiteren Schichten zu sichern. Eine zweite Volkszählung vom August 1645 ergab 13 790 Protestanten, 6170 Katholiken und 1058 Soldaten. Der Ertrag der Vermögenssteuer belief sich 1646 noch auf 18 819 Münzgulden, also auf nicht viel mehr als ein Viertel des Steuereingangs von 1618. Mitte September 1646 rückte wieder ein schwedisch-französisches Heer vor die von meist baierischen Truppen unter dem Obersten Rouyer besetzte Lechstadt. Der Rat bot den evangelischen Bürgern in der Bedrängnis einige Kirchen, Schulen und Ratsstellen an, wenn sie sich an der Verteidigung beteiligen wollten, und die Evangelischen nahmen die Belagerungslasten diesmal völlig auf sich. Kurfürst Maximilian I. von Baiern selbst versprach ihnen jetzt völlige Wiederherstellung ihrer alten kirchlichen und politischen Rechte von baierischer Seite her. Auch die Einsatzfähigen von den über 19 000 Fremden, die damals in die Stadt geflohen waren, wurden herangezogen. Die Marschälle Turenne und Wrangel ließen vom 26. September ab die Jakobervorstadt beschießen, dann auch die Frauenvorstadt; am 7. und 11. Oktober stürmten sie erfolglos am Klinker- und Wertachbruckertor. Lechhausen und Friedberg brannten. Als am 12. Oktober ein kaiserlich-baierisches Entsatzheer beim Friedberger Hochzoll eintraf, brachen die Belagerer die Beschießung ab. Unter Verbrennung von Göggingen, Pfersee und Oberhausen zogen sie sich westwärts zurück. Die Verteidiger hatten 18 Tote verloren. Der Waffenstillstand vom März 1647 brachte nur für einige Monate Neutralität und allseitige Räumung Augsburgs. Darauf begann der baierische Kurfürst die Stadtbefestigung auf eigene Kosten weiter zu verstärken.

Inzwischen hatten in Münster und Osnabrück in Westfalen die Friedensverhandlungen begonnen. Der Augsburger Rat entsandte dazu einen katholischen Abgeordneten, der Bischof, jetzt der erst fünfzehnjährige Erzherzog Sigmund Franz, wurde durch einen Dillinger Jesuiten vertreten. Die evangelischen Bürger Augsburgs bildeten zur Wahrung ihrer Sonderanliegen einen besonderen Protestantenausschuß unter Leitung des Stadtvogts der Schwedenzeit Johann David Herwart. Es gelang, einen Vertreter auf dem Friedenskongreß in der Person des evangelischen Friedensunterhändlers der Reichsstadt Lindau zu gewinnen, und die schwedischen Abgeordneten hielten ihr Versprechen, unbedingt auf der vollen Erhaltung des evangelischen Bekenntnisses in der Geburtsstadt der Confessio Augustana zu bestehen. Mehrere norddeutsche Gesandte schlossen sich den schwedischen Forderungen zugunsten der Augsburger Protestanten gegen die Widerstände besonders des bischöflichen und städtischen Vertreters immer wieder an. Der nach Paris zugewanderte Bartholomäus Herwart wirkte nun als französischer Hauptbankier und Vertrauter des Kardinals Mazarin. Mitte März 1648 war es endlich soweit, daß die kaiserlichen Unterhändler dem evangelischen Bevölkerungsteil Augsburgs die Gleichberechtigung in Glaubenssachen und in Regierung und Verwaltung der Reichsstadt anerkannten. Als eben wieder ein schwedisch-französisches Heer bei Göggingen vor der verarmten Lechstadt erschienen war, wurde am 24. Oktober der Westfälische Friede unterzeichnet. Er hob die während des Krieges getroffenen Neuerungen auf und stellte auch für Augsburg die Vorkriegsverhältnisse, das Nebeneinander der Bekenntnisse, wieder her. Die Parität wurde im einzelnen in Artikel V, §§ 3–6 des Osnabrücker Friedensinstruments festgelegt.

Mit der Ausführung des Friedens in der Stadt wurden der Bischof von Konstanz und der evangelische Herzog von Württemberg betraut; ihre Bevollmächtigten trafen im Dezember ein. Im Februar 1649 konnte der evangelische Gottesdienst in den noch bestehenden, vormals evangelischen Kirchen St. Anna, evangelisch St. Ulrich, zu den Barfüßern und im Hl.-Geist-Spital wieder eröffnet werden, anschließend auch bei St. Jakob. Im April begann wieder der Unterricht im evangelischen St.-Anna-Gymnasium. Gleichzeitig erfolgte die politische Neuordnung. Am 5. März einigte man sich über die Zusammensetzung des neuen

Rates. Es sollte in Zukunft dauernd ein katholischer und ein evangelischer Stadtpfleger gewählt werden. Dazu sollten drei katholische und zwei evangelische Geheime treten. Als Kleiner Rat sollten von jedem Bekenntnis 12 Ratsglieder aus den Geschlechtern genommen werden, dazu je zwei von den Mehrern, ein Katholik und zwei Evangelische von den Kaufleuten und vier Katholiken und drei Evangelische von der Gemeinde. Die schwedische Geschlechtervermehrung wurde wenigstens für vier Geschlechter bestätigt. Drei Tage später fand in Gegenwart der Vertreter von Konstanz und Württemberg die Wahl des neuen Rates statt. Dann wurden in entsprechender Weise auch das Stadtgericht und die übrigen städtischen Ämter, wie Bürgermeister, Einnehmer, Bauherrn, Steuerherrn, Ungeltherrn, Proviantherrn, Stiftungspfleger, Forstherrn, Handwerksherrn, paritätisch besetzt. War ihre Zahl ungerade, so half man sich mit dem Wechsel im Bekenntnis der Amtsinhaber. Das Hospital, die Jakobspfründe, das Siechenhaus St. Servatius und die St.-Martins-Stiftung wurden paritätische Stiftungen unter je zwei Pflegern und mit genauer Festlegung der Rechte der katholischen und evangelischen Insassen. Die Parität ging herab bis zu den geringsten städtischen Bedienstungen; dabei erhielten beide Glaubensparteien jeweils gleichwertige Stellen. Diese Peinlichkeit der Augsburger Parität streifte gewiß manchmal ans Lächerliche, war aber für die Evangelischen doch eine sehr dankbar begrüßte Sicherung. Ende August 1649 zog die baierische Besatzung ab, wofür die Schweden Prag räumten. Am 8. August 1650, dem Jahrestag des kaiserlichen Eingriffs von 1629, dankten die Augsburger Evangelischen im ersten Augsburger Friedensfest in allen ihren Kirchen für die örtliche Erhaltung ihres Glaubens; am Mittwoch darauf ließ man das Kinderfriedensfest folgen. Für die ihrer Kirchen beraubten evangelischen Gemeinden zum Hl. Kreuz und zu St. Georg sollte nun eine neue Hl.-Kreuz-Kirche erbaut werden, wofür ein Prediger in die bedeutendsten evangelischen Fürstensitze und Städte, auch an die königlichen Höfe von Kopenhagen und Stockholm reiste. Im Oktober 1653 konnte die aus den gesammelten Spenden errichtete heutige Hl.-Kreuz-Kirche mit einfacher Renaissancefassade und kleinem Zwiebelturm geweiht werden.

Von weiteren Bauten konnte in der Stadt, die erst vor drei Jahrzehnten ihr weltberühmtes Rathaus vollendet hatte, auf absehbare Zeit hinaus nicht mehr die Rede sein; die städtische Steuerkraft war auf 26 Prozent derjenigen zu Kriegsbeginn gesunken. So wenig wie der Rat waren die Grafen Fugger noch zur Wiederbelebung früherer Kunstförderung imstande. 1645 wurde das Quecksilberbergwerk Almaden aufgegeben. Seit die Genuesen die Verwaltung der Fuggerschen Masse in Spanien in die Hand bekommen hatten, war die Hoffnung auf eine Einbringung der ungeheuren Außenstände so gut wie verloren. 1652 blieb die spanische Linie des Hauses Habsburg den Fuggern mindestens vier Millionen Dukaten schuldig. Die Darlehensverluste in den jetzt endgültig von Spanien und vom Reiche getrennten Vereinigten Niederlanden betrugen 1673 über zwei Millionen Gulden. Die kaiserliche Linie der Habsburger in Deutschland schuldete 1650 weitere nie bezahlte 615 600 Gulden. Der Gesamtverlust, den die Fugger bis zur Mitte des 17. Jahrhunderts auf ihre Forderungen an die Habsburger erlitten, berechnet sich also sicher nicht zu hoch auf rund acht Millionen Gulden. Man mag darin eine Art von nachträglicher Besteuerung früherer Großgewinne erblicken. Der verschuldete Tiroler Bergwerkshandel mußte 1657/58 aufgelöst werden. Als das Welthaus damit erlosch, blieb den Fuggern mit den Augsburger Häusern und mit Schloß Wellenburg nur der schwäbische Grundbesitz samt zahlreichen weiteren Schlössern, auf denen ihre verschiedenen Linien das mehr oder weniger zurückgezogene Leben des reichsgräflichen Landadels führten. Der sagenhafte Ruf des Fuggerschen Reichtums und Handelsgenies überdauerte die Jahrhunderte in der Sprache der einstigen Fuggerschen Haupthandelsgebiete: Im

Wappen des gräflichen Hauses Fugger
Aus David Langenmantels Regimentshistorie, 1725

Spanischen gibt es das Hauptwort *fúcar* (steinreicher Mann) wie im Ungarischen *fukar* (geizig).

Der Glanz der Fuggerstadt, des goldenen Augsburg, aber war dahin, so anspruchsvoll auch die städtischen Silbertaler seit dem Kriege mit Kaiseradler oder Kaiserbrustbild das türmereiche Stadtpanorama beiderseits des neuen Hollschen Rathauses zur Schau stellten. Die weitere Entwicklung der geschwächten Stadtgemeinde lag ganz und gar im dunkeln. Die Folgezeit mußte erweisen, ob sie sich auch unter veränderten Verhältnissen noch einen wirklichen Lebenskreis im Reichsgefüge würde erhalten können oder ob sie zu einer jener absterbenden Reichsstädte wurde, die schließlich wie versteinerte Überreste der Vergangenheit zwischen den wachstumskräftigeren Fürstenstaaten lagen.

Der Ausgang der Reichsfreiheit

Seit dem Ende des Dreißigjährigen Krieges verlor Augsburgs Geschichte ihre welt- und reichspolitische Bedeutung. Auf dem Reichstage, der seit 1663 als Vertreterversammlung dauernd in Regensburg tagte, hatte Augsburg nach wie vor zwei Sitze für Fürstbischof und Reichsstadt und einen Anteil an der rheinischen Prälatenstimme für die Reichsabtei St. Ulrich. Auf dem Kreistag des schwäbischen Reichskreises besaßen alle drei Augsburger Kreisstände eigenes Stimmrecht. Weder der Bischof noch die Reichsstadt vermochten aber, durch die Kriegsfolgen geschwächt, eine wirklich aktive und einflußreiche Rolle in der großen Politik zurückzugewinnen. Es war nur ein bescheidenes Nachleuchten der früheren Augsburger Herrlichkeit, wenn Kaiser Ferdinand III. im Mai 1653 in der Stiftskirche St. Ulrich noch seinen bald gestorbenen Sohn zum König krönen ließ und wenn Kaiser Leopold I. schon 1658 nach Augsburg kam und die Stadt im Januar 1690 zum Krönungsort seiner Gemahlin und seines Sohnes Josef wählte. Auch das Diplomatentreffen von 1686, in dem sich der Kaiserhof und die frankreichfeindlichen Reichsstände mit Spanien und Schweden zur Augsburger Allianz gegen die Eroberungspolitik König Ludwigs XIV. verbanden, blieb ein vereinzeltes Nachspiel der großen Augsburger Entscheidungen. Künftig war die Reichsstadt Augsburg nicht mehr als ein schwacher Reichsstand, der wie viele andere Stände ohne bedeutendere Militärmacht seinen Rückhalt am Kaiser suchte und fand, aber nicht daran denken konnte, noch einmal wie ehedem gegen ihn zu rebellieren.

Der Verzicht der Stadt auf eigene oder städtebündische Machtpolitik bedeutete für die Bürger auch eine verminderte Anforderung. Die harte Schicksalsgemeinschaft der reinen Bürgergemeinde mit ihrem Zwang, mit Gut und Blut für die Stadt und für ihr Machtstreben einzustehen, lockerte sich. Die Niederlassung von immer zahlreicheren Nichtbürgern als bloßen Beisitzern ließ Züge der Einwohnergemeinde immer stärker im Bilde einer Bürgergemeinde hervortreten, deren Hauptanliegen der

Abb. 29 König Gustav Adolf, Silberstatuette von Daniel Lang, um 1632

Abb. 30 Festsaal im Schaezler-Palais, vollendet 1770 nach dem Gesamtentwurf von Gregorio Guglielmi; Schnitzwerk, Vertäfelung: Placidus Verhelst, Stukkaturen: Franz Xaver d. J. und Simpert Feichtmayr

Abb. 31 Das Imhofhaus am Hohen Weg, abgebrochen 1867. Frühe fotografische Aufnahme

Abb. 32 Heerlager bei Augsburg 1704, von Georg Philipp (I.) Rugendas. Feder in Schwarz. Blick auf die Stadt von Südwesten

bürgerliche Erwerb, das gesicherte unpolitische Berufsleben wurde. In der Stadtverfassung selbst vollzog sich keine Entwicklung mehr. Der Kaiser in Wien achtete darauf, daß das patrizische Stadtregiment mit seinen Paritätsklauseln ebenso unangetastet erhalten blieb wie das Nebeneinander einer geschlossenen katholischen und protestantischen Stadtgesellschaft. Nahezu unverändert blieb auch die bauliche Gestalt der Stadt, die wir jetzt aus einer großen Zahl von Einzelansichten der Tore, Straßen und Plätze in Kupferstichen und Zeichnungen Augsburger Künstler kennenlernen. Über allen diesen Bildern liegt eine Beschaulichkeit, die den großen Zeiten der Stadtgeschichte fremd war, aber auch ein starker Glanz von Solidität, Sauberkeit, Fleiß und Beharrungskraft. Die stillere Leistung der Stadt seit 1650 war eine Leistung des Friedens, die Augsburg immerhin als große Stadt des Handels- und Gewerbelebens ansehnlich und lebendig erhielt und die der Altaugsburger Stadtkultur erst zur letzten Entfaltung ihrer Möglichkeiten verhalf.

Die entscheidend wichtige Voraussetzung für eine solche Nachblüte war ein Wiederaufstieg des einheimischen Ausfuhrgewerbes, das durch den Krieg bedrohlich darniederlag. Er war nur vom fortdauernden guten Ruf seiner Erzeugnisse zu erhoffen. 1662 zählte man erst wieder 735 Webermeister, von denen 600 ihr Handwerk selbständig ausübten. Sie brachten in diesem Jahr 60 508 Barchenttücher zur Prüfung aufs Weberhaus. Der Absatz litt in der Folgezeit namentlich durch das Aufkommen der waschecht bedruckten, fertigen Reinbaumwolltücher aus Vorderindien, dann auch nach indischem Muster bedruckter gröberer Stoffe aus Holland und England, des sog. Kattuns. Man mußte versuchen, selbst hinter das Geheimnis dieser Kattundrucke zu kommen. Mit finanzieller Beihilfe der Augsburger Barchent- und Baumwoll-Seidenstoffhändler ging deshalb 1688 der Goldschmied Georg Neuhofer, Bruder eines Augsburger Tuchscherers, nach den Vereinigten Niederlanden und nach England und verschaffte sich dort die gewünschten Einblicke. Im nächsten Jahr eröffneten die Brüder Neuhofer in Augsburg die erste deutsche Kattundruckerei nach holländisch-englischer Art, der rasch weitere Zeugdruckereien folgten.

Im Gefolge der Kattundruckerei entwickelte sich nun auch, während die Fertigbarchentherstellung mehr und mehr zurücktrat, eine einheimische Rohzeugweberei. Leichter als die Weber gewannen die Gold- und

Silberschmiede ihren festen Erwerbsgrund zurück; das Augsburger Gold- und Silberschmiedegewerbe errang sich jetzt sogar erst seinen Weltruf. Eine Augsburger Großarbeit war der Silbersessel der Schwedenkönigin von 1650 im Stockholmer Schloß. In Teilnahme am »Augsburger Kunstwunder« des Frühbarocks gewann das Gewerbe der Kupferstecher eine rasch zunehmende Bedeutung. Die Klein- und Großuhrmacherei schlug in Friedberg einen wichtigen Sitz auf. Allmählich stieg, in Verbindung namentlich mit dem Silberhandel, auch die Kapitalkraft einiger Augsburger Handelshäuser wieder an, obschon von Vermögen in den Ausmaßen der Fuggerzeit nicht mehr die Rede war. 1674 entrichteten erstmals wieder zwei Familien die reiche Steuer. Der bedeutende oberschwäbische Barockmaler Johann Heinrich Schönfeld nahm in Augsburg seinen Wohnsitz und schuf große Kirchenbilder für beide Bekenntnisse. Auch das geistige Leben der Stadt und die kirchliche Stiftungsfreudigkeit erholten sich langsam. Seit 1686 erschien die erste Augsburger Tageszeitung, die *Augsburger Ordinari Postzeitung*, in einer katholischen Augsburger Druckerei. Das katholische Bildungswesen wurde durch die Eröffnung eines katholischen Töchterinstituts der Englischen Fräulein im Jahre 1662 ausgebaut. Die Leitung dieser Augsburger Anstalt übernahm die dritte Oberin der Kongregation, eine englische Adelige; unter den weltlichen Fächern stand die Pflege der französischen Sprache obenan. Bald erhielten die Englischen Fräulein auch eine Kirche. Die paritätische Spitalstiftung kaufte den Hauptteil von Neusäß. Auf evangelischer Seite führte die auf praktische Liebestätigkeit gerichtete Strömung des Pietismus 1702 zur Gründung eines evangelischen Armenkinderhauses, dem 1710 – nach dem Muster der zwei Waisenhäuser – ein katholisches Armenkinderhaus folgte.

Die Neuentfaltung der kulturellen und sozialen Regsamkeit wurde aber sofort wieder dadurch gehemmt, daß Augsburg im Spanischen Erbfolgekrieg zwischen Kaiser und Reich, England und den Niederlanden hier, Frankreich und Kurbaiern dort zum Kriegsgebiet wurde. Der Rat blieb, als der Krieg 1701 ausbrach, neutral und nahm weder eine kaiserliche noch eine baierische Besatzung auf. Als sich im Sommer 1703 der Feldzug auf Augsburg zu entwickelte, ließ er aber Bürgerkompanien aufbieten und die Befestigung verstärken. Am 5. September marschierte sowohl die kaiserliche als auch die französisch-baierische Armee angesichts der Stadt auf, die sich nun entscheiden mußte und dem kaiserlichen Feldherrn Markgraf Ludwig von Baden, der bei Göggingen lagerte, die Tore öffnete. Die Franzosen und Baiern wichen zurück und mußten bald auch Friedberg aufgeben, kehrten aber nach dem Abmarsch des kaiserlichen Hauptheeres Anfang Dezember zurück und eröffneten die Belagerung der von Kaiserlichen und Kreistruppen besetzten Reichsstadt. Mittels Dammdurchstich wurde ein Großteil des Vorgeländes überflutet. Vom 8. bis 13. Dezember wurde der Westen des Stadtgebiets heftig beschossen; seine Bewohner flüchteten in die Jakober Vorstadt. Hierauf führte der kaiserliche Kommandant ohne Befragung des Rates Übergabeverhandlungen, am 16. rückte die Besatzung ab und zogen rund 11 500 Mann französischer Truppen unter Marschall Marsin ein. Die Bürgerschaft wurde entwaffnet, das Zeughaus geleert. Seit Ende Februar 1704 betrieb Kurfürst Max II. Emanuel von Baiern die Schleifung der Stadtbefestigung, wofür zwangsweise zahlreiche Bauern aus der Umgebung und auch Augsburger herangezogen wurden. Damals wurde der alte Fischertorturm abgetragen und durch ein niederes Mauertor ersetzt. Darüber hinaus begann Max II. die Reichsstadt überhaupt dem baierischen Staate einzugliedern. Schon am 13. März ließ ein kurfürstlicher Kommissär den Inneren (Kleinen) und Großen Rat in den Goldenen Saal des Rathauses beordern und gab bekannt, der Kurfürst habe die Herrschaft über die Stadt übernommen, an ihre Spitze drei Kommissäre gestellt und den gesamten Rat abgesetzt. Die Bürgerschaft wurde auf den baierischen Landesherrn vereidigt, der am 30. März aus einer Vorschlagsliste des alten Rates einen Magistrat von sechs katholischen und sechs evangelischen Räten ernannte. Dazu wurden im Mai sechs Bürgermeister gewählt. Zahlreiche Stadtämter verfielen der Aufhebung. Das Einnehmeramt wurde einem kurfürstlichen Beamten übertragen, oberste Rechtsinstanz wurde der Hofrat in München. Zur Deckung der Belagerungskosten erhob die baierische Verwaltung von der Stadt 200 000 Gulden, einen Teil davon in Gold, Silber, Kupfer, Zinn und Blei. Gold und Silber wurden gleich in der Augsburger Münze zu baierischem Gelde ausgemünzt. Anfang Juli lagerte wieder die ganze französisch-baierische Armee westlich vor der Stadt. Beim Heranrücken der Kaiserlichen begannen die Franzosen eilends die niedergelegten Verteidigungswerke wieder aufzubauen; die Reste der damals beim Lueginsland errichteten

Zitadelle mit Backsteinmauern sind noch erhalten geblieben. Die schwere französisch-baierische Niederlage an der Donau führte aber am 16. August neuerlich zur völligen Räumung Augsburgs, in dem gleichzeitig der alte Rat samt Stadtvogt und Burggraf wieder die Herrschaft übernahm. Er erhielt außer Rückerstattungen eine Reihe von Entschädigungen auf Kosten Baierns zugesprochen und erlangte 1707 vor allem die höhere Gerichtsbarkeit im baierischen Amtssitz Lechhausen. Das Augsburger Wechselhaus der Lindauer Christoph Rad und Bartholomäus Hösslin gab, wie schon früher das Haus Johann Thomas Rauner, Geld für die kaiserliche Rüstung. Der Friedensschluß von 1714, der das Kurfürstentum Baiern wiederherstellte, ließ Lechhausen aber wieder an dieses zurückfallen. Immerhin war Augsburg noch auf ein Jahrhundert dem Schicksal der Unterwerfung unter die baierische Staatshoheit entgangen und hatte seine Reichsfreiheit gerettet. Als im September 1713 in Regensburg, dem Sitz des Reichstags, eine Seuche ausbrach, verlegten die Reichstagsgesandten ihre Sitzungen vorübergehend ins Augsburger Rathaus.

Der Kaiser ließ sich seine Unterstützung nur durch einen gesteigerten Einfluß seines neben dem Stadtvogt eingesetzten dauernden Residenten in Augsburg bezahlen. Übrigens war Augsburg jetzt mit Schweinfurt zusammen die einzige Reichsstadt, die noch einen Reichsvogt hatte. 1719 drängte der Resident im Benehmen mit dem von Kaiser Karl VI. als Kommissär für Augsburg beauftragten Bischof von Konstanz dem Rat eine neue Regimentsordnung auf, welche die Wahl zu den Stadtämtern zur lebenslänglichen machte. Auf solche Weise wurde der politische Einfluß der breiteren bürgerlichen Bevölkerungsschichten gegenüber der Patriziatsherrschaft fast unwirksam gemacht. Die Erstarrung, ja Verknöcherung des patrizischen Stadtregiments verstärkte sich dadurch.

Erregung in der Stadt verursachten 1726 ein Massenstreik und Stadtauszug der Schustergesellen und seit Silvester 1731 der gruppenweise Anmarsch von über 6000 evangelischen Salzburgern, die der Fürsterzbischof von Salzburg aus seinem Lande vertrieben hatte und die sich auf der Suche nach einer neuen Heimat einige Zeitlang unter den Mauern des teilweise evangelischen Augsburg aufhielten. Bedrohlicher schien 1741 der Österreichische Erbfolgekrieg für den Frieden Augsburgs zu werden, obwohl der Rat zwischen dem wittelsbachischen Kaiser

Karl VII. und der Habsburgerin Maria Theresia neutral blieb und nur eine Besatzung schwäbischer Kreistruppen aufnahm. Als die Österreicher Anfang Mai 1742 München besetzten, suchte Karl VII. mit mehreren Mitgliedern seiner Familie und den bei ihm weilenden fremden Gesandten seine Zuflucht in Augsburg. Er hoffte hier auch Geldquellen erschließen zu können. Die Raunersche Handlung, von Thomas v. Rauner d. J. und dem Frankfurter patrizischen Bankier Christian Münch übernommen, hatte schon 1725 Kurfürst Max Emanuel 400 000 Gulden gegen Versetzung seines goldenen Tafelservices vorgeschossen und half jetzt wieder. Die Einnahme von Friedberg und die Besetzung Lechhausens durch die Österreicher veranlaßten aber Karl VII. Ende Juni 1743 zum Aufbruch nach Frankfurt. Erst im Oktober 1744 kam er auf der Rückkehr nach München wieder, starb aber schon im Januar des nächsten Jahres. Bereits Anfang April 1745 mußte sich auch der neue baierische Kurfürst Max Josef III. aus seiner neuerlich verlorenen Hauptstadt samt Hofstaat nach Augsburg retten. Seine Truppen und ihre hessischen Verbündeten bezogen auf dem linken Lechufer rings um die Stadt ein Lager. Nach Unterzeichnung des österreichisch-baierischen Friedens kehrte der Kurfürst noch im April der nunmehrigen »Freien Reichsstadt« wieder den Rücken.

In der Folge diente die Augsburger politische Finanz mehr denn je den Interessen des neugestärkten habsburgischen Kaiserhauses. Das Wechselhaus Rad und Hösslin finanzierte im Polnischen Thronfolgekrieg von 1733 bis 1735 zum Gutteil die Proviantversorgung der kaiserlichen Armee; für eine Schuld von rund 4,7 Millionen Gulden wies ihm der Kaiserhof u. a. Gelder aus der Vermögenssteuer des Königreichs Böhmen und aus der schlesischen Ständekasse an. Das Wechselhaus Benedikt Adam v. Liebert handelte vor allem mit österreichischen Maria-Theresia-Talern, die in Hall in Tirol oder in Günzburg geprägt wurden, und errichtete dafür 1769 mit den Augsburger Häusern Carli & Co. und v. Köpf in Augsburg die k. k. privilegierte ausländische Silberhandlung mit eigener Schmelzhütte und einem Verkaufskontor in Triest.

Die wichtigste gewerbliche Partnerschaft des wieder aufblühenden Augsburger Bankwesens, das Augsburg seinen Ruf als europäischer Geldplatz rettete, war nach wie vor das Goldschmiede- und Juweliergewerbe. Die berühmtesten Augsburger Gold- und Silberschmiede des ersten Jahrhundertdrittels waren Johann Andreas Thelott, der phantasiereiche Schöpfer von dekorativen Treibarbeiten, und Jakob VI. Drentwett. Die Höfe von München, Wien, Dresden, Warschau, Berlin, Kopenhagen und St. Petersburg gehörten zu den Großabnehmern von Augsburger Tafelsilber; dem Preußenkönig Friedrich Wilhelm I., der 1731 mit dem Kronprinzen Friedrich selbst in Augsburg war, wurden 1736/37 allein Silberarbeiten im Werte von 605 165 Gulden geliefert. 1755 betrug die Zahl der Gold- und Silberschmiede in Augsburg 241. Die Kunstschlosser gaben den Silberschmieden nichts nach, wie etwa noch das prachtvolle perspektivische Abschlußgitter der katholischen St.-Ulrichs-Kirche und das Altargitter der Barfüßerkirche bezeugen. Und die Kupferstecher verschafften Augsburg damals zeitweise den Ruf einer süddeutschen Malerstadt; man zählte 1730 allein 61 Kupferstecher und 23 Kunstverleger. Eine internationale Ausstellung »Augsburger Barock« beleuchtete 1968 die einzigartige Verbindung von Kunst und Kunsthandwerkswirtschaft im Jahrhundert 1620–1720, das die Epochen der »Augsburger Pracht« und des »Augsburger Geschmacks« des Rokoko verknüpfte.

Zur Ausbildung des künstlerischen Nachwuchses wurde 1710 die sog. Stadtakademie gegründet, die einige Jahre darauf vom Rat als öffentliche Kunstschule übernommen wurde. Sie hatte jeweils einen katholischen und einen evangelischen Direktor; bedeutende evangelische Direktoren waren der Schlachtenmaler und Kupferstecher Georg Philipp Rugendas und der Tierdarsteller Johann Elias Ridinger, katholischer der erfolgreiche Freskomaler Johann Georg Bergmüller. Das regsame Augsburger Musikleben verlor dadurch unabsehbare Möglichkeiten, daß der begabte, in der Augsburger Frauenvorstadt geborene Musiker Leopold Mozart, der Vater des Wolfgang Amadeus, schon in jungen Jahren nach Salzburg abwanderte. So kann Augsburg als Mozartstadt erst nach Wien und Salzburg seinen Platz belegen.

Die baulichen Neuschöpfungen des Barock und Rokoko blieben in bescheidenen Grenzen. Die Umgestaltung der fürstbischöflichen Residenz im Stil eines Barockschlosses begann 1718/20, verband sich mit der Anlage eines Hofgartens mit Steinfiguren und Vasenschmuck und gipfelte 1750 bis 1754, unter Fürstbischof Josef Landgraf von Hessen-Darmstadt, in der Neugestaltung des eigentlichen Repräsentationsbaues.

Seine Fronhof-Fassade erhielt einen Rokokoschaugiebel, sein Festsaal Stuck- und Gemäldeschmuck; mit anderen Schloßbauten dieser Zeit kann er sich trotzdem nicht messen. Eine ansehnlichere Leistung war die Rokokofassade des Hotels Drei Mohren, das der Münchner Hofbaumeister Josef Gunetzrhainer 1722 erbaute, das aber leider 1951 völlig niedergelegt werden mußte. Dafür blieb als geistlich-weltlicher Innenraum des Spätrokoko der 1765/67 gut ausgemalte und stukkierte Kongregationssaal der größeren lateinischen Kongregation bei St. Salvator, der sog. Kleine Goldene Saal, erhalten. Zur selben Zeit wurde im Lechviertel als Wohn- und Geschäftssitz der Kattunfabrikantin Gignoux das heutige Schauspielhaus Komödie erbaut. Schließlich entstand als prächtigste Bauleistung des Augsburger Rokoko seit 1765 das Liebertsche Palais gegenüber dem Herkulesbrunnen, der Sitz der Silberhandlung, das jetzige Schaezlerhaus. Der Entwurf stammte von dem baierischen Oberhofbaumeister Karl Albert von Lespilliez; die Seitenfront erhielt eine Reihe von nicht weniger als 32 Fenstern. Das Innere birgt einen köstlichen Rokokofestsaal von 23 m Länge mit Schnitzdekoration, reichen Stukkaturen, Decken- und Türaufsatzmalereien und Wandspiegeln; das Dekkenbild zeigt mit goldenem Füllhorn den Handelsgott Merkur, der die Weltteile vereinigt. Der Festsaal wurde 1770 mit einem Ball für die Habsburgerprinzessin und französische Thronfolgergattin Marie Antoinette eingeweiht, die damals auf der Brautreise nach Paris war. Das Ulrichsmünster erhielt 1762 eine neue Gruftkapelle des Bistumsheiligen mit Bischofsfigur aus weißem Marmor.

Ein erster Einbruch in die paritätische Stadtgesellschaft und ihre Tradition war die plötzliche Bedrohung, die dem Gymnasium St. Salvator durch die päpstliche Aufhebung des Jesuitenordens im Jahre 1773 erwuchs. Es verdankte schließlich seinen Weiterbestand dem gemeinsamen Eintreten des Augsburger Fürstbischofs Clemens Wenzeslaus Prinz von Sachsen-Polen und des katholischen Ratsteils für den aufgelösten Orden. Der Bischof ließ die Aufhebungsbulle erst im Mai 1776 verkünden und wandelte das Jesuitenkolleg einfach in ein bischöfliches Weltpriesterhaus unter dem bisherigen Rektor und mit den bisherigen Unterrichtsaufgaben um. Die Macht des kirchlichen Geistes blieb in Augsburg in den geistigen Umwälzungen dieser Zeit bedeutend und gab dem Augsburger Denken bis auf unsere Tage einen starken konservativen Grundton. Das zeigte sich auf katholischer Seite eindrucksvoll, als Anfang Mai 1782 Papst Pius VI. auf der Durchreise für einige Tage nach Augsburg kam, bei St. Ulrich die Messe las und von einem Fronhoffenster der Residenz aus im vollen Ornat den Segen erteilte. Seit 1787 gaben die Exjesuiten von St. Salvator eine weitverbreitete aufklärungsfeindliche Wochenschrift heraus. Evangelischerseits entfaltete Pfarrer Johann August Urlsperger von Hl. Kreuz eine lebhafte Tätigkeit für den Zusammenschluß der pietistischen Kreise im deutschen Sprachgebiet in der Deutschen Christentumsgesellschaft, aus der dann die Basler Mission hervorging.

Mit größerer Sprengkraft als die geistigen Spannungen wirkten die wirtschaftlichen und sozialen, die sich aus der immer stärkeren Zusammenfassung der gewerblichen und kaufmännischen Tätigkeiten in der Hand der Kattundrucker ergaben. Als Bahnbrecher eines neuen, den zünftlerischen Beschränkungen Trotz bietenden Fabrikantengeistes trat der Druckereibesitzer Johann Heinrich Schüle aus Künzelsau im Hohenlohischen hervor. Die Einfuhr ostindischer Rohkattune aus Holland ermöglichte ihm die Herstellung immer zarterer Stoffe. Zu Anfang der sechziger Jahre gerieten die Augsburger Weber in Absatzschwierigkeiten und erreichten eine Verordnung des Rates zum Schutze der einheimischen Webwarenerzeugung, die auswärtige Kattune nur noch eingeschränkt nach Augsburg zuließ. Der erbitterte Streit zwischen der Weberschaft und den Kattunfabrikanten unter Führung Schüles veranlaßte diesen zur zeitweisen Verlegung seiner Manufaktur nach Heidenheim an der Brenz. 1768 wurde der Zwist durch kaiserliche Entscheidung zugunsten der Fabrikanten vorläufig abgebrochen. Seit 1770 baute Schüle vor dem Roten Tor, an der Straße gegen den Lechübergang beim baierischen Hochzoll zu, eine neue Manufaktur in der Gestalt eines spätbarokken Schlosses. Sie ist noch heute Teil eines größeren Textilwerkes. Bei Fertigstellung des Baues wurde der Besitzer von Kaiser Josef II. geadelt und 1777 besichtigte der Kaiser die Schülesche Fabrik sogar persönlich. Ihre geschmackvollen »Zitze« brachten Augsburg neuen Weltruf ein. Auch der Industriebedarf, die Einführung der ersten Baumwollspinnmaschine im Jahre 1780 und die nachfolgende Eröffnung der ersten Baumwollen-Maschinenspinnerei Süddeutschlands brachten aber dem heimischen Textilgewerbe nicht die notwendige Befähigung zur Erzeugung erstklassiger oder wenigstens wirklich billiger Baumwollzeuge. Die

Unzufriedenheit der ärmeren Webermeister und der Webergesellen machte sich immer häufiger in Übergriffen gegen die Weberhausdeputation Luft. Unter dem Eindruck der Französischen Revolution von 1789 schloß sich der offenen Kritik am Stadtregiment des Rates auch die nichtpatrizische Kaufmannschaft an. Es bildete sich eine bürgerliche sog. Reformpartei unter dem katholischen Kaufleutestubenmeister Johann Christoph v. Zabuesnig, die vor allem eine Beteiligung der Gesamtbürgerschaft an der Kontrolle des Finanzgebarens des Rates forderte. Dieses stand seit dem Hungerjahr 1771 im Zeichen einer stetig wachsenden Verschuldung.

1793 ging das reichsstädtische Kontingent der schwäbischen Kreistruppen, zwei Kompanien Infanterie und ein Zug Dragoner, zum Reichsheer an den Rhein ab. Anfang 1794 brach die Revolution in der Reichsstadt Augsburg von der Weberschaft her aus, die jetzt durch die Umlandzuwanderung zu 5/6 katholisch war. Am 29. Januar drang ein großer Haufe von Webern in das durch die Stadtgarde ungenügend geschützte Rathaus ein und verlangte vom Geheimen Rat die sofortige Einsetzung einer eigenen Ratsdeputation zur erneuten Untersuchung der Weberbeschwerden. Am 25. Februar erzwangen die gereizten Weber durch neue Massenzusammenrottung vor dem Rathaus eine Ratssitzung, während deren Steine in die Fenster geworfen wurden. Der Rat brachte die Menge erst zur Ruhe, als er vom Rathausbalkon herab das verlangte allgemeine Einfuhrverbot und den Befehl zur Hinausschaffung aller schon in der Stadt befindlichen fremden Kattune verkündete. Dem Weberhandwerk wurde sogar die beliebige Kontrolle der Fabriken zugestanden. Die erwiesene Schwäche des Rates benutzte die Reformpartei, um ihrerseits die sofortige Einsetzung einer besonderen außerordentlichen städtischen Körperschaft aus sechs Vertretern des Rates und 16 von der Bürgerschaft frei gewählten Abgeordneten durchzusetzen. Dieser Ausschuß sollte die verschiedenen Beschwerden gegen Verfassung und Verwaltung der Stadt untersuchen und Vorschläge zu deren Verbesserung machen. Beide Vorgänge erregten jedoch das stärkste Mißfallen Kaiser Franz' II. Am 8. Mai ergingen zwei kaiserliche Erlässe, welche die augenblickliche Aufhebung des Bürgerausschusses und der in der Webersache ergangenen Ratsdekrete befahlen. Die Bemühungen um eine Wiederherstellung der alten Verhältnisse ließen die Gefahr eines neuen Weberaufstandes heraufziehen. Als der Rat am 18. November den Bürgerausschuß aufhob, rief er deshalb gleichzeitig die militärische Hilfe des schwäbischen Kreises an. Am Heiligen Abend 1794 rückten württembergische Truppen mit Artillerie in Augsburg als Besatzung ein. Erst nach Einleitung eines Verfahrens gegen die Rädelsführer des Aufruhrs und nach Neuorganisation einer einsatzfähigen Bürgerwehr zogen sie im Frühjahr 1796 wieder ab.

Schon im folgenden Sommer geriet Augsburg in den Bereich des Krieges zwischen Kaiser, Reich und England und der revolutionären französischen Republik. Mitte August lagerten von Westen her zurückgehende österreichische Truppen südlich und westlich der Stadt, um dann angesichts der nachdringenden Franzosen eine Abwehrstellung auf den Friedberger Höhen zu beziehen. Am 22. August rückte der französische General Moreau mit starken Kräften durch das Gögginger Tor in die militärisch geräumte Reichsstadt ein, am 24. eröffnete er auf breiter Front den Angriff über den Lech, warf die Verteidiger zurück und besetzte Friedberg und Lechhausen. Die Franzosen ließen in Augsburg selbst nicht nur eine Besatzung zurück, sondern erhoben auch für mehr als 300 000 Gulden Requisitionen. Am 21. September rückten wieder kaiserliche Verbände der Armee des Erzherzogs Karl in die Stadt. Die Kriegslasten der Reichsstadt stiegen so sehr, daß der Geheime Rat mit Zustimmung des Großen Rates Anfang Oktober bei der Bürgerschaft eine Stadtanleihe von 500 000 Gulden aufnehmen und zu ihrer Rückzahlung die Steuern und Anlagen und das Ungelt erhöhen mußte; das Getränkeungelt war noch immer die bei weitem ertragreichste indirekte Stadtabgabe. Das Reichsstift St. Ulrich mußte alles entbehrliche Gold- und Silbergerät einschmelzen, um seine zerstörte Lechbrücke wiederherstellen lassen und die Kontributionen bezahlen zu können. Eine wirkliche Erholung von diesen Schwächungen wurde dadurch unmöglich, daß sich die Kriegswirren seit März 1799 für Augsburg erneuerten. Neben österreichischen zogen jetzt zweimal verbündete russische Truppen durch, und am 28. Mai 1800 kamen wieder die Franzosen. Sie legten der Reichsstadt diesmal außer den Lieferungen eine Brandschatzung von 450 000 Francs, über 273 000 Gulden, dem Domkapitel und der übrigen katholischen Geistlichkeit eine solche von gleicher Höhe auf. Noch Ende Mai mußte der Rat eine fünffache Steuer beschließen. Als sich die Franzosen Anfang Juni vorübergehend aus Augsburg zurückzogen, erlebte ihre Nachhut offenen Widerstand der Bevölkerung.

Nach der neuen Niederlage der Verbündeten folgte im Februar 1801 der Friede zu Lunéville, der das Reichsgebiet auf dem linken Rheinufer an Frankreich auslieferte. Der Kurfürst von Pfalzbayern verlor dabei die ganze linksrheinische Pfalz und das linksrheinische Herzogtum Jülich, vollzog darauf den Übergang von der Partei des Kaisers zu der Frankreichs und erlangte vom Ersten Konsul Napoleon Buonaparte in einem Sondervertrag vom 24. August 1801 volle Bürgschaft für eine angemessene rechtsrheinische Entschädigung seiner linksrheinischen Verluste. Ein Pariser Einzelvertrag vom 24. Mai 1802 sprach Bayern bereits den bisher geistlichen und mit Ausnahme Augsburgs den reichsstädtischen Besitz zwischen Lech und Iller zu, darunter den Hochstifts- und Domkapitelsbesitz des Bistums Augsburg und das Reichsstift St. Ulrich und Afra. Als bischöflicher Besitz kamen nun auch Göggingen, Inningen und ein Teil von Pfersee und Neusäß, als domkapitelischer Stadtbergen und Gersthofen, Teile von Kriegshaber, Steppach und Leitershofen, als Besitz von St. Ulrich fiel Haunstetten an Bayern. Göggingen hatte sich durch eine fürstbischöfliche Fayencemanufaktur von 1748 und dann durch ein zahlreiches, von Augsburg aus verlegtes Uhrmacherhandwerk einen eigenen Namen als Gewerbeplatz geschaffen.

Die Reichsstadt Augsburg war mit ihrem kleinen Stadtgebiet plötzlich zur Insel des alten Reichswesens inmitten des allgemeinen Umsturzes geworden. Den Kampf um die Erhaltung ihrer Reichsfreiheit nahm der Rat trotz der drückenden Haushaltschwierigkeiten entschlossen auf. Er ließ sich lebhaft bei den Entschädigungsverhandlungen in Paris vertreten, sandte im Juli 1802 insgeheim zwei eigene Abgeordnete dorthin und schickte im September zwei weitere Vertreter nach Regensburg, wo eine eigens eingesetzte Reichsdeputation das Entschädigungsgeschäft von Reichs wegen zu behandeln hatte. Es gelang nicht nur, die Selbständigkeit der Reichsstadt unter Herausstellung ihres Handels noch einmal zu sichern, sondern auch den geistlichen Besitz innerhalb der Stadtmauern zu gewinnen. Dazu gehörten Residenz, Beamtenhäuser, Kornspeicher, Waaghaus und Stierhof des Bischofs und Kapitelstube, Domherrenhöfe, Chorvikar- und Benefiziatenhäuser und Weinkeller des Domkapitels. Auch das bedeutungslos gewordene bischöfliche Burggrafenamt fiel endlich der Stadt zu. Die Reichsstadt erhielt also als Erbin des Fürstbischofs, des Domkapitels und der Stifte Entschädigungen für ihre Kriegsschäden. Am 26. November verkündete der Rat dem Stift St. Ulrich die Zivilbesitznahme durch die Reichsstadt, am 29. erschien ein bayerischer Kommissär in Dillingen und verwandelte die fürstbischöflich-augsburgische Regierung in eine provisorische kurfürstlich-bayerische. Im Dezember 1802 kam es zu einem Vertrag zwischen dem bayerischen Kurfürsten und Fürstbischof Clemens Wenzeslaus, der diesem auf Lebenszeit den Besitz eines kleineren Teiles des Allgäuer Hochstiftsgebietes mit niederer Gerichtsbarkeit und Jagd sowie eine Jahrespension von 50 000 Gulden zusprach. Er durfte sich weiter mit seiner Dienerschaft und kleinen Leibgarde umgeben und blieb selbstverständlich auch Diözesanbischof. Ein Vertrag zwischen Rat und Fürstbischof räumte diesem dann ebenso lebenslänglich seine Augsburger Residenz ein. Bayerische Pensionen erhielten auch die Augsburger Domherren, Abt und Mönche von St. Ulrich und die übrigen Stiftsherren, Stiftsdamen und Nonnen, deren Landbesitz außerhalb Augsburgs an Bayern gefallen war. Am 25. Februar 1803 setzte der Reichsdeputationshauptschluß das Siegel unter die erfolgten Besitzverschiebungen. 1804 wurde Göggingen Sitz eines bayerischen Landgerichts als unterer Verwaltungs- und Gerichtsbehörde für die linkslechische Umgebung von Augsburg.

Die Reichsstadt war mit Hamburg, Bremen, Lübeck, Frankfurt und Nürnberg unter den sechs Freien Reichsstädten, die allein als solche übriggeblieben waren, und schien nun innerhalb ihrer Mauern wieder so mächtig, wenn nicht mächtiger dazustehen als vor 1548 – als alleinige Herrin im Hause gegenüber den älteren geistlichen Gewalten, mit denen sie über ein halbes Jahrtausend gerungen hatte. Aber es zeigte sich, daß sie die Last dieser unverhofften örtlichen Macht nur mehr mit äußerster Anstrengung zu tragen vermochte. Die Augsburger Stifte hatten bisher unter Nutzung ihrer ländlichen Einkünfte ohne weitere Kosten für die Stadt den katholischen Gottesdienst versehen. Diese Gütererträge aber waren nicht mit an die Reichsstadt gefallen. Die Auseinandersetzung mit Bayern um die Scheidung der beiderseits anfallenden Besitz- und Schuldenanteile, die für Bayern bezeichnenderweise durch den übernommenen fürstbischöflichen Kanzler geführt wurde, gestaltete sich in jedem Sinne unerfreulich. Der Rat war also genötigt, für den katholischen Kultus erhebliche Aufwendungen aus städtischen Mitteln aufzubringen. Dazu sollten die Ablösungsgelder an Frankreich bereitgestellt werden. Das war angesichts der schon vorliegenden Schuldenlast der Stadt von rund drei Millionen Gulden sehr schwierig. Man hätte auf das opferbereite Zusammenwirken der Gesamtbevölkerung in dieser Notlage nur unter der Voraussetzung zählen dürfen, daß diese wirklich allgemein ein Anliegen in der Neuerwerbung des geistlichen Stadtbesitzes gesehen hätte. Die verärgerte Reformpartei betrachtete sie aber als bloße unangemessene Belastung; schon im Oktober 1802 mußten die Augsburger Vertreter in Regensburg dem Geheimen Rate melden, eine Klasse ansehnlicher Augsburger Bürger habe dem Kurfürsten von Bayern eine Protestation mit vielen Unterschriften überreichen lassen, in der sie erklärten, daß sie lieber bayerisch würden als unabhängig blieben. Nach fehlgeschlagenen anderwärtigen Darlehensansuchen sah sich der Rat, unter Zusicherung seiner Bereitschaft, den Grundsatz der bürgerlichen Kontrolle in der Stadtverwaltung anzunehmen, genötigt, an die ansässigen Kaufleute mit der Bitte um Vorstreckung der benötigten Summen heranzutreten. Als Sicherheit wurde eine Spezialhypothek auf die geistlichen Neuerwerbungen angeboten. Die Kaufmannschaft lehnte aber nicht nur selbst jede Hilfe ab, sondern protestierte auch gegen jede fremde Geldaufnahme, bis die Bürgerschaft auf gesetzmäßige Weise ihre Zustimmung zu der ganzen Erwerbungspolitik erteilt habe. Darauf trat der Rat mit drei jüdischen Bankhäusern der Nachbarschaft in Verbindung, an die er ohnedies bereits verschuldet war und die sich mit anderen jüdischen Firmen gegen Gewährung des ständigen Wohnsitzes in Augsburg zur Übernahme der brennendsten städtischen Schulden bereit erklärten. Am 10. November 1803 kam es zu einem Vertrag mit den Banken Josua Westheimer und Isaac Strassburger in München, Henle Ephraim Ulmann in Pfersee und Jakob Obermayer-Kaulla in Kriegshaber. Die drei Häuser gaben zu mäßigem Zins Anleihen von schließlich 325 000 Gulden und durften sich dafür in der Stadt mit ihren Familien als Beisitzer in käuflich erworbenen Häusern niederlassen und dort auch ihre Religion ausüben. Die Augsburger Kaufleute gerieten angesichts der Wiederaufnahme von Juden in noch größere Erbitterung und reichten im März 1804 eine umfangreiche Beschwerdeschrift gegen den Rat an den Kaiser ein. Weder eine neue Vermögenssteuer noch die Ausgabe von reichsstädtischen Kriegslasten-Schuldverschreibungen konnten da die patriotischen Gefühle mehr anregen. Die Weber grollten noch wegen der Kattuneinfuhr. So stand das Augsburger Patriziat in einer entscheidenden Stunde der Stadtgeschichte mit seinen Bemühungen um die Gebietseinheit und Reichsunmittelbarkeit Augsburgs ohne den Rückhalt der finanzstärksten und der politisch erregbarsten Bevölkerungsschicht da. Dabei bewiesen gerade im Jahre 1805 neue bürgerliche Stiftungen, daß trotz aller Kriegsopfer noch bedeutende Vermögenswerte vorhanden waren. Die Patrizierin Anna Barbara v. Stetten legte durch eine Vermächtnisstiftung von 202 093 Gulden nebst Haus- und Grundbesitz den Grund zu einer evangelischen höheren Töchter-Erziehungs- und Unterrichtsanstalt, dem Stetteninstitut, das schon 1806 eröffnet werden konnte. Daß der alte politisch-bürgerliche Gemeinsinn erloschen war, besiegelte das Schicksal der Reichsstadt, noch ehe ihrer Freiheit das öffentliche Todesurteil gesprochen wurde.

Im September 1805 brach der österreichisch-französische Krieg wieder aus, in dem Bayern nun auf französischer Seite stand. Da sich der französische Feldzug unter persönlicher Führung des nunmehrigen Kaisers Napoleon I. sofort wieder an die Donau verlagerte, ließ der Augsburger Rat an den Stadtgrenzen Tafeln mit der zweisprachigen Inschrift *Reichsstadt-Augsburgisches Neutrales Gebiet – Pays neutre de la Ville Impériale d'Augsbourg* aufstellen. Trotzdem verlangten die heranrükkenden Franzosen am 9. Oktober unter Androhung von Gewalt Einlaß. Die Tore mußten für eine Besatzung geöffnet werden, die Augsburg sogleich in einen französischen Hauptdepotplatz umwandelte. Kirchen und Klöster wurden für Hospital-, Gefangenenlager- und Magazinzwecke beschlagnahmt. Selbst der Domkreuzgang, in dem jetzt die Reihe der Grabdenkmäler endete, fand als Lazarett Verwendung. Am 10. Oktober kam Napoleon selbst; er wurde von Bischof Clemens Wenzeslaus feierlich empfangen und in der Residenz beherbergt. Am nächsten Vormittag empfing der Kaiser eine Abordnung der Reichsstadt, der er vorwarf, die Augsburger Kaufleute hätten mitgewirkt, englische Hilfsgelder an Österreich weiterzuleiten. Er habe an der Unabhängigkeit der Stadt bisher festgehalten, weil es im Interesse seiner Politik gelegen habe, doch hätten sich die Umstände seitdem geändert. Es sei jetzt zweifelhaft, ob er Augsburg nicht einem Fürsten übergebe, der nach Lage der

Dinge nur der verbündete Kurfürst von Bayern sein konnte. Nach der Kapitulation der österreichischen Donauarmee in Ulm kam Napoleon nochmals kurz nach Augsburg, am 30. Oktober erklärte er in seinem Hauptquartier Mühldorf am Inn einer Abordnung des Rates und der Bürgerschaft rundheraus, sein Bündnis mit Bayern und dessen Ausdehnungsstreben mache ein Aufgehen der Reichsstadt im Kurfürstentum notwendig. Nach dem Fallen der Kriegsentscheidung zugunsten Frankreichs wurde am 9. Dezember in Brünn der französisch-bayerische Vertrag geschlossen, der Kurfürst Max Josef IV. in der Tat neben Neuerwerbungen auf Kosten des Kaisers die Einverleibung Augsburgs zusagte. Sie betraf auch den Besitz der Augsburger Stiftungen in der Nachbarschaft: Oberhausen, Neusäß, einen Teil von Pfersee und Kriegshaber, dazu das Langenmantelsche Westheim, das Schnurbeinsche Deuringen, das v. Stettensche Hammel. Als österreichische Abtretungen wurden jetzt ein Teil von Kriegshaber und die andere Hälfte von Steppach bayerisch. Noch vor Unterzeichnung des französisch-österreichischen Friedens in Preßburg rückte am 21. Dezember überraschend eine Abteilung des neuerrichteten bayerischen freiwilligen Jägerkorps in Augsburg ein. Mit der ersten bayerischen Truppe kam als Spezialkommissär ein Rat der kurfürstlichen schwäbischen Landesdirektion in Ulm und überreichte den Stadtpflegern eine Bekanntgabe des Ulmer Generallandeskommissärs, die Reichsstadt habe aufgehört zu bestehen und sei nunmehr eine bayerische Stadt. Der Geheime Rat erwiderte in würdiger Weise, daß er die Besitznahme so lange nicht förmlich anerkennen könne, als er nicht von Kaiser und Reichstag von seinen Verpflichtungen gegen das Reich entbunden worden sei. Trotzdem schickte man am 24. Dezember eine städtische Abordnung nach München, um Augsburg der Gnade des künftigen Herrn empfehlen zu lassen, und am zweiten Weihnachtstag gab Kaiser Franz II. mit der Friedensunterzeichnung in Preßburg auch seine Zustimmung zum Schicksal Augsburgs.

Am 17. Januar 1806 kam Napoleon zum dritten Male, mit ihm als Besatzung das jetzt königlich bayerische dritte Infanterieregiment »Herzog Karl« und das erste Chevaulegerregiment »König«. Die Truppen wurden zunächst in Bürgerhäusern einquartiert. Am 4. März folgte endlich die feierliche Besitznahme der Reichsstadt für König Max I. Der französische Stadtkommandant General René vollzog die Übergabe an die bayerische Übernahmekommission im Sitzungszimmer des Geheimen Rates im Rathaus, vor dem ein französisches Bataillon, eine Abteilung des 3. bayerischen Infanterieregiments und die Stadtgarde aufgestellt waren. Der Rat und die höheren Stadtbeamten wurden sogleich für den König in Eid und Pflicht genommen. Der letzte katholische Stadtpfleger Josef Adrian v. Imhof versicherte die bayerischen Vertreter der Treue und des Gehorsams Augsburgs und gab der Hoffnung Ausdruck, daß die Regierung eines so aufgeklärten Königs alle etwa noch vorhandenen Bitternisse und schmerzlichen Erinnerungen nach und nach verschwinden machen werde. Dann wurde das Besitznahmepatent unter Trompetenschall vom Balkon des Rathauses, auf dem Fronhof und in den Straßen verlesen und an allen Toren und wichtigeren öffent-

Wappen führender Augsburger Geschlechter.
Oben links v. Stetten, Mitte Langenmantel vom RR,
rechts Rehlingen (jüngere Form seit 1450). Unten Imhof.

Aus Paul v. Stettens d. J. Geschichte der adelichen Geschlechter
in der freyen Reichs-Stadt Augsburg, 1762.

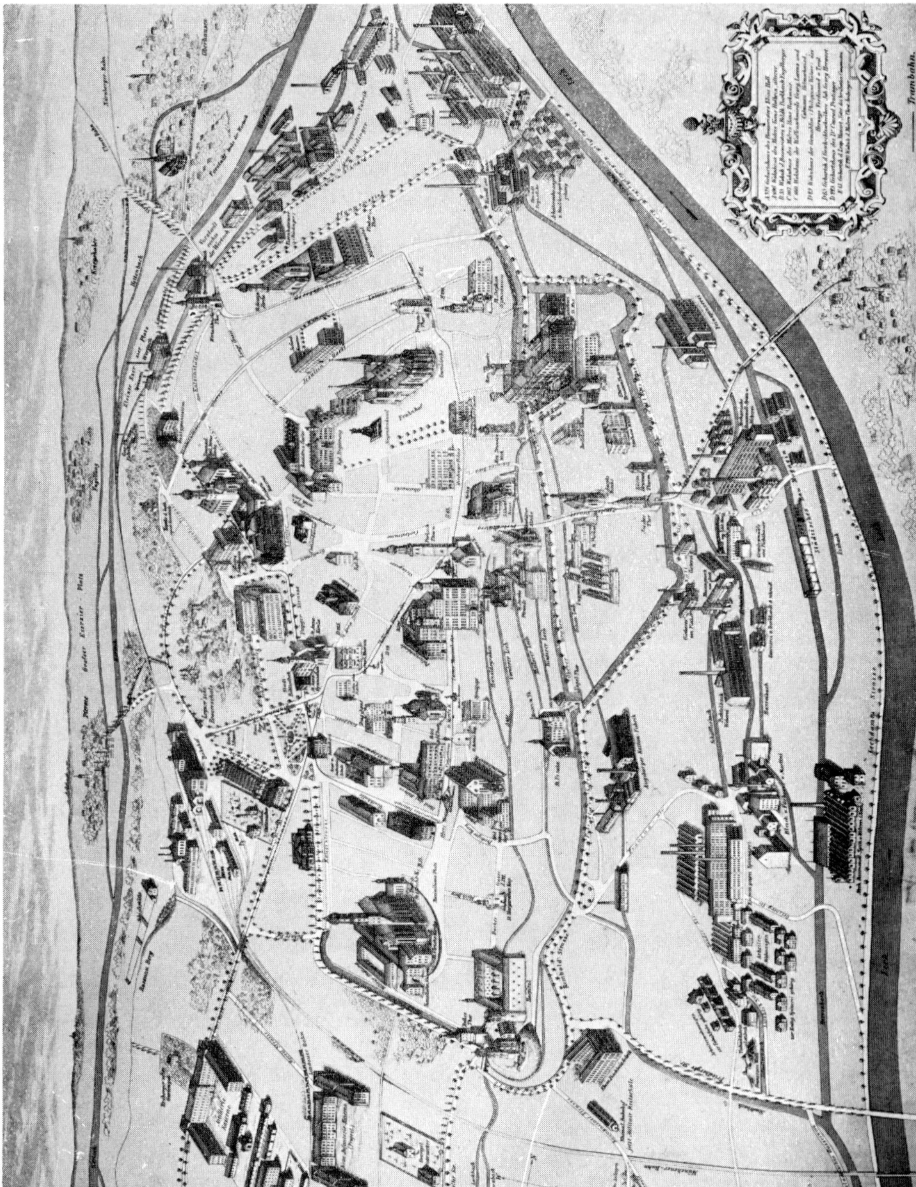

Abb. 33 Plan der Stadt Augsburg 1881 mit den wichtigsten öffentlichen Gebäuden und Industriebetrieben. Druckblatt

Abb. 34 Die Augsburger Innenstadt nach Kriegsende 1945. Blick von Norden her auf Perlach und Rathaus

lichen Gebäuden angeschlagen. Am Abend gab es ein Festmahl, fünf Tage später Dankgottesdienste im Dom und bei St. Anna. Ohne Umstände wurde der ritterschaftliche Besitz der Freiherrn v. Rehlingen in Kriegshaber eingezogen. Nicht lange darauf legte der bayerische Königsstaat seine Hand auf das Fuggerische Wellenburg–Bergheim und Leitershofen und enthob das in der Babenhausen-Wellenburger Linie noch 1803 gefürstete Haus Fugger seiner reichsunmittelbaren Herrschaftsgewalt. Auch Nürnberg teilte jetzt Augsburgs Los.

Am 1. Juli 1806 entsagte Augsburgs letztes reichsstädtisches Regiment, die beiden Stadtpfleger an der Spitze, auch der Verwaltung der Stadt und machte einem provisorischen königlichen Stadtmagistrat unter zwei Bürgermeistern Platz. Seit 1548 hatten fast alle namhaften Patrizierfamilien das Stadtpflegeramt bekleidet, voran sechsmal die v. Stetten, fünfmal die Langenmantel und die Rehlingen, viermal die Imhof. Nun wurde der bronzene Reichsadler aus dem Westgiebel des Rathauses herabgerissen und zertrümmert. Das Stadtbuch kam ins Münchener Hauptstaatsarchiv. Der letzte evangelische Stadtpfleger und Stadtgeschichtsschreiber Paul v. Stetten d. J. erhielt beim Rücktritt Titel und Rang eines königlichen geheimen Rates, Imhof erst 1821. So waren Bischofsstadt, Reichsabtei und Bürgerstadt schließlich doch zusammen dahingesunken, wie sie zusammen gelebt hatten. Das alte Reich selbst überlebte die Reichsstadt nicht lange; am 12. August legte Kaiser Franz II. die römisch-deutsche Kaiserkrone und die kaiserliche Reichsregierung nieder.

Der Untergang der Augsburger Eigenstaatlichkeit war nach den äußeren und den inneren Umständen unvermeidlich. Er war nicht eben ruhmvoll und lebt doch bis heute im Selbstbewußtsein Augsburgs als tiefer Einschnitt im Lebensweg der Stadtgemeinde fort. Das ist leicht verständlich, wenn man abschätzt, welches Maß von Geschichte an jeder Einrichtung und jedem Titel hing, die 1806 für immer fielen. Das Stadtpflegeramt reichte bis ins 13. Jahrhundert zurück, das zum Jahreswechsel 1806/07 aufgelöste Stadtgericht und Amt des Reichsstadtvogtes bis ins 12. Jahrhundert. Die Vorrangstellung des Patriziats, die mit der alten Stadtverfassung erlosch, senkte ihre Wurzeln gleichfalls ins hohe Mittelalter hinab. An Tore, Straßen, Wohnbauten und Kirchen knüpften sich Erinnerungen an kaiserliche Einzüge und Aufenthalte, und der

Augustusbrunnen fuhr fort zu bezeugen, daß Augsburg eine uralte Stätte des fortgeerbten römischen Kaisertums sei. Das Reichsstädtertum war unabtrennbar in den Charakter des Augsburgers eingegangen, ob er nun Patrizier oder einfacher Handwerksmann war. Je größer der zeitliche Abstand zum Ende der Reichsstadt wurde, in desto verklärterem Licht erschien ihre Größe und ihr Reichtum, desto ausgeprägter trat der besondere Heimatstolz der Nachfahren reichsstädtischer Vergangenheit hervor. Eine solche Stadt war, einer gestürzten Fürstin gleich, keine bequeme Erwerbung für einen Staat, dem sie nach einem halben Jahrtausend immer wiederholter Eroberungsversuche durch die große Politik und ohne Gegenwehr, aber auch ohne klare Neigung zugefallen war.

Bayerische Provinzstadt

Seit anderthalb Jahrhunderten ist Augsburg die drittgrößte und auch die drittbedeutendste Stadt des bayerischen Staates nach München und Nürnberg. Es steht seitdem auf allen Gebieten in einer unmittelbaren Konkurrenz mit der nahen Landeshauptstadt, bei der es trotz seiner bedeutenderen Vergangenheit immer den kürzeren ziehen mußte, weil München auch als Stadtgemeinde von den Aufwendungen Nutzen zieht, die der gesamtstaatlichen Repräsentation dienen sollten und sollen. Das kann nach der Natur des bayerischen Staates mit seinem altbaierisch-altwittelsbachischen Kerngebiet nicht anders sein. Der Augsburger hat aber nicht aufgehört, in den Staatsgeschenken, die der Isarstadt fortgesetzt auch aus Augsburger Steuerbeiträgen gemacht wurden, eine ungerechte Begünstigung der Geschichte zu sehen. Davon abgesehen hatte Augsburg sicherlich von Anfang an einen Anspruch darauf, als Provinzhauptstadt des schwäbischen Staatsteiles zu gelten, und dieser Anspruch ist ihm vom bayerischen Königtum, das auch den Titel eines Herzogs in Schwaben führte, auch nur wenige Jahre lang bestritten worden. Aber für die mehr als äußerliche Verwirklichung dieser bescheideneren Vorzugsstellung erwies es sich als hinderlich, daß die Stadt niemals zuvor Gelegenheit erhalten hatte, ein Territorium zu regieren und daß auch für die rund 100 000 Untertanen des Hochstifts Augsburg der Regierungssitz Dillingen gewesen war. Obwohl die Bischofsstadt am Lech auch kirchlicher Mittelpunkt Ostschwabens blieb, hat sie das Ziel der selbstverständlichen Anerkennung als natürlicher Hauptstadt Bayerisch-Schwabens bis auf unsere Tage noch nicht völlig erreicht.

Zunächst hatte man in Augsburg freilich mit näherliegenden Einzelsorgen bezüglich des Verhältnisses zum neuen Staatsverband zu kämpfen. Die anfängliche Stimmung der Augsburger Bevölkerung gegenüber der bayerischen Herrschaft, über die wir durch einen Bericht des königlichen Organisationskommissärs für Augsburg vom September 1806 genau unterrichtet sind, war zwiespältig. Als gemeinsame Überzeugung hebt der Bericht hervor, daß die bisherige reichsstädtische Verfassung nicht wert und imstande gewesen sei, noch weiter fortzubestehen. An erhöhten Steuerdruck war man schon langsam gewöhnt worden. Neu war die begründete Besorgnis der Bürger, daß ihre Söhne im Zuge der scharfen bayerischen Rekrutierungsmaßnahmen zum auswärtigen Militärdienst ausgehoben würden. Die Einziehungen zur Feldarmee begannen schon zum Jahreswechsel 1806/07. Am stärksten aber erregte die Gemüter die aufklärerische bayerische Kirchenpolitik, die sich nun mit ihrer Feindschaft gegen altüberlieferte katholische Kultusformen auch in Augsburg bemerkbar machte. Die davon nicht betroffene evangelische Bürgerschaft wird daher als bayernfreundlich und zufrieden, die katholische als auffallend mißvergnügt gekennzeichnet. Diese Unterscheidung wird noch besonders zwischen den evangelischen und den katholischen Kaufleuten gemacht; letzteren wird vorgeworfen, sie dächten mehr an die unterdrückten kirchlichen Einrichtungen als an die Wiederbelebung des Handels, überdies fielen einige katholische Handelshäuser als Zufluchtsorte von klosterlos gewordenen Mönchen und durch fortgesetzte Anhänglichkeit an das österreichische Interesse auf. Besonders mißtrauisch betrachtete die königliche Beamtenschaft die katholische Geistlichkeit selbst.

Die endgültige Neuorganisation des mittelbar gewordenen städtischen Gemeinwesens, das nach der dritten Volkszählung vom April 1809 16 944 katholische, 11 534 evangelische und 56 israelitische Einwohner zählte, begann mit der Errichtung eines königlichen Stadtgerichtes, das alle gerichtlichen Aufgaben in Augsburg in sich vereinigte und in Zivilstreitigkeiten weiterhin nach Augsburger Stadtrecht zu urteilen hatte. Seiner Einsetzung zum Jahresanfang 1807 folgte am 24. Januar die Einrichtung einer königlichen Polizeidirektion, der die gesamte Polizeigewalt zustand. Endlich wurde der Stadtmagistrat durch königliche Entschließung vom 12. Januar in einen königlichen Verwaltungsrat umgewandelt. Er hatte die allgemeinen Stadtangelegenheiten, vor allem die Aufnahme der Bürger und Beisitzer, zu besorgen und zählte zwei vom König berufene Bürgermeister, den Patrizier v. Besserer und Johann Christoph v. Zabuesnig, sieben Stadträte, einen Stadtkassier und eine Anzahl von untergeordneten Stadtbeamten. Die Organisation der 1808 in ganz Bayern eingeführten städtischen Kommunalverwaltung mit ge-

AUGSBURG

Anfang des 19. Jahrhunderts

Entwurf Walter Groos

wähltem Munizipalrat ließ man bis Mai 1813 anstehen. Das Recht der landesherrlichen obersten Aufsicht wurde durch einen eigenen Kronbeamten, den königlichen Stadtkommissär, ausgeübt. Am 9. Februar folgten Bestimmungen über die Verwaltung des mehr als sechs Millionen Gulden betragenden Augsburger Stiftungsvermögens. Es wurde eingeteilt in 105 katholische Kultus-, d. h. Pfarr-, Kapellen-, Benefizien-, Meßstiftungs-, Bruderschaftsvermögen und 18 Vermögen der katholischen Erziehungs- und Unterrichtsstiftungen, in 15 evangelische Kultus- und 18 Erziehungs- und Unterrichtsstiftungs-Vermögen, in 24 Vermögen der paritätischen Wohltätigkeitsstiftungen, deren Krone nach wie vor die Hospitalstiftung mit einem Vermögen von über 925 132 Gulden war, und in das Vermögen der 26 ausschließlich katholischen und 98 nur evangelischen Wohltätigkeitsstiftungen. Die Verwaltung dieser über 300 Sondervermögen übernahmen vier staatliche Administratoren. Im Juli erhielten die Exjesuiten der katholischen Schulstiftung St. Salvator den Befehl, ihr Kolleg und die Stadt zu verlassen. Das Lyzeum wurde geschlossen, das katholische Gymnasium mit dem protestantischen St.-Anna-Gymnasium vereinigt. Dieses wurde jetzt eine paritätische Gelehrtenschule, während seine Bürgerschule, jetzt Realinstitut genannt, die Schulräume von St. Salvator bezog. Im Dezember wurde das königliche Generalkommando in Schwaben unter Generalleutnant Freiherrn v. Wrede, dem späteren Fürsten und Feldmarschall, in das verödete Damenstift St. Stephan verlegt. Den noch verbleibenden Frauenklöstern bei St. Maria Stern und St. Ursula wurden Neuzugänge gesperrt. Im Oktober 1808 bezogen die bayerischen Garnisontruppen die ausgeräumten größten Klosteranlagen als Kasernen. Das Chevaulegerregiment kam in das ehrwürdige Benediktinerstift St. Ulrich, das Infanterieregiment ins ehemalige Jesuitenkolleg St. Salvator, dessen Theater zur Militärreitbahn wurde. In die Prälatur von Hl. Kreuz rückten vier Kompanien Artillerie ein, das Prälaturgebäude von St. Georg wurde Militärlazarett, das Hauptgebäude von St. Stephan Monturmagazin. Der Fronhof verwandelte sich in einen Paradeplatz; für diesen Zweck wurde unbedenklich die uralte St.-Johannis-Kirche abgebrochen und eingeebnet. Nach Errichtung eines neuen Zoll- und Hallgebäudes fielen 1809 das Siegelhaus und der alte Salz- und Weinstadel auf der nunmehrigen Maximilianstraße. Gleichzeitig vollzog sich die Entleerung der Klosterkirchen, die Auflösung der restlichen klösterlichen Archive und Bibliotheken, die Auflassung der innerstädtischen Friedhöfe. Die besten Werke altdeutscher Malerei wanderten in die bayerische Zentralgemäldesammlung, die wertvolleren Bücher teils in die bayerische Staatsbibliothek, teils in die Augsburger Stadtbibliothek, der dafür ihre besten alten Stücke ebenfalls nach München entführt wurden.

Mittlerweile erfolgte nach Verkündung der bayerischen Konstitution vom Mai 1808 eine Neueinteilung des Königreichs nach dem Vorbild des französischen Departementssystems. Sie erhob Augsburg zur Hauptstadt des Lechkreises, der von Schrobenhausen bis hinauf nach Memmingen und Kaufbeuren reichte. Im September wurden Generalkommissariat und Finanzdirektion des Lechkreises feierlich eingesetzt. Im November kam König Max I. zum erstenmal als Landesherr in seine festlich beleuchtete neue Stadt zu Besuch. Aber schon im nächsten Jahr schien durch das Herannahen eines neuen österreichisch-französischen Krieges ihr staatliches Schicksal noch einmal fraglich werden zu sollen. Im März 1809 wurde unter Leitung eines französischen und bayerischen Ingenieuroffiziers nochmals eine Neubefestigung der Stadt und eine Sicherung der drei Hauptbrücken und des Hochablasses in Angriff genommen. Nach Beginn des Krieges und Losbruch des Volksaufstandes im bayerisch gewordenen Tirol wurde der Belagerungszustand über Augsburg am 18. April vom französischen Oberkommandanten und Stadtgouverneur erklärt. Der Feldzug berührte es jedoch nicht mehr. Mitte Oktober diktierte Napoleon den Frieden von Schönbrunn und reiste dann ein letztesmal durch Augsburg. Jetzt trat für Augsburg auf mehr als ein Jahrhundert Ruhe von Kriegslärm ein. Die neue bayerische Kreiseinteilung vom September 1810 beraubte es freilich durch Auflösung des Lechkreises noch einmal seiner eben erst errungenen Rolle als Provinzialhauptstadt.

Mit dem Augsburger Wirtschaftsleben sah es böse aus. Die Hoffnungen, welche die städtischen Handels- und Industriekreise in den Anschluß Augsburgs an einen geschlossenen größeren Staat gesetzt hatten, erfüllten sich zunächst nicht. Ein wesentlicher Grund dafür war, daß sich Bayern selbst im politischen Gefolge Frankreichs auch der eigennützigen französischen Wirtschaftspolitik fügen mußte. Schon 1806 verbot Napoleon die Einfuhr verschiedener nichtfranzösischer Textilwaren nach Italien zugunsten der aufblühenden französischen Kattunherstellung. Die Augsburger Kattunmanufakturen, die seit dem Ausbruch der fast ununterbrochenen Kriege ernste Absatzschwierigkeiten hatten, verfielen dem raschen Niedergang, von dem nicht einmal das Schülesche Unternehmen verschont blieb. Es machte bald nach Schüles Tod 1811 Bankrott. Schließlich blieb von den Kattunmanufakturen nur diejenige von Schoeppler und Hartmann bestehen, der heutige Großbetrieb der Neuen Augsburger Kattunfabrik. Die Baumwollweber erlagen immer mehr der Schweizer und sächsischen Konkurrenz. Die Silberwarenfertigung samt der Friedberger Uhrmacherei befand sich gleichermaßen im Rückgang. Handel und Bankwesen hatten alle Anstrengungen zu machen, um den guten Namen Augsburgs als Handelsstadt trotzdem noch zu erhalten. Hier trat der Schwiegersohn des Freiherrn Benedikt Adam v. Liebert, Johann Lorenz Schaezler aus Ansbach, in den Vordergrund. Er schoß dem bayerischen Staate gegen Verpfändung von Salinenerträgnissen schon 1807 mit dem Hause Carli zusammen eineinhalb Millionen Gulden vor. Auf den Spuren der alten Augsburger Hofbankiers vermehrte Schaezler sein Vermögen bis Anfang 1813 auf über eine Million Gulden.

Inzwischen war Augsburg dank seiner Verkehrslage fast unversehens zu einer wichtigen deutschen Pressestadt geworden. Johann Friedrich v. Cotta, Goethes und Schillers Verleger, ließ 1810 seine *Allgemeine Zeitung* vom württembergisch werdenden Ulm nach Augsburg übersiedeln. Sie war zuerst nur ein Wochenblatt, wuchs aber sehr schnell zur führenden Tageszeitung und zum räumlich am weitesten verbreiteten Blatt deutscher Zunge heran, das besonders auch in Österreich gelesen wurde. Der große politische Umschwung, der durch Napoleons unglücklichen Rußlandfeldzug von 1812 eingeleitet wurde, lockte die Allgemeine Zeitung nicht aus ihrer kühlen Berichterstattung heraus; an der großen patriotisch-franzosenfeindlichen Zeitbewegung hat sie nicht teilgenommen. Auch sonst griffen die Befreiungskriege, in denen Bayern seit Oktober 1813 auf seiten Österreichs, Preußens, Englands und Rußlands und gegen seinen bisherigen französischen Verbündeten stritt, nicht tiefer in die Geschichte Augsburgs ein. Der Wiener Friede von 1815 und die in ihn eingeschlossene Verfassung des neuen Deutschen Bundes änderten nichts mehr an der Einfügung Augsburgs in den bayerischen Staat.

Bald nach dem Ende der zwei Kriegsjahrzehnte, im Februar 1817, stürzte der Staatsminister Graf v. Montgelas, der allmächtige Vorkämpfer des bayerischen Staatszentralismus. Damit wurde auch für Augsburg der Weg frei zurück zur teilweisen städtischen Selbstverwaltung und vorwärts zur Würde der schwäbischen Provinzhauptstadt. Eine sofort vollzogene Neueinteilung der Kreise machte Augsburg zum Sitz der Kreisregierung des Oberdonaukreises. Der neue Oberdonaukreis umfaßte ganz Schwaben südlich der Donau und dazu das altbaierische Gebiet auf dem rechten Lechufer südlich Friedberg bis Neuburg; die schwäbische Lechstadt wurde dadurch Verwaltungsmittelpunkt ihres ganzen natürlichen Einzugsbereiches. Die Kreisregierung bezog die fürstbischöfliche Residenz, deren letzter Herr, Kurfürst Clemens Wenzeslaus, 1812 gestorben war, ohne einen Nachfolger zu erhalten. Die bischöflichen Ämter übte seit Jahren ein Generalvikar aus, das Schicksal des Augsburger Bistums blieb offen, solange nicht ein neues bayerisches Konkordat die kirchlichen mit den veränderten politischen Verhältnissen in Einklang brachte. Als es im Oktober 1817 zum Abschluß kam, sah es den Fortbestand eines bayerischen Bistums Augsburg vor, dessen Westgrenze mit der Landesgrenze zusammenfiel, das aber im Osten seinen altbaierischen Anteil jenseits des Lechs behielt. Das Bistum wurde nach Auflösung der alten Verbindung zum Erzbistum Mainz dem neuerrichteten Erzbistum München-Freising unterstellt. Die Einrichtung des neuen Bistums und die Wahl des neuen Bischofs, bei der zum ersten Male keine Rücksicht auf den Reichsadel mehr zu nehmen war, ging allerdings unter langwierigen Erwägungen vonstatten. Erst am 1. November 1821 konnte das neue Domkapitel kirchlich eingesetzt, erst zehn Tage später der erwählte Bischof, Josef Maria Freiherr v. Fraunberg, durch den Münchner päpstlichen Nuntius im Dom geweiht werden. Er wohnte nun im heutigen bischöflichen Palais am Ostrand des Fronhofs.

Mittlerweile erging am 17. Mai 1818 eine neue königliche Verordnung über die Gemeindeverwaltung, welche die Augsburger Stadtverfassung für ein Jahrhundert festlegte. Es wurden zwei Kammern gebildet, der jetzt wieder sog. bürgerliche Magistrat aus zwei Bürgermeistern, vier rechtskundigen Räten, einem technischen Baurat, zwölf bürgerlichen Räten und einem Stadtkämmerer einerseits, und das Kollegium der Gemeindebevollmächtigten mit 36 Bürgerschaftsvertretern anderseits. Der

Magistrat verlieh und entzog wie der alte Rat das Bürgerrecht, dazu das bayerische Heimatrecht, hatte aber keine direkten Steuern mehr einzuziehen. Die bedeutendste Stadteinnahme blieb für die Zukunft der Malzaufschlag an Stelle des alten Getränkeungelts. Göggingen mit Radau, Oberhausen und Lechhausen konnten von ihrem Recht zur Bildung von Marktmagistraten einstweilen keinen Gebrauch machen und begnügten sich noch jahrzehntelang mit der Stellung von marktberechtigten Flecken. In der übrigen Augsburger Umgebung wurden durch die Gemeindeverordnung Bergheim mit Wellenburg–Radegundis, Deuringen, Gersthofen, Hammel, Haunstetten, Inningen, Kriegshaber, Leitershofen, Neusäß, Pfersee, Stadtbergen, Steppach und Westheim zu politischen Gemeinden erhoben. Aus den auf Friedberger Stadtboden gelegenen 31 Anwesen des Hochzolls und der sog. Kolonie bildete die Kreisregierung eine neue Gemeinde *Friedbergerau*, die erst 1905 den Namen Hochzoll empfing. Die Gemeindevorsteher waren überall Vollbauern. Patrimonialgerichte von Augsburger Patriziern bestanden vorerst in Deuringen und Hammel fort, während das Fuggersche Herrschaftsgericht in Wellenburg nicht wiederauflebte. Die Meringerau wurde Forstbezirk. Ihren Anteil am gesamtstaatlichen Leben erhielt die Stadt- und Gemeindebevölkerung schließlich durch die bayerische Verfassung vom 26. Mai 1818, die eine Nationalrepräsentation mit zwei Kammern ins Leben rief. Am folgenden Tag wurde die Verfassungsurkunde im großen Saal des Regierungsgebäudes feierlich verlesen und von Behörden und Bürgerschaftsvertretern der Eid darauf geleistet. In den ersten Wahlen zur zweiten, der Abgeordnetenkammer der Ständeversammlung wählten die Augsburger Wahlmänner im Dezember den Vorstand des Kollegiums der Gemeindebevollmächtigten, Finanzrat Johann Lorenz Schaezler, zum Abgeordneten für die Stadt Augsburg. Mit ihm zogen 1819 der Augsburger Generalkommissär und Regierungspräsident Freiherr von Gravenreuth, der Pfarrer von katholisch St. Ulrich und der Bürgermeister von Friedberg in die Abgeordnetenkammer ein. Der Abgeordnete Schaezler, jetzt ebenso wie der andere Augsburger Großbankier Johann Gottlieb Süßkind doppelter Guldenmillionär und 1821 vom König in den bayerischen Freiherrnstand erhoben, veranlaßte im letzteren Jahre die Gründung der nachmaligen Augsburger Stadtsparkasse. Damals nahm auch die Exkönigin von Holland, Napoleons I. Stieftochter Hortense Beauharnais, in Augsburg Wohnung; ihr Sohn Louis, später Kaiser Napoleon III., besuchte das Augsburger Gymnasium.

1825 bestieg König Ludwig I. den bayerischen Thron. Bald wirkte sich seine vom aufklärerischen Denken eines Montgelas zutiefst verschiedene religiöse und kulturelle Herrschergesinnung auch in Augsburg aus. 1828 wurden das Franziskanerinnenkloster Maria Stern mit einem katholischen Mädchen-Erziehungsinstitut und das Dominikanerinnenkloster St. Ursula wieder zugelassen. Zugleich erfolgte die neue bekenntnismäßige Trennung des Augsburger königlichen Gymnasiums. Die Schule bei St. Anna blieb protestantisches Gymnasium, während das katholische Gymnasium mit Studienseminar in dem vom Militär freigemachten Stift St. Stephan eingerichtet wurde. Die Lehrer waren zum größten Teil Weltpriester. Nach wenigen Jahren aber, mit Urkunde vom Dezember 1834, verlegte der König die von ihm wiedererrichtete Benediktinerabtei Ottobeuren nach St. Stephan und übertrug ihr unter Zuweisung von 60 000 Gulden aus seinen Privatmitteln die katholische Studienanstalt. Als erster Abt wurde ein ehemaliger Mönch von Ottobeuren, P. Barnabas Huber, eingesetzt, der sich seinen Konvent aus dem ersten wiedereröffneten bayerischen Stift Metten, österreichischen und Schweizer Klöstern gewinnen mußte. Später wurde dem Benediktiner-Gymnasium auch eine philosophisch-theologische Hochschule angegliedert. Das ganz abgetrennte Realinstitut wurde 1833 als Kreisgewerbeschule ins Kloster St. Katharina verlegt und 1835 durch ein Polytechnikum erweitert. In der Kirche von St. Katharina begründete man eine staatliche Gemäldegalerie. Die zweite männliche Ordensniederlassung, die der König 1843 neu begründete, ein Kapuzinerhospiz, erhielt kein ehemaliges Klostergebäude angewiesen, sondern wurde vor dem nordöstlichen Stadtrand beim Lueginsland angesiedelt.

Als 1837 die noch jetzt bestehende Kreiseinteilung des Königreichs aus dem Oberdonaukreis unter Hinzuziehung des Rieses und Abtrennung des altbaierischen ostlechischen Gebietes den Kreis *Schwaben und Neuburg* entstehen ließ, traten die geschichtlichen Überlieferungen Ostschwabens auch in der Verwaltungsgliederung wieder offen hervor. Dem Regierungsbezirk Schwaben wurden allerdings später wieder Landkreise mit altbaierischer Bevölkerung angegliedert, Neuburg, dann Friedberg; 1972 wurden die Kreise Neuburg und Aichach getauscht.

Vor allem half Ludwig I. durch sein entschlossenes Eintreten für einen deutschen Zollverein endlich auch dem Augsburger Wirtschaftsleben aus der jahrzehntelangen Bedrängnis heraus. Die Errichtung des Zollvereins zum Jahresbeginn 1834 hob nicht nur die meisten innerdeutschen Zollgrenzen auf, sondern brachte auch einen wirksamen Zollschutz gegen auswärtige Einfuhr von Fertig- und Halbfertigwaren. Kaum wurde die Erleichterung in Augsburg spürbar, da zeigte sich, daß der alte Unternehmungsgeist noch nicht erloschen war. Man verlor zwar den Kampf mit der Haupt- und Residenzstadt um den Sitz der neugegründeten Bayerischen Hypotheken- und Wechsel-Bank, und mußte es geschehen lassen, daß Augsburg als Bankplatz von München überflügelt wurde. Man mußte auch die Überflügelung der altangesehenen Augsburger Börse durch dic neugegründete Münchener Börse erleben. Aber man erreichte dafür andere Ziele. Sogleich nach der Errichtung der ersten bayerischen und deutschen Eisenbahn bildete sich auf Anregung von Augsburger Bankhäusern Ende 1835 in Augsburg und München eine Aktiengesellschaft zur Anlage einer Eisenbahn von Augsburg nach München. 1836 verlegte die erste bayerische Kammwollgarnspinnerei Johann Friedrich Merz & Cie., die heutige Augsburger Kammgarnspinnerei, ihren Sitz von Nürnberg nach Augsburg, wo der Gründer Beziehungen zum Bankhaus Schaezler besaß. Noch Ende 1836 kam Ferdinand Benedikt Freiherr v. Schaezler auf den Gedanken, den Bedarf der sich wieder belebenden Augsburger Kattunindustrie an maschinenmäßig erzeugten baumwollenen Rohkattunen statt aus Sachsen in Augsburg selbst zu decken und dafür eine große Aktiengesellschaft zur Herstellung und Verarbeitung von Baumwollgarnen zu gründen. 1837 wurden für diese mechanische Spinnerei und Weberei, das erste derartige Unternehmen in Bayern, 1 200 000 Gulden Aktienkapital ausgeschrieben und gezeichnet. Bei der Auswahl der zunächst rund 750 Arbeiter sollten vorzugsweise arbeitslose Augsburger Weber und Weberkinder berücksichtigt werden. Trotzdem erhob die Weberinnung gegen die Errichtung einer mechanischen Weberei mit der Vorstellung Einspruch, daß von den 150 bis 160 in Augsburg noch arbeitenden Webermeistern genauso viele erwerbslos würden, als mechanische Webstühle in der neuen Fabrik in Betrieb kämen. Ihr Widerstand fruchtete aber nichts. Ferdinand v. Schaezler stieg im gleichen Jahr zum langjährigen Augsburger Abgeordneten in der bayerischen zweiten Kammer auf und wurde bei Errichtung der Augsburger Handelskammer 1842 auch deren erster Präsident. Vor dem Jakober Tor wuchs inzwischen der damals als riesenhaft bestaunte erste Fabrikbau der jetzigen Mechanischen Spinnerei und Weberei Augsburg (SWA) aus rotem Backstein empor. Als Anlernkräfte wurden Elsässer und Schweizer berufen. Die Eröffnung der »großen Fabrik« zog alsbald eine weitere nach sich. Der Leiter der Augsburger Filiale der Lotzbeckschen Tabakfabrik, der Badener Ludwig Sander, ergriff die Möglichkeiten, die sich aus der Entfaltung mehrerer großer Textilwerke für eine einheimische Maschinenindustrie ergaben. Zusammen mit einem elsässischen Ingenieur Dollfus gründete er 1840 eine kleine Maschinenfabrik vor dem Lueginsland, deren Leitung dann vier Jahre später Carl August Reichenbach und Carl Buz übernahmen. Es war das Augsburger Stammwerk der nunmehrigen Maschinenfabrik Augsburg-Nürnberg (M.A.N.). Um diese Zeit kam auch der Eisenbahnbau zum Abschluß. Am 4. Oktober 1840 traf der erste Zug aus München im Bahnhof vor dem Roten Tor ein. Es war ein bedeutungsvolles Zusammentreffen, daß gerade damals der große Volkswirt und Eisenbahnvorkämpfer Friedrich List als Mitarbeiter der Allgemeinen Zeitung seinen festen Wohnsitz nach Augsburg verlegte und hier sein Hauptwerk vollendete, den ersten Band des »Nationalen Systems der politischen Ökonomie«. 1841 erbaute man neben der Friedberger Straßenbrücke über den Lech eine eigene Eisenbahnbrücke, die älteste eigentliche Bahnbrücke Bayerns. Schon 1844/46 wurde vor dem Gögginger Tor der Kernbau des heutigen Bahnhofsgebäudes errichtet und der Eisenbahnverkehr hier zusammengefaßt. Und nun rissen die Fabrikgründungen nicht mehr ab. 1846 wurde die heutige Wertachspinnerei am Senkelbach gegründet, 1847 erwarb die Bleicherei Clemens Martini in Haunstetten auch eine Bleiche in Augsburg. Die Mechanische Spinnerei und Weberei erlangte nun sogar die Genehmigung, auf Handwebstühlen in der Fabrik selbst billige Handweberei aller Art zu betreiben. Die Erbitterung der noch selbständigen Weber stieg dadurch aufs äußerste, durch die unruhige Zeitstimmung erhielt die Partei der Unzufriedenen in der Stadt manchen Zuzug.

Zum politischen Ziel der mißvergnügten Handwerker und Angehörigen freier Berufe wurde nicht etwa eine Losreißung Augsburgs von

Bayern, wohl aber eine innere Umgestaltung des bayerischen Staates im Sinne vermehrter Volksrechte und eine Wiedererweckung der alten gesamtdeutschen Reichsgewalt. Im deutschfreiheitlichen Sinne des preußischen Turnvaters Jahn gründeten junge Augsburger 1847 in der Stadt einen Turnverein, den TSV 1847 Schwaben. Der Verein wählte für seine Fahne die Farben der deutschen Nationalbewegung, Schwarz-Rot-Gold. Und kaum ergriff Anfang März 1848 die große Welle der bürgerlichen Revolution die bayerische Hauptstadt, da regte sich der revolutionäre Geist auch in Augsburg. Am 4. März fand auf dem Rathaus mit Billigung des Magistrats eine Versammlung von Bürgern aller Klassen statt, bei welcher eine Adresse der Bürgerschaft mit den politischen Märzforderungen an den König verlesen und dann zur Unterschrift aufgelegt wurde. Gleichzcitig rief der Magistrat alle Gutgesinnten zum freiwilligen Bürgerwehrdienst in einem Freikorps auf. Schon am 7. März konnte die königliche Bewilligung der Volkswünsche gefeiert werden. Man veranstaltete weitere Bürgerversammlungen im Goldenen Saal, versprach die neuerliche Beachtung der Augsburger Parität und alsbald zeigte sich, daß sowohl die Mehrheit des Bürgertums als auch die Fabrikarbeiter durch die gewährten Zusicherungen zufriedengestellt waren. Nur eine einzige Befürchtung berichtete der Stadtkommissär nach München, wo König Ludwig I. zugunsten seines Sohnes Maximilian II. abdankte; sie betraf Demonstrationen der Handwerker, deren Lage allerdings gedrückt sei, gegen die Fabriken. Als aber am 4. April das schwarzrotgoldene Banner am Rathaus gehißt und am 25./28. April in allgemeiner, gleicher Wahl der großdeutsch gesinnte, gemäßigt-liberale Rechtsanwalt Dr. Adolf Paur zum Augsburger Abgeordneten in der Verfassunggebenden deutschen Nationalversammlung in der Frankfurter Paulskirche gewählt wurde, als man am 18. Mai deren Eröffnung mit einem Freudenfeuer auf dem Kobel feiern konnte, als im Juli Augsburger Linientruppen, Landwehr und Freikorps dem neuen Reichsverweser huldigen durften, da schmolz das Häuflein der Mißmutigen so zusammen, daß es bei der stillen Neugründung einer Vereinsweberei auf dem Weberhaus blieb. Mehr Nutzen aus der Revolution zogen die Augsburger Juden, die 1852 nur 123 Köpfe zählten. Die Ausdehnung des Wahlrechts auf alle männlichen Staatsbürger ohne Unterschied betraf auch sie und so waren sie im Dezember zum ersten Male an der

Wahl der zwei Augsburger Abgeordneten in die bayerische zweite Kammer beteiligt. Als die Verfassungsberatungen der Frankfurter Nationalversammlung fortschritten, bildeten sich ein Augsburger Konstitutioneller Monarchistischer Verein und ein kleindeutsch-demokratischer Deutscher Verein unter Vorsitz des Rechtsanwalts Dr. Ludwig Fischer. Im März 1849 veranstalteten Deutscher Verein, Gewerbeverein unter Albrecht Volkhart und Arbeiterbildungsverein noch eine große Feier der Märzerrungenschaften mit Fackelzug und bildete sich ein radikaler Augsburger Märzverein. Am 3. April lehnte jedoch der Preußenkönig die ihm angetragene deutsche Kaiserwürde ab und am 23. verwarf die bayerische Regierung die ganze Reichsverfassung. Umsonst veranstalteten darauf auch in Augsburg die hinter dieser stehenden Vereine Protestkundgebungen. Unruhen wurden durch polizeiliche Maßnahmen verhindert. Das bayerische Vereinsgesetz von 1850 bot schließlich die Handhabe zur gänzlichen Unterdrückung der 1848er Bewegung.

Um so stärker entfaltete sich die Wirtschaftskraft. Noch 1849 wurde die Eisenbahnverbindung bis Nürnberg vollendet und die erste einer neuen Reihe von Fabriken gegründet. Aus einer der Papiermühlen vor dem Nordosteck der Stadt entstanden die Georg Haindlschen Papierfabriken. 1853 und 1855 liefen zwei weitere große Werke der Baumwollindustrie an, die Stadtbachspinnerei und die Baumwollfeinspinnerei. 1863 wurde das in der Augsburger Baumwollindustrie angelegte Kapital schon auf 6,9 Millionen Gulden berechnet. Diese neue kräftige Entwicklung der Industrialisierung ließ alsbald einen Bedarf an Arbeitskräften entstehen, der aus der arbeitslosen handwerklichen Stadtbevölkerung bei weitem nicht mehr zu decken war. Immer zahlreicher strömten auch Menschen aus Bauernfamilien der näheren und weiteren Umgebung in die Fabriken vor dem Stadtrand. Die daraus entstehenden Sozialprobleme suchten einerseits die Fabrikleitungen durch Gründung von Arbeiterhilfsklassen und ähnlichen Einrichtungen, anderseits die Kirchen zu lösen. 1851 bildete sich eine Augsburger Kolpingsfamilie. 1853 begründete der junge Orden der Armen Schulschwestern von Unserer Lieben Frau eine Filiale in Augsburg und übernahm das katholische Waisen- und Armenkinderhaus. Zwei Jahre später wurde die evangelische Diakonissenanstalt zwischen Bahnhof und Altstadt errichtet. Das 1856 bis 1859 in der Jakobervorstadt bei St. Max aufgeführte neue städtische Krankenhaus betreuten die Barmherzigen Schwestern oder Vinzentinerinnen.

Die Industrialisierung hatte aber noch weitere Folgen. Auf einer Fläche von 2172 ha war die Stadtbevölkerung von 1830 bis 1861 von 29 133 auf 38 337 Seelen gestiegen. Obwohl die Einwohnerzahl der Stadt vor dem Dreißigjährigen Krieg damit noch nicht wieder erreicht war, sprengte das alte Augsburg jetzt den Ring seiner seit dem 14. Jahrhundert ausgebauten Stadtbefestigung. Die Wohnsiedlung begann das Gebiet zwischen Altstadt, Fabrikanlagen, Bahnhof und Randorten auszufüllen. Augsburg hörte auf, als eine feste Stadt zu gelten. Die Niederlegung der Befestigungsanlagen und die Einebnung der Gräben setzte 1860 am Westrand der Stadt ein. 1861 wurde vor dem Gögginger Tor als Abschluß der Bahnhofstraße und neuer Stadtmittelpunkt der (1869 so benannte) Königsplatz angelegt, im nächsten Jahr das Gögginger Tor abgebrochen, im übernächsten an Stelle des südwestlichen Stadtmauerteils eine großbürgerliche Wohnstraße in Angriff genommen. Am nordöstlichen Altstadtrand entstanden seit den sechziger Jahren ein recht ödes Arbeiterwohnviertel auf der Bleich, am Nordrand seit 1870 zwei Arbeitervorstädte rechts der Wertach und links der Wertach. Nach und nach wurden auch fast alle unmittelbaren Nachbarorte Sitze der Textilgroßindustrie. Göggingen wurde 1868 aber zudem Kurort durch die Errichtung einer orthopädischen Heilanstalt von Friedrich v. Hessing, die später auf dem Stiftungswege unter die Verwaltung der Stadt Augsburg kam. Die Fürsten Fugger-Babenhausen gaben dem Schloß Wellenburg, das noch Zwiebeltürme hatte, 1855 seine heutige neugotische Gestalt.

Mit der alten Stadtform zerbrachen unter dem Einfluß des wieder vordringenden wirtschaftlichen und politischen Freiheitsgeistes die noch bestehenden beschränkenden Bestimmungen des bürgerlichen und beruflichen Lebens. Seit 1861 durften sich Juden in beliebiger Zahl in Augsburg niederlassen. Sie bauten ein Wohnhaus zur ersten Stadtsynagoge um und beriefen für die neugebildete israelitische Kultusgemeinde Augsburg einen eigenen Rabbiner, der zugleich Kriegshaber, Pfersee und Steppach betreute. Bis 1871 wuchsen sie auf 660, bis 1880 auf 1031 Köpfe. 1862 verschwanden wie überall auch in Göggingen und Friedberg die Landgerichte als gemeinsame Justiz- und Verwaltungsbehörden; das

Abb. 35 Schloß Wellenburg des fürstlichen Hauses Fugger-Babenhausen. Hauptflügel 1857/58 neugotisch umgestaltet

Abb. 36 Blick auf die Augsburger Innenstadt von Süden her. Luftaufnahme um 1964, am oberen Rand das Hochhaus der M.A.N.

für das links des Lech gelegene Gebiet um Augsburg als reine Verwaltungsbehörde errichtete Bezirksamt, das jetzige Landratsamt, wurde gleichzeitig von Göggingen nach Augsburg selbst verlegt. 1864 kam zu den beiden Augsburger Gymnasien ein staatliches Realgymnasium. 1868 erfüllten sich die Wünsche der radikalen Liberalen nach Einführung der Gewerbefreiheit in Bayern. Nachdem das Augsburger Weberhaus bereits unter den Hammer gekommen war, wurde nun im Rathaus die Auflösung sämtlicher Handwerksinnungen verkündet. Der Zunftpokal der Augsburger Weber kam schließlich nach London, jener der Goldschmiede nach Paris. Im April 1869 befreite die neue bayerische Gemeindeordnung die Stadtverwaltung von der Aufsicht des königlichen Stadtkommissärs.

Noch einmal klangen reichsgeschichtliche Erinnerungen an, als Augsburg 1866 unversehens Sitz des Deutschen Bundestages wurde. Der Krieg Preußens gegen Österreich, Sachsen, Hannover und die süddeutschen Staaten vertrieb die Bundestagsgesandten aus Frankfurt, das als letzte binnendeutsche ehemalige Reichsstadt seine Stadtfreiheit an Preußen verlor. Der Bundestag ging am 14. Juli nach Augsburg ins Hotel Drei Mohren und löste sich hier am 24. August 1866 auf. Der Beitritt des bayerischen Königs Ludwig II. zum neuen, preußisch geführten kleindeutschen Bundesstaat während des Krieges mit Frankreich wurde besonders von liberalen Kreisen Augsburgs begeistert gefeiert, obwohl das preußische Kaisertum des Bismarckreiches keinerlei innere Beziehung zum Augsburger Kaisererbe haben konnte. Erster Augsburger Abgeordneter im Berliner Reichstag wurde der liberale 1. Bürgermeister und Abgeordnete der bayerischen zweiten Kammer Dr. Ludwig von Fischer. Das Halbjahrhundert des neuen Kaiserreichs begann auch für Augsburg mit der pilzartig wuchernden Wirtschaftsentfaltung der Gründerzeit. Das Schwergewicht dieser Industrialisierungswelle lag nicht so sehr bei der Textil- als bei der Metallindustrie. Die Sandersche Maschinenfabrik dehnte sich unter der Direktion von Heinrich v. Buz schnell aus. 1893 begann sie die vierjährigen, schließlich so erfolgreichen Versuche mit dem Dieselmotor, dessen Erfinder, Rudolf Diesel, selbst der Sohn eines gebürtigen Augsburgers war und in Augsburg das Polytechnikum besucht hatte. Als die ersten Motoren liefen, überstieg die Zahl der Beschäftigten des Werkes schon 2000 Menschen, 1898 schloß es sich mit der Maschinenbaugesellschaft Nürnberg AG. von Cramer-Klett zur M.A.N. zusammen. Die Maschinen- und Bronzewarenfabrik des ursprünglichen Spinnermeisters Ludwig August Riedinger verlegte sich auf die Einrichtung von Gasfabriken. Der Sohn August Riedinger begründete eine Ballonfabrik, aus der 1906 das unstarre Parseval-Lenkluftschiff hervorging. 1897/98 erhielt die Lech- und Wertachstadt eine elektrische Straßenbahn. Der Siegeszug der Elektrizität führte an der Jahrhundertwende zur Gründung der Lechelektrizitätswerke in Augsburg, die ein Jahr darauf ihr erstes Wasserkraftwerk am Lech bei Gersthofen in Betrieb nahmen. 1902 ließ sich dort schon ein großes elektrochemisches Unternehmen der Höchster Farbwerke nieder.

Dieser Wirtschaftsaufschwung ließ die Bevölkerungszahl Augsburgs, die 1870 51 220 Köpfe betrug, bis 1880 auf 61 408, 1890 auf 75 633, 1900 auf 89 170 und 1910 auf 102 487 anwachsen. Noch erstaunlicher war das Anwachsen der Randorte. 1871 hatte Lechhausen 5 645 Einwohner, 1890 überschritt es die Zehntausendergrenze und zählte 1900, als es Stadt wurde, 14 172 Menschen, während Friedberg, die alte Stadt auf dem rechten Lechufer, die Jahrhundertwende mit nur 3009 Seelen erlebte. Pfersee, das größte Pfarrdorf des Regierungsbezirks, wuchs 1870 bis 1910 von 1854 auf 10 928 Einwohner, Hochzoll allein von 1890 bis 1910 von 90 auf 1708 Seelen, also auf das fast Neunzehnfache! Die bekenntnismäßigen Verhältnisse in Augsburg verschoben sich dabei immer stärker zugunsten der Katholiken. In den Randorten bildeten sich dafür evangelische Gemeinden neu und erhielten eigene Kirchen.

Die räumliche Ausdehnung der eigentlichen Stadtsiedlung führte schließlich dahin, daß auch die Begrenzung des jungen Stadtrings der Vorstädte zerbrach und eine Anzahl selbständiger Nachbargemeinden durch politische Eingemeindung unter die zentrale Augsburger Stadtverwaltung kam. Der Vereinigungsvorgang wurde dadurch gefördert, daß es seit Einführung des allgemeinen deutschen Bürgerlichen Gesetzbuches zum Jahrhundertbeginn kein eigenes Augsburger Stadtrecht mehr gab. Eingemeindungswünsche gingen 1906 von Göggingen, Oberhausen, Pfersee und von der Gemeinde Meringerau, dann Siebenbrunn südlich des Siebentischwaldes aus. Das Münchener Staatsministerium förderte die für Augsburg durch Oberbürgermeister Hofrat v. Wolfram geführten Eingemeindungsverhandlungen. Sie zerschlugen sich im Dezember 1908 mit der Marktgemeinde Göggingen wegen der verschiedenen Umlagesätze. Am 1. Juli 1910 wurde aber zunächst die Siedlung in der Meringerau als Ortsteil Siebenbrunn angegliedert. Am 1. Januar 1911 gingen im Westen und Nordwesten Pfersee und Oberhausen in Augsburg auf. Im Anschluß daran wurde auch über die Randorteingemeindung im Osten und Südosten beraten. Das Hauptergebnis dieser Auseinandersetzungen war die Vereinigung der Stadt Lechhausen mit Augsburg am 1. Januar 1913. Sie brachte ein Gebiet von 2794,4 ha mit ein und (1910) 18 405 Einwohner. Am gleichen Tage wie Lechhausen stieß Hochzoll zur Stadt und endlich folgte am 1. April 1916 im Nordwesten noch die Eingemeindung von Kriegshaber. Das Augsburger Stadtgebiet umfaßte nunmehr 7856,6 ha mit einer Bevölkerungszahl von 146 226 Köpfen, 43 739 mehr als 1910!

Nicht ohne Grund veranstaltete Augsburg 1911 eine Großstadtfeier. Das 1902 fertiggestellte neue städtische Verwaltungsgebäude gegenüber dem Rathaus zeugte sowohl vom wiedererworbenen Wohlstand der Stadtgemeinde wie vom Anwachsen ihrer kommunalpolitischen Aufgaben. Das Aktivvermögen der Stadt wuchs von 11 679 632 Mark im Jahre 1885 auf 54 620 000 Mark 1908 und auf etwa 78,5 Millionen Mark im Sommer 1914. Der Charakter einer modernen Industriestadt zeichnete sich immer deutlicher ab. Für das bürgerliche Augsburg wurde 1876/77 am eingeebneten nordwestlichen Altstadtrand, zwischen Hl. Kreuz und dem neuerbauten Justizgebäude, ein beachtliches Stadttheater im Neurenaissancestil errichtet und ein ständiges Ensemble verpflichtet. Als Vergnügungs- und Erholungspark vor der Stadt entstand an der Straße nach Göggingen der Stadtgarten mit dem Ludwigsbau. 1873 eröffnete die Stadt eine städtische Musikschule, das jetzige Konservatorium, 1879 eine höhere Handelsschule, der eine entsprechende Schule für Mädchen folgte, 1892 eine städtische höhere Töchterschule, die nachmalige Maria-Theresia-Schule, 1905 eine Singschule, an die sich nachmals das erste deutsche Singschullehrer- und Chorleiterseminar anschloß, 1912 eine Fachschule für Maschinenbau und Elektrotechnik. Der Staat erhob lediglich 1907 die Kreisrealschule zur Oberrealschule. Die künstlerische und geistige Blüte Münchens unter der Regentschaft des Prinzen Luitpold ließ den Abstand, in dem Augsburg trotz aller Bemühungen zu-

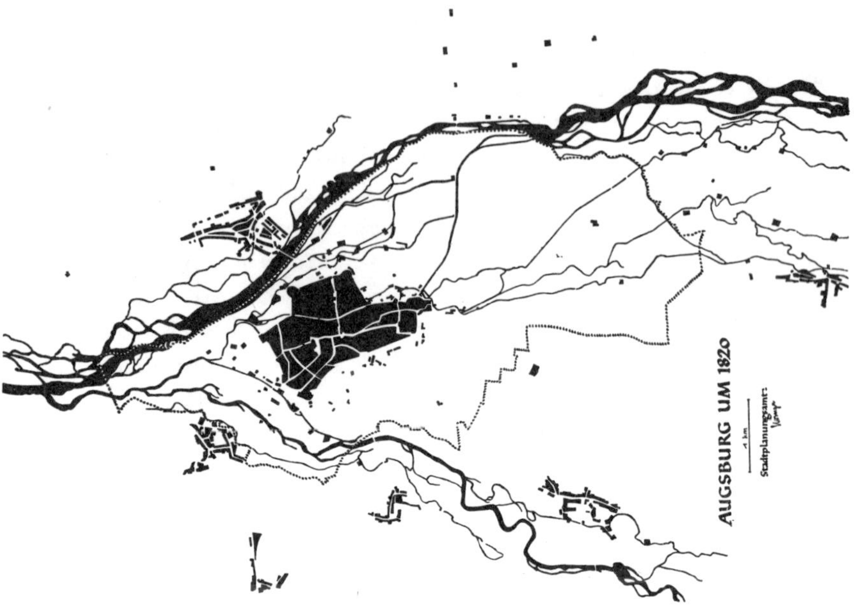
AUGSBURG UM 1820
1 km
Stadtplanungsamt:

AUGSBURG UM 1870
1 km
Stadtplanungsamt:

AUGSBURG
UM 1955
STADTPLANUNGSAMT

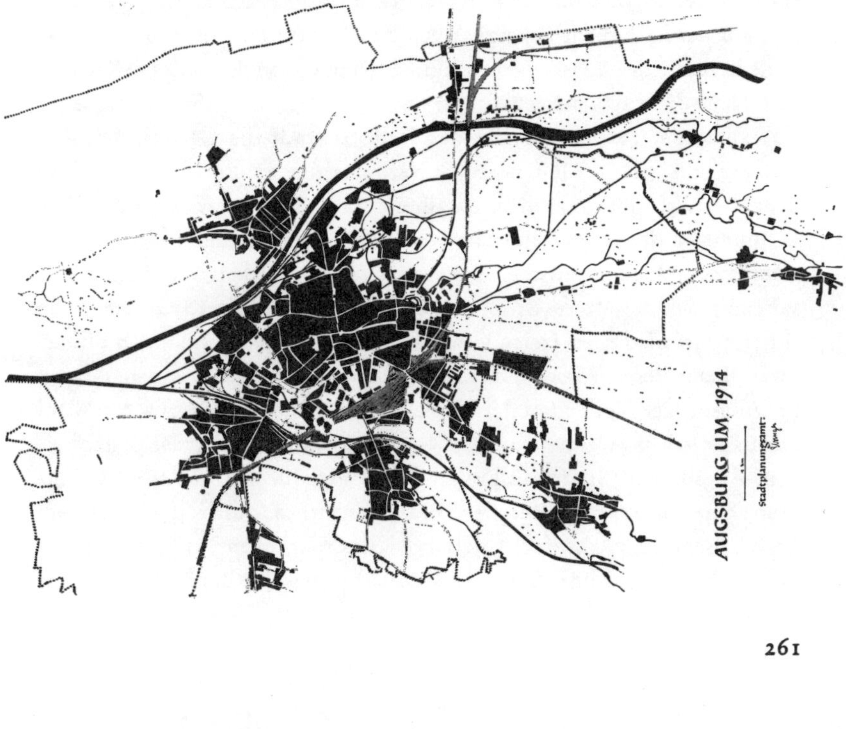
AUGSBURG UM 1914
Stadtplanungsamt:

rückblieb, immer größer werden. 1882 siedelte sogar die Allgemeine Zeitung nach München über.

Dabei war das Augsburg, das die Industrieblüte des 19. Jahrhunderts hinter sich hatte und die eingegliederten Gemeinden angleichen mußte, selbst eine unausgeglichene Ansammlung alter und neuer Lebenselemente geworden. Noch wohnte das konservative und liberale Bürgertum mehr oder weniger zusammengedrängt im Raum der Altstadt und an ihrem Westrand bis an die Pferseer Wertachbrücke hin. Von der alten Stadtbefestigung überdauerten Rotes Tor, Vogeltor, Jakobertor und Wertachbruckertor, der Fünfgratturm und einige kleine Mauerreste die Zeiten; am Ostrand der Stadt blieb auch der idyllische Stadtgraben nebst drei Eckwällen erhalten. Die Vorstadt links der Wertach und Oberhausen, Kriegshaber und Lechhausen mit ihren Zwiebelkirchtürmen und ihren rasch hingebauten billigen Wohnhäusern waren ausgesprochene Arbeitervororte, in denen wirtschaftliche Rückschläge und Arbeitslosigkeit leicht die politisch-sozialistische Widerstandsgesinnung gegen die bürgerliche Stadtverwaltung entfachten. Den Anfang eines organisierten politischen Parteiwesens machte auch in Augsburg 1863 ein Ortsverein der liberalen Bayerischen Fortschrittspartei. Nach ihr und vor der katholisch-konservativen Bayerischen Patriotenpartei, 1864, bildete sich eine Augsburger Mitgliedsgruppe von Lassalles Allgemeinem Deutschem Arbeiterverein. Das war der Beginn der Sozialdemokratie in Bayern. 1867 begann in der Industriestadt die Gewerkschaftsbewegung, die schon 1869 neun Gewerkschaften zählte. 1870 fand ein deutscher Arbeiterkongreß in Augsburg statt. Seitdem wurden die Versammlungen des Ortsvereins überwacht und drang allmählich die marxistische Sozialdemokratische Arbeiterpartei von Bebel und Liebknecht vor, mit der die ältere Gruppe 1875 verschmolz. Seit 1890 beteiligten sich die sozialistischen freien Gewerkschaften an der erstmaligen öffentlichen Feier des 1. Mai. 1908 kamen die ersten zwei Sozialdemokraten ins Augsburger Kollegium der Gemeindebevollmächtigten. Bei der Wahl zur bayerischen zweiten Kammer von 1912 wählte bereits einer der beiden Augsburger Stadtwahlkreise einen sozialdemokratischen Redakteur. Seit 1914/15 stellte die SPD, namentlich durch den Anschluß Lechhausens verstärkt, im Augsburger Stadtparlament 11 Gemeindebevollmächtigte und drei Magistratsräte. Ihnen sollte durch den Verlauf des ersten Weltkrieges eine unerwartete Verantwortung zuwachsen.

In dem 1914 ausbrechenden Kriege wurde Augsburg durch die M.A.N., die zu Kriegsbeginn im Augsburger Werk rund 5500 Menschen beschäftigte und jetzt Hunderte von U-Bootsmotoren lieferte, ein Zentrum der Rüstungsindustrie. Dazu siedelten sich 1917 an der Stadtgrenze gegen Haunstetten zu als Zweigwerk der Berlin-Johannisthaler Flugzeugwerke die Bayerischen Rumplerwerke an und bauten vorzugsweise für den Heeresbedarf die sog. Rumplertauben. In der Augsburger Textilindustrie aber entstand, trotz der Einziehungen, infolge des Rohstoffmangels unter der Arbeiterschaft eine bittere Notlage. Zur Verschlechterung der Ernährung kam im Oktober 1918 die unmittelbare Kriegsbedrohung Bayerns durch den Zusammenbruch der österreichischen Südfront. In dieser kritischen Lage rief am 7. November 1918 der unabhängige, d. h. radikal-sozialdemokratische Journalist Kurt Eisner in München die Republik aus. Es bildete sich ein revolutionärer Arbeiter- und Soldatenrat, und König Ludwig III. floh außer Landes. Am Vormittag des 8. November trat auch in Augsburg beim Ersatzbataillon des Infanterieregiments ein Soldatenrat zusammen, nachmittags ein Rat aus 120 Delegierten der Augsburger Garnisonregimenter. Die Arbeiterschaft der Fabriken begann zu streiken. Abends wurde gelegentlich einer revolutionären Versammlung im Ludwigsbau auch ein Arbeiterrat von 27 Mitgliedern gewählt, darunter die drei sozialdemokratischen Magistratsräte und der sozialdemokratische Augsburger Kammerabgeordnete. Nach der Versammlung machten sich die Delegierten zur Besetzung des Rathauses auf, das ihnen sofort und ohne Widerstand der Polizei und der freiwilligen Bürgerwehr geöffnet wurde. Der Arbeiter- und Soldatenrat übernahm unter Vorsitz des damaligen Augsburger Redakteurs Ernst Niekisch in nächtlicher Sitzung die militärischen und bürgerlichen Machtbefugnisse in Augsburg. Oberbürgermeister und Regierungspräsident blieben gegen die Versicherung, nicht gegen den Rat zu arbeiten, im Amt. Am 9. November führte der Ausbruch der Revolution in Berlin zur Abdankung Kaiser Wilhelms II. und zur Ausrufung der deutschen Republik, zwei Tage später wurde der Waffenstillstand unterzeichnet. 3580 Augsburger, die den grauen Rock getragen hatten, kehrten nicht mehr zurück. Vom Rathaus wehte jetzt neben der roten die schwarzrotgoldene Fahne.

In diesen Wirren trat erstmals, als Soldatenrat in einem Augsburger Lazarett und Verfasser sozialrevolutionärer Bühnenstücke, auch der im Augsburger Lechviertel geborene Dichter Bertolt Brecht hervor, Sohn einer Fabrikdirektorsfamilie badischer Herkunft, Medizinstudent in München; erst 1924 zog er von Augsburg fort.

Zu Anfang 1919 gab es in Augsburg über 400 Arbeitslose. Die lebhafte Propaganda für die bevorstehenden Wahlen zu einem Verfassunggebenden Landtag des Freistaats Bayern und zu einer Verfassunggebenden deutschen Nationalversammlung ließ die sozialen Gruppen der Bevölkerung deutlicher denn je zuvor hervortreten. Am 12. Januar wurden, erstmals auch von den Frauen, ein mehrheitssozialdemokratischer Redakteur und ein Kaufmann und Magistratsrat aus der konservativen Bayerischen Volkspartei als Augsburger Abgeordnete in die Münchener Versammlung gewählt, am 19. Januar der mehrheitssozialdemokratische Redakteur Simon und ein Domkapitular in die Weimarer Nationalversammlung. Auch in Göggingen und Haunstetten im Bezirksamt Augsburg überwog die Mehrheitssozialdemokratie. Als der bayerische Landtag endlich am 21. Februar eröffnet wurde, fiel der bisherige Ministerpräsident Eisner einem Attentat zum Opfer. Räte und Arbeiterschaft sahen darin das Zeichen der gewaltsamen Gegenrevolution. In Augsburg drohte das Chaos loszubrechen. Soldaten der Infanteriekaserne demonstrierten auf dem Königsplatz, die aufgebrachte Menge wuchs rasch an. Man drang ins bischöfliche Palais und ins Justizgebäude ein. Eine Gruppe der Aufständischen beraubte das Artilleriedepot und das Pulvermagazin. Erst nach Einbruch der Dunkelheit vermochte der Arbeiter- und Soldatenrat die Ordnung wieder herzustellen. Als er Chevaulegers und die in Augsburg gebildete Matrosenkompanie einsetzte, kam es zu einer Schießerei, bei der es drei Tote und mehrere Verwundete gab. Am selben Abend verhängte der Arbeiter- und Soldatenrat den Belagerungszustand über Augsburg und Göggingen und setzte ein Revolutionsgericht unter Standrecht ein. So vermochte man bis Anfang April die Ruhe zu erhalten.

Am 3. April abends fand auf Einberufung des Arbeiter- und Soldatenrats eine öffentliche Versammlung im Ludwigsbau statt. Nach der Rede des Vorsitzenden des bayerischen Zentralrates, Niekisch, wurde unter dem Einfluß einer radikalen Arbeitergruppe eine Entschließung angenommen, die zur Ausrufung der Räterepublik Bayern aufforderte. Die SPD hielt sich abseits, aber am 6. April wurde in München tatsächlich die bayerische Räterepublik ausgerufen. Am Tag darauf verlangte der Augsburger Arbeiter- und Soldatenrat die Umgestaltung der Stadtverwaltung, worauf Oberbürgermeister, Magistrat und Kollegium der Gemeindebevollmächtigten abgesetzt wurden. Der Regierungspräsident wurde verhaftet. Die Vollzugsgewalt fiel damit dem um revolutionäre Arbeiterräte und einige Bauernräte verstärkten Arbeiter- und Soldatenrat zu, die eigentliche Stadtregierung dem unabhängigen Stadtkommandanten, dem Augsburger Gewerkschaftsvorsitzenden Edelmann, mit dem Vollzugsausschuß des Rates. Die Vollzugsgewalt in den Betrieben erhielten die Betriebsräte, Sozialisierungskommissionen wurden gebildet. Inzwischen liefen aber schon die Gegenmaßnahmen der parlamentarisch gebildeten, nach Bamberg ausgewichenen bayerischen Regierung des mehrheitssozialdemokratischen Ministerpräsidenten Hoffmann an. Die Bauernschaften Schwabens, Oberbayerns und Frankens ließen gegen Augsburg wie gegen München eine Lebensmittelsperre eintreten, dazu kam eine Verkehrssperre. Die Reichsregierung in Berlin führte Truppen zur Befreiung Münchens heran. Am 19. April verhängten die Vertreter der bayerischen Regierung und der Oberkommandos im Zuge dieses Aufmarsches über Augsburg den Kriegszustand. In der Nacht kam es zur bewaffneten Begegnung zwischen Regierungstruppen und der Augsburger revolutionären Schutztruppe. Darauf erhielt der Führer der gegen Augsburg operierenden Truppen, etwas über 2000 Mann, den Befehl, die Stadt am nächsten Morgen – es war der Ostersonntag – durch Handstreich zu nehmen. Im Morgengrauen marschierten von Norden Bayern in Oberhausen, von Süden Bayern und Württemberger mit einem kleinen Augsburger Freikorps über Göggingen und Haunstetten ein. Der rechte Flügel der Südgruppe verwickelte sich in ein Gefecht mit bewaffneten Arbeitern, die sich erst ergaben, als sie sich umzingelt sahen. Die Nordgruppe geriet am Stadttheater in Maschinengewehrbeschuß, bahnte sich aber mit Geschützfeuer den Weg, erreichte das Rathaus und entwaffnete dessen Besatzung. Von dort ließ der Stadtkommandant die Annahme der Übergabebedingungen der Bamberger Regierung verkünden. Eine Freiwilligeneskadron der Nordabteilung besetzte Friedberg. Noch aber waren die westlichen und östlichen Augsburger

Vorstädte nicht genommen. Am Nachmittag kam es zu Ansammlungen aufgeregter Arbeiter in Oberhausen, Pfersee und Lechhausen und am Ostermontag nachmittag setzte sich der Kampf namentlich um die verbarrikadierte Oberhauser Wertachbrücke fort. Die Arbeiter schossen mit zwei erbeuteten Geschützen in die Stadt und brachten einen Flieger der Regierung zum Absturz. Erst als die Truppen Verstärkungen erhielten und als mehrheitssozialdemokratische Partei, Gewerkschaftsverein und Stadtkommandant gemeinsam auf die Arbeiter einwirkten, kam es zur Niederlegung der Waffen an der Oberhauser Brücke. Die Truppen rückten nun von allen Seiten in Oberhausen ein, ohne Widerstand zu finden. Der Abgeordnete Simon übernahm die Stadtkommandantur, der mehrheitssozialdemokratische Magistratsrat und Arbeiterrat Karl Wernthaler wurde zum Gouverneur der Zivilbehörde in der Wertachvorstadt und in Oberhausen bestellt. Am Abend flackerten in den Vorstädten nochmals vereinzeltes Gewehr- und Maschinengewehrfeuer auf, dann trat endlich Ruhe ein. Am 23. wurde Lechhausen besetzt. Die Verluste der Regierungstruppen betrugen zehn Tote, die der Zivilbevölkerung 34 Tote, darunter einen Arbeiterrat und vier Frauen. Am 1./2. Mai nahmen die Reichs- und Regierungstruppen München und machten der Räteherrschaft in Bayern ein Ende. Am 12. Mai wurde die Auflösung der Soldatenräte bekanntgegeben. Der Augsburger Arbeiterrat tagte noch bis in den Juni hinein weiter.

Die Stadtverwaltung selbst verfiel einer grundsätzlichen Umbildung durch das bayerische Selbstverwaltungsgesetz vom 22. Mai, das an Stelle des bisherigen Zweikammersystems als einziges Verwaltungsorgan und Ortspolizeibehörde einen Stadtrat einsetzte, dessen Vorsitz der Erste Bürgermeister führte. Erst jetzt fiel das besondere Bürgerrecht. Aufsichtsbehörde blieb die Kreisregierung. Nachdem Ende Mai das Kapitel der Aprilunruhen durch Festungshafturteile für die Augsburger Führer der Rätebewegung abgeschlossen war, wurde am 15. Juni als Erster Bürgermeister ein volksparteilicher Rechtsrat, als Zweiter ein mehrheitssozialdemokratischer Rechtsanwalt gewählt. Im Stadtrat ergab sich wieder eine bürgerliche Mehrheit.

So endete die letzte heftige Auseinandersetzung zwischen den Hauptgruppen der Stadtbevölkerung in einem demokratischen Neben- und Miteinander, wie der Bekenntnisstreit in die Parität ausgemündet war.

Als Gemeinschaftsleistung brachte die Stadtgemeinde nun vor und zwischen den eingemeindeten Randorten neue Stadtrandsiedlungen hervor, vor allem am Nordrand des Siebentischwaldes, auch in der Lechaue unmittelbar östlich der Wertachmündung und nördlich von Lechhausen. Der langsame Wiederaufstieg wurde allerdings mehrfach gehindert. Die neue Steuergesetzgebung des Reiches von 1920 brachte einschneidende Änderungen für das städtische Steuerwesen und der Verfall der deutschen Währung eine schwere Krise für den Stadthaushalt. Im Oktober 1923 sah sich die Stadtverwaltung genötigt, für 71 500 Dollar wertbeständiges Augsburger Stadtnotgeld durch die Stadtsparkasse an Industrie, Handel und Gewerbe auszugeben. Als am 20. November die Rentenmark die entwertete Papiermark ablöste, fanden sich viele bisher wohlhabende Bürgerfamilien verarmt. Die Abwertung traf auch die 240 von der Stadt verwalteten Stiftungen, die trotz Aufwertung und Grundbesitz über 10 Millionen M verloren. Mit den Stiftungsvermögen schwand die Neigung zur Errichtung neuer Stiftungen: Von 1924 ist in der einst so stiftungsfreudigen Stadt jahrzehntelang mit einer einzigen Ausnahme keine Stiftung mehr gemacht worden, obwohl jetzt eine Reihe besserer Jahre mit neuen Industriegründungen folgte. 1927 siedelte sich neben den nunmehrigen Bayerischen Flugzeugwerken Augsburg und der Schwäbisch-Bayerischen Fluggesellschaft von Bamberg her die Messerschmitt-Flugzeug-Gesellschaft an, die später die älteren Werkanlagen übernahm. Der innerstädtische Augsburger Markthandel wurde durch die Erbauung einer großen Markthalle bei St. Anna am Westrand der Altstadt von den alten Einzelmarktplätzen abgezogen und zusammengefaßt. Nach langer Erstarrung wurden auch wieder Kräfte für das kulturelle und kirchliche Leben frei. 1929 wurde eine Freilichtbühne am Roten Tor errichtet, die sich bald auch für die Oper als geeignet erwies. 1931 kehrte der Dominikanerorden nach Augsburg zurück und errichtete in raschem Ausbau ein neues Kloster als Kuratie bei der Wallfahrtskirche Hl. Kreuz.

Auf die einsetzende Neubelebung folgte aber nur zu rasch der furchtbare Rückschlag der Weltwirtschaftskrise. Augsburg, von dessen Erwerbspersonen 1933 knapp weniger als 61% Arbeiter und 38% Frauen waren, wurde hart getroffen. Größere Werke, die Tausende von Menschen beschäftigt hatten, brachen zusammen. Ende März 1930 zählte man über 5000 erwerbslose Hauptunterstützte, im Winter 1932/33 kam die Gesamtzahl der erfaßten Arbeitslosen (ohne Kurzarbeiter) nahe an 20 000 heran, über 22% der Erwerbspersonen; im Baugewerbe waren es rund 50%, im Maschinen- und Fahrzeugbau über 40%, in der Textilindustrie freilich nur gute 10%. Während die Wohlfahrtslasten unerhört stiegen, sanken die Steuereinnahmen. Trotz eines Stadtvermögens von rund 175 Millionen Reichsmark, trotz Einführung unbeliebter neuer Gemeindesteuern und trotz strenger Einsparungsmaßnahmen erhöhten sich die Stadtschulden bis Anfang 1933 auf rund 56 Millionen Reichsmark, wozu noch 3,7 Millionen rückständiger Zahlungsverpflichtungen kamen. Die Hauptgläubiger der Stadt, voran die Bayerische Gemeindebank, entsandten eine Kommission nach Augsburg, die eine Erhöhung der neuen Bürgersteuer, der Gebühren und Gefälle und weitere Drosselung der Ausgaben verlangte. Die finanzielle Bedrängnis war ähnlich wie am Ende der Reichsstadtzeit. Die Stadtverwaltung bat um Entsendung eines Staatskommissars.

Der Stadtrat, der die Last dieser Krise zu tragen hatte, war 1929 gewählt worden; die 50 Stadträte gehörten neun Parteien an, unter denen die Bayerische Volkspartei mit 17 und die Sozialdemokraten mit 14 Sitzen am stärksten vertreten waren. Als Flügelgruppen waren vier Kommunisten und je drei Deutschnationale und Nationalsozialisten gewählt. Von den Nachbarorten hatte nur Friedberg zwei Nationalsozialisten in seiner Gemeindevertretung. Die Hitlerpartei, die im Augsburger Stadtrat von 1924 erstmals einen einzigen Vertreter gezählt hatte, gewann jetzt aber plötzlich ein bedeutenderes Gewicht durch den Massenzulauf von Arbeitslosen und verbitterten Nichtwählern. Mit der Berufung Hitlers zum Reichskanzler am 30. Januar 1933 erhielt sie freie Bahn zur Eroberung der Macht weit über das Maß ihres Stimmenanteils hinaus. Die letzte freie Reichstagswahl vom 5. März erbrachte in Augsburg 32,3 Prozent der abgegebenen Stimmen für die Nationalsozialisten, 27,1 Prozent für die auf den zweiten Platz zurückfallende Bayerische Volkspartei, 23 Prozent für die SPD, 10,2 Prozent für die Kommunisten und 5,6 Prozent für die Deutschnationalen. Die Parteien der Hitlerregierung besaßen also zusammen nur einen Stimmenanteil von 37,9 Prozent, was nicht gerade als überwältigender Erfolg gelten konnte. Trotzdem hißte schon am 9. März morgens der Gauleiter des NSDAP-

Gaues Schwaben, von SA und SS geschützt und von der Polizei nicht behelligt, die Hakenkreuzfahne auf dem Augsburger Rathaus, während in München die bayerische Staatsregierung gestürzt wurde und ein Reichspolizeikommissar, dann Reichsstatthalter, der Reichstagsabgeordnete General a. D. Ritter v. Epp, die Befugnisse der obersten Landesbehörde übernahm.

Bald folgten Beurlaubungen und Verhaftungen von »Marxisten«. Das Reichsgesetz zur Gleichschaltung der Länder mit dem Reich vom 7. April befahl die Neubildung der Gemeinderäte nach den Ergebnissen der letzten Reichstagswahl. Der schon durch die Festnahmen gelichtete Augsburger Stadtrat sollte künftig noch 36 Mitglieder zählen, wobei die Kommunisten übergangen waren. Die NSDAP nahm jetzt 14, die Volkspartei 11, die SPD 9, die Kampffront Schwarz-Weiß-Rot zwei Sitze ein. Am 2. Mai wurde wie im ganzen Reich auch in Augsburg das Volkshaus, das Haus der freien Gewerkschaften, von SA besetzt und eine Anzahl von Gewerkschaftssekretären verhaftet. Am 12. Mai wurden die Sozialdemokraten ganz aus dem Stadtrat entfernt, und am 26. Juni traf eine Verhaftungswelle mit den Resten der Sozialdemokratie auch die Bayerische Volkspartei. Daraufhin legten die übrigen volksparteilichen Stadträte ihre Mandate nieder. Die Deutschnationalen wurden durch die Selbstauflösung ihrer Partei Ende Juni zu Hospitanten der NSDAP. Im Vollzug des Gleichschaltungsgesetzes bestellte dann die Regierung von Schwaben am 31. Juli für die ausgeschiedenen Stadträte 20 alte Nationalsozialisten und ersetzte den schon beurlaubten volksparteilichen Oberbürgermeister durch einen nationalsozialistischen Nachfolger. Damit galt die sog. nationale Erhebung für Augsburg als vollzogen. Die neue Reichsgemeindeordnung vom Januar 1935 beseitigte die demokratische Stadtverfassung von 1919 und führte das sog. Führerprinzip im Stadtrat ein. Von nun an gab es Oberbürgermeister, Beigeordnete und 30 Ratsherrn, darunter selbstverständlich zahlreiche Amtsträger der NSDAP.

Es kann nicht bestritten werden, daß sich die wirtschaftliche Lage der Stadt alsbald besserte. Am Bärenkeller nördlich von Oberhausen wuchs die größte der Augsburger Stadtrandsiedlungen heran. Die Wiederaufrüstung seit 1935 machte Augsburg wieder zur bedeutenden Garnisonstadt und führte zu eiligen Kasernenbauten am westlichen Stadtrand.

die M.A.N., die schon 1938 in Augsburg 7930 Beschäftigte hatte, und die Messerschmittwerke arbeiteten mit Anspannung für Kriegsmarine und Luftwaffe. Eine neue Stadterweiterung durch Eingemeindung scheiterte 1940 namentlich am Widerstand Göggingens.

Nach sechseinhalb Jahren nationalsozialistischer Stadtverwaltung brach der Zweite Weltkrieg aus und forderte bald wieder die äußerste Kräfteanspannung. Seit 1940 fielen vereinzelte Bomben auf die Stadt, sie forderten aber bis 1943 erst siebzehn Todesopfer. Dafür wurden die Ausnahmeumstände des Krieges jetzt dazu benutzt, die besonders seit 1938 verfolgten und enteigneten Augsburger Juden auszurotten. Rund 500, kaum die Hälfte von ihnen, waren noch rechtzeitig ausgewandert. 1941 begann die Aussiedlung der wehrlosen zurückgebliebenen in Lager nach Lettland, Polen und Böhmen, wo sie bis auf einen kleinen Rest ausgetilgt wurden; 11 Juden entzogen sich dem Abtransport durch Selbstmord. Umgekehrt kam mit den meist aus dem eroberten Polen herangeschafften Fremdarbeitern ein ganz neuer Bevölkerungsbestandteil in die Stadt. Ende 1943 waren von 194 115 Einwohnern schon 10 292 Ausländer.

Zwei Monate darauf brach, von wenigen vorausgeahnt, wie ein Blitzschlag das größte Unglück seit den Leiden des Dreißigjährigen Krieges über Augsburg herein. Am Nachmittag des 25. Februar 1944 griffen amerikanische Bomber die Messerschmittwerke an, wobei auch ein städtisches Wasserwerk getroffen wurde. In der folgenden bitterkalten Nacht führte ein britischer Verband einen dreiviertelstündigen vernichtenden Angriff auf die Stadt selbst, der eine Masse von Bränden entfachte. Kaum hatten die Augsburger Feuerwehren mit der Bevölkerung den Kampf mit dem Feuer aufgenommen und von Friedberg, Aichach und anderen Orten Hilfe erhalten, da setzte ein zweiter britischer Großangriff von gleicher Dauer ein. Er vollendete das Grauen. Als die letzten Bomber abflogen, waren etwa 2450 Sprengbomben, 45 000 Phosphorbomben, 1200 Flüssigkeitsbomben und 250 000 Stabbrandbomben auf Augsburg gefallen. Am schwersten getroffen waren das Krankenhausviertel, die Jakober Vorstadt und die Innenstadt bis zum Dom; von den Vorstädten waren Lechhausen, Pfersee und Oberhausen in Mitleidenschaft gezogen. In die Bekämpfung der rund 3000 Groß- und Mittelbrände griffen neben vielen kleineren Feuerwehren die Feuerschutz-

und Luftschutzpolizeiabteilungen München, Ulm, Ingolstadt, Stuttgart und Nürnberg mit ein. In den Morgenstunden waren 337 Löschgruppen im Einsatz, der durch verminderten Wasserdruck und Vereisung sehr erschwert war. Sie verhinderten wenigstens das Allerschlimmste, die Entstehung von Großflächenbränden und Feuerstürmen. Die Bewohner in weniger heimgesuchten Vierteln löschten selbst über 1600 Kleinbrände. Aus den Hauptzerstörungsgebieten flüchteten verstörte Menschenmassen zwischen einstürzenden Häusern; die Jakoberstraße füllte sich mit dem gestauten Wasser verschütteter Lechkanäle. Als die letzten Brände erloschen und die Folgen des Doppelangriffs sich übersehen ließen, ergab sich, daß die drei Angriffe des 25./26. Februar 730 Tote und zahlreiche Verletzte gefordert hatten. Inmitten der Vernichtung ragten die ausgebrannten, leeren Fassaden von Rathaus und Perlach in die brandige Luft; der Goldene Saal, das Prunkstück Augsburger Bürgerherrlichkeit, war für immer ausgelöscht. Ausgebrannt waren die St.-Moritz-, die St.-Stephans-, die katholische Heiligkreuz-, die St.-Max-Kirche, die Barfüßer- und St.-Jakobs-Kirche, zerstört waren die Fuggerhäuser, viele andere schöne weltliche Privatbauten der Altstadt und ein Teil der Fuggerei, leergebrannt Stadttheater und Justizgebäude. Auch die Industriebetriebe waren schwer mitgenommen, vor allem Kammgarnspinnerei und Buntweberei Riedinger; von den mechanischen Webstühlen der Augsburger Textilwerke war mehr als die Hälfte zertrümmert oder unbrauchbar geworden. Militär- und Kriegsgefangene räumten wenigstens die wichtigsten Verkehrswege von Schutt und man ging sofort daran, einen Teil der beschädigten Wohnungen wieder einigermaßen instand zu setzen. Aber schon am 16. März folgte ein amerikanischer Tagesangriff, der neuerdings etwa 200 Todesopfer kostete. April, Oktober und November forderten weitere blutige Verluste. Trotz alledem fristeten Ende 1944 noch 116 992 Menschen ihr Leben in der verwüsteten Stadt. Viele Ausgebombte harrten in den benachbarten Gemeinden oder in weit abgelegenen Dörfern auf die Möglichkeit der Rückkehr. Augsburger Krankenhäuser waren nach Göggingen und Bad Wörishofen und Schloß Mickhausen in Mittelschwaben ausgewichen.

Im neuen Jahr nahm mit dem Vordringen der Amerikaner, Briten und Franzosen zum Rhein die Wucht der Angriffe zu, wenn sich auch der Großangriff des Vorjahres nicht wiederholte. Nach einem amerikanischen Tagesangriff am 15. Januar 1945 zählte man 96, nach einem am 27. Februar 307 Tote. Bis April hatten durch 19 Luftangriffe 1499 Augsburger den Tod gefunden. Als endlich die Verbände der amerikanischen 7. Armee hinter den zurückgehenden Trümmern des deutschen Westheeres nach Bayern vorstießen, drohte Augsburg auch noch das Schicksal des Erdkampfplatzes. Am 24. April näherten sich die Panzerspitzen der 7. amerikanischen Infanteriedivision von Nordwesten her. Da die zerschlagenen Wehrmachtsgruppen der Heeresgruppe Kesselring durch Augsburg über den Lech weiterzogen, stand für die befohlene Verteidigung der Stadt fast nur das allerletzte Bürgeraufgebot, der Volkssturm, zur Verfügung. Der Augsburger Reichsverteidigungskommissar, Gauleiter Wahl, fand es im Einvernehmen mit dem Oberbürgermeister nicht geraten, die Stadt zu verteidigen. Er blieb seiner Befehlsstelle fern und überließ die Verantwortung dem Kommandierenden General in Augsburg. Dieser lehnte trotz eindringlicher Vorstellungen die Übergabe ab. Am 27. besetzten die Amerikaner Gersthofen, Westheim und den Kobel, während schwache deutsche Flakartillerie noch von Steppach aus auf ihre Panzerspitze feuerte. Am Abend erhielt Augsburg vereinzeltes amerikanisches Artilleriefeuer, das dann ostwärts deutschen Nachzüglertrupps folgte. Noch in der Nacht zum 28. wurde ohne Kampf Kriegshaber besetzt und am nächsten Morgen stießen amerikanische Spitzen über die nicht gesprengte Wertachbrücke in die von deutschen Truppen schon fast ganz geräumte Innenstadt vor. Eine kleine Widerstandsgruppe von Augsburger Bürgern unterstützte sie dabei. Der General wurde im Befehlsbunker gefangengenommen, der Stellvertreter des Gauleiters erschoß sich dort. Eine kleine deutsche Wehrmachtgruppe ergab sich an der Gögginger Eisenbahnbrücke. Der amerikanische Vormarsch, der durch irrtümliche Annahme einer Widerstandsabsicht noch sieben unvorsichtigen Bürgern das Leben kostete, ging sofort zur Lechhauser und Hochzoller Lechbrücke weiter, die nach kurzem Schußwechsel unbeschädigt besetzt wurden. Eine deutsche Restgruppe von 14 Offizieren und etwa 40 Mann bezog am Vormittag noch Verteidigungsstellung gegen Augsburg an der Friedberger Stadtmauer, deutsches Artilleriestörungsfeuer gegen die Hochzoller Bahnbrücke tötete einen Friedberger. Am Nachmittag vermochte aber der Bürgermeister von Friedberg die Verteidiger zum Abzug zu veranlassen und übergab auch Friedberg.

Die Amerikaner setzten sofort einen Militärgouverneur für Augsburg ein, entfernten die nationalsozialistischen Amtsträger aus ihren Ämtern, lösten die NSDAP auf und ernannten einen früher volksparteilichen Stadtrechtsrat zum Geschäftsführenden Bürgermeister von Augsburg. In den folgenden Tagen kam es zu laufenden Verhaftungen von Nationalsozialisten. Am 30. April beging Hitler Selbstmord, am 7./8. Mai wurde die Gesamtkapitulation der deutschen Wehrmacht unterzeichnet.

Der Zweite Weltkrieg war zu Ende und verloren. Augsburg war zu dieser Zeit, von rund 106 000 Menschen bewohnt, ein wahrer Teil Deutschlands im Jahre 0. 2760 Wohngebäude mit 12 400 Wohnungen, 72 öffentliche Gebäude, 380 Wirtschafts- und Industriegebäude waren zerstört, über 1,1 Millionen Kubikmeter Schutt türmten sich auf, der materielle Gesamtschaden ließ sich auf etwa 800 Millionen Reichsmark schätzen. Zu dem schon gegen Kriegsende immer drückender werdenden Hunger gesellten sich der völlige Stillstand der Industrie und die Wohnungsbeschlagnahmen für Besatzung und befreite Polen, Ostarbeiter und politische Flüchtlinge aus den baltischen Ländern und der Ukraine. Bei der im August einsetzenden Rückkehr der deutschen Kriegsgefangenen stellte sich nach und nach heraus, daß zu den 4871 im Felde gefallenen und 2178 in Gefangenschaft gestorbenen Augsburgern und den von Bomben Getöteten als Opfer des Zweiten Weltkriegs noch über 2500 Vermißte kamen.

Erst im Spätsommer begann die Militärregierung wieder eine Selbstverwaltung der Gemeinden aufzubauen. Am 1. September setzte sie einen Anfang 1945 deportierten und noch zurückgekehrten Augsburger jüdischen Rechtsanwalt als Bürgermeister von Augsburg ein und stellte ihm hauptamtliche Beigeordnete und 15 ehrenamtliche Beiräte der Stadtverwaltung zur Seite. Für den 26. Mai 1946 gestattete sie dann entsprechend der neuen bayerischen Gemeindeordnung vom Dezember 1945 die freie Wahl eines neuen 41köpfigen Augsburger Stadtrats aus Vertretern der als demokratisch zugelassenen Parteien. Die Wahl ergab 22 Sitze für die Christlich-Soziale Union, 15 für die Sozialdemokraten, zwei für die Kommunisten und je einen für die Freien Demokraten und die bald wieder verschwindende Wirtschaftliche Aufbauvereinigung. Anfang Juni wählte dieser Stadtrat wieder einen christlich-sozialen Oberbürgermeister; das Amt des 2. Bürgermeisters fiel an einen schon 1933 verfolgten sozialdemokratischen Gewerkschaftler. Die amerikanische Aufsicht endete im Mai 1952. In den verbliebenen Kasernen lag aber auch weiterhin die amerikanische Besatzungstruppe und gliederte dem Militärbezirk am westlichen Stadtrand eine eigene Zivilsiedlung Centerville an.

Augsburg spielte in den ersten Nachkriegsjahren eine wichtige Rolle in der osteuropäischen Emigrantenbewegung, die sich als erste Folge des Zusammenbruchs der deutschen Ostfront gebildet hatte. 1946 wurde in Augsburg der ukrainische Nationale Rat mit der Ukrainischen Exilregierung gegründet und hatte hier bis zur Übersiedlung nach München seinen Sitz. Den Ostausländern wurden auch Augsburger Kirchen für ihre Gottesdienste geöffnet. Es bestand ein eigenes Ausländerkrankenhaus. An höheren Ausländerschulen unterrichteten vor allem ein ukrainisches Gymnasium und im Stetteninstitut ein lettisch-estnisch-litauisches Gymnasium. Die Abwanderung dieser Flüchtlinge ins westliche Ausland begann erst 1947. Einzelne zuziehende jüdische Ostflüchtlinge fanden Anschluß an die wenigen Überlebenden der Augsburger israelitischen Kultusgemeinde. Die Zahl der Augsburger Juden betrug im Jahre 1950 erst wieder 128, nur noch 0,1 Prozent der Stadtbevölkerung.

Den Ausländern und den Augsburger Heimkehrern folgten bald die deutschen Ostflüchtlinge. Seit März 1946 trafen Transporte von Sudetendeutschen ein, die aus der Tschechoslowakei ausgewiesen worden waren. Es mußten Schulen als Flüchtlingsdurchgangslager eingerichtet werden; ab Mai war man schon zur Errichtung von zwei Großlagern in Augsburg und einem Lager in Göggingen gezwungen. Erst 1951 und 1953 konnten zwei dieser Lager wieder aufgelöst werden. In rasch steigender Zahl wurden Heimatvertriebene auch in der Stadt selbst und in Randgemeinden ansässig. Die deutsche Stadtbevölkerung setzte sich damit aus gleichberechtigten Altbürgern und Neubürgern, meist Sudetendeutschen, aber auch Schlesiern, Ost- und Westpreußen, Baltendeutschen, Polendeutschen, Karpaten- und Ungarndeutschen zusammen. Am Jahresende 1954 waren 28 833 Heimatvertriebene in Augsburg wohnhaft, darunter etwa die Hälfte Sudetendeutsche. Das zahlenmäßige Verhältnis der christlichen Konfessionen in Augsburg hat sich durch diese Zuwanderung nicht merklich verändert. Der evangelisch-lutherischen Kirche gehörten, nachdem ihr Anteil 1933 bis auf 18,9 Prozent gefallen war, 1950 wieder 20,8 Prozent der Stadtbevölkerung an.

Es kamen nicht nur Einzelflüchtlinge. Die aus Schlesien vertriebene Baumwollgroßfirma Christian Dierig AG., die bereits in Pfersee eine Weberei besaß, verlegte ihren Hauptsitz nach Augsburg und erwarb noch zusätzlich drei Spinnereien, darunter die Stadtbachspinnerei, und eine Weberei in Augsburg zu vollem Eigentum; Dierig-Mehrheitsbeteiligungen entstanden bei drei weiteren Textilwerken in Augsburg und Haunstetten. Die Christian Dierig AG. stellte dann mit ihren Beteiligungsgesellschaften den größten deutschen Block der Baumwollindustrie und das größte deutsche Textilunternehmen überhaupt dar. Die Industriedemontagen waren besonders bei Messerschmittwerken und M.A.N. einschneidend, wurden aber für diese und die nunmehrige Lech-Chemie AG. Gersthofen schon 1947 in Teilabbau umgewandelt und dann eingestellt. 1953 bot die M.A.N. im Werk Augsburg wieder über 8000 Arbeitsplätze. National Cash Register, ein amerikanischer feinmechanischer Industriekonzern, gründete eine bedeutende Augsburger Niederlassung.

Die Währungsreform vom Juni 1948 gab dem Auftakt zur sprunghaften Steigerung der für Augsburg lebenswichtigen Industrieumsätze und zur völligen Gesundung der wirtschaftlichen Verhältnisse. Die rücksichtslose Abwertung der Barvermögen und festverzinslichen Wertpapiere vollendete allerdings auch die Zerstörung der Altaugsburger Bürgervermögen sowie alten Stiftungsvermögens, die schon die Inflation von 1923 so furchtbar getroffen hatte, und belastete den städtischen Haushalt mit erheblichen Fürsorgeaufwendungen. Dieser Haushalt enthielt im ersten normalen Finanzjahr nach der Währungsumstellung, 1949/50, insgesamt 51 212 018 DM Gesamteinnahmen und -ausgaben im ordentlichen und 7 454 484 DM im außerordentlichen Haushalt, zusammen über 58½ Millionen. Die Steuereinnahmen der Stadt betrugen 15 922 642 DM aus eigenen Gemeindesteuern, davon über 8,8 Millionen aus der Gewerbesteuer, und 2 934 770 DM aus Steuerüberweisungen des Staates. Als selbständige städtische Wirtschaftsunternehmen wurden die Stadtwerke für Gas-, Strom- und Wasserversorgung und Verkehrsbetriebe sowie die Stadtsparkasse geführt. Das Vermögen der Stadt wurde für März 1950 einschließlich des Vermögens der gemeindlichen, unselbständigen Stiftungen, deren Zahl weiter sank, auf wieder fast 172,5 Millionen DM veranschlagt. Die mit Abstand besitzlichsten Stiftungen waren jetzt noch die paritätische St.-Servatius- und die waldreiche paritätische Hospital-Stiftung, gefolgt von St.-Jakobs-Stiftung, katholischem Studienfonds, paritätischer Versorgungsanstalt und St.-Martins-Stiftung. Im Bereich des katholischen Kirchenwesens erfolgte 1954 die Rückkehr des Jesuitenordens nach Augsburg.

Mittlerweile entfaltete sich in der schwer zerstörten Stadt eine eifrige Bautätigkeit. Die planvolle Trümmerräumung hatte schon bis zur Währungsreform 700 000 Kubikmeter Schutt aus dem Siedlungsgebiet weggeschafft und kam im Sommer 1953 zum Abschluß. An der Stadtgrenze gegen Göggingen wurde auf den abgelagerten Schuttmassen ein 1951 eröffnetes Sportstadion mit einem Fassungsvermögen von 55 000 Menschen erbaut. Was in der Altstadt an historischen Gebäuden noch zu retten war, wurde mit wenigen Ausnahmen wie dem vormaligen Kloster St. Ulrich rechtzeitig gesichert und wiederhergestellt. Perlach und Rathaus erhielten ihre Hollschen Zwiebeltürme zurück, die ausgebrannten oder auch teilweise eingestürzten Kirchen wurden in schlichter Form wieder als Gottesdiensträume gestaltet, die fürstlich und gräflich Fuggerschen Häuser bauten das Fuggerhaus neben St. Moritz und die getroffenen Teile der Fuggerei wieder auf, die sogar bis 1971 noch erweitert wurde. Um den Wiederaufbau der öffentlichen und Privatbauten im Altstadtkern entbrannten heftige Auseinandersetzungen zwischen den Anhängern der überlieferungsgebundenen und einer bewußt modernen Bauweise; vor der Rathaus-Vorderfront blieb schließlich ein großer »freier Rathausplatz« bestehen. Unabhängig von der Baugestaltung verwandelte sich der Stadtkern aber in ein ausgesprochenes Geschäftszentrum, eine City, während der neue Wohnungsbau sich vorzugsweise in Vororten und Stadtrandsiedlungen entwickelte. In den Vororten wohnte 1955 schon mehr als die Hälfte der Stadtbevölkerung. Die nicht eingemeindeten Nachbarorte wuchsen in ihrer Bevölkerungszahl beträchtlich weiter an. Göggingen zählte 1950 schon 11 370 Einwohner, Haunstetten wurde im September 1952, die Zehntausendgrenze überschreitend, zur Stadt erhoben; sein neues Stadtwappen vereinigte ein barockes Abts- und das Stiftswappen von St. Ulrich und Afra in Augsburg mit dem Sinnbild der modernen Industrie, springendes Pferd, Kleeblattkreuz und Zahnrad. Industrie- und Wohnvorort Augsburgs war jetzt auch die alte Nachbarstadt Friedberg geworden; 1950 fuhren 40 von 100 Friedberger Erwerbstätigen zur Tagesarbeit nach Augsburg.

Ein Wohn- und Wirtschaftsraum Groß-Augsburg begann sich klar abzuzeichnen. In seiner Mitte überschritt die Stadt Augsburg selbst zum Jahresende 1954 mit 200 064 Einwohnern auf 8602,8 ha Stadtboden die Schwelle zum engeren Kreis der deutschen Großstädte; zum engeren Wirtschaftsraum Augsburg gehörten außerdem die Berufseinpendler in die Stadt, die meist Fahrrad oder Straßenbahn benützten, mit ihren Familien; das waren schon 1957 rund 57 000 Menschen. Für den weiteren Lebens- und Wirkungskreis der Stadt wurde der Begriff der Stadtregion üblich.

Der unerwartete starke wirtschaftliche Aufschwung, den man als »Wirtschaftswunder« anzusprechen pflegt, erhielt gewissermaßen ein örtliches Anfangszeichen, indem nach einem fürstlichen Holz- und Möbelwerk in Wellenburg 1954 die Fürst Fugger-Bank in Augsburg, eine Privatbankgesellschaft, gegründet wurde. Der Aufschwung vollzog sich in einem Klima politischer Ruhe. Allerdings trat im Laufe des beschleunigten wirtschaftlichen Wachstums für den Augsburger Industrieraum auch eine allmähliche Veränderung der Struktur ein. Das verarbeitende Gewerbe behielt zwar den größten Anteil an der Augsburger Beschäftigtenzahl; es war einschließlich des Baugewerbes 1971 noch mit mehr als der Hälfte an der Aufbringung des Lebensunterhalts beteiligt.

Von den Erwerbspersonen der Stadt wurden 1961 noch 51 Prozent als Arbeiter gezählt (49,3% der Erwerbsbevölkerung, mit Familien) und 1970 waren es noch 48%. Dagegen stieg der Anteil der vermittelnden Gewerbe und Dienstleistungen aller Art an der Unterhaltsgewinnung 1961 auf 44%; von Beamten- und Angestelltentätigkeit lebten in diesem Jahr 37,4% der Erwerbsbevölkerung, zehn Jahre später 43%. Selbst innerhalb der Augsburger Industriebetriebe nahm das Gewicht der Angestellten bis 1970 auf 32,2% zu. 14 Großbetriebe hatten damals über 1000 Beschäftigte. Von entscheidender Bedeutung war, daß die alteinheimische Textilfertigung im ganzen keine Wachstumsindustrie blieb. Schon um 1960 wurde die Textil- und Bekleidungsindustrie Augsburgs nach der Erwerbstätigenzahl von der Industriegruppe Metallverarbeitung und Maschinenbau überholt, 1970 war dieses Verhältnis bereits nahezu 2 : 3. Von der Augsburger Textilindustrie gehörten damals sieben Unternehmungen mit etwa 6000 Beschäftigten zum Dierig-Konzern. Führendes Einzelunternehmen Augsburgs blieb die M.A.N. Sie konnte den Dieselmotorenbau stark ausweiten und gab schließlich in Augsburg selbst etwa 10 000 Menschen Arbeit. Bei den National Registrier Kassen wurden es an die 4000. Erstmals wurde nun auch die Elektrotechnik wichtig, für die der Siemenskonzern ein Augsburger Zweigwerk mit 1970 schon über 5500 Beschäftigten einrichtete. Der Firmenzusammenschluß Messerschmitt-Bölkow-Blohm GmbH beschäftigte in Augsburg zuletzt wieder 2200 Arbeitnehmer in der Luftfahrtindustrie. Das kräftige Wachstum, das sich im Durchschnitt ergab, wirkte auch infolge örtlicher Betriebsaussiedlungen stärker denn je auf die nähere Umgebung der Stadt. An das in seiner Wirtschafts- und Sozialstruktur der Kernstadt sehr ähnliche Ergänzungsgebiet schloß sich namentlich nach

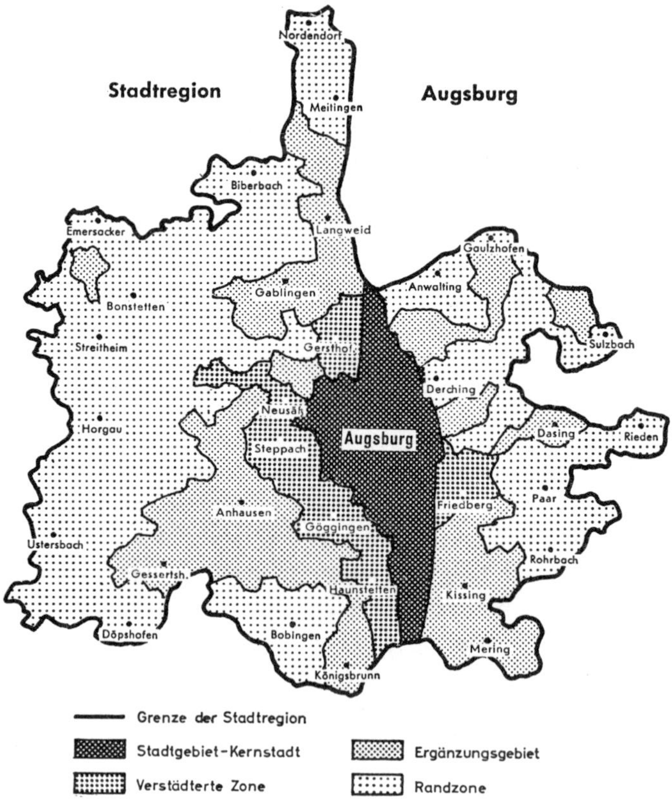

Westen hin, im Landkreis Augsburg, eine verstädterte Zone mit gewerblicher Erwerbsgrundlage an. Sie reichte schon 1961 von Langweid am Lech im Halbkreis über Aystetten und Diedorf bis Inningen, 1971 bis Gessertshausen – Königsbrunn und nun auch im Osten, im Landkreis Friedberg, von Erlingen – Affing bis Mering. Als Einpendlerzentrum zog Augsburg schon 1965 rund 45 000, 1971 rd. 52 000 tägliche Berufspendler an, ebenfalls vorwiegend aus dem Schwäbischen bis Wertingen, Zusmarshausen, Schwabmünchen, im Baierischen auch aus dem Kreis Aichach. Die dadurch noch vermehrte Verkehrsballung im Stadtraum wirkte immer deutlicher als Veränderung der Lebensverhältnisse. Der Kraftfahrzeugbestand allein der Stadt Augsburg wuchs von 9800 im Jahr 1950 auf über 19 500 im Jahr 1955 und rund 56 000 im Jahr 1970. Im Kernstadtgebiet wurde die Besiedlung namentlich am Ostrand dichter, während die Wohnentleerung der Alt- und Innenstadt anhielt. Die Stadtverwaltung bezeichnete dabei schließlich als City ein Gebiet, das die obere Altstadt von St. Ulrich bis zum Dom und die südwestlich angrenzende Neustadt bis zum Bahngelände umfaßte, als Innenstadt-Nord das Georgs- und Kreuzviertel mit Westanschluß, als Unterstadt Lechviertel, östliches Ulrichsviertel und Jakobervorstadt samt Nordanschluß; alle drei Stadtgebiete bildeten dann die Innenstadt. Die südliche Unterstadt hatte die stärkste Bewohnungsverdünnung. Die Abwanderung von Augsburgern ins Wohnumland ging bevorzugt nach Süden und Westen. Da der laufenden Randabwanderung auch innerstädtische Randsiedlung gegenüberstand, stieg auf der kleinen Stadtfläche Augsburgs die Einwohnerzahl bis zur Jahreswende 1971/72 immerhin auf rund 213 300 Köpfe an. Diese Zahl schloß fast 20 000 Ausländer, meist Gastarbeiter mit Familien, ein, darunter als stärkste Gruppe seit 1969 nicht mehr Italiener, sondern Jugoslawen und 1970 schon Türken. Die amerikanischen Militärsiedlungen Centerville, dann Cramerton und Sullivan Heights im Westvorstadtbereich bildeten eine Gemeinde für sich mit eigener Kirche und höherer Schule. Jahrelang zählten die Amerikaner des Standorts Augsburg mit Familien und Bediensteten rund 20 000 Köpfe.

Das Amt des Augsburger Oberbürgermeisters ging 1964 erstmals an die SPD über. Die Eigenwirtschaft der Stadtgemeinde erweiterte sich im Zuge des allgemeinen Wirtschaftswachstums. Im Jahr 1969 betrugen die reinen Einnahmen des ordentlichen Stadthaushalts 224 487 988 DM, die des außerordentlichen 54 704 945 DM – davon über die Hälfte Kreditmarktdarlehen –, zusammen also 279 Millionen oder nahezu der fünffache Nennwert wie 1949/50. Aus Steuern kamen 86 819 721 DM, davon 70 272 377 DM aus der Gewerbesteuer, dazu nur 4 668 799 DM Zuweisungen von Bund und Land Bayern. Das gesamte Aktivvermögen der Stadt ohne die Vermögen der Stadtwerke, der Stadtsparkasse und der rechtlich selbständigen Stiftungen erreichte Ende 1969 den Wert von etwa 819,95 Mill. DM, davon über ein Fünftel in Hochbauten, der Schuldenstand ohne Stadtwerke 244,38 Mill. DM, mit diesen 329,93 Mill. DM.

Die Stadtverwaltung selbst war im Herbst 1970 Arbeitgeberin für 7711 Menschen; davon entfielen auf die Stadtsparkasse 703, auf die Stadtwerke 1796. Die Krankenanstalten gingen anschließend an einen Zweckverband über; die Übernahme der Polizei durch den bayerischen Staat wurde für 1973 vorgesehen. In der bayerischen Landesentwicklungsplanung wurde Augsburg selbstverständlich als sog. Oberzentrum eingestuft, als zentraler Ort mit der Aufgabe, für einen über die Stadtregion hinausgreifenden Umkreis Einrichtungen zur Deckung des spezialisierten Bedarfs bereitzustellen: an das Abitur anschließende Bildungsstätten, Sportstadien, Großkrankenhäuser und Spezialkliniken, Theater, Großkaufhäuser und spezialisierte Einkaufsmöglichkeiten, Dienststellen höherer Verwaltungsstufen, größere Banken und Kreditinstitute, Organisationen des wirtschaftlichen, sozialen und kulturellen Lebens. Die Stadt hat die Aufgaben, die ihr in diesem Rahmen zufielen, ohne Unterschied der verantwortlichen Partei ihren Möglichkeiten entsprechend redlich und oft ohne Kirchturmeigennutz erfüllt. Wies sie 1969 etwa 13% ihrer Ausgaben dem Schulwesen und 6% der Kulturpflege zu, so mußte sie dort über die Hälfte, hier fast ¾ aus Steuermitteln zuschießen. Zur zwischengemeindlichen Regelung, besonders von Straßen-, Schul- und Abwasserfragen, wurde 1964 von Stadt und Landkreis Augsburg sowie den vier anderen an der Stadtregion beteiligten Landkreisen Friedberg, Schwabmünchen, Wertingen und Aichach eine Arbeitsgemeinschaft Wirtschaftsraum Augsburg begründet. Ihr folgten 1967–70 Abwasserzweckverbände und ein Verein zur Sicherstellung überörtlicher Erholungsgebiete.

Auf der staatlichen Ebene hob die Bundesbahn 1971 ihre Augsburger Direktion auf, doch machte die Bildungspolitik dafür Augsburg zur vollen Hochschulstadt. Sie brachte 1958 die Errichtung einer Pädagogischen Hochschule Augsburg der Universität München in Lechhausen, die 1971/72 bereits auf 1000 Studenten anwuchs, und gipfelte in der Begründung einer sechsten bayerischen Landesuniversität in Augsburg 1969/70. Diese hatte einen wirtschafts- und sozialwissenschaftlichen Fachbereich als Kern und gliederte an ihn einen katholisch-theologischen, die bisherige Hochschule in Dillingen, und einen rechtswissenschaftlichen Bereich an, 1972 die Pädagogische Hochschule als erziehungswissenschaftlichen. Der Staat übernahm ferner 1971 das städtische Rudolf-Diesel-Polytechnikum mit 1130 Studierenden als Fachhochschule Augsburg, in die als Nachfahrin der reichsstädtischen Kunstakademie auch die Städt. Werkkunstschule eingegliedert wurde. Wichtiger deutscher Garnisonplatz wurde Augsburg hingegen auch im fortschreitenden Aufbau der Bundeswehr nicht mehr. Es war bis 1971 Kommandositz einer amerikanischen Luftlande-, dann Infanteriedivision, seitdem noch zusammen mit Gablingen Garnison von Nachrichteneinheiten.

Von den Nachbarorten des Augsburger Ergänzungsgebietes wuchs die Stadt Haunstetten am schnellsten, bis Ende 1970 auf 21 810 Einwohner. In Göggingen entwickelte sich die Lehranstalt des Augsburger Franziskanerinnenklosters Maria Stern zum Vollgymnasium und verband sich vorübergehend mit einem Lehrerinnenbildungsinstitut. Die Marktgemeinde Göggingen wurde 1969 zur Stadt erhoben und zählte 1970 15 980 Einwohner. In Neusäß wurde ein staatliches Gymnasium angesiedelt. Gersthofen stieg 1969 gleichfalls zur Stadt auf und hatte 1970 15 214 Einwohner. Langsamer wuchs die altbaierische Nachbarstadt Friedberg; sie kam Ende 1970 erst auf 12 764 Einwohner. Von den Bürgermeisterämtern der vier Nachbarstädte konnte die CSU das von Gersthofen festhalten. Die gesamte Stadtregion einschließlich der Randzone wurde seitens der Stadt Augsburg 1971 als ein Gebiet mit 400 000 Einwohnern abgegrenzt.

Zum entscheidenden Eingriff des bayerischen Staates in die Entwicklung Augsburgs und seiner Nachbargemeinden in der Nachkriegszeit wurde nunmehr die 1971 eingeleitete Gebietsreform, die auch Eingemeindungen der Städte Haunstetten und Göggingen einschloß. Vor allem wurde nun die zweimal abgewehrte Eingemeindung Göggingens herbeigeführt. Auch die Eingliederung Haunstettens war natürlich und unvermeidlich. Die Ausdehnung des Augsburger Stadtgebietes erfaßte darüber hinaus Landgemeinden auch der verstädterten Zone, zunächst aber nur im Südwesten, nämlich Inningen und Bergheim; mit der Gemeinde Bergheim kamen Wellenburg als stadtnahes Schloß des fürstlichen Hauses Fugger-Babenhausen und der Wellenburger Wald zu Augsburg. Von den Einwohnern der vier neuen Stadtbezirke waren bereits mehr als 10 000 Berufseinpendler nach Augsburg gewesen.

So sind seit 1. Juli 1972 die Räume der alten Römerstadt und der ältesten stadtnahen Alamannensiedlungen auf der Lech-Wertach-Hochterrasse erstmals in einer politischen Gemeinde vereinigt. Die westlichen und nordwestlichen Randgemeinden, auch Stadtbergen und Leitershofen, blieben vorerst beim vergrößerten Landkreis Augsburg-West, doch entschieden sich Deuringen und Steppach selbst für eine Eingemeindung nach Augsburg. Die Stadt Friedberg verlor ihr Landratsamt und kam zum Landkreis Augsburg-Ost (Friedberg-Aichach), entging aber ebenfalls der Eingemeindung. Am westlichen Hügelrand gruppieren sich Neusäß, Westheim, Schlipsheim, Hainhofen, Ottmarshausen, Hammel zu einer Großgemeinde Schmuttertal. Das vergrößerte Augsburg brachte es mit den vier ersten Eingemeindungen auf ein Kernstadtgebiet von 14 695 ha mit nahezu 257 000 Einwohnern und blieb damit die drittgrößte Stadt Bayerns. Seine Wirtschafts- und Sozialstruktur änderte sich dadurch nur wenig. Im Süden grenzte es schon wieder an weitere neue Städte von 1967 und 1969, Königsbrunn und Bobingen.

Das erste gemeinsame Erlebnis des größeren Augsburg war die Veranstaltung eines Wettbewerbs der Olympischen Spiele 1972 in München, der Wildwasser-Kanuslalomfahrt, im umgebauten Eiskanal am Augsburger Lechablaß.

Dies war der Gang der Stadtgeschichte bis zur Gegenwart. Die nähere Zukunft ist in einer Zeit, in der die Bedeutung der Planung zunimmt, in Grundzügen schon vorgezeichnet. Es besteht kein Zweifel, daß sich die Verstädterung und das Ausufern der Stadt in dem Sinne fortsetzen werden, daß in einer wachsenden Stadtregion der alte Unterschied zwischen »Stadt« und »Land« vollends verschwimmt. Die Außengrenze des politischen Verwaltungsbezirks Augsburg wird dem Auge

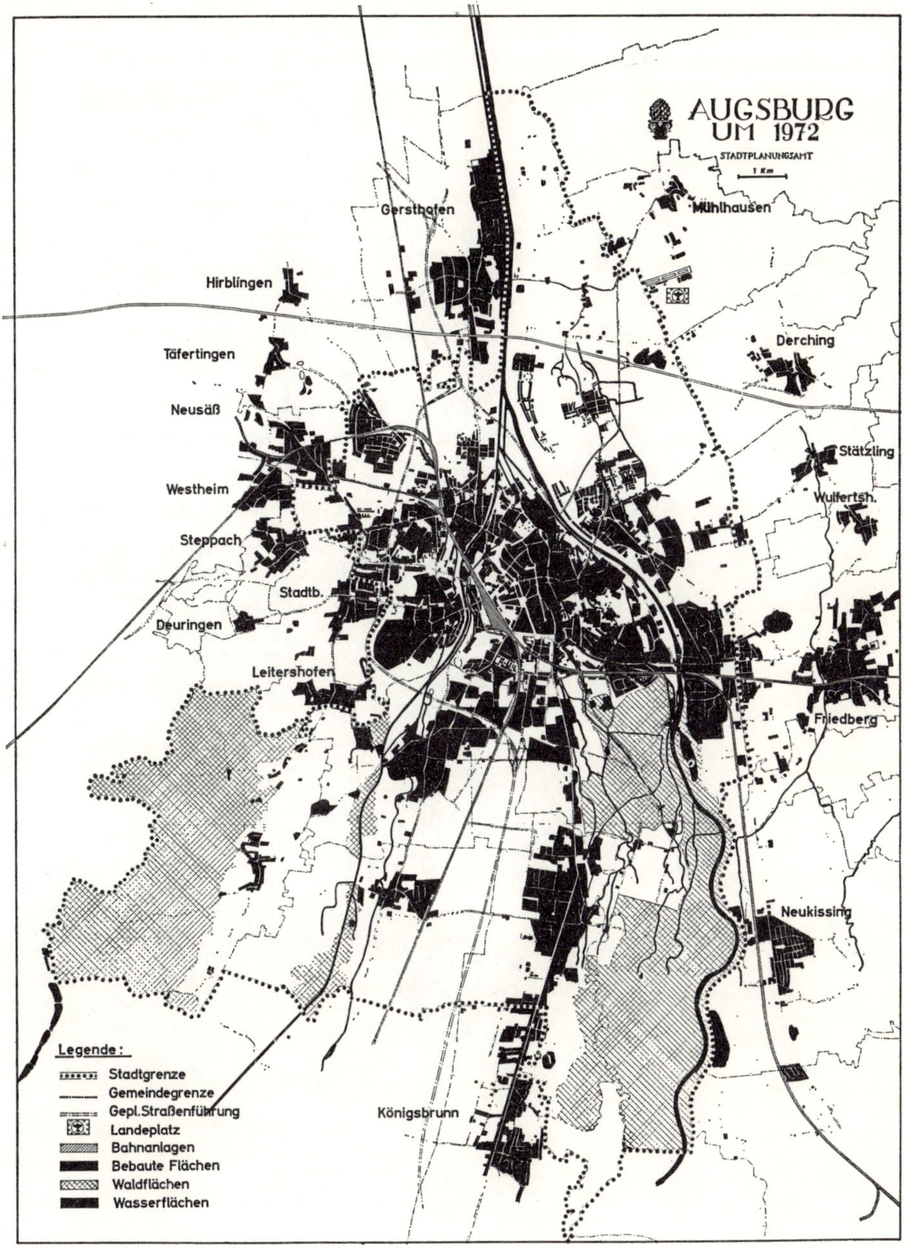
AUGSBURG
UM 1972
STADTPLANUNGSAMT
1 Km
Gersthofen
Mühlhausen
Hirblingen
Täfertingen
Derching
Neusäß
Stätzling
Westheim
Wulfertsh.
Steppach
Stadtb.
Deuringen
Leitershofen
Friedberg
Neukissing
Königsbrunn
Legende:
Stadtgrenze
Gemeindegrenze
Gepl. Straßenführung
Landeplatz
Bahnanlagen
Bebaute Flächen
Waldflächen
Wasserflächen

immer weniger erkennbar sein. Damit muß auch der Begriff der Stadtgeschichte schließlich die Grenze des von der alten Reichsstadt historisch gestalteten Raumes überschreiten. Gleichwohl wird er seinen nachleuchtenden Mittelpunkt behalten und als eine Kraft der lebendigen Gegenwart weiterwirken. Der bald zwei Jahrtausende lang fruchtbare Schauplatz an Lech und Wertach wird nicht aufhören, Ansporn und Rückhalt zu sein. Wo Augsburgs alte und neue Bürger Hand ans Werk legen, da steigen die Schatten von Römern und Alamannen, Bischöfen und Mönchen, Rittern und Kaufleuten, Patriziern und Zünftlern, von Katholiken, Lutheranern, Zwinglianern und Juden brüderlich neben ihnen auf, die diese große Stadt an Lech und Wertach ebenso geliebt haben wie sie. Die Gegenwart ist Augsburgs unmittelbare Aufgabe. Sie kann nur gemeistert werden im festen Blick auf erreichbare Ziele, welche die Zukunft zeigt. Aber sie wächst untrennbar aus dem, was Augsburg war – in seinen vielfachen inneren Spannungen, in seiner Pracht und in seiner Not, in Leistung und in Versagen, wie sie sich in allem Menschlichen mischen. Sie wächst aus der Geschichte einer tapferen und fleißigen Stadt, die sich für immer einen Platz in der Weltgeschichte verdient hat.

Zu den Quellen

A. Die für die Augsburger Stadtgeschichte einschlägigen Archivalien und sonstigen handschriftlichen Quellen finden sich vor allem an folgenden Stellen:

1. Bayer. Hauptstaatsarchiv München, Abt. I Allgemeines Staatsarchiv

a) Urkundenbestand des Hochstifts und Domkapitels Augsburg mit Urkunden zur Geschichte Augsburgs (ab 969), darunter u. a. die Stadtrechtsurkunde von 1156 und andere wichtige Urkunden zur mittelalterlichen städtischen Verfassungsgeschichte.
Literalien, d. h. Amtsbücher und Akten des Hochstifts und Domkapitels, darunter die Verzeichnisse des angebauten (urbaren) Grundstücksbesitzes (Urbare); Lehensachen mit den Lehenbüchern, Reichstagsakten seit 1536.

b) Urkunden der Reichsstadt Augsburg aus dem ehem. reichsstädtischen Archiv ab 1251, besonders solche von staatsrechtlicher Bedeutung, darunter die kaiserlichen und königlichen Privilegien seit 1276 und Zunftbriefe von 1368.

Literalien und Akten seit 1276, darunter das Original des Stadtbuches (Dauerleihgabe im Stadtarchiv Augsburg).

c) Augsburger Akten des ehem. Reichskammergerichts in Wetzlar.

d) Urkunden der ehemaligen Augsburger Stifte und Klöster (ganz) und deren Akten bis etwa 1400.

e) Pläne seit dem 16. Jahrhundert.

f) Auf Augsburg bezügliche Ministerialakten des 19. und 20. Jahrhunderts.

(Handschriftliche Findbücher — Repertorien —, Sachkatalog seit 1800.)

Abt. II Geheimes Staatsarchiv

Akten über den Übergang Augsburgs an Bayern 1802—1806.

2. Stadtarchiv Augsburg

Ins späte 11. Jahrhundert gehen nur Bruchstücke geistlicher Besitzaufzeichnungen zurück. Urkunden seit dem letzten Drittel des 12. Jahrhunderts, überwiegend sog. Privaturkunden, Ratsprotokolle 1392—1806, Ratsdekrete 1507—1831, Literaliensammlung 1276—1692.

Bürgermeisteramtsprotokolle, Bürgerbücher 1288—1496 und 1557—1804 (mit Namenregistern), Bürger- und Beisitzer-Aufnahmeakten 1548—1812, Steuerbücher 1346—1717 (geringe Lücken, teilweise mit Namenregister), Baumeisterbücher bzw. Stadtrechnungsbücher 1320—1806 (mit Lücken), Bauamtsprotokolle ab 1534, Hochzeitsamtsprotokolle 1563—1806 (mit Lücken), Pflegschaftsbücher, Stadtgerichtsakten, darunter Urgichten (Kriminalakten) 1497—1725, Achtbuch 1302 bis Anfang des 15. Jahrhunderts, Künstler- und Handwerkerakten, Missivbücher (Briefbücher) 1360—1490, Musterbücher und andere Literalien, Hospital-Archiv (ganz), Archive der Pfründen und Stiftungen, Archiv des Annagymnasiums. Reichstags-, Kreistags- und Städtetagsakten, Reichskammergerichtsakten. — Handlungsbücher des 16.—18. Jahrhunderts.

Verwaltungsakten des 19. und 20. Jahrhunderts.

(Nähere Angaben bei H. F. Deininger, Das Stadtarchiv Augsburg als familiengeschichtliche Quelle. In: Zeitschrift des Historischen Vereins für Schwaben und Neuburg 51, 1934/35.)

Katholisches Wesensarchiv, Evangelisches Wesensarchiv

Archive des kath. und ev. Ratsteiles; Zechpflegurkunden, Kirchenwesensakten usw. (Gedrucktes Beständeverzeichnis des Ev. W. von H. Burger, Erlangen 1941.)

3. Staats- und Stadtbibliothek Augsburg

Chronikenhandschriften, darunter mehrere der ältesten Stadtchronik, Privilegien- und Statutenbücher, Peutingernachlaß. (»Augustana«). Stiche und anderes Bildmaterial in der graphischen Sammlung.

4. Staatsarchiv Neuburg an der Donau

a) Urkunden der Reichsstadt Augsburg 1539—1806, Literalien und Akten seit 1545, darunter Grundbücher 1579—1822, Akten von Pfründen und Stiftungen.

b) Briefprotokolle, d. h. Urkundenauszüge des Hochstifts und Domkapitels Augsburg.

c) Literalien und Akten der Augsburger Stifte und Klöster seit etwa 1400.

d) Lehensakten verschiedener Herkunft über den Besitz Augsburger Patrizier.

e) Akten des Bezirksamts/Landkreises Augsburg.

f) Regierungsakten des Oberdonaukreises bzw. Schwabens aus dem 19. und 20. Jahrhundert.

(Gedrucktes Beständeverzeichnis des Staatsarchivs über die Bestände bis zum Beginn des 19. Jahrhunderts von H. Sturm, Augsburg—München 1952.)

4a. Für Friedberg, Lechhausen, Hochzoll als Teile Alt- bzw. Oberbayerns: Staatsarchiv München

5. Bayer. Staatsbibliothek München, Handschriftenabteilung

Älteste Geschlechter-Hochzeitsbücher seit 1484, Chroniken.

(Vgl. besonders den gedruckten Katalog: Die deutschen Handschriften der K. Hof- und Staatsbibliothek zu München I, München 1866 [Register!].)

6. Bischöfliches Ordinariatsarchiv Augsburg

Augsburger Pfarr- und Pfarrpfründeakten seit dem 15. Jahrhundert, soweit nicht 1944 verbrannt. — *Ordinariatsbibliothek.*

7. Fürstl. und Gräfl. Fuggersches Familien- und Stiftungsarchiv, Dillingen

Urkunden seit 1430, Geschäftsbücher, Akten.

8. Familienarchive Augsburger Adelsgeschlechter (Schaezler, v. Stetten) und Werkarchive großer Industrieunternehmen (M.A.N., SWA); Pfarrarchive (Pfarrbücher) und Klosterarchive, soweit nicht 1944 verbrannt

9. Das *Archiv des Augsburger Handelsvereins* wurde 1944 vernichtet

Aus seinen Ragionenbüchern (Handelsregister) 1685—1862 sind Beispiele noch veröffentlicht in der Zeitschrift des Historischen Vereins für Schwaben und Neuburg 39, 1913. Im *Archiv der Industrie- und Handelskammer Augsburg* (ebenfalls 1944 meist vernichtet) noch die Protokolle der Kaufleutestube 1541—1754.

Vielseitige, nützliche Hinweise für heimatgeschichtliche Eigenforschung besonders in bayerischen Archiven gibt der Heimatgeschichtliche Ratgeber, herausgegeben im Auftrag des Generaldirektors der staatlichen Archive Bayerns, von K. Puchner und L. F. Barthel, München 1952.

*

B. Das nicht prähistorisch-archäologische Museumsgut (bes. Kunst, Kunsthandwerk) findet sich überwiegend gesammelt im Städt. Maximilianmuseum (Stadtgeschichte) und in den Städt. Kunstsammlungen im Schaezlerhaus (Malerei und Plastik). In der Museumsverwaltung Bildsammlung und Kartei vorzugsweise zur Augsburger Kunstgeschichte.

Die römerzeitlichen Funde außer einem Teil der Steindenkmäler wurden in das Römische Museum Augsburg in der Dominikanerkirche verbracht.

Das Diözesanmuseum ist den städt. Sammlungen angegliedert.

Wesentliche Teile Altaugsburger Kulturgutes befinden sich auch im Bayer. Nationalmuseum, München. Das Fuggermuseum wurde nach Schloß Babenhausen/Schwaben verlegt.

Literaturauswahl

Anmerkung. Die mit Stern gekennzeichneten Veröffentlichungen sind bebildert.

a) ALLGEMEINE LITERATUR

Zusammenfassende Stadtgeschichten erschienen in neuerer Zeit von

Lorenz Werner (Augsburg 1900) · Christian Meyer (Tübingen 1907)

*Pius Dirr (Leipzig 1913, 2. A. Leipzig 1917) · *Hans Eberlein (Berlin 1939)

*Hugo Steiger (München 1941).

Die bedeutenden älteren Stadtgeschichten (von Gasser, Stetten, Seida) sind unter b) genannt.

Zwischenbericht zur älteren Zeit: W. Zorn, Neue Forschungen zur älteren Geschichte Augsburgs (bis 1300), in: Die Stadt in der europäischen Geschichte. Festschrift für E. Ennen (Bonn 1972).

Ein hervorragendes Gesamtbild der Augsburger Kultur- und Wirtschaftsgeschichte gibt die

Festschrift *Augusta 955—1955,

herausgegeben von Hermann Rinn

(München 1955, mit 29 Beiträgen verschiedener Verfasser, 144 Kunstdrucktafeln und 6 Farbtafeln).

Kunstgeschichtliche Bestandsaufnahme: Tilmann Breuer, Stadt Augsburg = Bayerische Kunstdenkmale, Kurzinventare. München 1958. W. Neu, F. Otten, Landkreis Augsburg. Ebenda, 1970.

Kunstgeschichtliche Würdigungen unternehmen unter dem Titel »Augsburg«

*Berthold Riehl (Leipzig 1903) und *Ulrich Christoffel (Leipzig 1927). Ferner *Michael Hartig, Augsburgs Kunst (Augsburg—Stuttgart 1922).

Zur Augsburger Bischofsgeschichte zunächst bis 1598 ist heranzuziehen:

*Friedrich Zoepfl, Geschichte des Bistums Augsburg und seiner Bischöfe, 2 Bände, Augsburg—München 1955 und 1969.

Über Augsburger Klöster enthält die kleine Reihe »Germania sacra« folgende Bände:

*Michael Hartig, Das Benediktiner-Reichsstift St. Ulrich und Afra in Augsburg. (Augsburg 1923) · *Alfred Schroeder, Alt-St.-Stephan in Augsburg. Gründung, Verfassung, älteste Quellen. (Augsburg 1928.) (Mit Faksimile der Gründungsurkunde.) Ferner: *Ad sanctum Stephanum 969—1969, hrsg. von der Abtei St. Stephan. Augsburg 1969.

*Karl Haupt, Ehemalige franziskanische Niederlassungen in Augsburg. Kurze Geschichte dieser Klöster, Sonderdruck aus: Bavaria Franciscana antiqua, Bd. V. Landshut 1961. Kloster Maria Stern ebenda in Bd. IV, 1960.

Stadthistorischer Kunstführer: *Wolfgang Zorn, Augsburg. München 1960, 5. Aufl. 1969.
Abbildungen alter Stiche und Stadtpläne finden sich besonders in:

*Pius Dirr, Aus Augsburgs Vergangenheit (Augsburg 1906) · *Oskar Schürer, Augsburg (Burg bei Magdeburg 1934).
Fotografische Aufnahmen vorzugsweise der alten Augsburger Bauten enthalten die Bildbände
*Das schöne Augsburg, herausgegeben vom Verkehrsverein Augsburg e. V. (Augsburg 1926) · *Augsburg. Aufnahmen von T. Schneider, I. Vogel und S. Rostra, Text von N. Lieb, Buchgestaltung W. Schmidt (Lindau 1953).
Bildband über Augsburger Kunst in der Welt: *Ludwig Wegele, Eine Stadt schenkt Schönheit an die Welt. 2. Aufl. Augsburg 1962.
Musik: *Musik in der Reichsstadt Augsburg, hrsg. von Ludwig Wegele, Augsburg 1965.
Für die Vor- und Nachbarorte sind zu nennen
*Luis Dürrwanger, Augsburg-Kriegshaber. Kulturhistorische Beiträge zur Ortsgeschichte I. (Augsburg 1935) · *Hans Eberlein, Gersthofen. Werden und Wachsen eines Gemeinwesens (Gersthofen 1954) · *Hans Eberlein — Hermann Endrös — Johannes Krausse, Grundriß der Heimatkunde des Landkreises Augsburg. 2. Aufl. Augsburg 1969 · *Göggingen. Beiträge zur Geschichte der Stadt, hrsg. von Heinz F. Deininger. Göggingen 1969 · Der Landkreis Friedberg. Ein Grundriß der Heimatgeschichte, hrsg. vom Landkreis Friedberg 1967.
Stadtgeschichtliche Buchreihe: Abhandlungen zur Geschichte der Stadt Augsburg, hrsg. vom Stadtarchiv seit 1928 (bisher 20 Bände; s. im folgenden Titelverzeichnis unter R. Kießling, L. Lenk, E. Liedl und A. Faulmüller und H. Lutz).
Eine rein stadtgeschichtliche Zeitschrift, zuletzt 1937 versucht, konnte sich bisher nicht entwickeln. Für Friedberg: Friedberger Heimatblätter (Neue Folge seit 1950).

b) BESONDERE LITERATUR

Die folgende Literaturliste greift nur einen kleinen Teil der benutzten gedruckten Arbeiten heraus, denen auch methodisch Bedeutung zukommt. Die Nennung erfolgt hier auch dann nur einmal, wenn die zeitliche Abgrenzung der Veröffentlichung weiter ist als die des Kapitels, zu dem sie angeführt ist.

Vorspiel

*A. Schorer, Erste mittelsteinzeitliche Funde aus Mittelschwaben: 5. Bericht der Naturforschenden Gesellschaft Augsburg 1952.
*R. A. Maier, »Michelsberg-Altheimer« Skelettgruben von Inningen bei Augsburg. In: Germania 43, 1965.
*H. Bott, Augsburgs Urzeit. Vorrömische Bodenfunde aus zweieinhalb Jahrtausenden. Ausstellung des Städt. Maximilian-Museums in Augsburg. Katalog, Augsburg 1950.
*W. Krämer, Neue Beobachtungen zum Grabbrauch der mittleren Hallstattzeit in Südbayern. 1. Stadt- und Landkreis Augsburg (mit Karte und Grabungsplänen): Bayer. Vorgeschichtsblätter Heft 18/19, 2. Teil, 1952.

Das römische Augsburg

O. Roger, Römische Funde in Augsburg (insbes. Oberhausen). In: Zeitschrift des Historischen Vereins für Schwaben und Neuburg 39, 1913.
W. Hübener, Zum römischen und frühmittelalterlichen Augsburg, Jahrbuch d. Röm.-German. Zentralmuseums Mainz Bd. 5, 1958 (Inventar des Maximilianmuseums bzw. Römischen Museums Augsburg).
P. Reinecke, Das augusteische Legionslager von Oberhausen-Augsburg. In: Zeitschrift des Historischen Vereins für Schwaben und Neuburg 44, 1918/19.
K. Kraft, Zu den Schlagmarken des Tiberius und Germanicus. Ein Beitrag zur Datie-

rung der Legionslager Vindonissa und Oberhausen. In: Jahrbuch für Numismatik und Geldgeschichte 2, 1950/51.
*W. Schleiermacher, Augusta Vindelicum. In: Augusta 955—1955, München 1955.
L. Ohlenroth, Zum Stadtplan der Augusta Vindelicum. Zusammenfassender Vorbericht. In: Germania 32, 1954, Heft 1/2.
*Fr. Vollmer, Inscriptiones Baivariae Romanae sive Inscriptiones prov. Raetiae (Ausgabe der römischen Inschriften aus dem bayer. Raetien mit Ergänzungen), München 1915, Nr. 95—176 (Augsburg, Göggingen, Gersthofen, Westheim, Stadtbergen) u. Anhang Nr. 2—4 (Augsburg, Steppach). Die inschriftlichen Neufunde bis 1933 notiert: *Fr. Wagner, Die Römer in Bayern. 5. A. München 1933, die Funde von 1944—49: *L. Ohlenroth, Augsburg. In: Bayer. Vorgeschichtsblätter Heft 18/19, 2. Teil, 1952, S. 277 ff.
*K. Parlasca, Römische Wandmalereien in Augsburg. Kallmünz 1956.
*G. Ulbert, Die römische Keramik aus dem Legionslager Augsburg-Oberhausen. Kallmünz 1960.
Die Fundmünzen der römischen Zeit in Deutschland, hrsg. von der Römisch-German. Kommission, Bd. 7: Schwaben. Berlin 1962.
*O. Roger, Bildertypen von Augsburger Sigillaten. In: Zeitschrift des Historischen Vereins für Schwaben und Neuburg 39, 1913.
*L. Ohlenroth, Augsburg — Römisches Skelettgräberfeld an der Frölichstraße. In: Das Schwäbische Museum 1925.
Fr. Wagner, Das Ende der römischen Herrschaft in Raetien. In: Bayer. Vorgeschichtsblätter Heft 18/19, 1. Teil, 1951 (mit Karten).
A. Bigelmair, Die heilige Afra. In: Lebensbilder aus dem Bayer. Schwaben, herausgegeben von G. Frhr. v. Pölnitz, Bd. 1, München 1951.
R. Bauerreiß, Studien zu den frühesten Gotteshäusern der Stadt Augsburg, Studien und Mitt. zur Geschichte des Benediktinerordens u. s. Zweige Bd. 81 (1970).

Der Bischofssitz im Alamannenlande

*M. Franken, Die Alamannen zwischen Iller und Lech. Berlin 1944. (Stadt- und) Landkreis Augsburg, S. 32 ff.
*F. Stein, Das alamannische Reihengräberfeld von Göggingen: Bayer. Vorgeschichtsblätter 26, 1961.
R. Dertsch, Die deutsche Besiedlung des östlichen bayerischen Mittelschwabens, bes. III/11 und 12; in: Archiv für die Geschichte des Hochstifts Augsburg VI, 1929 (mit Kartenbeilage).
A. Schröder, Das Kirchweihfest und die Patrozinien des Domes zu Augsburg. In: Archiv für die Geschichte des Hochstifts Augsburg VI (1929).
*A. Bigelmair, Der hl. Sintpert. In: Lebensbilder aus dem Bayer. Schwaben III, München 1954.
Regesten (Urkunden-Inhaltsauszüge) der Bischöfe und des Domkapitels von Augsburg, herausgegeben von der Schwäb. Forschungsgemeinschaft, Band 1; 1. Lieferung: F. Zoepfl — W. Volkert, Von den Anfängen bis zum Tode Bischof Udalrichs, 2. Lieferung, 973—1063, Augsburg 1955 und 1964.
Gerhardi Vita S. Oudalrici episcopi. Ausgabe von G. Waitz nach einer Pariser Handschrift des 11. Jahrhunderts aus St. Ulrich in Monumenta Germaniae historica, Scriptores IV, Hannover 1841, 381—425. Übersetzung von H. Grandaur: Die Geschichtsschreiber der deutschen Vorzeit 31b, 2. Aufl. Leipzig 1941.
*F. Zoepfl, Udalrich, Bischof von Augsburg. In: Lebensbilder aus dem Bayer. Schwaben I, München 1951. *J. Bernhart, Bischof Udalrich von Augsburg. In: Augusta 955—1955.
F. Zoepfl. Bruno, Bischof von Augsburg. Lebensbilder II, München 1953.

*B. Eberl, Die Ungarnschlacht auf dem Lechfeld (Gunzenlê) im Jahre 955. Augsburg—Basel 1955. Teil 2: Der Gunzenlê. (Mit Karten.)
A. Schröder, Das Schicksal der ältesten Archivbestände der Augsburger Kirche: Archiv für die Geschichte des Hochstifts Augsburg VI, 1929.
*V. Feist — K. Helleiner, Das Urkundenwesen der Bischöfe von Augsburg von den Anfängen bis zur Mitte des 13. Jahrhunderts (897—1248). In: Archivalische Zeitschrift 3. Folge, 4. Bd. (37. Bd.), 1928.
*D. Steinhilber, Geld- und Münzgeschichte Augsburgs im Mittelalter (bis 1521). In: Jahrbuch für Numismatik und Geldgeschichte 5/6 (1954/55).

Bischof, Abtei und Bürgerstadt

*N. Lieb, Der Augsburger Dom als bauliche Gestalt: Schwabenland I, 1934, Heft 11 (mit Abbildungen).
*R. Binder, N. Lieb, T. Roth, Der Dom zu Augsburg. 2. Aufl. Augsburg 1966.
E. Herzog, Werden und Form der mittelalterlichen Stadt. In: Augusta 955—1955.
Annales Augustani (973—1104). Ausgabe von G. H. Pertz nach einer Handschrift von 1135 in Monumenta Germaniae historica, Scriptores III, Hannover 1839, 123—136.
F. Zoepfl, Die Augsburger Bischöfe im Investiturstreit, in: Histor. Jahrbuch 71, 1952.
Hermannus episcopus Augustensis Ottoni I. episcopo Bambergensi scribit: Ph. Jaffé, Bibliotheca rerum Germanicarum 5, Berlin 1869, Nr. 260, 444—447.
H. Endrös, Reichsunmittelbarkeit und Schutzverhältnisse des Benediktinerstifts St. Ulrich und Afra in Augsburg vom 11. bis zum 17. Jahrhundert. Augsburg 1934.
M. Hörmann, die Augustiner-Chorherrn in Augsburg im Mittelalter, Bottrop i. W. 1932.
J. A. Eckhardt, Präfekt und Burggraf. In: Zeitschrift der Savignystiftung für Rechtsgeschichte, Germanist. Abt. Bd. 46, 1926 (Augsburger Burggraf 181 ff.).
K. Bosl, Die wirtschaftliche und gesellschaftliche Entwicklung des Augsburger Bürgertums vom 10. bis zum 14. Jahrhundert. München 1969.
Stadtrecht von 1156 (nicht 1104): Chr. Meyer, Das Stadtbuch von Augsburg, Augsburg 1872, 309—313. Auch in F. Keutgen, Urkunden zur städtischen Verfassungsgeschichte, 1901, 90—92.
Chr. Meyer, Urkundenbuch der Stadt Augsburg. 1. Band. Die Urkunden vom Jahre 1104 (1156)—1346. Augsburg 1874.
Monumenta Episcopatus Augustani I. Bd.: 823—1331. Monumenta Boica, herausgegeben von der Bayer. Akademie der Wissenschaften Bd. 33, 1. Hälfte. München 1841.
W. E. Vock, Die Urkunden des Hochstifts Augsburg 769—1420 (Regesten). Augsburg 1959.
R. Hipper, Urkunden des Reichsstiftes St. Ulrich in Augsburg (Regesten, bis 1440). Augsburg 1956.
K. Th. v. Inama-Sternegg, Der Zolltarif an der Lechbrücke zu Augsburg. In: Vierteljahrschrift für Sozial- und Wirtschaftsgeschichte 23, 1930.
W. Groos, Alte Wasserbauten in der Meringer Au. In: 3. Bericht der Naturforschenden Gesellschaft Augsburg 1950. (Karte.) W. Groos, Zur Augsburger Stadtentwicklung. In: Zeitschrift für bayer. Landesgeschichte 34 (1971).

Der Aufstieg der Reichsstadt

Chr. Meyer, Das Stadtbuch von Augsburg, insbesondere das Stadtrecht vom Jahre 1276. Augsburg 1872. (Mit Faksimile der Originalhandschrift, Abdrucken der späteren Nachträge u. ä.)
Fr. Zoepfl, Die Augsburger Bischöfe und ihre Stellung im Kampf Ludwigs des Bayern mit der Kurie: Zeitschrift für bayer. Kirchengeschichte 18 (1948).
R. Hoffmann, Die Augsburger Baumeisterrechnungen von 1320—1331: Zeitschrift des Historischen Vereins für Schwaben und Neuburg 5, 1878. (Abdruck mit Namenregister.)

Auszüge aus den Baumeisterrechnungen 1368—1396: F. Bastian, Das Runtingerbuch Bd. 3, Regensburg 1943, 129—33, Auszüge über die Kosten der Beschickung von Reichs- und Städtetagen seit 1390, in: Deutsche Reichstagsakten, Ältere Reihe, Bd. 2 ff., München 1874 ff. (»Städtische Kosten«).
Monumenta episcopatus Augustani 2. Bd.: 1331—1379. Monumenta Boica, herausgegeben von der Bayer. Akademie der Wissenschafen Bd. 33, 2. Hälfte, München 1842.
Chr. Meyer, Urkundenbuch der Stadt Augsburg. 2. Bd. Die Urkunden vom Jahre 1347—1399. Augsburg 1878.
Chr. Meyer, Urkunden-Regesten aus dem Nekrologium (Totenbuch) des St.-Moritz-Stifts (1214—1393). In: Zeitschrift des Historischen Vereins für Schwaben und Neuburg 9 (1882).
E. Schott, Beiträge zu der Geschichte des Carmeliterklosters und der Kirche von St. Anna in Augsburg (mit Abdruck von Urkunden und Regesten der Jahre 1262—1534). In: Zeitschrift des Historischen Vereins für Schwaben und Neuburg 5 (1878), 6 (1879), 7 (1880), 9 (1882).
Urkundenregesten der Zechpflegen St. Ulrich, St. Georg, Hl. Kreuz 1272—1776: H. Burger, Das evangelische Wesensarchiv in Augsburg. Erlangen 1941, 1—78.
F. Bastian, Oberdeutsche Kaufleute in den älteren Tiroler Raitbüchern (1288—1370). München 1931.
P. Dirr, Kaufleutezunft und Kaufleutestube in Augsburg zur Zeit des Zunftregiments (1368—1548): Zeitschrift des Historischen Vereins für Schwaben und Neuburg 35 (1909).
F. L. Steinthal, Geschichte der Augsburger Juden im Mittelalter. Berlin 1911.
H. Vietzen, Das Lehenbuch des Hochstifts Augsburg von 1424. Kempten 1939. S. 22—67: Augspurg. (Register!)
Die Chroniken der Stadt Augsburg, herausgegeben von der Histor. Kommission bei der Bayer. Akademie der Wissenschaften unter Leitung von K. Hegel, G. v. Below, J. Hansen.
1. Bd.: I. Chronik von 1368—1406 mit Fortsetzung bis 1447. II. Chronik des Erhard Wahraus 1126—1445 mit Nachträgen zum J. 1462. III. Chronik von der Gründung der Stadt Augsburg bis zum J. 1469. Beilage: Die Reimchronik des Küchlein. Bearb. v. F. Frensdorff, = Die Chroniken der deutschen Städte vom 14. bis ins 16. Jahrhundert 4. Bd., Leipzig 1865 (mit Exkursen und Abdrucken von Literalienauszügen usw.).
2. Bd.: IV. Chronik des Burkard Zink. 1368—1468. Bearb. v. F. Frensdorff, = Die Chroniken der deutschen Städte 5. Bd., Leipzig 1866.
3. Bd.: V. Chronik des Hector Mülich 1348—1487. VI. Anonyme Chronik. 991—1483. Bearb. v. Fr. Roth, = Die Chroniken der deutschen Städte 22. Bd., Leipzig 1892.
5. Bd.: IX. Fr. Johannes Franks Augsburger Annalen vom J. 1430 bis zum J. 1462. Bearb. v. Fr. Roth, in: Die Chroniken der deutschen Städte 25. Bd., Leipzig 1896.
A. Haemmerle, Die Hochzeitsbücher der Augsburger Bürgerstube und Kaufleutestube bis zum Ende der Reichsfreiheit (ab 1484). München 1936.
A. Haemmerle, Die Leibgedingbücher der Freien Reichsstadt Augsburg 1330—1500. München 1958.
P. Dirr, Studien zur Geschichte der Augsburger Zunftverfassung, 1368—1548: Zeitschrift des Historischen Vereins für Schwaben und Neuburg 39 (1913, mit Abdruck der Zunftbriefe der Einzelzünfte, Ratsbuchauszügen usw.).
J. Strieder, Zur Genesis des modernen Kapitalismus. Forschungen zur Entstehung der großen bürgerlichen Kapitalvermögen am Ausgange des Mittelalters und zu Beginn der Neuzeit, zunächst in Augsburg. 2. A. München und Leipzig 1935.
F. Heer, Augsburger Bürgertum im Aufstieg Augsburgs zur Weltstadt (1275—1530). In: Augusta 955—1955.
R. Kießling, Bürgerliche Gesellschaft und Kirche in Augsburg im Spätmittelalter. Augsburg 1971.
*E. Zimmermann, Augsburger Zeichen und Wappen (Bildband). Augsburg 1970. (Bürger und Geistlichkeit.)

Wirtschaftsmacht und Glaubensspaltung

Die Chroniken der Stadt Augsburg 4. Bd.: VII. Die Chronik von Clemens Sender von den ältesten Zeiten der Stadt bis zum J. 1536. Bearb. v. F. Roth, = Die Chroniken der deutschen Städte 23. Bd., Leipzig 1894.

5. Bd.: VIII. Cronica newer geschichten von Wilhelm Rem 1512—1527. Bearb. v. F. Roth, in: Die Chroniken der deutschen Städte 25. Bd., Leipzig 1896.

6. Bd.: X. Die Chronik des Augsburger Malers Georg Preu des Älteren. 1512—1537. Bearb v. F. Roth, = Die Chroniken der deutschen Städte 29. Bd., Leipzig 1906.

9. Bd.: XIV. Die Weberchronik von Clemens Jäger 955—1545. XV. Die Chronik der Augsburger Schusterzunft (1449—1532) von Clemens Jäger. Bearb. v. F. Roth, = Die Chroniken der deutschen Städte 34. Bd., Stuttgart und Gotha 1929.

Tagebuch des Lucas Rem aus den Jahren 1494—1541. Bearb. von B. Greiff, 26. Jahresbericht des Historischen Kreisvereins im Regierungsbezirk von Schwaben und Neuburg für 1860, Augsburg 1861.

G. Frhr. v. Pölnitz, Die Fugger. 3. Aufl. Tübingen 1970.

*G. Frhr. v. Pölnitz, Jakob Fugger. Kaiser, Kirche und Kapital in der oberdeutschen Renaissance. 2 Bde. Tübingen 1949/51. (2. Bd. = Quellen und Erläuterungen.)

*G. Frhr. v. Pölnitz, Anton Fugger. 4 B. Tübingen 1958—71 (bis 1555, Schlußband folgt von H. Kellenbenz).

J. Strieder, Die Inventur der Firma Fugger aus dem Jahre 1527. Tübingen 1905. Hauptinhalt der späteren Bilanzen bei R. Ehrenberg, Das Zeitalter der Fugger. 1. Bd. Jena 1896. (Anastat. Neudruck 1912), 142—186. (Auch französ. Neudruck).

*N. Lieb, Die Fugger und die Kunst. 1. Bd.: Im Zeitalter der Spätgotik und frühen Renaissance (bis 1526). 2. Bd.: Im Zeitalter der hohen Renaissance. München 1952 und 1958.

*N. Lieb - G. Frhr. v. Pölnitz - H. Frhr. v. Welser, Fugger und Welser. Oberdeutsche Wirtschaft, Politik und Kultur im Spiegel zweier Geschlechter, Ausstellungskatalog Augsburg 1950. (U. a. Urkunden und Dokumente.)

K. H. Panhorst, Deutschland und Amerika. Ein Rückblick auf das Zeitalter der Entdeckungen und die ersten deutsch-amerikanischen Verbindungen unter besonderer Beachtung der Unternehmungen der Fugger und Welser. München 1928. (Auch span. 1927: Los Alemanes en Venezuela.)

J. Friede, Los Welser en la conquista de Venezuela. Caracas-Madrid 1961.

N. Federmann d. J., Indianische Historia (gedruckt Hagenau 1557, über Venezuela 1529—32). Nachdruck in: *A. Federmann, Deutsche Konquistadoren in Südamerika, Berlin 1938, 91—160.

*K. O. Müller, Quellen zur Handelsgeschichte der Paumgartner von Augsburg (1480 bis 1570). Deutsche Handelsakten des Mittelalters und der Neuzeit 9, Wiesbaden 1955.

E. Kern, Studien zur Geschichte der Höchstetter, Archiv für Kulturgeschichte 26, 1936.

F. Roth, Augsburgs Reformationsgeschichte (bis 1555) 4 Bde. (1^2), München 1901—1911 (mit Abdrucken von Originalbriefen usw.).

J. Hans, Luthers Beziehungen zu Augsburg. In: Bilder aus Augsburgs kirchlicher Vergangenheit. Augsburg 1906.

*J. v. Walter, Der Reichstag zu Augsburg (1530). In: Luther-Jahrbuch XII, 1930.

*K. Köberlin, Geschichte des Humanistischen Gymnasiums bei St. Anna in Augsburg von 1531 bis 1931. Augsburg 1931.

*N. Lieb, Augsburger Baukunst der Renaissancezeit. *U. Christoffel, Renaissance in Augsburg. Bildnerei — Malerei — Zeichnung. Beides in: Augusta 955—1955.

*N. Lieb, Die Holbein. In: Lebensbilder aus dem Bayer. Schwaben I, München 1951.

*E. König, Konrad Peutingers Briefwechsel, gesammelt, herausgegeben und erläutert. München 1923.

*R. Pfeiffer, Conrad Peutinger und die humanistische Welt. In: Augusta 955—1955.

C. Bauer, K. Peutingers Gutachten zur Monopolfrage, Archiv für Reformationsgeschichte 45, 1954. H. Lutz, Conrad Peutinger. Augsburg 1958.

F. Blendinger, Versuch einer Bestimmung der Mittelschicht in der Reichsstadt Augsburg vom Ende des 14. bis zum Anfang des 18. Jahrhunderts, in: Städtische Mittelschichten, hrsg. v. E. Maschke - J. Sydow, Stuttgart 1972.
H. Wiedemann, Augsburger Pfarrerbuch. Die evangelischen Geistlichen der Reichsstadt Augsburg 1524—1806. Nürnberg 1962.
*A. Forster - R. Schmid, Die Münzen der Freien Reichsstadt Augsburg. Augsburg 1897.

Glanzvoller Niedergang

Die Chroniken der Stadt Augsburg 7. und 8. Bd.: XI. Zwei Chroniken des Augsburger Ratsdieners Paul Hektor Mair 1548 bzw. 1547—1565 bzw. 1564. XII. Das Diarium Paul Hektor Mairs von 1560—1563. XIII. Paul Hektor Mairs 2. Chronik von 1547 bis 1565. Bearb. von Fr. Roth, = Die Chroniken der deutschen Städte Bd. 32 und 33, Stuttgart und Gotha 1917 und 1928.
Achilles Pirminius Gassarus, Annales de vetustate originis, amoenitate situs, splendore aedificiorum, ac rebus gestis civium reipublicaeque Augsburgensis (bis 1576). In: J. B. Menckenii Scriptores rerum Germanicarum I., Leipzig 1728, XVII. E. Werlichius, Chronica der weitberuemten Keyserlichen, Freyen und des Reichs Statt Augspurg . . . Frankfurt 1595 (Übersetzung von Marx Welsers Rerum Augustanarum Vindelicarum libri octo durch Werlich und anschließend ab 552 der Gassersehen Annalen durch Wolfgang Hartmann).
G. Probszt, Der Neusohler »Kupferkauf«. In: Vierteljahrschrift für Sozial- und Wirtschaftsgeschichte 40 (1953).
*F. Hassler, Der Ausgang der Augsburger Handelsgesellschaft David Haug, Hans Langnauer und Mitverwandte (1574—1606). Augsburg 1928. (Mit Niederlassungskarte).
J. Strieder, Levantinische Handelsfahrten deutscher Kaufleute des 16. Jahrhunderts. In: Meereskunde 149 (1919). Auch in: *Das reiche Augsburg. Ausgewählte Aufsätze J. Strieders, München 1938.
R. Hildebrandt, Die Georg Fuggerischen Erben, 1555—1600. Berlin 1966.
L. Lenk, Augsburger Bürgertum im Späthumanismus und Frühbarock 1580—1700. Augsburg 1968.
E. Liedl, Gerichtsverfassung und Zivilprozeß der Freien Reichsstadt Augsburg. Augsburg 1958.
Paul v. Stetten d. Ä., Geschichte der Heil. Röm. Reichs Freyen Stadt Augspurg. 2 Bde. (bis 1628 und bis 1649), Frankfurt und Leipzig 1743 und 1758. (Für die Zeit ab 1555 noch immer grundlegend, mit Aktenabdrucken.)
Die Chronik des Jakob Wagner über die Zeit der schwedischen Okkupation in Augsburg (1632—1635), herausgegeben von W. Roos, Augsburg 1902.
Die Selbstbiographie des Elias Holl, Baumeisters der Stadt Augsburg. Herausgegeben von Chr. Meyer, 36. Jahresbericht des Historischen Kreisvereins im Regierungsbezirk von Schwaben und Neuburg für 1871/72, 1873. Ungenauer Neudruck (Die Hauschronik der Familie Holl) München 1910. Textverbesserungen s. Zeitschrift des Hist. Vereins 11 (1884).
J. Hartung, Die direkten Steuern und die Vermögensentwicklung in Augsburg von der Mitte des 16. bis zum 18. Jahrhundert. In: Jahrbuch für Gesetzgebung, Verwaltung und Volkswirtschaft 22 (1898).

Der Ausgang der Reichsfreiheit

*David Langenmantel, Historie des Regiments in des Heil. Röm. Reichs Stadt Augsburg . . . bis auf unsere Zeit (5. Buch: 1648—1724), Frankfurt und Leipzig (Augsburg) 1725 2. A. herausgegeben von J. Brucker. Augsburg 1734. (Mit Abdrucken und Listen der Stadtpfleger, Bürgermeister, Land- und Stadtvögte bis 1724.)
A. Faulmüller, Die Reichsstadt Augsburg im Spanischen Erbfolgekrieg. Augsburg 1933.

I. Bátori, Die Reichsstadt Augsburg im 18. Jahrhundert. Verfassung, Finanzen und Reformversuche. Göttingen 1969.

*W. Zorn, Handels- und Industriegeschichte Bayerisch-Schwabens 1648—1870. Wirtschafts-, Sozial- und Kulturgeschichte des schwäbischen Unternehmertums. Augsburg 1961.

*B. Bushart u. a., Augsburger Barock. Ausstellungskatalog Augsburg 1968.

S. Rathke-Köhl, Geschichte des Augsburger Goldschmiedegewerbes vom Ende des 17. bis zum Ende des 18. Jahrhunderts. Augsburg 1965.

Paul v. Stetten d. J., Kunst-, Gewerbe- und Handwerksgeschichte der Reichs-Stadt Augsburg, Augsburg 1779.

F. E. Frhr. v. Seida und Landensberg, Historisch-statistische Beschreibung aller Kirchen-, Schul-, Erziehungs- und Wohltätigkeitsanstalten in Augsburg. 2 Bde. Augsburg und Leipzig 1812.

*M. Gfin. Lanckoronska, Die Augsburger Druckgraphik des 17. und 18. Jahrhunderts. In: Augusta 955—1955.

P. Dirr, Augsburger Textilindustrie im 18. Jahrhundert: Zeitschrift des Historischen Vereins für Schwaben und Neuburg 37 (1911).

V. Haertel, Die Augsburger Weberunruhen 1784 und 1794 und die Struktur der Weberschaft Ende des 18. Jahrhunderts, Zeitschrift des Historischen Vereins für Schwaben 64/65, 1971.

F. Herre, Das Augsburger Bürgertum im Zeitalter der Aufklärung. Augsburg 1952.

*Paul v. Stetten d. J., Geschichte der adelichen Geschlechter in der freyen Reichs-Stadt Augsburg, Augsburg 1762. (Mit Wappentafeln aller bis dahin jemals dem Patriziat angehörenden Familien.)

*M. I. Wetter, 300 Jahre Institut der allers. Jfr. Maria (Engl. Institut) Augsburg. Augsburg 1962.

*F. E. Frhr. v. Seida und Landensberg, Augsburgs Geschichte von der Erbauung der Stadt bis . . . 1825. 2 Bände Augsburg 1826 (bes. für die Zeit ab 1715).

K. Haupt, Die Vereinigung der Reichsstadt Augsburg mit Bayern. München-Freising 1923.

B. Schroeder, Die Aufhebung des Benediktiner-Reichsstiftes St. Ulrich und Afra in Augsburg 1802—1806. München 1925.

*A. Prinz v. Bayern, Metternichs Pate erzählt. Aus den Briefen des Prinzen Clemens Wenzeslaus von Sachsen, Kurfürsten von Trier und Fürstbischof von Augsburg (ab 1796). In: Festgabe für S. K. H. Kronprinz Rupprecht v. Bayern, München 1953.

Die bayerische Provinzstadt

H. Bourier — Pl. Glogger, Die Klöster der Bayerischen Benediktinerkongregation von 1830—1932. II. Augsburg. Das Benediktinerstift St. Stephan. In: Studien und Mitteilungen zur Geschichte des Benediktinerordens und seiner Zweige 50 (1932).

A. Werner, Die Wasserkräfte der Stadt Augsburg im Dienste von Industrie und Gewerbe. Augsburg 1905 (mit hist. Plänen).

*W. Zorn und L. Hillenbrand (ab 1870), Sechs Jahrhunderte schwäbische Wirtschaft, 125 Jahre Industrie- und Handelskammer Augsburg. Augsburg 1969.

J. Graßmann, Die Entwicklung der Augsburger Industrie im 19. Jahrhundert. Augsburg 1894.

D. Nickel, Die Revolution 1848/49 in Augsburg und Bayerisch-Schwaben. Augsburg 1966.

W. Zorn, Die Fugger, in: Schwäbische Heimat, 23. Jg. (1972).

W. H. Riehl, Augsburger Studien. In: Culturstudien aus drei Jahrhunderten, Stuttgart 1859. 7. A. Stuttgart 1910.

N. Lieb, Augsburgs bauliche Entwicklung als Ausdruck städtischen Kulturschicksales seit 1800. In: Zeitschrift des Historischen Vereins für Schwaben 57 (1951).

O. Bitterauf, Die Maschinenfabrik Augsburg-Nürnberg AG. (M.A.N.), ihre Begründung und Entwicklung bis zum Anschluß an den Konzern der Gutehoffnungshütte. Nürnberg 1924.
Kriegsgeschichtliche Forschungsanstalt des Heeres, Die Niederwerfung der Räteherrschaft in Bayern 1919. Berlin 1939. (Angriff auf Augsburg 54 ff., dazu Karte 4.)
M. Högel, Bertolt Brecht, in: Lebensbilder aus dem Bayer. Schwaben Bd. 8, München 1966.
H. Cramer, Die Entstehung Hochzolls, in: Schwäbische Blätter 16 (1965). S. Stoll, Die Landgemeinde im Einflußbereich der benachbarten Industriestadt, in: Göggingen. Beiträge zur Geschichte der Stadt. 1969.
Augsburg in Zahlen. (B — Sonderbeiträge.) Herausgegeben vom Statistischen Amt und Wahlamt der Stadt Augsburg seit 1946. (Mit wichtigen Auswertungen und Darstellungen für das 19. und 20. Jahrhundert.) Darin Jg. 1966, Nr. 1: Die Bevölkerungs- und Wirtschaftsstruktur in den 30 Augsburger Stadtbezirken, u. Jg. 1971, Nr. 1: Die Struktur der Bevölkerung in den Augsburger Stadtbezirken einschl. Eingemeindungen zum 1. 7. 1972.
*W. Schmidt, Aufbau nach der Zerstörung. In: Augusta 955—1955. *W. Schmidt, Neues Bauen in Augsburg. Ausstellungskatalog, Augsburg 1955.

*

Auf ältere Literatur wird in der Regel in den herausgegriffenen Veröffentlichungen hingewiesen.
Die Literatur zur Augsburger Geschichte seit 1927 ist regelmäßig in der Bibliographie der Zeitschrift für bayerische Landesgeschichte verzeichnet, seit 1959/63 in der selbständigen Buchreihe Bayerische Bibliographie. (Orte!) Den vollständigen gleichzeitigen Überblick ermöglichen die Sachkarteien der Staats- und Stadtbibliothek Augsburg (auch für Zeitschriften- und Zeitungsaufsätze). Die zeitgeschichtliche Abteilung des Stadtarchivs führt seit 1936 ein Zeitungsausschnitt-Archiv und veröffentlicht eine laufende Stadtchronik im Einleitungsteil des Einwohnerbuchs der Stadt Augsburg.

Anhang

Augsburgs 1. Bürgermeister und Oberbürgermeister seit 1818

1818—1821	Johann Nepomuk v. Kaspar
1822—1834	Anton Barth
1834—1846	Dr. Heinrich Anton Nikolaus Carron du Val
1847—1866	Georg Forndran
1866—1900	Dr. Ludwig Fischer
1900—1919	Georg Ritter v. Wolfram
1919—1929	Kaspar Deutschenbauer (BVP)
1930—1933	Dr. Otto Bohl (BVP)
1933—1934	Dr. Edmund Stöckle (NSDAP)
1934—1945	Josef Mayr (NSDAP)
1945	Dr. Wilhelm Ott
1945—1946	Ludwig Dreifuß
1946—1947	Dr. Heinz Hohner (CSU)
1947—1964	Dr. Klaus Müller (CSU)
1964—1972	Wolfgang Pepper (SPD)
1972—	Hans Breuer (SPD)

Bilderverzeichnis

Textbilder

Seite 208 — Grundbesitz von Augsburger Stiftungen und Patriziern zwischen Lech/Wertach und Mindel (Gebiet der Markgrafschaft Burgau) um 1615. Auszug aus der Karte 28 von W. Zorn im Historischen Atlas von Bayerisch-Schwaben, 1956, Schwäbische Forschungsgemeinschaft bei der Kommission für Bayer. Landesgeschichte.

Seite 222 — Wappen des gräflichen Hauses Fugger (Raymundslinie zu Kirchberg-Weißenhorn, Antonslinie mit den Ästen Glött-Kirchheim und Babenhausen-Wellenburg). Neben dem Stammwappen rechts oben Kirchberg, links unten Weißenhorn. Aus David Langenmantels Historie des Regiments in des Heil. Röm. Reichs Stadt Augsburg, 1725.

Seite 240 — Wappen führender Augsburger Geschlechter (v. Stetten, Langenmantel vom RR, Rehlingen, Imhof). Kupferstiche aus P. v. Stetten d. J., Geschichte der adelichen Geschlechter der freyen Reichsstadt Augspurg, Augsburg 1762, Tafel V, VII, VIII.

Seite 245 — Augsburg Anf. 19. Jhr. Originalentwurf von Dipl.-Ing. W. Groos, Augsburg, mit Ergänzung nach V. Haertel.

Seite 260 — Augsburg und Umgebung, Bebauung um 1820. Originalzeichnung Stadtplanungsamt Augsburg.
Augsburg und Umgebung, Bebauung um 1870. Originalzeichnung Stadtplanungsamt Augsburg.

Seite 261 — Augsburg und Umgebung, Bebauung um 1914. Originalzeichnung Stadtplanungsamt Augsburg.
Augsburg und Umgebung, Bebauung um 1955. Originalzeichnung Stadtplanungsamt Augsburg.

Seite 278 — Stadtregion Augsburg 1970, aus: Augsburg in Zahlen, Reihe B, 1970/1—2, S. 25, mit frdl. Genehmigung des Statist. Amtes der Stadt.

Seite 283 — Augsburg, neues Stadtgebiet ab 1. 7. 1972, Originalzeichnung Stadtplanungsamt Augsburg.

Seite 284 — Gebäude der Stadtwerke Augsburg am Hohen Weg (1954/55), im Hintergrund der Dom. Originalzeichnung von Stadtbaurat a. D. Dipl.-Ing. Walther Schmidt.

Tafelbilder

Register

Vorbemerkung

Das Register enthält nur Personen-, Orts- und Landschaftsnamen, die in unmittelbarer Beziehung zur Stadtgeschichte genannt werden.

Abkürzungen

(B) = Bischof von Augsburg
(P) = Augsburger Patriziergeschlecht
(*) = noch heute bestehendes Augsburger Geschlecht mit jetziger Adelsstufe.
T = Tafelabbildung; s. Bildverzeichnis S. 299 f.